普通高等教育"十二五"规划教材

旅游者行为学

白 凯 编著

国家自然科学基金(41271157/40901077)
陕西师范大学教材建设基金   资助出版

科学出版社
北京

内 容 简 介

本书旨在全面呈现近年来国内外旅游者行为研究的最新动态,以决策过程来统领旅游者行为的分析核心,同时强调旅游者行为的个体影响因素及环境影响因素,试图提供一个较为系统的旅游者行为分析框架;在强调旅游者行为分析与心理学、消费者行为学理论关系的基础上,突出旅游者体验、旅游者与旅游地原住民互动、中国本土文化对旅游行为影响、探亲访友旅游中的华人社会关系等内容,试图将理论构成的共性关注与个性关注相结合。本书内容全面、脉络清晰,整体贯穿了与旅游者行为相关的科学观点与理论基础,具有较强的启发性和实用性。

本书可作为高校 MTA 及旅游管理、会展管理、营销等相关专业学生的教材,也可供旅游企业管理人员及广告从业人员参考。

图书在版编目(CIP)数据

旅游者行为学/白凯编著. —北京:科学出版社,2013.6
普通高等教育"十二五"规划教材
ISBN 978-7-03-037681-7

Ⅰ.①旅… Ⅱ.①白… Ⅲ.①旅游-消费者行为论-高等学校-教材 Ⅳ.①F590

中国版本图书馆 CIP 数据核字(2013)第 118316 号

责任编辑:杨 红 / 责任校对:张小霞
责任印制:徐晓晨 / 封面设计:陈 敬

科 学 出 版 社 出版
北京东黄城根北街 16 号
邮政编码:100717
http://www.sciencep.com

北京建宏印刷有限公司 印刷
科学出版社发行 各地新华书店经销

*

2013 年 6 月第 一 版　开本:787×1092 1/16
2019 年 3 月第七次印刷　印张:19 1/2
字数:477 000

定价:**59.00 元**
(如有印装质量问题,我社负责调换)

序 一

白凯是从事旅游研究的学者,于2011年年初进入北京大学光华管理学院市场营销系,从事博士后研究。虽然是在职博士后,但在过去两年里,他大部分时间都待在北京大学,一边作课题研究,一边构思并着手写作《旅游者行为学》。看了该书的初稿,我觉得还是有不少创新的地方,值得推荐。

该书的总体框架与目前主流的消费者行为学教材没有太大差异,侧重从个体决策角度,介绍、讨论旅游者决策过程及影响因素。但在如下几个方面具有鲜明特色:一是站在旅游者视角来诠释、扩展有关消费者行为学的概念和理论。例如,在介绍"旅游目的地品牌资产"时不是简单套用品牌资产概念,而是在描述品牌资产维度在"旅游目的地"的具体体现的同时,着重指出其个性和独特的方面,从而使读者对两个概念的异同有更深刻的理解。二是呈现了旅游消费者行为领域的一些专门理论。如在旅游动机分析部分,介绍了普洛格旅游动机理论、曼内尔等的"逃离与追求"理论等。这些理论在一般性或通用性消费者行为学书籍里是看不到的。三是着眼旅游行为的特点,提供了诸如旅游体验、旅游目的地原住民等特色章节。

总之,该书在避免"消费者行为"与"旅游消费者行为"相互脱节和呈现"两张皮"的问题上作了有益和富有成效的探索,作为本科生或研究生的教材,在不少方面可圈可点。但同时,在材料的取舍、结构的创新上仍有不少可资改进的空间。我期待在再版时,会有更多的惊喜。

2013年春于北京大学

序　二

2003年国家首次批准设立旅游管理博士点。白凯是我和李天顺教授共同培养的全国第一届旅游管理专业的博士生，在已毕业的博士生中，他是佼佼者之一。攻读博士期间，他主要参与了我的"中国不同群体入境游客旅游行为模式研究"国家自然科学基金项目，偏爱旅游者行为认知研究；其后，他又申请到"基于客流跟踪的旅华游客目的地意象认知研究"国家自然科学基金，并圆满完成项目任务。他痴迷学术、笔耕不辍，并不断深入。十年间，他一步一个台阶，现已深入到旅游者行为研究的前沿领域。拿到两项国家自然科学基金项目，发表了不少权威期刊论文，获得国家旅游局优秀学术论文一等奖，成果得到了学术界认可。令我倍感欣慰与荣耀的是他即将出版《旅游者行为学》一书。

白凯博士甘于辛劳，这本教材的出版离不开他十年间的科研和教学积淀，并得益于他在北京大学作博士后的知识提升。教材编著过程中他曾几次与我沟通。此教材结构体系严谨、内容前沿，与同类教材相比架构新颖。

该书第一大特点就是大量汲取了国外关于旅游者行为的最新研究成果，拓展、完善了旅游心理与行为教材的体系。旅游学科作为新兴综合性交叉学科，借鉴相关学科理论不可避免。只有借鉴才能丰富并不断完善学科体系。第二大特点是融入了中外专家取得的一大批科研成果，丰富并构架了旅游心理与行为的新框架。教材的整体框架、章节设置，无不渗透着笔者对旅游者行为的深入理解与思考。第三大特点是全书逻辑思路清晰，分析透彻，体现了学术深度。书中很多内容，实际上涵盖了作者已发表及尚未发表的很多科研论文。

旅游教学实践中，学生抱怨旅游专业教材简单空泛并不鲜见。这部教材的出版，将可能改变学生认为旅游心理学专业课程简单的想法。国内旅游心理、旅游行为方面教材，应更多地借鉴汲取国际旅游行为研究前沿的营养，突破心理学原理单纯借鉴的局限。希望这部教材在深化本科生对旅游者行为学习的同时，也能在提升旅游教育工作者教学水平方面，带来较大的裨益。

马耀峰

2013年2月23日

前　言

编写本书的念头始于 2007 年博士论文结束之后，当初的想法比较简单，就是因为在导师马耀峰和李天顺教授指导下，从发生学视角分析研究了入境旅游者行为的变化过程，想把自己看到的大量最新国外研究成果呈现在旅游管理专业学生使用的教材中。同时还有一个明显的感触，即旅游者行为研究总滞后于消费者行为研究，而消费者行为研究则在不断借鉴实验心理学及社会心理学的研究成果。如果以两年作为一个研究成果的刊发周期，那么，国内旅游者行为研究和国外相关研究大概会出现至少四年的差距。

有幸的是，我于 2011 年初进入北京大学光华管理学院，师从营销学系符国群教授进行博士后合作研究工作。在两年的博士后研究工作期间，我时常穿梭于国家图书馆、北京大学和清华大学图书馆之间，搜集并仔细阅读了 10 余部 2000 年以后国外学者关于旅游者行为研究方面的专著或教材，结合对消费者行为研究的认识，我对旅游者行为研究框架有了一个新的认识和了解。

从 2004 年开始，我自己的研究主要聚焦在旅游者行为上，博士及博士后两个重要学术研究阶段的积累，以及近年来大量此类研究资料的收集，让我开始重新构思本书的编写计划。2013 年新春之际，基本完成编写工作。对于本书，有如下几点说明。

1. 整体框架主要遵循了消费者行为决策导向与行为导向分析框架与思路。本书共四篇：第一篇为导论，主要内容为旅游者行为研究概述；第二篇为旅游决策过程，包括旅游需要与动机、旅游信息搜寻、决策与旅游目的地选择、旅游体验与旅游后的心理与行为；第三篇为旅游者行为的个体影响因素，包括旅游者资源、旅游者个性与自我概念、旅游感知与认知、旅游者学习与记忆、旅游者态度；第四篇为影响旅游者行为的环境因素，包括旅游目的地品牌与形象、文化因素的影响、旅游参照群体的影响、家庭与亲友的影响、旅游者与旅游目的地原住民、情境与旅游者行为。

2. 在关注旅游者自身心理与行为探讨的同时，适度增加了旅游目的地原住民心理与行为的分析，同时凸显了中国本土文化对旅游者行为的影响，如第十三章中面子、儒家文化等对旅游者行为的影响，第十五章中国文化情境中对探亲访友(VFR)旅游的分析等。

3. 编写中尽量给出明确的参考文献，基础理论阐述关注心理学及消费者行为研究的经典理论，旅游者行为特质分析中提供了最新、较为权威的国内外研究成果，以达到参阅者按图索骥的目的。

本书大部分章节由白凯独立编写完成，参与初稿编写的有：吕洋洋(第二章、第九章)，李薇薇(第七章)，胡宪洋(第八章、第十章、第十一章)，张春晖(第十三章)，璩亚杰(第十五章)，靳海鹏(第十六章、第十七章)。杜涛协助绘制了书中大部分章节的图表。在此对以上编写人员表示衷心的感谢！

由于水平有限，书中的疏漏和不当之处在所难免，恳请读者批评指正，以便今后修改、完善。

白　凯
2013 年 2 月 9 日除夕夜于古城西安

目 录

序一
序二
前言

第一篇 导　　言

第一章　旅游者行为研究概述 ·· 3
　第一节　人类行为理论 ·· 3
　第二节　旅游者的概念与类型 ·· 10
　第三节　旅游者行为研究框架 ·· 16
　第四节　旅游者行为研究的理论来源与方法选择 ························ 21

第二篇　旅游决策过程

第二章　旅游需要与动机 ·· 31
　第一节　概述 ·· 31
　第二节　社会性需要与动机 ·· 34
　第三节　旅游需要与动机 ·· 37

第三章　旅游信息搜寻 ·· 44
　第一节　旅游信息概述 ·· 44
　第二节　旅游信息搜寻模式 ·· 47

第四章　决策与旅游目的地选择 ·· 51
　第一节　决策与消费者决策 ·· 51
　第二节　旅游决策的内容与过程 ·· 54
　第三节　旅游目的地选择 ·· 59

第五章　旅游体验 ·· 68
　第一节　体验概述 ·· 68
　第二节　消费者体验 ·· 70
　第三节　旅游体验 ·· 73

第六章　旅游后的心理与行为 ·· 81
　第一节　旅游行为意图 ·· 81
　第二节　旅游满意度 ·· 83
　第三节　旅游忠诚度 ·· 86
　第四节　旅游后悔与抱怨 ·· 90
　第五节　地方依恋 ·· 94

第三篇　旅游者行为的个体影响因素

第七章　旅游者资源 ·· 103
　第一节　旅游者经济资源 ·· 103

第二节　旅游者的时间 ··· 107
　　第三节　旅游者的知识 ··· 110
第八章　旅游者个性与自我概念 ·· 116
　　第一节　个性 ··· 116
　　第二节　旅游者的人格特性 ·· 121
　　第三节　自我概念 ·· 126
　　第四节　自我一致性与旅游目的地选择 ··· 130
第九章　旅游感知与认知 ·· 134
　　第一节　概述 ··· 134
　　第二节　"感知"——信息的加工过程 ··· 137
　　第三节　旅游感知与认知 ··· 140
第十章　旅游者学习与记忆 ··· 145
　　第一节　学习 ··· 145
　　第二节　旅游者学习 ·· 149
　　第三节　记忆 ··· 156
　　第四节　旅游者记忆 ·· 159
第十一章　旅游者态度 ·· 163
　　第一节　态度 ··· 163
　　第二节　旅游者态度 ·· 169
　　第三节　旅游者态度的形成与改变 ··· 173

第四篇　影响旅游者行为的环境因素

第十二章　旅游目的地品牌与形象 ·· 181
　　第一节　旅游目的地品牌化 ·· 181
　　第二节　旅游目的地形象 ··· 185
　　第三节　旅游目的地品牌个性 ·· 190
　　第四节　旅游目的地品牌资产 ·· 194
第十三章　文化因素的影响 ··· 200
　　第一节　文化概述 ·· 200
　　第二节　文化差异与旅游行为 ·· 208
　　第三节　中国本土文化与旅游行为 ··· 214
第十四章　旅游参照群体的影响 ·· 222
　　第一节　社会群体概述 ··· 222
　　第二节　消费者参照群体 ··· 224
　　第三节　从众与旅游者不良行为 ··· 228
第十五章　家庭与亲友的影响 ··· 233
　　第一节　家庭与家庭生命周期 ·· 233
　　第二节　家庭旅游 ·· 236
　　第三节　探亲访友旅游 ··· 242
第十六章　旅游者与旅游目的地原住民 ··· 249
　　第一节　旅游者与原住民的接触 ··· 249
　　第二节　原住民的旅游发展态度 ··· 251

  第三节　旅游者与原住民的冲突 …………………………………………… 254
  第四节　旅游者与目的地原住民的良性互动 …………………………………… 258
第十七章　情境与旅游者行为 …………………………………………………… 262
  第一节　情境概述 ………………………………………………………………… 262
  第二节　消费情境 ………………………………………………………………… 267
  第三节　旅游情境 ………………………………………………………………… 271
主要参考文献 ……………………………………………………………………… 276

第一篇 导　　言

第一章 旅游者行为研究概述

☐ **本章导读**

旅游者是旅游活动的核心,深入理解旅游者行为是促进整个旅游产业发展的根基。本章在介绍人类行为基本理论的基础上,阐述旅游者的概念与分类、旅游者行为研究的主题与结构、理论来源与研究方法,最后强调旅游者行为研究的意义所在。

旅游与人类本性息息相关。旅游业的发展是建立在人的基础之上——由人运营,并为人服务。该产业的成功依赖于那些直接或间接参与此行业的人们,可以是旅游目的地为旅游者提供服务的当地居民,也可以是旅游者、开发商、投资商、市场营销商和管理者。旅游业未来的发展需要我们理解旅游中的各种人类心理与行为,以及他们对产业运作的影响。

第一节 人类行为理论

人类心理与行为是极其多变和错综复杂的,往往很难检验和理解人们的某些行为方式。人们的心理和行为及各自的世界观取决于其生活背景、生活方式和心理需要。心理的变化和需要往往会反映在行为上,要想深入理解旅游中的心理与行为,需要从人类行为的分析入手。

一、人类行为的概念

人类行为(human behavior)指的是人们的行动方式及其自我展现形式:工作和娱乐、对环境的反应、执行职能和责任,以及日常生活行为方式(Reisinger, 2009)。人类行为主要包括三个方面:心智、身体和精神(Huitt, 2003)(图1-1)。心智(有时称作个性)有三个维度:①认知(认识、理解、思考、行动);②情感(态度、倾向、情绪、感情);③意动(意图和行为、行为原因、意志、意愿)(Eysenck, 1947; Miller, 1991)。

认知是一个不断认识和理解的过程,一个感知和熟识的过程,也是一个从一个环境中不断编码、存储、处理和检索信息的过程。根据韦氏大辞典的解释,认知"广义上是行为或认识过程,具体来说,是一个从感知和想法中不断获取知识的心智过程"。认知通常和思维及行为相关,会不时提问什么(例如,意义是什么? 如何发生?)(Huitt, 1999)。

情感是一种感觉,源自强烈的情绪、欲望或感触,如爱、恐惧和憎恨,也是一种个人心智受到干扰的状态,是对感知、信息或知识的情绪化解释。情感通常和如何的问题相关(例如,我对此有何感觉? 它是怎么发生的?)。情感经常和一种积极或消极的态度,以及陈述主题、对象、观念等相关(Huitt, 1999)。对待其他人和对象,人们可以有赞同和反对的态度、看法或者感觉。

意动是指人们认识结果和行为的联系,经常和为什么的问题相关(例如,为什么你会去那儿? 为什么它会发生?)。意动和个人意愿紧密相关,影响个体做什么的选择自由(Mischel, 1996)。意动是个体的行为动机(Bandura, 1997),没有理解基于动机的意动之前是无法解释人类的行为的(Miller, 1991)。

此外,人类心智的发展和运作还受到身体和精神的影响(图1-1)。身体因素包括:①生物遗传因素;②生理功能;③外在行为(Skinner, 1953)。心智从身体中获取信息,并将信息传达到身体，通过整个身体来影响人们的行为。虽然一些人认为心智和大脑相互关联（当大脑停止运作时，心智也同时停止），但是一些人认为心智和精神是独立的（心智独立于大脑运作，而且会产生一种精神或形而上的影响）。根据后者的观点，人类及其行为并不局限于他们的外在身体。人类的灵魂或精神会影响心智功能，而且在人体死亡之后依然存在。精神因素指宗教信仰、直觉、个人经历甚至哲学，这些是心智发展和人们学习、思考、感觉、推理和决策的关键。精神因素深刻地影响着人类行为。事实上，精神决定了人为什么是人类（Huddleston，1993），为什么他们是，以及他们去向何处（Huitt，2003）。上述理论对当今的旅游是重要的，随着世界上对精神体验需求的增加，这是一个重要的旅游动机。精神旅游（spirit tourism）是新兴的旅游类型之一，建立在人生还有比我们能看到和领悟之外更多的东西的假设之上。

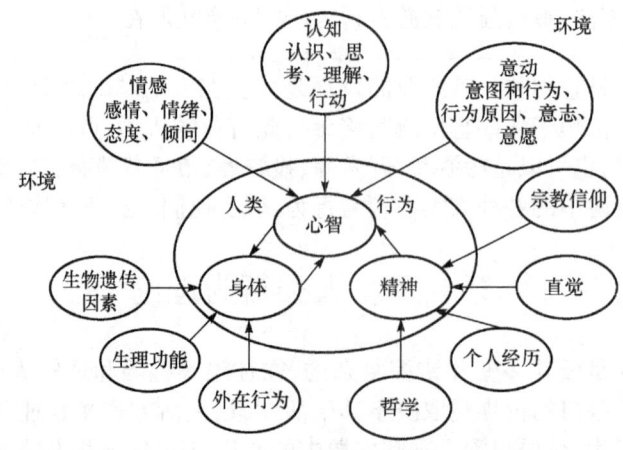

图1-1 人类行为的主要方面

总而言之，人类行为有五个主要构成部分：①认知——负责不断地获取知识和学习，以及感知、存储、处理和检索信息；②情感——负责感觉、感知和想法的形成（在认知过程之前和之后）；③意动——负责决策、个人动机和意图（指导和管理输入与输出功能）（内在和外行为）；④精神——负责内在行为（个人输入），即信仰、直觉和体验的形成，决定人们如何探索未知，如何和神圣相连；⑤行为——负责外在行为（个人输出）（Huitt，2003）。

二、影响人类行为的环境因素

人类行为受到各种环境因素的影响，这些环境因素在人类发展过程中发挥着极为重要的作用，并且影响着人类行为自身。影响人类行为的多样环境可以划分为不同的层次。第一个层次——微观环境，对个人行为和发展有着最直接的影响。微观环境包括家庭、邻里或社区机构（如学校、宗教组织）、同龄群体，以及特定的家庭和社区文化。第二个层次——中观环境，包括社会机构、专业组织，以及活动所涉及的交通、娱乐、卫生组织等行业，这些行业为间接影响因素。第三个层次——宏观环境，包括影响当地/国家的经济、政治、文化、社会体系或人口的因素。第四个层次也是最高的层次——超宏观环境，对个人行为的影响最小，包括国际趋势和全球变化的影响。在这一层次上，个人行为、家庭、社区和社会受到国际和全球的经济、信息技术、政治和社会经济体系的发展趋势的影响，同样他们的发展、宗教和种族也会受到影响（图1-2）。

超宏观和宏观环境代表了更广泛的环境，中观和微观环境则代表了比较狭小的环境。超宏观、宏观、中观和微观环境的区别在于它们对人类行为的影响方式及人类行为对其的影响回应上。例如，家庭（微观环境）、社会机构（中观环境）、国家经济（宏观环境）、国际趋势（超宏观环境）都会影响人类行为。同样，人类行为也会影响当地的邻里、社区和同龄群体（微观环境），专业组织和行业(中观环境),当地政治和社会体系(宏观环境),以及国际和全球发展(超宏观环境)。此外,这四个环境层次之间还相互影响,不能孤立存在。例如,卫生组织(中观环境)对家庭和朋友的健康起直接影响作用,而这一环境同时还依赖于国家经济和政治水平。相似的,信息技术(超宏观环境)的进步对国际交流和区域产业(宏观环境)、机构(中观环境)、家庭(微观环境)及个人都产生了深远的影响。较狭小的环境因素(中观和微观环境)持续地影响人们的日常交往(如教育、家庭、朋友),而较宽泛的环境则在一种不太频繁和大的层面上影响

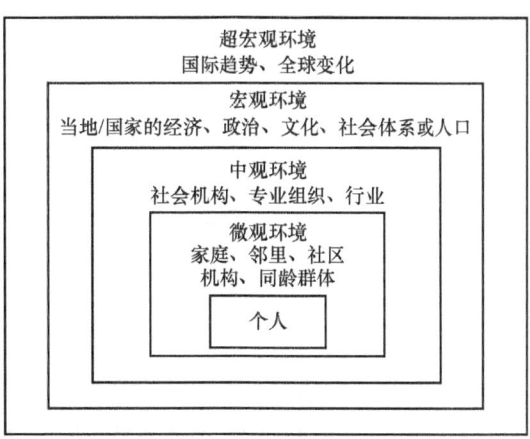

图1-2 影响人类行为的环境层次
资料来源:Huitt,2003;Srnka,2004.

人类行为(如政治、行业)。同样,人类行为自身也持续不断地影响着狭小环境(家庭、邻里),同时在一种较低的强度上影响着更大的环境(行业、国家经济)(Srnka,2004)。

总之,人类行为的发展是由于:①思想(认知)、情感(感觉)和意动(意愿)之间相互联系;②生物、遗传和精神因素的影响;③人类行为发生环境的影响;④个人行为对环境的反馈(Huitt,2003)。

三、人类行为理论

影响人类行为的一个最重要的因素就是动机。动机可以视为一种内部状态或条件(有时也被称作一种需要、欲望或需求),能够引起或激发行为和指导行为,并促使行为来满足需要。动机包括外部动机(个人之外)和内部动机(个人因素)。内部动机因素可以分为身体、心理(如认知、情感、意动)和心智(图1-3)。只有在特定需要的激发下,才会产生行为。

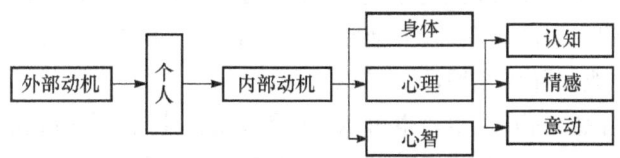

图1-3 动机来源的分类
资料来源:Huitt,2001.

(一)目标导向理论

目标导向理论(goal-orientation theory)也可被称为动机诱因的行为目标理论(cause-motive-behavior-goal theory)。该理论认为,人类行为有三个重要的特点:①行为是有原因的(行为自身不会发生,它的发生一定受到一些因素影响,可能个人没有意识到);②行为是有指向的(行为有目标,所有人都要达到一定的目标,无论他们是否意识到这些目标);③行为是受激发引起的(动机决定一个人的行为及人们要做什么,并为实现目标提供动力)。

诱因、动机和目标之间是相互依赖的。当一个人有原因去做一些事情时,这个原因创造了一种需要、需求或驱动力,指引或者驱动他去实现特定目标。一旦目标实现,行为的原因就不复存在。诱因消除同时动机消除,这样行为也随之消除。例如,当一个口渴的人满足了他/她的口渴之时,他/她不再需要(动机)喝水,也不会去找水。通过消除口渴(诱因),这个人也停止了找水(动机)。诱因、动机和目标之间的关系模型如图1-4所示。

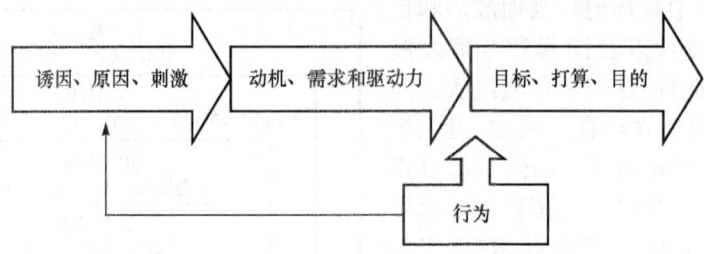

图 1-4　基于动机诱因的行为目标理论

资料来源：Reisinger, 2009.

遗憾的是，该模型在需求很难实现或只能部分实现时（如在战争中渴望安全）并不适用。而且也存在社会环境的影响（如人紧张、沮丧、压力、冲突）等环境因素，可能会使该模型的解释效果受到干扰。此外，因个体才能、技术和能力的差异，每个人的行为、动机和目标也不尽相同。每个人在不同环境影响下的反应也是不同的。同样，面对同样的环境刺激，每个人会有不同的动机原因，不同的驱动力水平（不同的动机水平）。

（二）马斯洛需要层次理论

根据马斯洛需要层次理论，人类行为取决于需要的满足。人类需要类型有五种：生理需要（空气、水、食物、住所、温暖、减少浪费、健康、性）；安全需要（保护、命令和稳定性，没有身体伤害的担忧）；社会需要（爱、家庭、家庭归属和社会接受）；自我需要（实现、能力、认同、身份、好的声誉和名誉）；自我实现的需要（个人的发展与成长、自我实现、挑战）。其中，最基本的需要涉及自身的生存：饮食、睡觉和住所。最高层次的需要是自我实现，个人的发展和成长。只有当低层次的生理安全需要被满足时，人们才有动力追求更高层次的需要，去实现个人成长和自我满足。例如，一个人只有满足了食物和住所的需要时，他才会考虑社交或娱乐的需要。一旦特定的需要被满足之后，这些需要便不会产生刺激作用。例如，一个口渴的人在喝完一杯水解渴之后，他便不会再受到口渴的刺激，因为他已经不渴了。同样的，一个感觉安全的人，避免危险对他来说也不会刺激他去寻找庇护，因为他不用担心安全。

马斯洛需要层次论中的五类需要也可以被解释为缺失性需要和成长性需要的互动递进关系。只有在缺失性需要被满足的前提下，才能进入成长性需要的阶段，即每一种较低层次的需要都必须被满足。如果发现一种缺失性需要，人们就会去想办法消除这种缺失。而如果缺失性需要被满足，人们就会准备下一级高层次的需要。

在马斯洛原始的五阶段模型中（图 1-5），只有一种需要类型为发展性需要，即自我实现需要。受这一需要激发，人们寻求个人发展、成长、挑战和新体验。在马斯洛的后期模型中，他进一步分化了自我实现的需要，在一般意义上的自我需要之前又增加了两个层次（Maslow and Lowery, 1998），而在之后又增加了一个更高的层次（Maslow, 1971）。前两个较低的发展层次是认知需要（认识、理解、探索）和审美需要（美、和谐、平衡、对称、秩序）。在自我实现需要之上的一级是超越需要（帮助他人实现自我满足和潜能的需要）（图 1-6）。

超越需要指的是所有人都需要而不仅仅是单一个体的需要，包括与超越自我相连的某些需要，如帮助他人、倡导人权、反对歧视、寻求社会正义、环境保护和节约、伦理道德、普世宗教、与他人和谐相处、尊重自然、欣赏艺术和音乐等。为了满足这些需要，许多人改变他们的行为，从外在的表达转向内心变化和寻求精神之旅。很多人都感觉有需要体验神的力量，一种超越

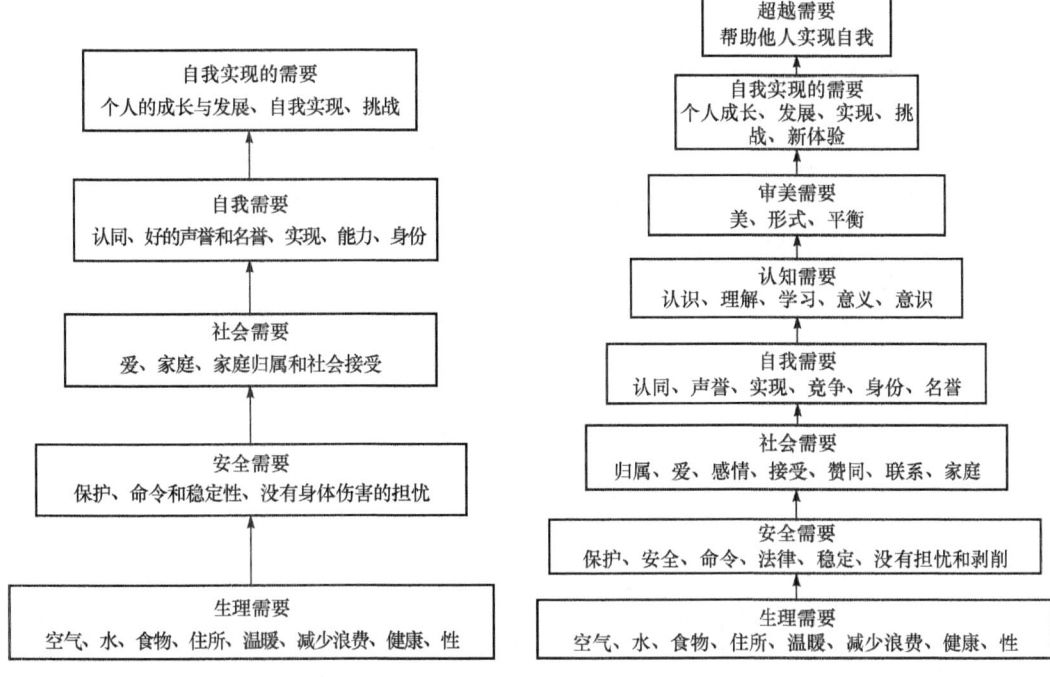

图 1-5 马斯洛需要层次理论(原始的五阶段模型)　　图 1-6 马斯洛需要层次理论(八阶段模型)

资料来源：Haney, 1992.

最初的马斯洛需要层次模型(五层次)是在1943~1954年提出的,在1970~1990年这一模型被进一步修订。1970年的模型由七种需要类型构成,1990年的模型由八种需要类型构成。

整个宇宙、来生,环绕人体的无形的力量,一种超自然的力量,然而另一些人觉得需要自我疗愈和帮助他人。随着一个人不断超越自我,他会变得更加明智。人类最高层级的超越需要的提出是马斯洛对人类行为与动机研究最后的重要的贡献。

马斯洛的模型可以被用来预测人类行为。当一个人知道他所处的需要层级时,他就可以决定下一个层级所要实现的需要。然而不足之处是,这一模型并不适用于所有人群。不同的人有不同的需要,一些人对于睡眠、食物和联系的需要要比另一些人少。一些人可能会满足于高层次的需要,而有些人则满足于低层次的需要。一些人可能需要他人来实现特定的需要(如需要一个广泛的社交网络),而另一些人可能没有特定的需要(如吃甜食、出国旅游),相反他们会寻找其他的途径来实现满足(如吃水果、国内旅游),这并不意味着这些人没有这些需要,而是他们在克制这些需要。

此外,一些人在排列他们的需要满足层次时也会有所差异。例如,有人可能并不关心安全需要,在实现生理需要之后,可能会直接希望满足社会需要。而一些人可能在同一天或者同一时刻有多种需要。例如,同一天一个人会被多种类型需要而激发动机,他可能会饥渴,担心街上某个人的安全,渴望周围朋友的接受,寻求认知和工作的进步,而且还可能希望为人类和环境保护作贡献。

可能一个人会同时有同一层级或几个层级的多种需要。而且当一个人有某些迫切的需要,急需实现但又不能得以满足时,还可能会和其他需要发生冲突。人类的生理需要和安全需要、社会和自我需要或自我满足需要经常会发生冲突。例如,一个雄心壮志渴望实现的需要可能会和工作中的社交联系需要冲突,这种情形下,为了避免破坏和其他同事之间的关系,这个人可能会抑制他/她的雄心。或者，这个人也可能会抑制其和其他同事社交联系的需要，而去实现专业认可和提高工作职位。

尽管有这些缺陷，马斯洛需要层次理论目前还是一个受到广泛认可的动机理论。它经常被用于识别个人动机和不同需要层次上的信息搜寻（图 1-7）。例如，最低层级上的人搜寻那些满足基本需要的信息，安全需要层次的个人寻求帮助信息来知晓怎样是安全的，社会需要层级的人们寻求启发性的信息来实现归属需要，在自我需要层级的人们寻求赋权信息来实现自我。最后，在认知、审美和自我实现的发展需要阶段，人们寻求有教育意义的信息来获取超越自我的一些东西或教育他人。

图 1-7　马斯洛需要层次论和不同需要层级上的信息搜寻

动机需要和人类个性密切相关。不同人具有不同的个性，他们的需要选择也不同。一个被引用非常频繁的例子是内向型和外向型。内向型的个人可能会需要个人发展、增加知识或者提高某方面的技能，而外向型的人则可能选择帮助他人来提高他们的能力。在社会需要层级上，一个内向型的人可能会寻求个人认可和群体接受（归属感），而一个外向型的人则可能关注这种关系中他人有何价值（自尊）。在自我实现层级上，一个内向型的人可能会试图满足自己的心理和生理需要，而一个外向型的人则会关心他人的联系和安全。

（三）双因素理论

Herzberg 等（1962）的双因素理论认为，人类行为理论和工作环境相关，他们认为人们需要的实现并不都能达到满意。在工作环境中，所有的工作都有两个重要的方面：①工作内容——人们所要做的工作任务；②工作环境——工作所处的环境。工作内容和激励因素相关，而工作环境和保健因素相关。当工作激励因素（如认可、提升）能够满足一个人的发展需要时，就会出现工作满意。而当激励因素不能满足发展需要时，就会出现工作不满意。但是，在保健因素中并不是如此。当工作环境的保健因素（如薪酬、工作条件）不能满足个人时，会出现工作不满意，而当保健因素满足个人需要时，既没有满意也没有不满意。

赫兹伯格、莫斯纳和斯奈德曼的理论通常被称为激励——保健理论。总之，这一理论认为满足个人较低层级的需要（保健因素）并不能激发他们发挥努力，而只能使他们避免不满意。只有当高层级的需要（激励因素）满足时，个人才能受到激励。"服务不出错（没有不满意因素）

并不能满足顾客,内在的满意度一定要能激发购买欲望(满意因素必须存在)"。

(四)期望理论

期望理论又称作效价-手段-期望理论,是管理心理学与行为科学的一种理论,该理论是由北美著名心理学家和行为科学家维克托·弗鲁姆于1964年在《工作与激励》中提出来的。这个理论可以用公式表示为:激励力量＝期望值×效价。其中,激励力量指调动个人积极性,激发人内部潜力的强度;期望值是根据个人的经验判断达到目标的把握程度;效价则是所能达到的目标对满足个人需要的价值。这个理论的公式说明:人的积极性被调动的大小取决于期望值与效价的乘积。也就是说,一个人对目标的把握越大,估计达到目标的概率就越高,激发起的动力越强烈,积极性也就越大。

期望理论是以三个因素反映需要与目标之间的关系的,有三个需要的因素:期望(感觉成功的可能性或行为结果,期望值),措施[第一个行为结果(如成功)和第二个结果(如奖励)之间的关系],价值(预期结果吸引或者不吸引的程度,行为结果的价值,达到目标的价值)。这三个变量一定要展现给人们使他们受到激励。如果一个人预期或相信他/她可以实现一个目标,而且能看到他/她的努力和实现目标之间的关系(如提升自我),那么这个人就会受到激发去努力行动。但是,如果这三个激励因素都不存在(如措施和价值太高,但是期望很小),这个人就不会受到激励。

(五)认知失调理论

认知失调理论是指个体认识到自己的态度之间、或者态度与行为之间存在着矛盾。所谓的认知失调是指由于做了一项与态度不一致的行为而引发的不舒服的感觉,如你本来想帮助你的朋友,实际上却帮了倒忙。在一般情况下,人们的态度与行为是一致的,如你和你喜欢的人一起郊游或不理睬与你有过节的另一个人。但有时候态度与行为也会出现不一致,如尽管你很不喜欢你的上司夸夸其谈,但为了怕他报复而恭维他。当人们试图实现两个或者更多有冲突的需要时,可以改变自己的行为(Festinger,1957)。例如,当价值和行动之间存在冲突时,人们可以用一种特殊的方法解决这些冲突,他们可以改变行为和转换思考,这可能导致他们行为和需要的更大改变。但是,人类需要的改变是视情况而定的。一种需要的满足并不一定能解释另一种需要的满足,如旅游的欲望并不能解释对饮食的需要。

(六)强化理论

强化理论是美国的心理学家和行为科学家斯金纳(Skinner)等提出的一种理论,也称为行为修正理论或行为矫正理论。强化理论认为好的结果能带来重复行为,而不好的结果不会产生重复行为(Skinner,1969)。同时,强化存在两种类型:正强化(又称积极强化)和负强化(又称消极强化)。当在环境中增加某种刺激,有机体反应概率增加,这种刺激就是正强化。例如,当饥饿的白鼠按动开关时给予食物,食物便是正强化物。当某种刺激在有机体环境中消失时,反应概率增加,这种刺激便是负强化,是有机体力图避开的那种刺激。又如,当处于电击状态下的白鼠按动开关时停止电击,停止电击就是负强化。在旅游活动中,如一个满意的旅游者会到相同的目的地重游,而一个不满意的旅游者则会选择去其他地区。这样,为了刺激一种特殊行为(如重游),就需要强化好的结果出现。换句话说,为了使旅游者购买同一产品,市场营销人员必须要重视旅游者能够体验到这个产品积极的和好的结果。

(七)求知需要理论

求知需要理论是美国哈佛大学教授McClelland在1953年提出的,他认为人类行为取决于和文化相关的动机。人们从他们的文化中了解需要,知道哪些需要是重要的,哪些需要首先满足,为什么要这么做。后来该理论被发展为成就动机理论。例如,英国旅游者到澳大利亚旅游通常喜欢海景宾馆,然而日本的旅游者却会选择那些提供大浴盆和拖鞋的宾馆。McClelland(1976)在后续的研究中进一步提出,人类的基本需要有三种:①成就(担负责任和面对挑战的需要);②社交(建立、维护、修护社会关系的需要,为了和他人建立友好关系);③权力(获得声望、控制环境、影响他人的需要)。

四、小结

人类行为是思维(想法、感觉、意愿),身体(生物学、遗传学),精神(信仰、经历、直觉),微观、中观、宏观、超宏观环境对个体影响,以及环境回馈不断发展的结果。当有需要刺激人们去追寻某个目标时,人类行为才会发生。很多研究者都对人类需要作了不同分类。根据马斯洛的观点,当人类的较低级需要得到满足后,人们就会受到较高等级需要的刺激,此时,已经得到满足的需要就不需要再刺激了。阿尔德弗指出,当较高层次的需要无法得到满足时,较低级的需要就成为了主要动力。Herzberg等认为一些需要得到满足之后并不一定带来满意。弗鲁姆认为,目标以及个人活动和目标之间的联系是人类行为的动力因素。Festinger 1957 表示个人为了满足互相矛盾的需要能够改变自己的行为。MacClelland认为人类可以从他们的文化中获得动力,文化决定了哪些需要是需要首要满足的,并且也可以解释其原因。

上述的人类行为理论能使我们理解人类对环境刺激的反应,理解如何影响、控制和预测人们的反应。这些理论有助于我们理解旅游者行为,当然,其他理论也可以在书中得到进一步证实。总而言之,人类行为形成的基础在于需要,而需要又进一步诱发动机。由此,也可以将影响人类需要的因素汇总,如图1-8所示,其中所罗列的部分影响因素,本书会选择部分在后文中加以讨论。

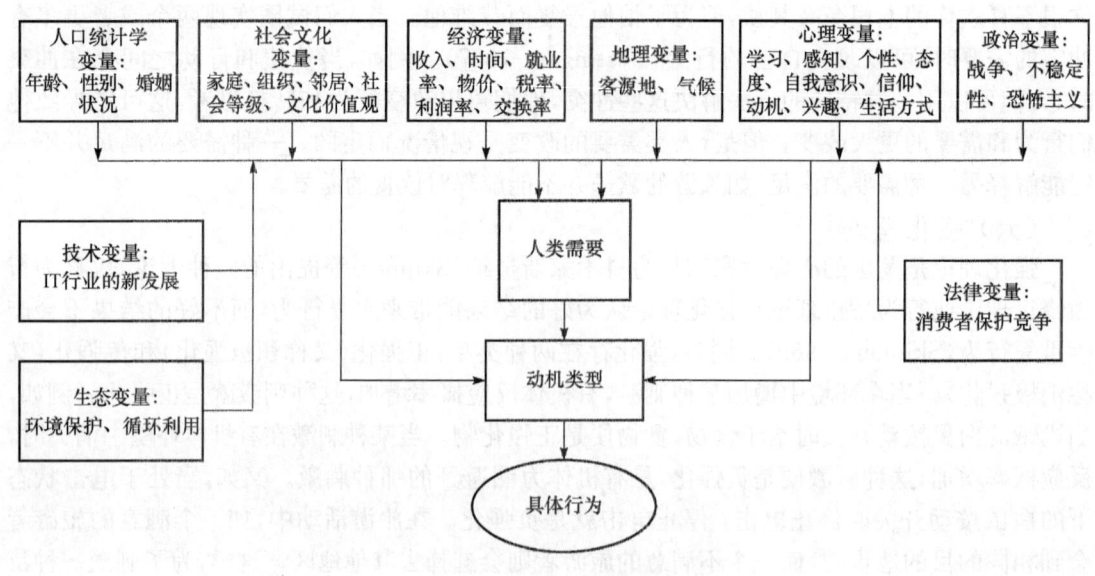

图 1-8　影响人类需要的因素

第二节　旅游者的概念与类型

现代旅游现象出现至今已有一个半世纪。从世界范围来看,把旅游现象作为社会科学的一个门类加以研究也有一个多世纪,而在我国只有 30 多年历史,旅游学尚属十分年轻的学科。旅游是一种极其复杂的、综合性的社会现象。旅游活动主体旅游者的概念界定存在一定的问题,其外延界定泛化。在西方研究体系中,与旅游相关的概念,包括休闲、游憩和度假(Meyer-Arendt and Justice, 2002)。

一、旅游、游憩与休闲

近年来,有关旅游、游憩与休闲的研究层出不穷。然而对于三者的区别和联系,仍然没有定论。因此,有必要在后面内容展开前,对旅游、游憩和休闲进行辨析。需要说明的是,旅游在日文中使用的是"观光"一词,关于该词的出处有两种说法。一种是取自中国古代《易经》中"观国之光",以及《左传》中"观光上国";另一种说法是从英语"sight-seeing"一词直译而来的,目前大陆习惯将 sight-seeing 译成游览,港澳台地区沿用观光一词(郑向敏、付业勤,2010)。

(一)旅游

旅游(tourism)一词是由 tour 和 -ism 组成,词源在线词典对 tour 是这样定义的:这个单词的历史背景更多的是对旅游业中活动意义细节的描述。单词 tour 是从拉丁字母 tornus 中衍生出来的,意思是车床(lathe),就 tornus 而言,它的意思是关闭或打开车床。旅游(旅行)意味着环形的移动,它与旧时法语中的 tourner 相关,意思是掉头、扭转,在中世纪英语中"a turn"来源于旧世纪英语"tyrnan"和"turnian",意思是转弯走过或路过,过去常用来指在公园转弯这样很短地来回走动,但是意味着有责任的旅行,在观察中不断变化着。当然,它也与 return 有联系,是指来回的动作,揣摩回答,循环、映射或送回。从这个意义上讲,旅游意味着出发点和结束点是一样的。

世界旅游组织对旅游活动的解释突破了旅游活动是"消遣性度假"的陈旧认识,将其正式定义为:旅游活动由人们前往外地的旅行活动及其在该地的逗留活动组成。它是人们出于休闲、商务或其他目的,离开自己的惯常环境,前往某地旅行并在该地停留不超过一年的访问活动。其中对"惯常环境"的强调旨在排除人们在自己惯常居住区域之内开展的旅行活动,在居住地点与工作地点之间的经常性的定期旅行活动,以及排除其他具有常规性特点的社区内旅行活动。

"旅游"强调的是一种空间移动、地理范畴的位移、具有异地性,人们离开他们的常住地和日常生活圈。空间是旅游行为本身必须涵盖的实体要素,必须是人类的一种空间活动,这些人离开自己的定居地及日常生活场所,并预定再次返回原居住地的移动,不会在旅游地定居和就业。同时,旅游还有时间条件的限定。目前各国公认的"国际旅游者"概念,是 1963 年世界旅游组织罗马会议提出的,到一个国家作短期访问至少逗留 24 小时的游客。同时,把逗留不足 24 小时的游客称为短程游览者或一日游游客。对于国内旅游者,由于各国领土面积和交通水平的差异,无法在停留时间上统一规定。但可以肯定的是,旅游者必须在其目的地停留一段时间,且时间通常应超过 24 小时。

(二)游憩

游憩(recreation)源自于拉丁文的"recreatio",意为恢复、复原,亦指工作之余,通过游憩活动来摆脱工作的疲乏、单调和压力,使人恢复活力,或再造活力(Edginton et al., 1998)。Kraus 曾解释游憩是休闲时间所从事的活动或经验,通常必须是自愿选择、令人愉快的。这些活动也许是为了达到个人或社会的目标,因为是参与而产生感动的状态(Kraus, 1990)。游憩是在闲暇时间内所发生的积极健康的活动,分室内活动和户外游憩两大类。游憩与旅游是互相包含关系,一个具体的旅游地是由游憩活动、设施和环境及其支持系统(交通、饮食、住宿等)组成的,旅游地规划的中心内容就是游憩规划(吴承照,1999)。国内外学界对游憩的认识还有很多,但不管怎样理解,基本都发生在闲暇时间,达到精神和体力上的恢复,只是在活动范围上有所不同。

（三）休闲

从字源来看,"休闲"的英语"leisure"源自拉丁文"licere",意指被允许(to be permitted)或自由(to be free),证明了休闲是为了愉悦自己而自由参与,并依自由意志决定继续与否。由 leisure 又引申为法文"loisir",意指自由时间。由此,休闲可以说是行动的自由,也就是在被允许之下,拥有自己的时间。Kelly 认为,休闲是在某一时间从事某项活动过程中,所体验到的自由与内生满意(Kelly,1990)。时间、活动和体验是休闲的三个基本要素:从时间的角度,休闲是扣除必须义务,剩余的时间或自由的时间;从活动的角度,休闲是活动的形式或活动的意义;从体验的角度,休闲是参与者的感受、认知或心理状态。Kraus 对休闲的定义如下:①休闲应被视为是一种活动,是相对于停顿或完全休息而言的;②休闲包括广泛的活动,如运动、游戏、精致艺术、音乐、旅行、社会活动,可能以个体或团体方式,可能持续一生或经常参与;③活动或参与是自发的,不受强迫或强制;④休闲是由内在动机而促发,意欲达到个人满意感,并非因为外在目标或回馈。而在很多语境中,游憩被翻译成休闲活动。休闲活动是闲暇时间的自由活动,是自愿、有乐趣的活动,是具有社会性、建设性、创造性的活动,是非谋生的活动,也可以是一种身体活动。休闲与游憩的基本内涵相似,而游憩活动更倾向于户外的活动,偏重于其游玩、健身和放松心情的功能。休闲则有着比游憩更丰富的内涵和活动内容,可以在更多的条件和环境下进行。总体来讲,从西方对 tourism 的溯源来看,它与 leisure 的关系十分密切,两者的联系是不可避免的,其在理论上也是互补的,越来越多的西方学者将旅游视为休闲方式的一种,其主要区别在于旅游在空间、时间上的严格规定性。

（四）三者间的关系

Hall 和 Page(2006)认为旅游和游憩从属休闲这个更为广泛的概念,并用图 1-9 阐述了三者间的关系。旅游和游憩作为休闲的组成部分,三者的界限是软性的,故用虚线表示;工作与休闲是对立的,但却存在两个重叠,其一是商务旅游——一种与休闲导向的旅游对立的工作导向的旅游形式,其二是目的性休闲——一种介于工作和休闲之间,打破两者的界限,将休闲(业余爱好或嗜好)作为事业来追求的休闲方式。另外,也可以从空间、时间和目的上进行三者关系的界定(郑向敏、付业勤,2010)。

(1) 空间上:游憩一般不包括在居所内进行的活动,主要在户外、距离居所一定距离的场所(如城市公园、郊区农家乐)开展;休闲活动不受空间条件限制;旅游是离开居住地或工作地进行的活动,可认为是在异地进行的游憩活动。

(2) 时间上:在闲暇时间内开展的活动都可算做休闲;游憩更多是指不过夜(不超过 24 小时)的游乐活动;旅游多指人们在目的地过夜的休闲、游憩行为。休闲时间可分成三部分,即每日的闲暇时间用于日常休闲,周末的闲暇时

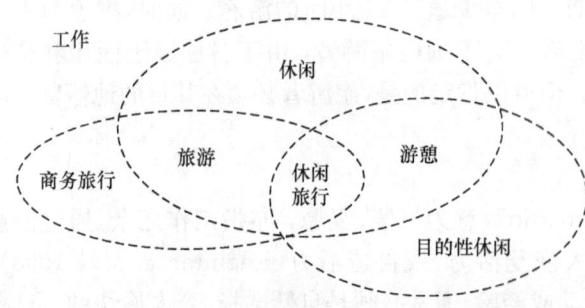

图 1-9 旅游、游憩和休闲的关系
资料来源:Hall C M,2006.

间可进行短途旅游或城市周边游憩,而黄金周、带薪假期则可从事各种长途旅游、度假活动。

(3) 目的上:游憩、旅游、休闲都是以获得愉悦、身心放松,而不是赚取报酬为目的的非生产性活动。另外,旅游的动机还可能包括商务、教育、健康或宗教等因素。

本书重点关注旅游活动中的旅游者,以往此类研究中,学者们更多是从消费者的角度来看待旅游者、游憩者和休闲者的。当然,休闲和游憩可能体现出更多社会学研究的某些特质,而这并不能否认在一定条件下这两类活动的消费属性。在消费者行为研究领域,此类人群被称为顾客或消费者。不可否认,当人们在支付了一定费用来从事旅游、休闲或游憩活动时,他们可以被看做是消费者,但笔者更倾向于跳出消费层面来看待上述三种人群,因为在旅游、休闲与游憩活动中,人们所表现出来的不仅仅是狭隘的消费属性,其活动根源更多体现出一种社会属性及文化属性。例如,笔者在以往研究中所讨论的旅游活动的本质在于追求自我完善(马耀峰、白凯,2007)。仔细思索,该界定虽然比较宽泛,但从活动的深入根源来看,旅游、休闲、游憩活动在排除掉消费属性后,它们表现出的正是此类特征。因此,本书中,笔者倾向于从相对宽泛的角度来看待旅游者行为,在某些条件下,游憩者是旅游者,休闲者也是旅游者。其区别在于他们所从事这三种活动在时间、空间及动机上的细微差别。本书对旅游者行为的探讨,基本上依据世界旅游组织所提出的经典旅游者概念为主,但在某些内容的讨论上会超出其涵盖范围。

二、旅游者的概念

(一) 概念发展

"旅游者"是旅游经济分析中又一个十分重要的基本概念(叶友良,2003)。通常,人们对"旅游者"定义的分歧没有对"旅游"定义的分歧大,主要原因是人们对旅游者的量化统计更为重视,正如有的专家所指出的:"对于旅游业以及关心旅游业发展问题的国家有关政府部门来说,所需要的乃是旅游者的技术性定义,即把一些量化或者可借以区别限定的标准纳入旅游者的定义,以便于统计和研究工作"(李天元、王连义,1997)。尽管对"旅游者"定义在一般旅游学教材中都有提及,但笔者仍认为应对"旅游者"概念进行分析和比较,从而为科学地统计"旅游者"人数,正确地进行旅游经济分析提供较为准确的范畴和依据。

据考证,最早明确提出"旅游者(tourist)"一词的是英国人萨缪•佩吉(Smith,1989)。然而在佩吉于 1800 年提出"旅游者"一词后的 100 多年中,人们对"旅游者"一直没有明确的定义。

直到 1937 年,为了适应蓬勃发展的国外旅游业的需要,国外旅游联盟专家统计委员会才组织专家进行研究,并首次给国外旅游者下了明确的定义,即"国外旅游者是离开常住国到另一个国家访问超过 24 小时的人"。这些人包含了有明确旅游目的而出国旅行的人员、各种因会议或商务而出国旅行的人员,以及在海上巡游过程中前往目的国访问(时间超过 24 小时)的人员等,同时明确把到他国求职、定居、求学,边境居民和临时过境人员排除在该定义之外。

1950 年,国外旅游联盟专家统计委员会又对上述定义作了修订,并把休学旅游者和一日旅游者也包括在内。之后,联合国统计专家委员会提出应明确划分会议和商务旅游者,并将其纳入旅游者定义中。

1963 年,罗马举行的联合国旅游大会明确提出要区分旅游者在旅游目的国逗留 24 小时以上和不足 24 小时的差别。于是,又对 1950 年提出的定义作了进一步的修正,并提出了国外游客(visitor)、国外旅游者(tourist)和国外一日游游客(excursion)三个基本概念和定义(即罗马定义)。1967年,经过联合国统计专家委员会论证后,同意采纳罗马定义并向全球旅游界推荐使用。1967年,联合国统计专家委员会又召开了包括世界旅游组织(WTO)、联合国贸易和发展组织(UNCTD)、欧洲统计委员会(CES)、东部加勒比共同市场(ECCM)和加勒比共同体(CC)等在内的国外会议,进一步对国外旅游者进行了分类和明确定义。1978年,联合国贸易和发展组织将以上分类和定义纳入国际贸易统计年鉴中的旅客分类表中。1981年世界旅游组织也将上述分类和定义纳入《国外和国内旅游信息收集和反映技术手册》中。至此,国外旅游者的概念初步有了较为统一认可的通行定义。

1991年,世界旅游组织在加拿大召开了旅游统计国外大会,针对90年代世界旅游业发展的趋势和特点,再次对包括旅游、旅游者等在内的旅游基本概念重新进行了定义,使之更加清晰和明确。同时将有关旅游基本概念新的定义以《国外旅游统计大会建议书》的形式上报联合国,经联合国统计专家委员会审议通过后,于1995年开始在全球推广使用,从而使旅游者定义及其统计范围更加明晰和一致,并为世界各国普遍接受和采用。国际旅游者分类见图1-10。

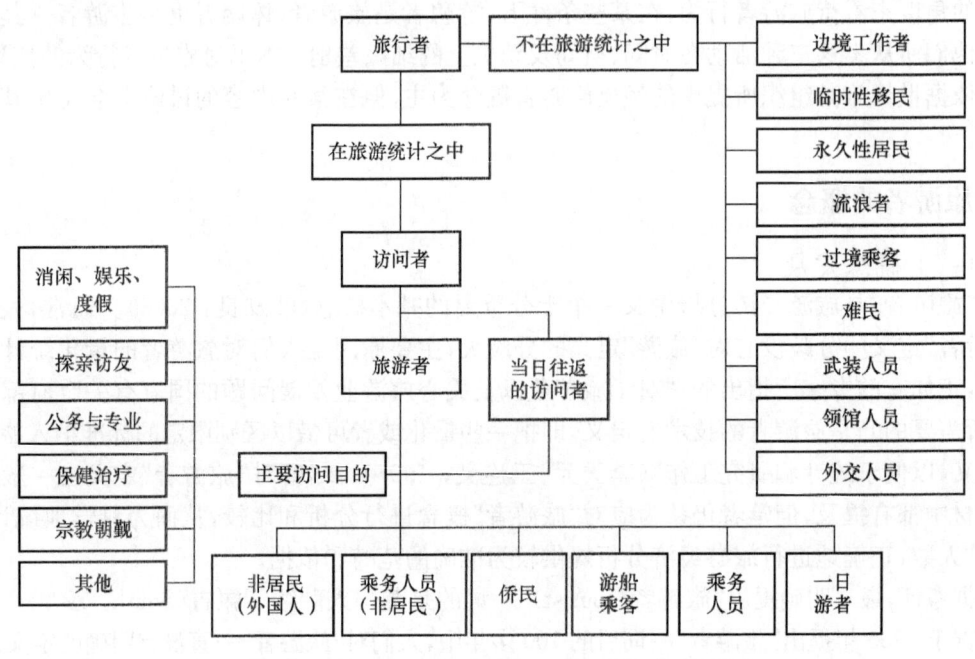

图1-10 世界旅游组织对国际旅游者的分类

(二) 概念界定

根据世界贸易组织服务贸易理事会秘书处为理事会成员提供的背景材料,世界旅游组织将国外旅游限定为当一个旅行者跨越国外边界时所发生的现象。

可见,旅行者不在旅游统计之中的有:边境工作者、临时性移民、永久性居民、流浪者、过境乘客、难民、武装人员、领馆人员、外交人员。

在旅游统计之中,当日往返的访问者主要访问目的是保健治疗、公务与专业、探亲访友、消闲、娱乐、度假、宗教朝觐、其他。旅游者包括:非居民(外国人)、乘务人员(非居民)、侨民、游船乘客、乘务人员、一日游者。

在服务贸易总协议(GATS)中对旅游的定义遗漏了许多服务活动,如电脑预订系统(CRS)、交通、旅馆建造和汽车出租等,而这些又被世界旅游组织认为是最主要的旅游相关行业。世界旅游组织表示对GATS所下的定义不满意,要求其在下一轮服务谈判中进行修改。

1999年6月我国国家旅游局和国家统计局公布的《旅游统计调查制度》附录Ⅰ，即《旅游统计基本概念和主要指标解释》中对游客的定义是："游客指任何为休闲、娱乐、观光、度假、探亲访友、就医疗养、购物、参加会议或从事经济、文化、体育、宗教活动，离开常住国（或常住地）到其他国家（或地方），其连续停留时间不超过12个月，并且在其他国家（或其他地方）的主要目的不是通过所从事的活动获得报酬的人。游客不包括因工作或学习在两地有规律往返的人。游客按出游地分国外游客（如海外游客）和国内游客。按出游时间分旅游者（过夜游客）和一日游游客（不过夜游客）。"其中，常住国指一个人在近一年的大部分时间所居住的国家（或地区）或在这个国家（或地区）只居住了较短的时间，但在12个月内仍将返回的这个国家（或地区）。常住地指一个常住国的居民，在近一年的大部分时间所居住的城镇或在这个城镇只居住了较短的时期，但在12个月内仍将返回的这个城镇。判定一个游客是国外游客还是国内游客不是根据这个游客的国籍而是根据他的常住国或常住地而定。

根据世界旅游组织提出的，并经联合国统计专家委员会审定而公布的有关旅游基本概念的定义，对国外旅游中"旅游者"概念划分为国外游客、国外旅游者和国外一日游（或当日）游客三类，并分别作了明确的定义。

1. 国外游客

国外游客是指一个人到他通常居住国以外的其他国家进行旅游，且时间不超过一年的人员，包括国外旅游者和国外一日游游客在内，其主要目的不是为了从访问国获得任何报酬。

国外游客主要包括以下人员：

（1）以娱乐、健康、宗教、探亲、运动、研究、度假等为目的而到某一国家的访问人员，也包括通过该国到第三国的人员。

（2）在某一国暂时停留的飞机和轮船上的全体工作人员。

（3）在某一国停留不超过一年的其他国家的公务人员，包括为安装设施设备而停留的其他国家的技术人员。

（4）跨国公司因商务（出差、开会、业务、研究等）而到某一国家停留不超过一年的职员。

（5）从某一国家回国作短暂停留而时间不超过一年的侨民。对于以求职、移民、驻军、外交人员、边境工作人员身份到某一国家，以及难民、流浪者和拟在某一国停留一年以上者排除在国外游客范围之外，不纳入国外游客统计中。这样，就明确了国外游客的定义和范围界限，从而有利于理解国外游客概念并进行科学的统计。

2. 国外旅游者

国外旅游者是指一个国外游客到某一国家旅游，至少停留一夜（即24小时），至多不超过一年，其目的不是为了从访问国获得任何经济报酬，而是为了休闲、开会、观光、商务、求学和探亲访友等。其统计范围包括了国外游客所列的五类人员，同时也排除了国外游客定义中排除的所有人员。国外旅游者作为国外游客的主要组成部分，其与国外游客定义的差别主要是不包括未过夜的国外一日游游客。

3. 国外一日游游客

国外一日游游客是指一个国外游客到某一国家旅游而不过夜（不超过24小时），其目的主要是为了休闲、观光、游览、探亲访友等，包括途经某国停留并允许免签证入关的轮船上或飞机上的乘客等。

国外一日游游客也是国外游客的重要组成部分，其与国外游客定义的差别是不包括过夜的国外旅游者在内；与国外旅游者定义的区别在于游客不在旅游目的国过夜且时间不超过 24 小时。

在国内旅游中,对"旅游者"定义的一致性远远低于对"国外旅游者"的定义。这反映了各国政府对国内旅游的认识及发展国内旅游的巨大差异。为了敦促各国政府的旅游部门积极推进"国内旅游者"定义的一致性,世界旅游组织曾于 1981 年提出有关"国内旅游者"定义的指导性原则:一是要把本国居民和在该国停留时间超过一年以上的外国人均列入国内旅游者的范围;二是要把求职、求学等情况排除在国内旅游之外;三是要区别永久、短暂的移民和旅行;四是要进一步区别停留时间超过 24 小时和少于 24 小时的国内旅游者。尽管上述原则被许多国家的官方旅游部门所采用,但各国政府在对"国内旅游者"的定义上仍然存在着较大的差异。

根据世界旅游组织和联合国统计专家委员会的定义,其将国内旅游者分为国内游客、国内旅游者和国内一日游游客三个基本概念。

(1) 国内游客:指一国居民为了特定的需要而到他通常环境以外的国内另一个(或多个)地方旅行,时间不超过 6 个月,主要目的不是为了从访问地获得任何经济利益。国内游客包括国内旅游者和国内一日游游客。

(2) 国内旅游者:指为了休闲、度假、运动、商务、会议、学习、探亲访友、健康或宗教等目的而离开通常环境到国内其他地方旅游,时间至少 24 小时以上,但不超过 6 个月,并且不从访问地获得任何经济利益的国内游客。

(3) 国内一日游游客:指国内游客基于任何原因在国内任一访问地停留,但不过夜(即不超过 24 小时),其目的不是为了从访问地获取任何经济利益的国内游客。国内一日游游客与国内旅游者的主要区别,就在于国内一日游游客不在访问地过夜。

我国对"国内旅游者"的定义,基本上是参考了世界旅游组织提出的指导性原则和定义,并将国内旅游者也划分为国内游客、国内旅游者和国内一日游游客三大类。

1999 年 6 月国家旅游局和国家统计局公布的《旅游统计调查制度》附录Ⅰ,即《旅游统计基本概念和主要指标解释》中对"国内游客"、"国内旅游者"和"国内一日游游客"定义及范围界定为以下内容。

(1) 国内游客:指报告期内在国内观光游览、度假、探亲访友、就医疗养、购物、参加会议或从事经济、文化、体育、宗教活动的本国居民,其出游的目的不是通过所从事的活动谋取报酬。统计时,国内游客按每出游一次统计 1 人次。

(2) 国内旅游者:指国内居民离开惯常居住地在境内其他地方的旅游住宿设施内至少停留一夜,最长不超过 6 个月的国内游客。

国内旅游者应包括在我国境内常住一年以上的外国人、港澳台同胞。但不包括到各地巡视工作的部以上领导、驻外地办事机构的临时工作人员、调遣的武装人员、到外地学习的学生、到基层锻炼的干部、到境内其他地区定居的人员和无固定居住地的无业游民。

(3) 国内一日游游客:指国内居民离开惯常居住地 10 千米以上,出游时间超过 6 小时,不足 24 小时,且未在境内其他地方的旅游住宿设施过夜的国内游客。

第三节 旅游者行为研究框架

关于旅游者行为研究框架的界定问题,从其诞生到现在,几乎一直延续着仁者见仁,智者见智的状况。就此,我们需要进行一定的讨论,来确定该研究内容的意义与价值。

一、旅游者行为概念的界定

(一) 心理与行为之争

20世纪70年代,西方对旅游者行为的研究冠以"旅游心理学"的概念(罗贝尔·郎卡尔,1997),但其内涵至今没有明确界定。我国以旅游心理学为题的论著几乎都有旅游心理学的定义,流行的观点主要有两种。一种观点主张:旅游心理学是心理学的分支,是将心理学原理运用到旅游工作而形成的新学科。例如,屠如骥等认为,旅游心理学是心理学的分支学科,属于应用心理学,是将心理学的研究成果及其一般原理运用到旅游工作中而形成的一门新兴学科(屠如骥等,2001)。另一种观点主张:旅游心理学是心理学原理在旅游领域的应用,是研究旅游者心理和行为的科学。例如,贾静认为,旅游心理学是研究旅游者心理现象发生和发展规律的科学,是心理学基本原理在旅游领域的应用(贾静,2002)。

近年来,特别是2000年以后,国际三大旅游研究期刊 *Tourism Management*、*Annals of Tourism Research* 和 *Journal of Travel Research* 中旅游者行为研究的成果逐年增加,几乎每期都有数篇关于旅游者行为的研究论文刊发。同时,笔者大致统计,2000年以来,国际上出版的关于旅游者行为的研究专著与教材合计有10本(表1-1)。这些专著与教材有一个共同的特点,就是其名称都会出现"旅游者行为",而较少以"旅游心理"冠名。

表1-1 2000年以来国际上出版的旅游者行为的研究专著与教材

出版年	作者	题目
2000	Chon K S, Pizam A, Mansfeld Y	*Consumer Behavior in Travel & Tourism*
2004	Crouch G I, Perdue R R, Timmermans H J P, Uysal M	*Consumer Psychology of Tourism, Hospitality and Leisure*
2004	Raj A	*Tourist Behaviour: a Psychological Perspective*
2005	Pearce P L	*Tourist Behaviour: Themes and Conceptual Schemes*
2006	Swarbrooke J, Horner S	*Consumer Behaviour in Tourism (2nd ed)*
2008	Kozak M, Decrop A	*Handbook of Tourist Behavior: Theory & Practice*
2009	Reisinger Y	*International Tourism: Cultures and Behavior*
2009	Bowen D, Clarke J	*Contemporary Tourist Behaviour*
2011	Weeden C	*Responsible Tourist Behaviour*
2011	Pearce P L	*Tourist Behaviour and the Contemporary World*

针对上述的变化与差异,笔者认为有如下几点需要加以澄清。

首先,近年来旅游者行为研究主要顺承了消费者行为的研究成果与思路。消费者行为是指消费者为获取、使用、处置消费物品或服务所采取的各种行动,包括先于且决定这些行动的决策过程(符国群,2011)。从应用层面来看,作为商学领域的分支学科,虽然消费者行为研究涉及诸多心理变量,如感觉、知觉、认知等,但其关注的核心是"各种实际的消费行动与这些消费行动形成的诱因",即消费者对于各种外界刺激所最终呈现的消费决策及实际的消费行为。沿用消费者行为的研究思路与视角来看,当我们关注旅游活动制造者的核心——"旅游者"时,从应用角度看,应更为关注旅游者的最终行为是什么?是哪些诱因导致了这些行为的产生?是外界旅游目的地或经营者营销刺激,还是旅游者自身内需的驱使?这里,作者秉持"过程动态论"的观点,即旅游者行为是一个动态变化的过程。

其次,旅游者心理与行为是一个硬币的两个面,取舍哪面都不足以说明其基本特质。如果就该用"行为"还是"心理"去请教一个心理学家,他们一般会秉持用"心理"来加以界定的观点。心理学家一般认为,人的外部行为表现应该纳入心理的研究范畴,因此,行为应该是心理的一个方面。但就该问题去请教一个商学领域的专家,他们一般会建议,还是应该关注应用层面,以行为来界定更为确切。那么,对旅游中的心理与行为研究,我们应该如何来看待?笔者认为,旅游活动存在明显的消费属性,但其也有另外一面,即追求审美与愉悦(谢彦君,2011),而最终获得自我人格的完善与提升。那么,从"动态过程论"来看,旅游活动中的心理是基础,行为则是目的。但是从应用层面讲,笔者更倾向于用旅游者行为来加以涵盖。

(二)旅游研究的分支研究内容

当研究者以"学"来对某研究命题加以定义时,主要考虑的是该研究命题的逻辑起点问题。逻辑起点是定义学科的立足点,它决定定义的重心。这里笔者引用邹本涛(2010)关于"旅游心理学"学科研究逻辑起点的论述,他认为,定义旅游心理学,有两个逻辑起点可供选择:一是"旅游心理与学",二是"旅游与心理学"。前者以旅游心理等为研究对象及核心概念,以某些学科(如心理学、旅游学)为研究视角;后者以旅游等为研究对象及核心概念,以心理学为研究视角。第一逻辑起点不强调以哪些学科为研究视角,只强调以旅游心理为研究对象,显然是对象第一,视角第二;第二逻辑起点虽然视角、对象均很明确,但由于特别强调心理学视角,对象地位相对下降,实际是视角第一,对象第二。旅游心理学定义的逻辑起点应如何选择?笔者认为,应放弃第二逻辑起点,选取第一逻辑起点。

通过上面的论述可以发现,邹本涛(2010)强调定义"学",即强调这个分支研究的逻辑起点。但是如果根据该思路,那么旅游心理的核心研究对象又是谁呢?答案是肯定且清楚的,应该是旅游者。正因为旅游者,所以产生了旅游现象,进而形成了旅游学科中的大量研究命题。同时,从基础和应用角度来看,目前大量的旅游研究还处于应用层面,针对旅游活动中的心理与行为研究也是如此。回归到本书的讨论内容,笔者认为,现阶段以"旅游心理学"、"旅游行为学"或"旅游消费者行为学"命名都有其一定的道理。以发展的观点或以现象学的观点来看该研究内容与研究命题,笔者认为,现阶段,其应审慎的以"旅游者行为"命名,应强调和关注该分支研究内容的形成主体。因此,我们也可以这样来定义,旅游者行为是旅游研究中的一个分支研究内容。

综上所述,笔者这样来界定本书所秉持的观点。

首先,旅游者行为的研究所聚焦的重点对象是旅游者,然后再关注与旅游者密切相关的旅游目的地的原住民。对旅游目的地原住民(居民)的研究,近年来从社会学、人类学角度的探讨已经取得了令人瞩目的研究成果。越来越多的研究者意识到,旅游中的心理与行为不仅来自旅游者本体,同时,指向在跨越旅游目的地后,还会与旅游目的地原住民形成诸多交汇方式,进而引发不同的行为表现,这些都会在一定程度上显著影响旅游者的心理与行为的变化(图1-11)。但是,当我们欣喜地发现社会学及人类学对旅游目的地原住民研究进展的同时,也应该意识到,社会学及人类学大量田野调查的研究结果呈现一般是粗线条的,概括式的,而如何深化,从行为学角度的研究则可以更好地加以实现。

其次,如何来界定本书的研究现象,如前文所述,笔者认为,虽然本书冠名为《旅游者行为学》,但心理与行为是一个问题的两个构成面,即应该注重基础层面旅游心理的探讨,也应该注重应用层面旅游行为的探讨。因此,旅游者行为研究,其研究内容是旅游中个体及群体(旅游者及旅游目的地原住民)的心理与行为变化过程、特征、影响因素及其与外部情境的互动关系。

最后,旅游者行为的探讨,重点侧重于旅游者,其基础研究理论可以与消费者行为的相关概念联系起来。消费者行为是指消费者在选择、购买、使用和评价商品、服务、观念,以及那些

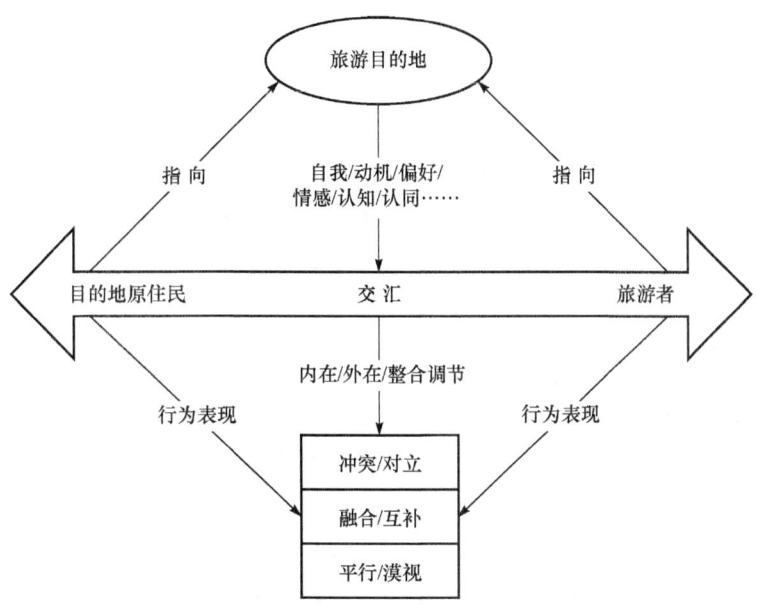

图 1-11　旅游者行为的发生过程与结果

他们期望能满足自己需要和欲求的体验。消费者行为是消费者在决策的过程中面对一些选择而作出的行为。而当面对旅游者的心理与行为问题时,我们应该重点探讨的是:旅游者对旅游产品、服务及体验的选择、购买、使用和评价。需要解释的是,旅游者如何使用一些与旅游产品和服务相关的可利用的资源,如时间、金钱以及精力,同时,应关注旅游者与旅游目的地之间的相互作用与影响。

二、旅游者行为研究的主题与结构

表 1-2 总结了许多关于旅游者行为研究的主题和结构。从现阶段看,这些被列出的概念并不是相对完整的描述,但它却在一定程度上体现了该领域的最新研究成果。

表 1-2　旅游者行为研究的主题与结构

主题	概念结构
旅游者的社会角色 旅游者被看做是怎样的,旅游者做什么,成为一名旅游者的区别性特征,到其他地方旅游的影响	● 原型分析 ● 社会表征 ● 角色理论,包括角色距离、角色互换、角色冲突、角色处方 ● 局外人和漫游者角色 ● 阈限和类中介空间
旅游者人口统计学特征及产品分类 显著的特性是如何说明旅游者行为的,充当旅游者群体的替身,注重于利益的旅游者,旅游者群体的命名	● 相位和阶段模型 ● 文化差异,分类 ● 缄默的声音,性别分析 ● 专业化 ● 经验成果
动机和旅游者行为 形成旅游行为的心理需求是什么? 这些动机最后会怎样改变并且形成一种理解旅游者动机的模式?	● 旅游职业生涯模式 ● 生命周期 ● 旅行经验水平

续表

主题	概念结构
目的地选择 当人们选择目的地时什么力量在起作用,目的地是如何被想象和成像的,这些意象是如何被建立的,以及在选择度假地时他们是如何起作用的?	● 多属性目的地模式 ● 认知地图和意象分析 ● 态度理论 ● 选择集合模型 ● 活动增加目的地选择模型
旅游者与旅游者的关系 旅游者是怎么认为其他人的存在,以及在什么环境下这些来自旅行经验的联合参与者被看做是贡献者或批评者?	● 目标干扰假设 ● 旅游凝视 ● 外部群体结构 ● 熟悉的陌生人,漫游者 ● 社会环境分析
旅游者,东道主和其他人 旅游者与其他文化群体之间是如何相互影响的?如何在一个框架中了解这些及困难是什么,这直接影响文化相互作用的提高。	● 文化冲击的组成部分 ● 协同管理的意义
旅游者的实地体验 旅游者如何鉴别和评价实地体验。管理和形成旅游者实地体验的技能是什么?旅游者如何使用并诠释各类相关信息,如何以此来满足他们的旅游动机及社会交往目的?	● 可持续性加强地方模型 ● 真实性和绩效 ● 概念 ● 熟练技巧能力 ● 专注力
体验的反映:满足感和学习 通过旅行实现人类繁荣和增长的总体性是什么?如何理解和评估不同利益相关者目标的满意度和享受?旅游者学习了多少,以及不同种类的学习如何符合已有的知识?依附于旅行体验的其他微妙利益是什么?	● 幸福主义 ● 期望/确定/不确定范式 ● 事后评价 ● 知识结构 ● 社会表征

资料来源:Pearce,2005.

在旅游者行为的研究中,我们应该重点关注如下的研究主题与结构。第一,关注旅游者角色的社会属性。如前文所述,消费属性只是旅游者诸多属性的一个方面,在旅游者行为研究中,研究者应该更多关注的是旅游者身份特征是什么(原型、社会表征及角色扮演)。第二,当从消费的角度来看待旅游者时,旅游者的人口统计学特征及旅游产品的分类会有什么样的作用与影响。第三,人类行为的主要诱因是动机,旅游者动机与旅游者行为之间的关系是什么,是哪些因素影响了旅游者动机的产生,并随之诱发了旅游者的诸多心理与行为表现。第四,旅游者是如何进行决策的,而决策的核心——旅游目的地选择是怎样的一个过程,在该过程中,是哪些主要因素影响了旅游者决策,而该过程又会呈现几个明显的阶段划分。第五,旅游者与其他群体之间的关系如何,旅游者与旅游者、旅游者与旅游目的地原住民,在文化背景趋异的限制下,他们是如何进行心理与行为调适的,其结果是什么。第六,旅游对旅游者及旅游目的地原住民的影响是什么,在旅游中他们各有什么收获及影响,哪些是有益的,哪些是有害的,这些研究结论都会在一定程度上为旅游目的地、旅游产业的发展提供有益的科学参照与佐证。

第四节 旅游者行为研究的理论来源与方法选择

一、理论来源

从本质上来说,旅游者行为研究是多学科的研究,对旅游者行为的研究要基于不同学科的社会科学研究者的理论,例如:
- 心理学(有关个体的研究)
- 社会学(有关个体组织及他们的社会关系的研究)
- 社会心理学(个体在组织中的行为,以及与同组织中其他人的交往)
- 人类学(社会如何影响个体)
- 经济学(个体在产品和服务的购买上如何实现利益最大化)
- 市场学(如何创造和维护消费者)
- 管理学(如何规划和组织产品,如何激励个体以使他满意,如何影响个体的消费决策)

旅游者行为的研究要借鉴以下概念:
- 休闲和消遣(个体如何在心理和生理上得到愉悦)
- 地理(地球的气候、人口、土壤,以及土地利用如何影响个体)
- 城市和区域规划(如何规划和发展城市、乡镇及城市社区,以至为个体提供舒适的生活环境)
- 交通(交通如何保障客人最大的舒适度和安全性)
- 法律(政府有什么样的法律法规和政策,以及如何在人群中起作用)
- 农业(如何发展林地和农场)
- 教育(如何获得知识和技能)

旅游者行为的研究方法依学科视角的不同而不同。无论使用何种学科视角,旅游者行为研究的目的都是为了更好地回应不断增长的旅游需求及旅游目的地良性发展。只有更好地管理在数量上不断增长的旅游者,才能建立旅游者与目的地互利的关系。

二、研究类型

旅游者行为的研究,大体可以划分为四种类型:探索性研究、叙述性研究、因果性研究和解释性研究。

(一)探索性研究

探索性研究是对研究问题的初步摸索。由于研究问题缺乏前人的经验和成果的积累,研究者对该问题所涉及的范围不清楚,对该问题涉及的变量究竟有哪些,它们之间的关系又如何没有把握,因此,难以提出较好的、明确的假设。由于没有现存的理论可以借鉴和提供指导,形成明确的研究构思和研究设计则较为困难。如果盲目地投入许多人力、经费和时间,可能要走弯路,所得的数据也多半不能被利用,浪费极大。此时,应该小心谨慎,先进行小范围的试探性研究,发现问题的真相,再提出问题的假设及找到关键的变量和变量间的联系。

探索性研究常常采用以下几种方式。

1. 文献调查

进行文献资料调查对于形成心理与行为研究假设是十分必要的。文献资料的调查是最简单的探索性研究。主要是收集前人的研究材料,分析其研究结果,总结其尚未深入探讨的方向和内容,提出有可能验证的假设,尝试预测这些假设得到验证后可能有的理论意义和实践意义。因此,文献调查最主要的目的,是要考察前人的研究是否可以作为自己研究的基础。文献调查的重点要放在与自己研究相类似的或密切相关的理论、论文与研究报告上,但也可关注与自己研究领域有关的其他心理学科的研究文献。例如,研究旅游者行为的学者十分关心消费者行为研究的相关理论与研究成果,并以此作为借鉴。当然,关注的内容也可以是人类学或者社会学的,这些看似与旅游无关,但可以启发我们思路也是有用的。

2. 经验调查

由于要研究的问题缺乏现有理论的参考,也没有前人的研究成果可资借鉴,但从现实情况来看又迫切需要进行研究,因而采用经验调查的方法,深入实际,对问题所涉及的实际工作人员进行访问或请教专家。例如,旅游体验的类型与层级关系目前学界尚无定论,且实测研究基本处于空缺状态。为了了解该研究内容的深入方式,可以选择某一特定旅游形式的人群(如探险旅游者、文化遗产旅游者)进行深度访谈。经验调查以解决问题为主,构建理论为次,提出的解决办法主要是应时之需,供决策者参考。

(二) 叙述性研究

叙述性研究,也称为描述性或呈现性研究。我们要解决问题,就必须先了解问题的全貌,了解客观现象事实上是怎样的,因此要进行叙述性研究。

叙述性研究是对旅游中的心理与行为状况、过程和特征进行客观、准确的描述。描述性研究的目的是系统地了解某一社会现象的状况及发展过程。它通过对现状准确、全面的描述来解答社会现象"是什么"和"怎么样"的问题。以叙述为目的的研究,是为了证实一类现象或关系的存在。大部分叙述性研究,其兴趣是描述这个世界的状态,包括在某一时间或空间内,特定事件发生的频率。例如,在中国特定的城乡二元结构下,虽然旅游消费活动已经成为城市人群生活中必不可少的组成部分,但乡村的情况又是如何的?不同类型的城市与乡村居民的旅游决策、目的地选择存在什么样的过程与阶段特征等。虽然绝大多数叙述性研究是在现场进行的,目的是评估自然发生的现象,但也有某些研究是在有控制的心理学实验室背景下进行的。性别差异或个性类型的研究就常在实验情境下进行。

叙述性研究可以是:①注重样本之间的差异分析,如 80 后与 70 后消费群体的旅游消费行为状况比较;②探讨某些样本的特征,如老年消费群体的旅游需求与认识;③关注研究的预测性,如调查城市家庭未来的旅游目的地选择意愿;④侧重于挖掘哪些变量是联结在一起的。例如,居民收入水平是否与旅游消费水平或目的地花费有关。但这类叙述性研究中,所谓变量之间的关系只是一种共存的关系,并没有涉及一个变量引起了另一变量出现的问题。从研究设计的差异角度上,我们还可以把叙述性研究分为调查性研究、关系性研究和发展性研究。

(三) 因果性研究

验证某一假设中所叙述的变量间是否存在因果关系的研究,称为因果性研究。

虽然一个事件是否同另一事件一起出现,两者是否有相关性,这本身令我们感兴趣。但是绝大多数时间里,科学家对于两个事件的协变是否反映了因果关系更感兴趣。于是,许多研究不只是呈现存在着的关系,而且还在特定变量之间建立因果联系(即测试如果 X,那么 Y 的关系)。

因果性研究的目的是寻找真正的原因,从而控制或操纵所鉴别的原因因子,以便带来结果的改变。换句话说,有关因果关系的研究,是试图表明在一种状态下所作干预产生的改变,能带来随后结果的改变。这里,研究的目的是建立因果联系,而不是描述它们怎样发生、状态如何。从这点上来说,我们是在功利主义的意义上利用因果关系这个概念的。

当研究是出于建立因果关系的目的时,所提出的原因因素,一般称为"自变量",而结果或效应因素称为"因变量"。事实上,这类术语的使用对于我们的目的来说是一种很恰当的陈述。然而,在自变量的含义上,各类研究有重要的区别——这种区别显然与所假设的原因因子产生的变异有关。有关这一点有两种情况。一种情况是,在研究者控制下,自变量的状态是由干预而产生时,我们说正在作的是所谓的"实验"或"准实验"。但另一种情况是当研究者在现场进行研究时,所谓的"自变量"并不是研究者所能操纵或者控制的,这些"变异"是自然发生的,以此来建立这些变异与随后结果变量的变异之间的关系在现实情况下会存在诸多限制。因此,该情况下,因果推论通常根据暂时前提条件来加以预测,因变量和自变量的变化时序也会发生相应的改变。这些暂时的前提条件是必需的,但不是推论因果关系的充分条件。在这类情况下,自变量最好被称为"预测"变量,而因变量最好被称为"结果"变量。正如我们将要看到的那样,自变量如何定义及如何改变这方面的差别,将很大地影响因果推论的效度。

(四)解释性研究

用来解释因果关系为什么会产生及在什么条件下产生的研究,称为解释性研究。就研究目的来说,功利主义的因果关系对于绝大多数的应用和行动研究来说是足够的。了解了存在于 X 与 Y 之间可靠的因果关系,是设计干预的关键一步,以此带来所希望的结果改变。就功利性目标来说,什么东西起作用,就利用什么东西,而不管它为什么起作用。但是,就基础的、检验理论的研究目的而言,知道了因果关系的存在还不够,还需要进一步探索在 X 与 Y 变异之间的关系中起中介的干预过程。这就需要对因果关系的"本质性"进行探索,以便深入了解因果关系的机理并进行概念化和模型化的研究。这种研究的目的是解释性的,是绝大多数学者所赞同的。以解释为目的的研究,具有一个目标,即不仅要决定是否存在因果关系,而且要说明为什么存在因果关系,以及在什么条件下存在因果关系。

三、研究方法

关于旅游者行为的研究方法很多,如实验法、观察法、问卷调查法、个案研究法、跨文化研究法等。这些研究方法在社会心理学、消费者心理学或消费者行为学的书里,大多有详细的介绍。实际上,这些方法是大多数社会科学,尤其是行为科学研究中较普遍采用的方法。它们通常应用在对具体旅游者行为的某些方面的探究,对丰富、发展旅游者行为知识均有各自的地位和作用。

下面,我们稍微转换一下角度,从扩展旅游者行为影响因素的不同层面来探索研究方法。从消费者行为角度看,其行为研究领域主要发展了三种研究导向或研究方法,它们分别是决策导向研究法、体验导向研究法、行为影响研究法(符国群,2010)。但面对旅游者行为的研究,笔者认为还应该增加社会互动研究法,下面依次予以介绍。

(一)决策导向研究法

20世纪七八十年代,在消费者行为研究中,人们多倾向于将消费者视为问题的解决者或决策者。从这一观点出发,消费者的购买行为被视为一个理性的问题解决过程:先意识到问题的存在,然后搜集信息,在此基础上对各种备选品进行评价、比较和筛选,最后作出购买决定。该研究思路在旅游者行为研究中的影响是较为明显的,以往大量探讨旅游决策及旅游目的地选择的研究就可以提供相应的佐证。

决策导向研究法以旅游者(消费者)是一个积极、主动的问题解决者为出发点,试图重点了解旅游者(消费者)是如何形成策略或计划,以及在不同产品与目的地之间作出选择的。采用这一方法研究旅游者行为,大量依赖认知心理学的研究成果,同时也依赖实验心理学和经济学的某些成果。虽然在这一研究方法指导下确实产生了很多富有价值的研究成果,但也有两个方面的问题需要引起注意:一是旅游者(消费者)在有些旅游产品购买上并不是采用一种系统、主动和理性的决策方式,而很可能是采用习惯性的反应方式,或者很少涉及有意识的决策。二是旅游者(消费者)的购买决策过程可能要跨越一个比较长的时段,而且是动态变化的,作出决策所依赖的信息往往带有模糊或含混的成分。以上两点,实际上意味着决策导向研究法在探究某些旅游者(消费者)行为时不可避免地存在局限。

(二) 体验导向研究法

旅游体验是旅游者行为研究的核心焦点之一,多数学者认为旅游体验是旅游研究的元命题(谢彦君,2011)。在一些情况下,旅游者(消费者)并不是按照一种理性的决策程序作出购买决策与旅游目的地选择的。相反,多数旅游决策与目的地选择的指向就是为了有趣、好玩,为了产生一种跨文化离奇感,为了获得一种情绪或情感的体验。在消费者行为研究领域,着眼从情绪和情感体验角度研究消费者行为,研究人员将致力于识别、发现与购买相伴随的各种感觉情绪、想象和象征。而旅游研究领域,对体验的探讨,目前多数还停留在理论分析层面,相对薄弱。体验导向研究法深深植根于动机心理学、社会学、人类学的研究土壤中,需要它们提供理论和方法论上的支持。

(三) 行为影响研究法

20世纪90年代初,行为影响研究法受到消费者行为研究领域的重视,其核心观点是,在外部环境力量的驱动下,消费者可能尚未产生或形成关于某种产品的情感和信念,就作出了购买决定。换句话说,消费者在购买一种产品或接受一项服务时,并不一定经过了一个理性的决策过程,也不一定依赖已经发展起来的某些情感,相反,行动可能来源于环境因素的直接影响。这种研究思路在旅游者行为研究中也大量存在,如由于旅游目的地形象或品牌、旅游目的地异质文化特征的影响,都可能导致消费者旅游动机产生,进而形成旅游决策或目的地选择行为。

从该角度出发,研究者更为关注那些直接影响人们的旅游行为的外部营销手段或刺激手段,而不一定采取先影响情感、态度,再通过这些中间变量来影响行为这样一种比较间接的行为影响方式。

(四) 社会互动研究法

社会互动研究法在旅游者行为研究之初就已经存在,近年来,随着研究者更加关注旅游目的地原住民及旅游中旅游者之间互动关系的影响,而日益凸显。这种社会行为过程发生于旅游者个人之间、群体之间、个人与群体之间。

社会互动的起点,是在人类心智发展基础上形成的自我互动。自我互动,即主我与客我的互动。旅游者行为作为一种社会过程,自我互动反映的是旅游者经过旅游体验与活动,从主我到客我的反思过程,有无这种反思是区分人类行为和动物行为的主要标志。从总体上看,旅游者自我不仅是由旅游而引发的社会互动的产物,而且是介于旅游者、旅游目的地、旅游目的地原住民在互动中不断展开的过程。对旅游者个人来说,社会互动既是旅游者行为产生的前提,也是旅游者行为得以发展的必不可少的环境和情境。

应当指出的是,前述每一种研究思路和方法都是从某一个侧面来探究、剖析旅游者行为的,都有其可取之处。为了更全面地理解旅游者行为,这些思路和方法不应相互排斥。实际上,旅游者行为分析与研究或多或少都含有前述四种思路所阐明的某些成分或因素。总之,从多种角度审视旅游者或旅游目的地原住民,将使我们对其行为有更全面、更深入的理解和把握。

四、旅游者行为研究的意义

(一)旅游者行为研究是营销决策和制订营销策略的基础

很多学科,如经济学、心理学、社会心理学等,均从各自学科角度研究旅游者行为。然而,旅游者行为研究作为一个相对独立的研究领域,从这些学科中分离出来并受到广泛重视,最直接的原因是对旅游者行为的研究构成营销决策的基础,它与旅游目的地与旅游企业的市场营销活动密不可分。从某种意义上说,它是现代市场营销思想的传播与实践,推动了旅游者行为研究的发展。

为了作出更好的营销策略,营销人员和管理人员必须清楚旅游者买什么、为什么购买、在哪里购买、如何购买,要清楚旅游者倾向的旅游目的地类型,要知晓旅游者会如何安排他们的旅游、选择何种住宿、更喜欢何种形式的旅游便利设施。旅游者更喜欢舞台化的旅游吸引物还是更喜欢真实的旅游吸引物?旅游者会乐意参与体育活动和游戏活动吗?旅游中的什么东西能使旅游者受到鼓舞,什么东西令旅游者气馁?旅游者的旅游预算如何?旅游营销人员和管理人员必须了解旅游者倾向于哪种类型的旅游目的地、旅游产品和旅游服务。这些旅游者是不是积极或者是否重视舒适?旅游者是否外向和具有冒险精神,还是内向的和害羞的?什么可以促使旅游者购买行为的发生?旅游者如何查询旅游产品?旅游者注重产品的哪些特性?旅游者追寻的利益是什么及其原因是什么?旅游者如何搜集信息?旅游者会搜寻与产品和目的地相关的哪些信息?旅游者在众多选择中如何评估并作出自己的选择?旅游者会作什么样的选择?影响旅游者决策的因素有哪些?旅游者重游及使用相同旅游产品和服务的可能性有多大?回答这些问题对于旅游营销和管理人员设计营销策略有重要意义。例如,当旅游者对他们此次的度假旅游地感到不满意,原因可能是服务和旅游活动信息的缺失,他们在将来就不会再到此次的目的地旅游。他们还可能会向亲友表达他们的不满,这些抱怨会影响到他们亲友的购买选择。了解旅游者不购买某些产品和服务的理由,与了解他们购买某些产品和服务的理由同等重要。

除了考察旅游者对旅游产品的评价之外,旅游营销人员还必须了解旅游者如何使用他们购买的产品。例如,旅游者购买过一样产品之后,是亲自使用了这件产品(如亲身前往夏威夷或其他的度假地),还是把这件产品卖给了别人或出租出去了(如分时度假)?对这些问题的回答,对于旅游营销人员来说同样重要,旅游营销人员必须保证提供的旅游产品与旅游者的购买频数一致。

如果旅游营销人员能够理解旅游行为,他们就能够预言旅游者在将来会对新产品和新服务、旅游信息和环境作出何种反应。了解旅游者行为本质并清楚旅游者决策过程的旅游营销人员,他们在竞争的过程中更容易取胜。

(二)为旅游者权益保护和有关政策制订提供依据

旅游者是消费者的一种身份表现形式,随着经济的发展和各种损害消费者权益的商业行为的不断增多,消费者权益保护正成为全社会关注的话题。旅游者作为社会的一员,拥有自由选择产品与服务,获得安全的产品、获得正确的信息等一系列权利。旅游者的这些权利,也是构成市场经济的基础。政府有责任和义务来禁止欺诈、垄断、不守信用等损害旅游者权益的行为,有责任通过宣传、教育等手段提高消费者自我保护的意识和能力。

政府应当制定什么样的法律,采取何种手段保护旅游者权益,政府法律和保护措施在实施过程中能否达到预期的目的,在很大程度上可以借助于旅游者行为研究所提供的信息。例如,在旅游合同订立过程中,需要旅游经营者明确产品数量、质量、线路组合构成、购物点安排等方面的信息,以便旅游者作出更明智的选择。这类规定是否真正达到了目的,首先取决于旅游者在选择时是否依赖这类信息。如果旅游者选择线路时,主要根据经营者品牌形象,而对合同文字内容并不在意,那么政府强制要求合同中体现细化构成内容,则能在很大程度上为旅游者优化旅游线路选择提供可靠的制度保证。所以,通过研究旅游者行为,可以更全面地评价现行旅游者权益保护的法律、政策,并在此基础上制订出更加切实可行的旅游者权益保护措施。

政府制订有关旅游政策,也必须建立在了解旅游者行为的基础上,否则,政策效果可能要打很大折扣。比如,近年来国内旅游景区的门票价格一路飙升,虽然政府将限制旅游景区门票价格作为旅游良性调控的主要任务,但效果并不很明显。知名景区的门票虽然很高,但仍然在旅游旺季人满为患。原因固然很多,但与政策制定者对这些政策在"需求"抑制上到底会产生什么作用缺乏研究和了解有很大关系。政策能否更加有效,离不开对旅游者行为作更加深入细致的研究。

(三) 有助于旅游者自身作出更明智的购买决策

了解一般的旅游者行为知识,对个人也是颇有益处的。首先,对自己和其他旅游者行为有更多了解,可以更好地与旅游目的地发生互动。比如,当得知每年"十一黄金周"大量旅游者选择热点旅游目的地时,我们可以从时间或旅游目的地差异性选择上有效规避旅游目的地人满为患的旅游体验缺陷。其次,了解企业如何运用旅游者行为知识来制订营销策略,使我们能更好地洞悉旅游经营者行为背后的动机,更加全面、深入地理解旅游营销活动对我们自身和社会的影响,从而在购买决策过程中更加理智和自信。再次,旅游者行为研究所产生的数据和信息可以用来进行消费者旅游教育,从而在一种更正式的意义上改善旅游者的决策能力与水平。最后,理解影响旅游者行为的因素与机制,对很多人而言本身就具有内在价值。知道旅游产品谣言的扩散机制、了解为什么阈限下的广告信息不大可能影响购买决定、为什么某些名人宣传词较另外一些宣传更有效果。这些既能满足人们的求知欲望,又有助于我们成为一名知识更丰富和更有教养的旅游消费者。

(四) 提供关于旅游者行为的知识和信息

旅游者行为研究将提供三种类型的信息,这些信息无论是对旅游经营者和旅游目的地政府的决策者,还是对旅游者或从事此类行为研究的研究人员,都非常有价值。第一类是关于旅游者"事实"的数据,如不同旅游者群体的规模、年龄、地理分布、性别结构等。第二类是营销活动、政府政策和市场管制活动对旅游者影响方面的信息,这类信息有助于旅游经营者和旅游目的地政府的决策与管理人员在作决策和开展有关活动时,考虑这些活动对旅游者所产生的现实和潜在的影响。第三类是有关旅游者行为的理论。各行各业均需要理论的指导,如管理人员需要发展理论解释为什么某种产品在市场上没有获得成功。在旅游者行为领域,同样会发展起各种各样的理论。这些理论有的属于纯解释性理论,即只能对某种现象予以解释,而不具有对未来的预测作用,有的属于预测性理论,但解释力比较弱,另一些理论则可能同时具有预测力和解释力。不管属于何种类型的理论,都必须有研究结果给予支持,否则只能是一种假说或推测,其意义和价值就会大大降低。旅游者行为研究中已经产生并将继续产生很多得到实证支持并能指导和解决实际问题的理论,这些理论对人类增进对自身和对环境的了解均有十分重要的意义。

本章作业

1. 试述人类行为理论的类型。
2. 试述旅游者的概念与分类。
3. 试述旅游、休闲与游憩的区别与联系。
4. 旅游者行为研究导向有哪些,其特点是什么?
5. 试述旅游者行为研究的意义?

延伸推荐阅读

符国群. 2010. 消费者行为学(2版). 北京:高等教育出版社.

马耀峰,李天顺,刘新平. 2008. 旅游者行为. 北京:科学出版社.

谢彦君. 2011. 基础旅游学(3版). 北京:中国旅游出版社.

Pearce P L. 2005. Tourist behaviour: Themes and Conceptual Schemas. Clevedon: Channel View Publication.

Reisinger Y. 2009. International Tourism: Cultures and Behavior. Oxford: Elsevier.

第二篇　旅游决策过程

第二编 呐喊·彷徨·故事新编

第二章 旅游需要与动机

□ 本章导读

旅游需要与动机是旅游行为产生的重要驱动力,在不同的人生阶段人们的旅游需要与动机明显不同。随着社会发展和收入水平的提高,旅游需要的同质性将趋于减少、弱化,而异质性或差异性会不断增强、扩大。旅游需要与动机的理论建立在基础心理学中的需要与动机的相关内容之上,所以在本章的开始,首先介绍需要、诱因、动机等一些基础的心理学概念,其次在探讨需要与动机原理的基础上,重点阐述旅游需要和旅游动机的关系及相关理论。

第一节 概 述

一、需要与动机的概念

（一）需要的含义

需要是有机体内部的某种缺乏或不平衡状态,它表现为有机体的生存和发展对于客观条件的依赖性,是有机体活动的积极性源泉(黄希庭,2007)。人是生物机体和社会实体的统一。因此,在个人身上存在着多种需要,有些需要可能是为了生存和种族延续而成为个体行为活动的驱动力;有些需要则可能是为了维持劳动、人际交往等个体生存和发展。当人脑中出现这些客观性要求时,就会引起个体内部某种缺乏和不平衡状态,即会产生某种(些)需要,就会激发个体去行动,并促使个体在活动中不断产生新需要,引起新动机,激发新行为。

需要的产生是有机体内部生理上或是心理上的某种缺乏或不平衡状态。例如,血液中血糖成分的下降会产生饥饿求食的需要,水分的缺乏会产生口渴想要喝水的需要,生病时急需治疗渴望恢复健康的需要,孤独时产生与人交往聊天的需要等。一旦有机体内部的缺乏或不平衡状态消除了,即意味着个体需要得到满足,这时个体内部又会产生新的缺乏或不平衡,即产生新的需要。总之,需要的产生源于匮乏,并促使个体不断去补偿匮缺。

人既是生物个体,又是社会成员,个体的生存发展离不开一定的自然环境和社会环境。个体为了生存,需要食物、衣服、房屋等必需之物;个体为了发展,需要人际交往、劳动工作等。因此,需要反映了个体生存和发展对客观事物和条件的依赖性。没有客观对象的需要,不指向客观事物的需要是不存在的。需要总是指向能满足该需要的对象或条件,并从中获得满足。

需要是个体行为活动的积极源泉,常以愿望、意向、动机、报复、兴趣、信念、价值观等形式表现出来,是人进行活动的内在驱力。人的各种活动,都是在需要的产生下推动并不断得到满足的(图2-1)。需要激发人朝着一定的方向,追求一定的对象,从而满足自身的需要。需要越迫切、越强烈,它所激发的活动动机就越强。个体满足了对客观事物的需要时,就会产生愉悦的情绪,积极去实现下一个需要。反之,需要未被满足时,就会产生否定消极的情绪。虽然人与动物有某些共同性需要(如生理性需要),但是人所具有的意识能动性,使人能够调节和控制自己的某些需要,这是人与动物在本质上的区别。

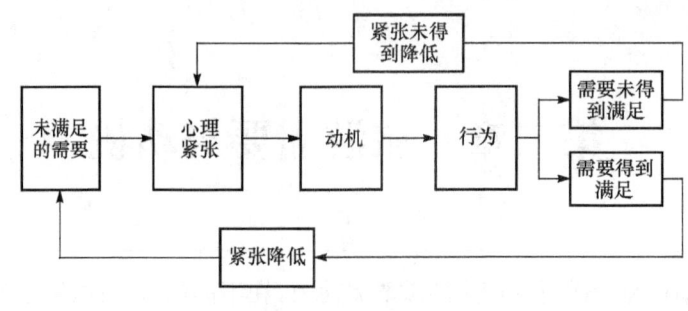

图 2-1 动机过程模式

资料来源：Durgee et al.，1996。

（二）动机及其功能

1. 什么是动机

"动机"(motive)一词源于拉丁文"movere"，即"推动"(to move)的意思，是指激发和维持个体的行动，并使行动朝向一定目标的心理倾向或内部动力（梁宁建，2006）。最早将动机应用于心理学的是美国心理学家伍德沃斯。他认为动机是决定个体行为的内在动力。由于某种缺乏产生需要后，人们会有意识或下意识地去满足需要，产生一定的行为，来降低紧张状态，并释放他们所感受到的压力(Durgee et al.，1996)。

动机是一个解释性的术语，用来说明个体为什么会有这样或那样的行为。人的各种活动都是在动机的指引下，向着某一目标进行的。动机与外部行为之间表现出一定的复杂性，同样的动机可能会表现出不同的行为，同一行为也可能出自不同的动机。例如，在同样焦虑的情况下，有的人可能会选择去听音乐获得放松，而有的人则会去找人交流缓解紧张，同是外出旅游，有的人是为欣赏美景，有的人则是去科学考察。因此，只有了解行为背后真正的动机，才能真正了解一个人的行为。

2. 动机的功能

动机在人类行为中起着十分重要的作用，是个体活动的动力和方向，既是人们活动的动力，又对人的活动方向进行调整和控制。因此，动机具有活动性和选择性，具体来说，有三种功能（梁宁建，2006）。

（1）激发功能。动机能激发个体产生某种活动或行为。人类的各种活动总是受到一定动机的激发，没有动机就没有活动或行为。旅游者外出旅游是在其各种旅游动机的直接驱动下产生的。

（2）指向功能。动机使机体的活动指向一定的目标对象。如果说动机的激发功能如同导火索，那么动机的指向功能就好比指南针，它使个体的行为指向一定的方向，并使个体朝着预定的目标前进。动机不同，行为的方向和目标也会不同。例如，当人疲乏时，可以选择睡觉休息，也可以听音乐、散步等；一个人在成就动机的支配下，可以放弃舒适的生活条件而到艰苦的地方工作。

（3）维持和调节功能。当动机激发并指引个体从事某种活动后，活动能否坚持下去同样受到动机的调节和支配。如果活动达到了目标，动机促使人们终止这种活动，反之，则将驱使人们维持（或加强）这种活动，也可能是转换活动方向来实现某种目标。

二、需要、诱因和动机的关系

在心理学中，驱力或内驱力是指由于某种缺乏或不平衡状态所产生的旨在恢复稳定状态的一种内在动力,是一种"动力"的需要(李越、霍涌泉,2006)。诱因是指能满足个体需要的刺激物。动机是以需要为根本驱力,在各种内外诱因的作用下形成的,好比一个"推"(需要),一个"拉"(诱因)。"推"强调动机中个体的内部力量,即需要的作用;"拉"强调动机中的外部环境,即诱因的作用(梁宁建,2006)。

(1) 需要是动机产生的基础。需要是动机产生的原动力,人一旦有某种需要,这种需要就会成为一种刺激,促使行为动机的产生,即因需要而产生内驱力,内驱力促使行为的出现。比如,有机体内部的物质不足时,就需要物质的补给,在这种需要刺激下,人就要想办法满足这种需要,从而产生动机。因此,需要与动机是紧密相连的,离开需要的动机是不存在的。

(2) 诱因是动机产生的重要条件。动机是在需要的基础上产生的,然而仅仅有需要,并不能完全激发有机体的行为,外界诱因的存在是行为产生的一个重要条件。例如,想购买一件衣服的需要可能会因价格的贵贱而选择取舍;人有交际的需要,若没有一定的社交条件,缺乏交往的具体对象,这种需要就无法转化为动机。诱因有正负之分,个体因驱向或接受它而得到满足的诱因称为正诱因;反之,个体因逃离或躲避它而得到满足的诱因称为负诱因。可以说,需要与诱因的相互作用是动机形成的必要条件,一种未满足的需要推动有机体,在各种诱因的影响下,才能引向一定的目标,从图 2-2 中可以看到需要、诱因和动机的关系。

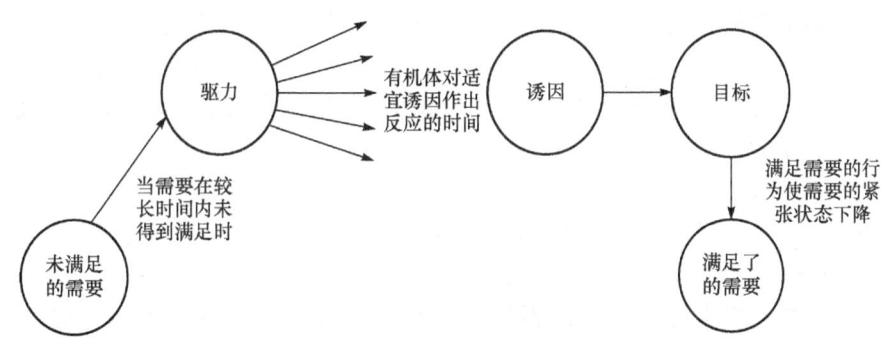

图 2-2 需要、诱因与动机关系示意图
资料来源:张明、陈彩琦,2002.

三、需要和动机的分类

(一) 需要分类

心理学家按照不同标准,对人的需要进行分类。有的学者把各种需要归为两大类。例如,美国心理学家默里将需要分为基本需要和次级需要。基本需要又称为身体能量的需要,涉及生理的满足;次级需要又称为心理能量的需要,涉及精神或情绪的满足。德国心理学家勒温将需要分为两种:需要和准需要。需要是客观的生理需要;准需要是在心理环境中对心理事件起实际影响的需要。他认为,在需要的强度上,存在着明显的个体差异。奥尔德弗则把人的需要划分为三种基本需要:生存需要、关系需要和成长需要。生存需要是人最基本的需要,是一个人基本物质条件的满足;关系需要是维持人与人之间关系的需要;成长需要是人对自己发展的内在要求。他认为,人类的这三种需要是通过后天学习产生的,它们之间没有严格的界限,而是一个连续体。

1. 根据需要的起源可以分为生理性需要和社会性需要

生理性需要是指与保存和维持有机体生存和延续种族相关的需要。例如,对饮食、水、空气、休息、排泄和性的需要。这些需要又称为生物性需要或自然性需要,动物也有这类需要,但是,人的生理需要具有社会性,与动物的生理需要具有本质区别。人的需要相对于动物来说具有主观能动性,并且随着社会生产力的发展,人的生理需要具有不断提高质量的倾向。

社会性需要是指由社会生活引起并受社会制约的高级需要。人的社会需要是多方面的,如对劳动、交往、娱乐、受教育等的需要,这些与人类生活息息相关。社会需要区别于生理需要,表现为这样或那样的社会需求,如果这些社会需求得不到满足,就会产生焦虑、痛苦等负面情绪。社会需要是后天习得的,源于人类的社会生活,属于人类社会历史的范畴,并随着社会生活条件的不同而有所不同。

2. 根据需要的内容可以分为物质需要和精神需要

物质需要是指个体对物质对象的需要,包括对衣、食、住、行等有关物品的需要,以及对劳动工具等的需要。既包括自然性需要,也包括社会性需要,随着生产力的发展和社会进步,人的物质需要会日渐丰富。

精神需要是指个体对社会精神生活及其产品的需要,包括对知识的需要、对科学文化艺术的需要、对审美与道德的需要、交往的需要和创造的需要等。这些需要既是人的精神需要,又是社会需要。

对需要对象的分类只具有相对意义,因为这些分类都是相互联系的。例如,为了满足求知的需要,就离不开对书、笔等学习工具的物质需要;对食物的需要是物质性的需要,同时又具有社会性的成分,如中国人进食用筷子,而西方人用刀叉。因此,不同对象种类的需要之间是既有区别又密切联系的。

(二)动机分类

人类的动机复杂多样,可以从不同角度,按照不同的标准对动机进行分类。

(1) 生理动机和社会动机。根据与动机关联的需要的起源进行划分,可以分为生理动机和社会动机。生理动机是为了满足生理性需要,如水、食物、空气等而产生的活动驱动力,是一种较低层次的动机。社会动机又称心理动机或习得动机,是维持和推动个体活动以达到一定目标的内在动力。社会动机起源于社会需要,是一种较高层次的动机,如交往动机、成就动机、权利动机、利他动机等。

(2) 主导动机和辅助动机。根据动机在活动中所占的地位和所起作用的大小,可以分为主导动机和辅助动机。主导动机在行为中起主导作用,而辅助动机则在行为活动中处于从属地位。例如,某学生学习的动机可能有多种,如找到一份工作、报答父母、赢得尊敬等。其中,找到一份工作是主导动机,其余则是辅助动机。

(3) 内在动机和外在动机。根据动机产生过程中需要和诱因作用的权重不同,可以把动机分为内在动机和外在动机。内在动机是由活动本身引发的推动行为的动力,而外在动机是由活动结果或活动以外的因素引发的动机,二者是相分离的。内在动机对行为有强而持久的推动力量,外在动机离不开外来刺激的作用。二者在行为活动中可以同时发生作用,在一定条件下还可以相互转化。

第二节 社会性需要与动机

随着社会的日益进步,物质文明的发展极大丰富了人类的生活,生理性的需要虽然必不可缺,但其满足已不是人们关注的重点,当今人类的需要主要集中于社会性的需要上。在本章第一节中,我们提到社会性需要是指由社会生活引起并受社会制约的高级需要,与人类生活息息相关,包括劳动、交往、成就、奉献需要等。社会需要是在生理性需要的基础上,在后天环境中和教育的影响下习得的。社会性需要也是个人生活所必需的,虽然得不到满足并不会威胁到人的生存安全,但会使人产生焦虑和消极的情绪。社会性需要对于维持人类社会生活、推动社会进步具有重要意义。

一、社会性需要与动机

(一)成就动机

成就需要是指个人对自己认为重要的或有价值的事,力求达成的愿望(黄希庭,2007)。成就是相对的,是个体完成一件工作后与自己既定的目标标准相比较所得出的结果。它像一个发动机,不断激励着个体努力向上,取得成功。最早对成就的研究起源于20世纪30年代。美国心理学家默里等认为成就需要是人格中心的构成之一,是"个体克服障碍,施展才能,以求尽好尽快地解决难题"。20世纪中期后,美国心理学家麦克利兰和阿特金森对成就需要进行了系统的实验研究,之后这一研究迅猛发展起来。

成就需要与成就动机密切相关,不同个体之间的成就动机差异很大。成就动机高的人的行为特征一般表现为工作有较强的挑战欲望,并且会全力以赴追求成功;精力充沛,探新求异,具有较强的开拓精神;对自己所作的决定,富有责任心;遇到困难和挫折时毫不气馁,百折不挠,不达目的誓不罢休(梁宁建,2006)。麦克利兰认为,成就动机是在一定社会氛围下形成和发展的,个体成就动机与早期独立性实验训练有关;就团体而言,与社会文化、民族特性、地理环境、组合风气等因素有关。

(二)交往动机

交往需要是个人想要与人亲近、交流的需要。人是社会性成员,自从出生就成为社会群体的一分子,每个人都不是孤立的个人,需要与他人交流思想、交换信息、沟通情感,同时也需要他人的支持与帮助、承认与接纳、赞扬与认同,还需要亲情、友情和爱情等,这些都需要通过与人交往来获得。交往需要和动机反映了人们对劳动和社会生活的需求,说明当个体满足了安全需要之后,会出现归属的需要,就想要参加社交活动、聚会、与他人合作、保持联系等。实际上,人际交往是个体心理正常发展的表现,只有通过社会生活的人际交往,人的心理才能得到正常的发展,个人才能真正地融入社会。交往需要的满足不仅能促使个人健康人格的发展,而且有利于社会成员之间加深理解,促进社会的和谐发展。

交往动机同样存在个人之间的差异,心理学的研究表明,交往动机强的人,宁愿选择与别人待在一起而不去满足其他动机。而社会交往动机在个人主义的文化环境与集体主义的文化环境中也存在着明显的差别,与个人主义文化下人的交往技巧相比,集体主义文化下的交往能力要略显逊色。

(三)工作动机

工作动机是指激起个体积极参加某项工作的内在动力。工作意义、工作性质、工作过程和最终结果等都是工作动机的诱因,吸引个体去不断努力,完成工作任务(梁宁建,2006)。个体的工作动机一方面出于自身的工作欲望,想要挑战自我、丰富生活,一方面来自外部环境的刺激,如丰厚的薪酬、奖励、进修机会、带薪假期等。美国心理学家亚玛比尔根据内在动机和外在动机理论的研究成果,确定了五种内在的工作动机要素,分别是自我决定、胜任力、任务卷入、好奇心和兴趣,此外还确定了五种外在的工作动机要素,包括评价关注、认可关注、竞争关注、对金钱报酬或其他物质方面内容的关注,以及对他人指令的关注。

(四) 权利动机

权利需要是个体在某些方面取得一定的支配地位的需要。作为社会中的人,大多数人都会有权利需要,只是程度不同而已。权利需要强的人,喜欢指挥他人,控制和影响他人,注重自身的社会地位和影响力的获取,喜欢具有竞争性的工作或任务,追求优异的成绩。权利需要弱的人则可能在社会活动中表现不太活跃,不会争强好胜,更不会积极追求高权利。

权利动机分为两种:个人化权利动机和社会化权利动机(Lynn and Oldenquist, 1986)。前者出于自身需要,尽量参与社会活动表现自己,追求自我价值的实现;后者则更多的关注社会群体,希望为人民服务,实现自身的社会价值。

(五) 利他动机

利他动机又称助人动机,是个体处于自觉的、有利于他人而不期望给予报酬或内在奖赏的内在动力。在马斯洛后期的需要层次论中,他将原有的五阶段模型,即生理需要、安全需要、社会需要、受尊重需要及自我实现需要发展为八阶段模型。其中最高的阶段是超越需要,即帮助他人实现自我满足和潜能的需要,这种需要实质就是一种利他需要。

利他动机是一种高层次的动机,与个体的个人特质有关,也与个体所处社会的价值观和行为规范等密切相关。个体的道德发展水平高,所受到的社会教育程度高,其利他动机的形成倾向就会稍大些;社会中利他榜样人物的出现,也会暗示并促使个人去效仿学习,刺激个人形成利他动机。

二、旅游——人的社会性需要的重要实现形式

就旅游而言,在某种程度上,旅游是生理需要和心理需要共同推动的结果。从旅游产生和发展的历史轨迹中我们可以看到,人类早期的旅游活动是源于为了生存目的而进行的空间移动,即迁徙。而随着社会文明的发展,可以发现近代及现代的旅游活动主要源于人类心理需要的推动,旅游的本质也更多地强调社会属性和体验属性。换言之,旅游是人类社会、经济、文化发展到一定阶段的必然产物,是人类物质文明和精神文明程度的体现。旅游既不是个人与生俱来的需要(我们不能想象一个婴儿会向母亲提出旅游的要求),也远非与历史同在的现象(我们的猿人祖先也不懂得旅游,甚至今天的偏僻地区的乡民如果不外出旅游,他们也许并不会觉得有缺憾)。从这个角度来说,足以证明旅游满足的需要是一种心理需要,一种社会性需要(谢彦君,2011)。旅游并不是人的本能,而是后天习得的,是在一定的社会环境中熏陶、刺激、学习,产生内心需要的活动。旅游的社会性需要可能包括交往、学习、沟通、归属、认知、自我补充、自尊、自我实现,甚至利他、奉献等。

我们再次从马斯洛的需要层次论中理解旅游的社会(心理)性趋向。在马斯洛看来,每个人自身内部都具有一定的内在需要,并且呈现一定的结构,排列成不同的层级,从生理需要、安全需要、社交需要、尊重需要直到自我实现需要,展示了人类随着个体的生物进化的阶梯的上升而逐渐弱化的本能欲求(林芳,1987)。这个模式很好地解释了人类需要的结构特征(图2-3)。总体而言,发达社会与发展中社会的需要结构会出现相反的倾向性。社会越发达,人类就越不会为衣食担忧,就越会追求更高层次的社会性需要,如图2-3中A、B曲线所示。那么如何在马斯洛的需要层次论中判断出旅游所对应的位置呢?谢彦君在其《基础旅游学》中用图2-3的两条虚线a、b说明,虽然我们不能明确判断出旅游所对应的层次,但是可以肯定的是,旅游所具有的审美属性、消费属性和社会属性决定了它绝不是一种以生理需要为驱动力的

行为。图中的曲线说明旅游作为人生波普的一个时段,其需要的构成与日常生活中的一般需要的构成是同型的,但又整体地处于提高的层次(谢彦君,2011)。

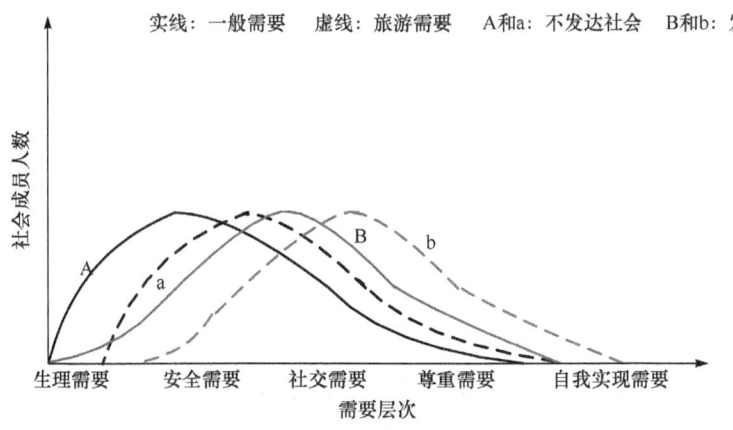

图 2-3 社会成员在不同社会中的需要分步模式

资料来源:谢彦君,2011,有修改.

在生产力不发达、人类还需要为生存而奔命的早期社会,生命之忧尚未消除,所以促发上述社会性需要的心理需要是不存在的,或者充其量是个别的、偶然的心理需要。但是在当时的社会环境中,这些心理需要会被生理需要的困难掩蔽起来,个体的生活几乎完全被饮食、安全等生活问题困扰,生理性需要自然就成为人们生活的第一重要的事情。而只有当社会发展到一定程度,物质性需要得到很好的满足的时候,人们才会有心情、时间、资本去弥补心理的匮乏,去满足自己的社会性需要。现代社会的物质和信息技术的发达,也为人们满足社会性需要创造了良好的环境,旅游也就成为人们调整自我、体验社会、满足社会性需要的一种方式。随着人类社会的持续进步,可以预言,旅游一定会内化为人类的一种生活需要,成为日常生活的一部分。

第三节 旅游需要与动机

旅游是一种综合性的社会现象和满足人们高层次需要的文化活动,旅游行为的形成并不是简单的拍案而定,而是需要经历一个十分复杂的心理动态过程。这个过程不仅要受到各种客观条件的影响,而且还受到旅游者自身主观因素的影响。一个旅游者的产生是外部诱因通过内部驱力而发生作用的结果,只有正确揭示旅游者产生的内在根源,才能真正理解旅游实现的过程(张俐俐等,2007)。旅游需要与动机是建立在需要与动机的基础理论之上的,通过本章第一、二节对需要和动机的基础理论的介绍,我们可以很好地理解旅游需要与动机的相关内容及理论。

一、旅游需要

(一)旅游动机的过渡

需要是个体缺乏东西时的一种主观状态,而旅游需要是指当人处于缺乏旅游状态时而出现的个体对旅游愉悦行为的自动平衡倾向和选择倾向,是心理内驱力在潜在旅游者头脑中的意识反应。旅游需要不能与旅游需求混为一谈,旅游需求是经济学中的观点,指的是潜在的旅游者在可能的价格水平上所能购买的旅游产品的数量。随着社会生活的发展,人们求新、求美、求异的需要日益增强,而旅游产品的综合性、体验性、愉悦性正好能满足人们的这种需要,旅游日益成为人们满足需要的一种重要实现形式。

需要是动机产生的原动力，同样，旅游动机也是在旅游需要的基础上产生的，人们有了旅游的需要，才会产生相应的旅游动机。然而在研究中发现，对旅游需要的研究可能由于它更贴近于旅游行为而被不自觉地与旅游动机混淆，这是一个普遍的问题，却很少有人注意（谢彦君，2011）。有些研究者甚至认为旅游需要与旅游动机都是解释旅游行为结构的概念，二者可以不加区分，互换使用（刘纯，2004）。谢彦君则在系统分析旅游内驱力、旅游需要、旅游动机，以及旅游行为诸范畴的关系表述上（图2-4），得出旅游需要仅仅是旅游内驱力在人们头脑当中的意识反映，在某种程度上，它是一种未分化、不尽清晰的意识形态。在旅游之前，旅游需要是没有分化出类型来的，而且由于旅游动机的存在及旅游动机的性质使然，旅游需要在这个阶段也不必分化为具体的类型。可以说，在一次旅游过程中，旅游者需要的实现直接是借助于具体化的旅游动机并通过具体的旅游体验而实现的（谢彦君，2011）。所以从这个意义上，旅游需要在理论上是旅游动机的一个过渡性范畴，而在实际中也没有太大的操作意义，因为它完全可以被旅游动机的研究所取代。通过下文对旅游需要研究成果的评价，我们就可以更好地理解这一点。

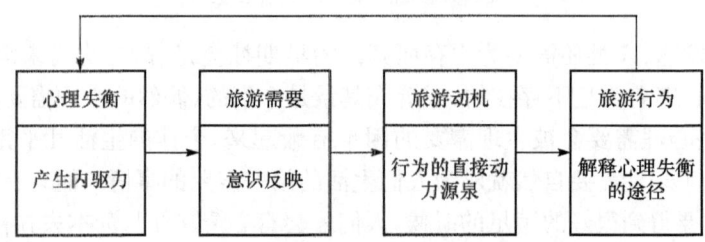

图 2-4　与旅游动机相关的几个范畴间的关系
资料来源：谢彦君，2011．

（二）旅游需要的理论

1. 皮尔斯的旅游需要层次模型

明确旅游需要而不是旅游动机的研究中影响最大的是菲利普·皮尔斯的旅游需要层次模型（图2-5）。他将旅游需要分为五个层次：放松需要、刺激需要、人际关系需要、自尊与发展需要和自我实现需要。这个模型显然参考了马斯洛的需要层次论，除了生理和安全需要被改动了以外，其余基本一样。这个模型也在一定程度上回应了我们上节中所提到的旅游是一种社会性的需要。但是在实际生活中，当问到旅游者"你为什么旅游时"，我们不可能得到"我是为了关系"、"我是为了赢得自尊"或"我是为了自我实现"这一类的答案，旅游者自身也不可能用非常明确的语言来表达出自己的需要，也许他们只是为了缓解工作压力或是探望朋友，甚至同时有很多需要，但这些并没有多少操作价值。

2. 冉恩的旅游需要分类

除了皮尔斯的模型之外，冉恩（Ryan，1977）也对旅游需要作了一定的探讨。他将旅游需要分为智力需要、社会需要、能力需要和规避刺激需要。其中，智力需要如学习、探险、发现思想等，反应旅游者个体在多大程度上被激发参与到各种精神性活动中；社会需要指个体在多大程度上被激发参与到一些社会休闲活动上；能力需要指个体在多大程度上被激发参与到一些能力或技艺培养的休闲活动上，通过活动来增强能力，提高技能；规避刺激需要反映旅游者在多大程度上被激发逃离一些不想要的生活环境。冉恩的理论同皮尔斯的一样，虽然有助于我

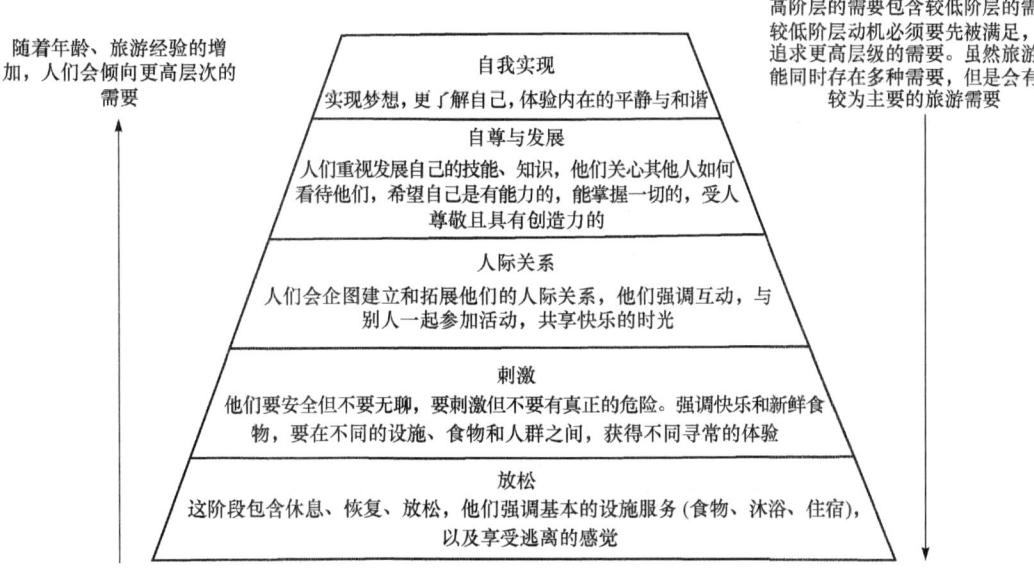

图 2-5 皮尔斯的旅游需要层次模型
资料来源：Pearce, 1988.

们理解旅游需要的层次，但是也存在同样的问题。

国内很多学者将旅游需要分为生存需要、发展需要和享受需要：生存需要包括到风景优美的旅游地度假、疗养，到蓝天碧海的海滨享受"3S"（阳光、海水、沙滩），或者在寒冷的冬季感受南国的温暖舒适；享受需要包括各种娱乐、欣赏音乐舞蹈演出、参观博物馆等艺术展览等；发展需要指旅游者通过旅游获取新知识、开阔眼界，或者通过旅游与他人交流、赢取尊重等。这些分类对我们理解旅游者需要的层级很有帮助，但是细想起来，这里的"生存需要"本身已经高于一般人类意义上的生存，就像我们在上文中提到的，旅游需要本身已比一般需要高出一个层次一样，这里的生存需要实质上是建立在社会需要之上的生存，而且这些分层的需要之间也存在交融的部分。比如，一个旅游者可能在参观博物馆（享受需要）的同时，也获取了很多知识、赢得了别人的认可（发展需要）。

二、旅游动机

旅游动机是由旅游需要催发，促使旅游者去满足本身的需要，可以解释为旅游者进行旅游活动的原因(Iso-Ahola, 1982)。要了解游客的旅游行为，最重要的因素是要了解旅游者的动机(Ross and Iso-Ahola, 1991)。克朗普顿提出，在旅游行为中，旅游的原因是较难观测到的部分，但却是了解旅游行为不可或缺的要素(Crompton, 1979)。海德和劳森通过研究自助旅行者的动机，认为旅游动机能反映出自助旅行者的旅游决策过程(Hyde and Lawson, 2003)。旅游动机理论中的一部分是在尝试着解释和预测人有何种的动机(Correia and Moital, 2009)，许多学者都认为旅游动机是影响旅游者行为的主要因素，并从不同角度对旅游动机进行了研究。

（一）普洛格的旅游动机理论

普洛格(Plog, 1972)提出了一种旅游动机理论，他认为一个人的个性心理在旅游动机中起着首要的作用。他以数千美国人为调查样本，发现三种常见的个人特质，即①对地区的缺乏性:是一种对于旅游目的地的陌生感而产生不普遍的旅游行为;②广义的渴望性:对于日常生活中的强烈不安全感进而产生的潜在需求;③无能为力的特质:无法掌握未来的感受及在一生中所发生的不幸的事。因此,他将旅游者分为自我中心型及多中心型。但普洛格发现大多数旅游者都存在于这两者之间,又将其分为近自我中心型、中间中心型和近多中心型,且旅游者类型的分布呈现一种正态分布,如图2-6所示。在每一个不同的阶段中,旅游目的地显示出不同的心理类型的旅游者,而这些旅游者决定了旅游目的地的特质及成功。针对自我中心型、多中心型及中间中心型的具体说明有以下几点。

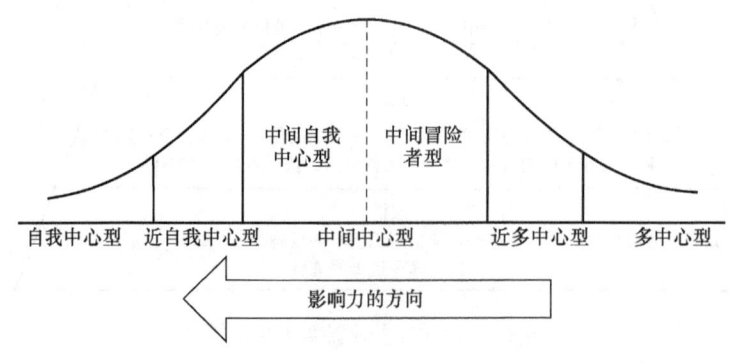

图2-6 普洛格的人格类型划分
资料来源:Plog, 2001.

（1）自我中心型:属于较传统的范围,这种类型的旅游者会对于新的及不同的地点或活动感到没有安全感。因此,倾向于选择热门的景点或者是曾经去过的旅游目的地。感到舒服、安心及乐于沉浸在相同的旅游经验中,是这类型游客的特质。

（2）多中心型:属于一种"创新者",这种类型的游客乐于寻找及参与他们之前从未到过的地方及活动,喜欢冒险、刺激,活动量大,不愿随大流。这种类型的游客对于新的旅游目的地及活动较为了解,因此会将新的旅游经验分享给越来越多的人。

（3）中间中心型:属于不过度保守且不过度冒险的人,对于旅游目的地的选择没有特定的依据。

尽管这一理论提出了一种有意义的思考旅游动机的方法,但实际却很难应用。现实中影响游客选择旅游目的地的决策动机是复杂多样的。游客旅游的动机会随着地点的不同而存在着不同的旅游动机(Andreu et al., 2005)。例如,一方面假日游客会在寒假的时候选择到之前未到过的旅游目的地去参与滑雪的活动,但另一方面又会在平常的假日选择到自己较熟悉的旅游目的地进行其他旅游活动。

（二）丹恩的旅游动机理论

丹恩在1977年将旅游动机分为两种力量:推力和拉力。其中,推力是一种内在渴望,让人们进行旅游活动的动机;拉力则是人们受到外在力量所引发的动机,如目的地的属性。在1981年,他又提出了一些新的观点,主要有以下几点。

（1）旅游动机可以分为三种:情感梳理、自我提高和幻想;

（2）旅游可以满足未能满足的需要,认为旅游者受到这种需要的驱动,渴望外出体验与家居环境不同的事物;

（3）旅游目的地的拉力可以对应旅游目的地的推力,这样可以对旅游者个人动机的期望水平(推力)和目的地或吸引物的拉力加以区别;

(4)旅游动机是一种幻想,并认为旅游者出游是采取不受家庭环境和文化约束的行动;

(5)旅游动机对旅游者体验的真实性提出争议,以各种旅游者体验的可信度为依据。

动机可以自我解释并具有自我含义,认为描述旅游者状态比简单观察旅游行为能更好地认识旅游动机。

(三)克朗普顿的旅游动机理论

克朗普顿(Crompton,1979)支持丹恩的推拉理论,将旅游动机分为七种:逃离、自我探索、放松、声望、回归、密切亲友联系和增加社会交往。他将推力动机分为两种:新奇与教育。

(四)麦金托什的旅游动机理论

美国的麦金托什通过研究将旅游动机归为四类,但是他也强调:"我们很难指望旅游行为会只涉及单纯的一种动机,旅游是一种复杂的象征性行为形式,旅游者通常是努力通过这一形式来满足多种需要"。他所划分的旅游动机如下:

(1)身体健康动机——通过旅游来恢复体力、保健、参加海滩活动、娱乐消遣等,注重减少紧张的活动;

(2)文化动机——获得其他有关国家的知识,希望了解和欣赏不同文化,包括他们的艺术、音乐、民俗、舞蹈、绘画和宗教等;

(3)人际交往动机——结识各种新朋友、探亲访友、避开日常的例行公事及家庭邻居,寻找新的体验或建立新的友谊;

(4)地位和声望动机——想继续接受教育,实现个人发展、自我完善,想要受人认可、引人注目和具有好的名声。

(五)逃离和追求二维度理论

许多研究学者都在寻求一种连续性的架构来解释旅游动机,曼内尔和伊索哈拉提出了一个二维度的游客动机模型,根据模型的架构,两个刺激因素影响着个体在从事休闲活动的旅游行为,也就是说从休闲游憩活动中所获得的心理益处是两个因素交互作用下的结果:逃离因素指的是从日常且具有压力的环境中逃离;追求因素指的是从休闲游憩的活动机会中得某种心理的奖赏。逃离和追求的影响力代表一种内在社会心理学的因子,类似于一种推力旅游动机,而在环境特质上获得的满足则类似于一种拉力旅游动机(Mannell and Iso-Ahola,1987)。曼内尔和伊索哈拉提到人们寻求休闲或者是从事观光游憩活动是为了逃离日常生活中有形及无形的压力,以及渴望得到日常生活中有形或无形的奖赏。有形的奖赏包含学习、自我认知、挑战、探索及放松;无形的奖赏是来自于与社会的互动(图2-7)。

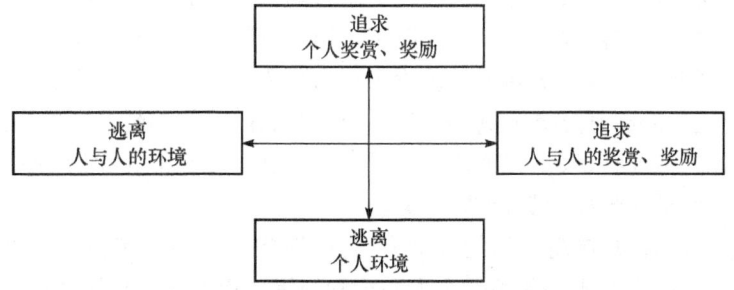

图2-7 休闲动机的逃离和寻求二维度模型

资料来源:Mannell and Iso-Ahola,1987.

在过去,许多探讨动机的研究都利用休闲动机的逃离和寻求二维度理论作为研究理论的依据,学者们针对旅游休闲动机理论进行改写,并认为旅游是一种休闲活动的类型。但是现今的旅游动机有着自己独特的特点,只有一部分是通过休闲活动得到的。因此,虽然起源于休闲研究的动机理论可以解释部分的旅游行为,但某些特定旅游行为的动机来源仍没有得到充分的解释。

(六) 个人特质与旅游活动关联的旅游动机理论

在旅游的动机理论研究中,学者除了将游客的旅游动机进行分类外,还有学者以个人特质与旅游活动两者间的关系为基础,发现不同的旅游者类型存在着异质性的旅游动机(多样化动机)。斯沃布鲁克和霍纳尔指出依照旅游动机因子可以将游客分为两个族群,并将主要影响游客动机的因素类型分为六大项,如图2-8所示。

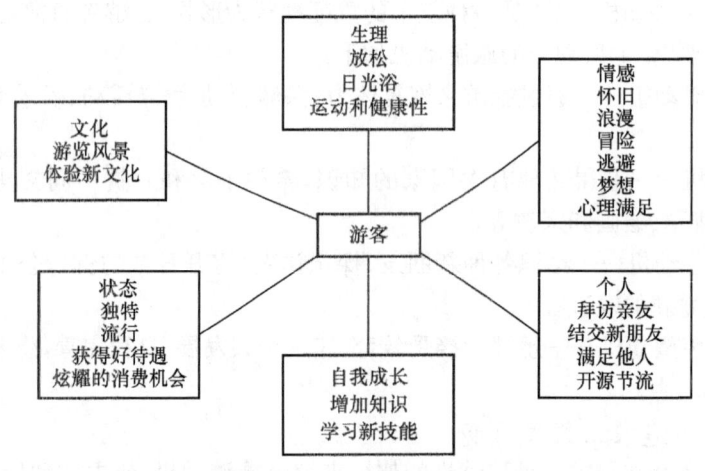

图 2-8 旅游动机分类图

资料来源:Swarbrooke and Horner, 2007.

(七) 对旅游动机理论的总结

动机概念在旅游的应用中比较模糊。关于旅游动机研究在国外积累了大量的文献,但在国内还没有系统的成果,但还是有不少学者已做了有益的尝试。例如,张树夫按照我国的国情研究我国相当数量的旅游者的心理需要、社会需要和精神需要的差异,将旅游动机分为十种:游览型动机、休闲型动机、文化型动机、经济型动机、探索型动机、生态旅游型动机、社交型动机、纪念型动机、宗教朝觐型动机,以及我国和外国之间旅游者旅游型动机(张树夫,2001)。

大量的理论研究最终的目标都是提供一个旅游动机的分类框架,这些分类框架标准不一,各有侧重。很多学者都希望提供一个全面系统、具有概括力的分类,但是总是有旅游研究的个案可以打破这个框架。从以上所列举的理论中也可以看到,这些分类都不是尽善尽美的。以备受推崇的麦金托什的旅游分类为例,显然它是有漏洞的,我们连最基本的自然观光动机都找不到,更别说其他的探险猎奇、宗教朝觐动机了。不过这些理论都为我们提供了一些有用的研究思路,有助于我们进一步探索更合理的分类。

总的来说,旅游动机是旅游行为的推动力,是解释旅游行为的实质性概念。此外,不能忽视的是,旅游需要与动机需要必须通过个人心理和周围环境的共同作用才能生成,不仅来源于人们的求新、求异或逃避、学习的心理,同样也离不开旅游目的地的形象宣传,旅游市场营销中的各种措施的刺激。

本章作业

1. 需要与动机的概念是什么？动机的功能有哪些？
2. 怎样理解需要、诱因与动机的关系？
3. 社会性需要与动机有哪些？试阐述旅游需要的社会性。
4. 如何理解旅游需要与旅游动机之间的关系？
5. 以本章学习内容为基础，试开发一个旅游动机的量表。

延伸推荐阅读

黄希庭. 2007. 心理学导论. 北京：人民教育出版社.
谢彦君. 2011. 基础旅游学(3版). 北京：中国旅游出版社.
Reisinger Y. 2009. International Tourism: Cultures and Behavior. Oxford: Elsevier.

第三章　旅游信息搜寻

□ 本章导读

　　21世纪是一个信息爆炸的全新时代,信息全球化已成为这个时代的核心关键词。信息的获取与使用加速了人类社会形态的演变,彻底改变了人们原有的生活方式,极大地影响了人们的出行特征。对于旅游产业来说,其无形性、不可转移性、生产与消费同时性和不可储存性的特点,使它更加依赖信息的获取与使用。深入认识旅游者搜寻目的地或旅游产品信息的基本规律,有利于促进旅游目的地营销组织(DMO)向细分市场有效提供更具有针对性的旅游信息。本章在介绍旅游信息相关概念的基础上,重点讨论旅游信息的搜寻模式及网络旅游信息的搜寻。

第一节　旅游信息概述

一、信息的定义

　　"信息"一词,已成为现在传播媒体、学术研究、甚至人们口耳相传的用语。回溯信息的定义,首先依据牛津英文字典:信息一词来源于拉丁语"informare",意为石、木、皮等物质形成的过程。该词到16世纪才转变为"information",其最普遍的定义为:告知的行为;心智或性格的形成,或塑造、训练、教导、教学;指示性知识的传递。该定义持续到第二次世界大战后,随着计算机技术的发展,"信息"一词与科技几乎画上等号。在图书馆学与信息科学大辞典所下的定义中,信息指能利用的、可转换的、或可传播的知识、情报、事实或数据,其基本特质包括存在的、可获取的、是语言的、是可认知的、可表征的及有意义的等六项表现形式(陈怡佩,1999)。

　　在消费者行为研究领域,信息被看做是人们在作决策时,能够导致个人改变其期待或评估的刺激。这说明了信息与个人决策有关,为了决策,人们才去转换数据,使之变成信息,若无决策,则不会有信息。由此,可以这样来定义信息的特性:①信息概念应包括人的决策活动在内,若无决策活动,人类无需使用信息;②不确定性是度量信息的基础。从决策行为来看信息,必须清楚地认识到,决策过程中对信息使用的"不知"或"不确定"现象。人类的认知能力有限,面对一个决策问题,对相关问题的了解,必然存在不可知的成分。

二、信息来源分类

　　消费者一旦意识到某个需求问题的存在,并感到有必要采取行动解决这个问题,那么他就会开始搜寻有关信息。消费者花多大力气搜寻信息,搜寻哪些信息,从何处搜寻信息和如何搜寻信息,对营销者来讲十分重要。

　　一般情况下,在商业领域的信息来源可以被划分为四类:
　　(1) 营销人员可支配的人际信息来源,如销售人员、商展、公司讲习会;
　　(2) 营销人员不可支配的人际信息来源,如社会关系人、专家、领袖意见、个人经验;
　　(3) 营销人员可支配的非人际信息来源,如媒体广告、购买点展示、商店内信息;

(4) 营销人员不可支配的非人际信息来源,如一般媒体。

但因为学界对信息的分类种类较多,为了清晰地界定消费领域的信息来源,我们对其进行了整理,见表3-1。

表 3-1 信息来源分类表

商业信息来源	
人际搜寻	业务员、销售人员的信息(Fodness and Murray, 1998; Robertson et al., 1984; Bekman and Gilson, 1986)
非人际搜寻	经营者所刊登的广告、提供的宣传手册(Fodness and Murry, 1998);销售点展示的信息(Robertson et al., 1984)
非商业信息来源	
人际搜寻	亲朋好友、同事同学等社会关系人提供的信息(Fodness and Murray, 1998);亲友口碑和专家意见(Robertson et al., 1984; Bekman and Gilson, 1986);和朋友讨论产品或征求意见的信息传播
非人际搜寻	大众媒体、消费者组织、官方单位及专家学者所发表的书面言论(Fodness and Murray, 1998);消费者报道(Bekman and Gilson, 1986);报纸杂志的公共报道、非广告信息(Robertson et al., 1984)

在信息制造与传播过程中,企业或营销人员被看做是信息发布者,而消费者则是信息接收者,信息发布者通过传播媒介将信息传送给信息接收者,通过各种广告信息来刺激消费者(信息接收者)的需求,并提供消费者解决需求之道。

传统上,旅游营销者习惯使用报纸与杂志广告作为传播媒体与消费者接触,认为消费者一旦确认旅游需求,对以前完全忽视的旅游产品广告会特别加以注意(Schiffman and Kanuk, 2000),然而这些营销策略所制造出来的信息,虽然经过暴露、注意、接受三个处理阶段,在消费者记忆中形成情报或经验,但在沟通过程中,消费者对信息的回馈反应其实很复杂,除了常取决于信息本身的信服度外,对非商业信息来源的中立报导则更加信任,如消费者对政府机构所发布的有关消费比商业信息来源更具信赖感。信息来源结构如图3-1所示。内部信息搜寻是指消费者将过去储存在记忆中的有关产品、服务的信息提取出来,以服务于当前问题的过程。假设你需要在"十一黄金周"假期选择一个近程的旅游目的地,你可能会先回忆一下平时你所了解到的目的地相关信息,具体有哪些,各有什么特点等,这就是内部信息搜寻。如果通过内部信息搜寻未找到合适的解决办法,那么你将进行外部信息搜寻,即通过外部来源,如朋友、熟人或专业性的旅游服务机构获得更多解决该问

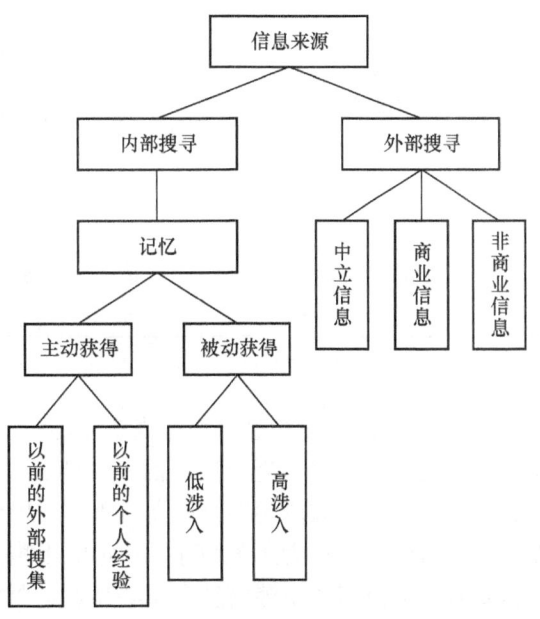

图 3-1 消费者信息来源分类
资料来源:Beales et al., 1981.

题的办法。

三、旅游信息来源

消费者对旅游信息的来源,并不代表产品或服务的客观真实存在。影响消费者作出到甲地旅游而不到乙地旅游购买的决策,往往与其购买前所在的个人及周围亲友的知识、经验和旅游广告宣传信息的处理有关。

旅游是一种以信息为基础的产品。对消费者而言,旅游产品无法像实体产品那样标准化或试用,在购买旅游产品时所面临的风险相对较高,因此旅游信息对欲进行旅游活动的消费者而言更显重要。近年来信息传播方式更加多元化,所以旅游信息取得的内容及方式也越来越多,包括网络、专业旅游书籍、休闲旅游报道等。

旅游研究领域对信息类型与来源的划分,以福德奈斯和莫里的研究较为典型(表 3-2)。他们将旅游信息来源以"人际/非人际"、"商业/非商业"两个维度划分成四类。在研究中,以旅游者搜寻信息所花费的时间、搜寻数量及信息搜寻来源对旅游者进行分类,并指出不同家庭生命周期的旅游者在信息搜寻数量上会有所差异;不同收入的旅游者在获取信息的来源上也有明显差异;不同旅游目的及行为的旅游者在信息搜寻数量及获取信息来源上也会有差异。这些信息来源的相对数量与影响力,随产品种类与购买者特征的不同而有所区别。

表 3-2 旅游信息来源维度

项 目	非人际来源	人际来源
商业来源	手册 导游导览 国家旅游导览 当地旅游者服务中心	汽车俱乐部 导游
非商业来源	杂志报纸	亲戚或朋友 个人经验 高速公路休息站

资料来源:Fodness and Murray,1997。

现实生活中,旅游信息来源相当多元,消费者接收到的最多信息为商业来源,最有效的信息效果则是个人来源。笔者近期的一项研究中,将旅游信息来源划分为广播、信件、报纸、网络、电视、人际传播和休闲媒介七类。研究结果也显示出,除休闲媒介类旅游信息外,其他类型旅游信息对消费者行为意图均存在一定的影响;人际传播旅游信息(口碑效应)仍然是主导影响消费者行为意图的旅游信息来源类型,其对消费者行为意图的影响为 0.72;随着网络的普及,消费者更习惯于使用网络来获取各类信息,网络旅游信息对消费者行为意图的影响仅次于人际传播旅游信息,为 0.63。和以往国内旅游信息传统方式不同,国外经常会随信附带一些广告宣传品,针对这些资料,消费者会有更加充足的时间进行阅读,其对消费者的影响力不容忽视。

第二节 旅游信息搜寻模式

一、旅游信息需求

信息需求促使搜寻动机产生，搜寻动机会引发个体产生信息搜寻行为，三者密不可分。旅游信息搜寻兼具实用性与享乐性。旅游信息搜寻可以满足人们的好奇心、同时具有消遣与分享体验的作用。

关于旅游信息需求的类别，沃格特和费森耐尔（Vogt and Fesenmaier, 1998）的分类较为全面，他们认为旅游信息需求存在五种典型的类别。

（1）功能性需求。信息搜寻活动将主要面向问题解决、建构未来可用信息数据库或降低购买决策风险、成本与不确定性，由此来提升决策效用与效率。

（2）娱乐性需求。旅游者在搜寻过程中获得满足，包含知觉感官的享受、情感上的兴奋与刺激及主观认知上的体验需求。

（3）创新性需求。勇于追求新鲜刺激，包含新奇冒险的旅游行程、寻找新的旅游目的地、追求多样化的产品或刺激与独创性的旅游体验。

（4）美学性需求。信息如同刺激物一般能激发旅游者心理意象与幻想，利用图像信息的传达使旅游者形成意象进而激发其想象力，塑造幻想情境。

（5）符号性需求。通过社交互动的过程，让旅游者获得他人认同成为意见领袖，进而分享知识并提出建议。

二、旅游信息搜寻策略

信息搜寻策略是指消费者为满足消费欲望和实际需求收集相关信息的过程与方式。通常情况下，消费者信息搜寻按照"由内而外"的过程进行，其过程大致如下。第一，消费者会从自己记忆来源进行信息搜寻。过去的信息搜寻活动、个人经验和低介入度学习所形成的记忆或内部信息是大多数消费者最主要的信息来源。在很多情况下，消费者依靠储存在记忆中的信息就可以解决他所面临的购买问题。例如，在购买牙膏、饮料等产品的过程中，绝大多数消费者是凭过去的经验、印象或习惯作出选择，无需求助于其他外部信息。第二，消费者会从自己个人信息来源角度进行信息搜寻。个人信息来源包括朋友、同事、家人等。第三，从大众来源或独立来源搜寻相关信息。大众来源包括大众媒体、政府机构、消费者组织等。大众媒体刊载的有关消息、报道及有关生活常识对某些产品的购买是非常有帮助的。我国有关政府机构，如国家质量监督检验检疫总局定期或不定期地对某些产品进行检测并将结果公之于众，为消费者选择产品提供了有用的信息。第四，从商业或营销来源进行信息搜寻。商业来源包括广告、店内信息、产品说明书、宣传手册、推销员等。以广告为例，虽然它在信息方面的作用因产品和消费者的不同而异，但它的总体影响是非常大的。

在旅游者信息搜寻策略方面，大部分学者会提及信息搜寻的空间特性，即对旅游者所从事的旅游信息搜寻活动，分为内部和外部两种。福德奈斯和莫里将时间及操作特性一并加入探讨，认为旅游者在各种不同的旅游情况下，至少有三项明显的信息搜寻策略特性（Fodness and

Murray，1998)，即空间、时间及操作。而这三种特性仅是在信息搜寻来源分类上有所不同,在信息搜寻内容上并无太大差异,其特征主要表现在以下几个方面。

(1) 空间:反映搜寻活动的所在,可分成"内在的"(记忆)或是"外部的"(从外部环境获得信息)两个主要来源。内在信息搜寻指从记忆知识的获取,如过去的消费经验;相对地,外部信息搜寻是旅游者寻求个人经验以外的信息。空间的策略并不是旅游者信息搜寻的唯一方式,搜寻策略也可能会受到时间因素或操作因素的影响。

(2) 时间:表示搜寻活动的时间点,人们搜寻旅游信息的活动可能会随时进行,其主要目的是为了增进未来购买决策时的知识基础。此外,信息搜寻活动也可能是针对当前问题所作出的反应。旅游者的信息搜寻不一定是为了特定旅游目的,在旅游前进行信息的搜寻其主要动机是为了作出较佳的旅游选择(如更好的旅游行程、节省成本);而以持续进行的方式搜寻信息,可能是渴望作为未来决策制订的知识基础,这并非是为了即刻达到某一旅游决策的目的。

(3) 操作:反映信息搜寻行为,且聚焦于特定信息资源的使用、相关问题的解决,以及决策的相对有效性。福德奈斯和莫里按照操作特性,将信息来源区分成决定性及辅助性两大类。其中,决定性信息来源包括个人经验、朋友或亲戚、汽车俱乐部及旅行社;辅助性信息来源包括小册子、旅行指南、公路旅游者中心、当地旅游办公室、官方国家旅游指南、报纸及杂志。

三、旅游信息搜寻行为模式

旅游信息的传播,需要通过适当的媒介,并与消费者旅游信息搜寻模式相契合,这样才能达到预想的营销目的。当你每天早上打开电视,央视《朝闻天下》栏目及《天气·资讯》栏目会出现大量的旅游广告信息,泰山、五台山、云台山、王屋山等国内一流的名山大川美景会依次呈现。但这些信息究竟对消费者产生了何种影响?是否与消费者旅游信息搜寻模式相吻合?或许我们可以从福德奈斯和莫里的研究中找到部分答案。

1999年,福德奈斯和莫里从曾在1990年1~7月前往佛罗里达州设立的旅游者中心的1800名旅客中,随机抽样1000位,进行邮寄问卷调查,回收了716份,有效样本为585份。从这些有效样本的12项信息源进行信息搜寻策略的测量:汽车俱乐部、饭店或游憩区折页、商业指南、朋友亲戚介绍、高速公路休息站、当地旅游中心、杂志、报纸、旅游局、个人经验、旅行社、其他。该研究将旅游信息搜寻策略看做是一个动态过程,以条件因素、信息搜寻策略、旅游者特质、搜寻结果四个维度来分析旅游者如何使用不同的信息来源来规划度假的选择,进而发展出一个"旅游者信息搜寻行为模式"(a model of tourist information search behavior),界定了消费者在信息搜寻策略中相关变项之间的相互关系(图3-2)。同时,他们的调查研究也揭示了,旅游者大都趋向于综合利用购物指南、专业导游和旅游指南信息源来进行旅游决策。而个人经验、旅行社及朋友或亲戚等信息源则成为旅游者形成决断型策略的主要信息源。信息搜寻前已预知的信息源往往会与其他新增加的信息源结合而促成旅游计划形成(表3-3)。

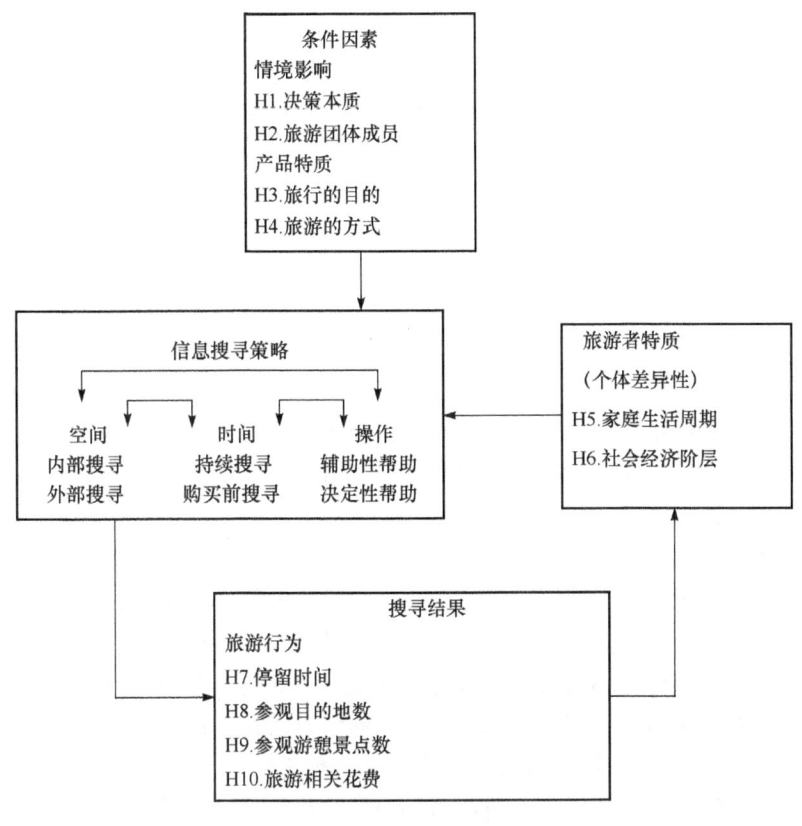

图 3-2 旅游者信息搜寻行为模式

表 3-3 旅游信息搜寻类型与特征

搜寻策略	内容描述
购前混合信息搜寻	外向型信息搜寻策略,大量利用多种来源旅游信息,一般不会利用决断型信息源;信息源平均利用率为3.6%;此类型占总量的11%
旅游服务机构信息搜寻	外向型信息搜寻策略,频繁地利用专业导游和地方旅游机构所提供的各类旅游信息,汽车俱乐部旅游信息限制性使用,且不会作为决断性信息源;信息源平均利用率为4.1%;此类型占总量的8%
个人经验信息搜寻	内向型信息搜寻策略(个人经验);几乎完全依赖个人经验,外部信息资源利用极少,仅为1.3%;此类型占总量的14%
持续性信息搜寻	外向型信息搜寻策略,决断型信息源主要是杂志或报纸,且被大量使用;有限使用汽车俱乐部和旅行社信息,信息源平均使用率为5.6%;此类型占总量的4%
现场信息搜寻	不间断的外向型信息搜寻策略,一般最信赖朋友或亲戚,并以其为决断型信息源;信息源平均利用率为2.4%;此类型占总量的27%
汽车俱乐部信息搜寻	外向型信息搜寻策略,最容易将交通工具信息源作为决断型信息源,同时也高度利用朋友或亲戚信息源,中度利用旅游杂志、旅游报纸或专业导游;信息源平均利用率为2.4%;此类型占总量的24%

搜寻策略	内容描述
旅行社信息搜寻	外向型信息搜寻策略,频繁将旅游机构信息源作为决断型信息源,有限使用包括旅游指南、旅游报纸或专业导游等的互助型信息源;信息源平均利用率为1.6%;此类型占总量的12%

上述概念模型解释了如下几个问题。

(1)旅游者信息搜寻模式的选择随着出游前计划时间的长短、旅游团体的构成、旅游目的和旅游模式的改变而改变。常规决策与持续的、内部或外部使用的决策资源显著相关。人们在作常规决策时,通常会运用亲朋好友的信息来计划他们的旅行。而对于其他的信息来源途径则使用的很少。该研究区分了携子家庭、年轻无子家庭和退休无子家庭的信息搜寻战略。带着休闲目的的旅游者,在信息搜寻的各种途径上都很重视,而探亲访友型在亲友这一途径上所得分数明显高于其他途径。

(2)旅游者个性特征对信息搜寻的影响。假设旅游者个性特征从旅游者家庭生活周期所处的阶段和收入加以反映。不管旅游者处在哪个阶段(携子、无子和退休),对其信息搜寻都没有显著区别。而对收入的分析显示,低收入者趋向于依赖其朋友或亲戚,高收入者趋向于使用某种政府型旅游信息,如接待中心、地方旅游机构及专业导游。这可能因为低收入者没有足够的资金支持他们决策,他们就会选择稳妥、有保障的信息渠道。而高收入者更能承担不满意的旅行的风险。旅游交通工具不同,信息搜寻策略也会有变化。

(3)信息搜寻策略与搜寻产出。滞留时间、住宿天数、景点吸引力和娱乐花费的关系显著,而且它们之间存在着正相关关系,即滞留时间越短、住宿天数越少、景点吸引力越低、娱乐花费越少,旅游者信息搜寻的努力随之越少。

本章作业

1. 旅游信息的来源有哪些?
2. 旅游信息有什么特征,如何进行划分?
3. 旅游信息搜寻的动机和类别是什么?
4. 试述网络旅游信息搜寻和一般旅游信息搜寻的关系与区别。
5. 结合自己的旅游经历,具体分析如何进行旅游信息的搜寻。

延伸推荐阅读

Buhalis D, Law R. 2008. Progress in information technology and tourism management: 20 years on and 10 years after the Internet——the state of e-tourism research. Tourism management, 29(4): 609-623.

Pan B, Fesenmaier D R. 2006. Online information search: vacation planning process. Annals of Tourism Research, 33(3): 809-832.

第四章　决策与旅游目的地选择

☐ **本章导读**

生活中，我们常常会面临各种各样的选择与决策。同样，在旅游中，潜在旅游需要与动机要转化为实际的旅游行为，必须通过旅游决策与旅游目的地选择。那么，相比一般的消费者决策，旅游者决策有哪些相同点与相异点？它会受到哪些因素的影响与制约？我们又能通过什么样的方式来刻画与解释旅游决策与目的地选择的过程与步骤？这些，你都将会在本章的内容中找到答案。

第一节　决策与消费者决策

一、决策的概念

"决策"（decision making）一词的出现可以追溯到先秦时代，《韩非子·孤愤》中说，"智者决策于愚人，贤士程行于不肖，则贤智之士羞，而人主之论悖矣。"但是，真正把决策概念引入现代科学的视野，使其获得广泛而深入的研究，则始于美国学者巴纳德等在管理学著作中对决策概念的使用。决策伴随着人类的起源而产生，是人类意识的产物。在人们的日常生活、工作、学习与娱乐等活动中，随时随地都会遇到各种各样的问题，这就意味着每个心智正常的人，必须作出许多的决策以解决问题。

决策涉及的范围非常广泛，简单的可以是决定早餐吃什么，复杂的可以是怎样防止核扩散。决策是人类认识世界和改造世界过程中的一个重要环节，对个人与社会的正常生存和发展具有举足轻重的作用。但是，到底什么是决策，却一直众说纷纭，很难定论。国外一些学者对决策作过界定。西蒙认为，决策就是决策者提出可能的备选方案，并依次检查它们，确认第一个满意方案作为实际选择的方案的过程。罗宾斯认为，决策是对问题的反应，由于事件的当前状态与期望状态之间存在着差距，因而要求个体考虑几种不同的活动进程，决策就是要在两个或多个备选方案中进行选择。希夫曼（Schiffman，2000）认为，就最一般的意义而言，决策是指从两个或更多的选择项中选出一个。也就是说，对决策者而言，必须有可供他选择的选择项。但是，在一些特定的情景中，也可能存在没有选择项的情况。这种没有选择的决策通常被称为"霍布森选择"。太田英昭认为，决策就是在问题解决的情况下，从几个可能实行的行动方案中，选出一个被认为最恰当的方案。

根究以往对决策的定义可以看出，决策概念的内涵主要包括五个方面的内容（邱扶东，2004）。第一，决策的第一个要素就是决策者，决策者可能是个人，也可能是群体或组织，决策者是决策过程的主体。第二，决策过程针对明确的目标，决策目标通常是解决某个具体的问题。第三，决策涉及两个或两个以上的解决问题的方案或计划。第四，决策者必须对解决问题的方案或计划进行选择，决定采用哪一个方案或计划开展实践活动。第五，决策的最后阶段是决策者或其他人执行被选定的方案或计划。综上所述，可以把决策界定为：个人或群体（组织）

在一定条件下,提出并选择解决某个具体问题的方案或计划,并最终把选定的方案或计划付诸实施的过程。

二、消费者决策模型

消费者的购买或决策过程是消费行为的一个重要方面,这一过程所描述的是消费者在购买中所经历的前后阶段。从消费者行为角度了解一般消费决策模型,能使我们更好地分析旅游消费者决策的不同模型和过程。

国内外有许多学者致力于将有关消费行为理论加以整合,其中以恩格尔、克拉特和布莱克威尔在1968年提出的消费者行为模型最具代表性。他们认为消费者行为是一种连续的过程,而非间断的个别行为,以决策行为为核心,发展成一个E-K-B消费者行为模型。此模型在1978年修改完整后,因为最为详尽而成为近年来研究消费者行为的主流模型。

E-K-B消费者行为模型主要包括信息投入、信息处理、决策过程、影响决策过程的变量与外界影响五个阶段,如图4-1所示。其中决策过程是整个模型的核心。

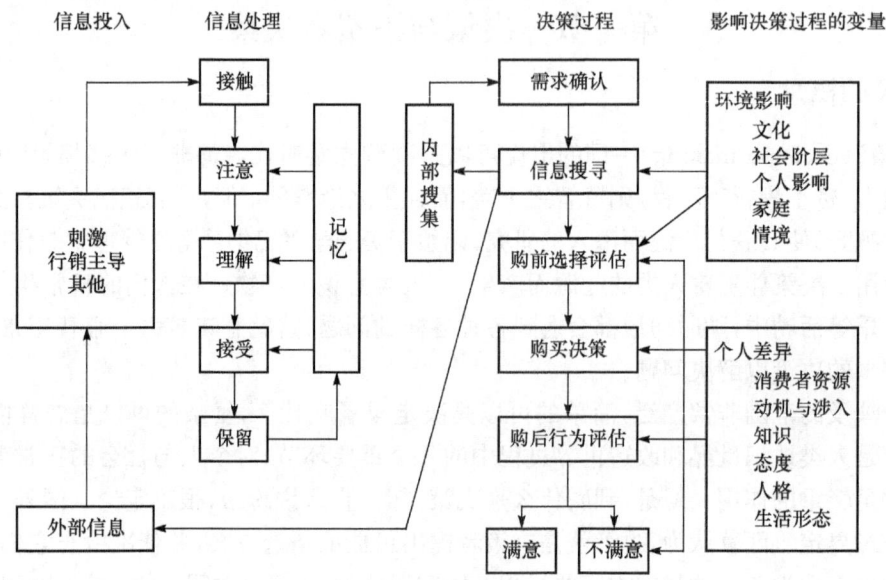

图 4-1　E-K-B 消费者行为模型
资料来源:Eagles and Blackwell,1995.

在 E-K-B 模型中,其决策过程可分为五个阶段。

(1) 需要确认。需要确认是任何决策过程的最初阶段,没有需要的产生,也就不存在后续的消费行为。当人们感觉到理想状态和现实状态存在差异时,即身体出现某种不平衡时,就会产生某种需要。换言之,需要确认就是指消费者价值观或需要与环境影响因素发生互动后所引发的消费欲望,该消费欲望需要通过进一步决策来加以完成。这些需要可能是由很多内部或外部因素引发的。

(2) 信息搜寻。消费者在有了需要动机后,就会进行下一步行动。首先消费者会搜寻存在内部记忆中的知识,如果由内部搜寻所得到的经验或知识就可以解决问题,则不用再向外寻求更多信息。反之,当内部搜寻信息不足时,消费者就会从外部环境中寻找更多的信息。这两种情况中,前者称为内部搜寻,后者称为外部搜寻。

(3) 购前选择评估。当消费者完成信息搜寻并获得足够信息后,即会对每一项的可行方案加以比较评估,以便作出决定。消费者评估的标准是从消费及购买观点、预期得到的结果、所偏好的产品属性或规格等得出的。这些评估标准的选择又会受到个人差异和环境因素的影响,因此,评估准则就成为个人需要、价值观、生活形态等因素在特定产品需求上的综合体现。

(4) 购买决策。消费者最后的购买决策制订会受到许多因素的影响,主要区分为两个部分:一是个人差异,如消费者自身、动机、涉入、知识、态度、人格、价值观与生活形态等;二是环境影响因素,包括文化、社会阶层、人员影响力、家庭、情境等环境因素等。经过审慎的方案评估后,消费者会从中选择一个最能满足原始需要的方案,并采取购买行为。但最后的决定,则仍可能会受到不可预期情况的影响。比如,消费者个人的财力情况突然发生变化,就很可能会取消购买。

(5) 购后行为评估。这是消费者购买决策过程的最后一个步骤。当消费者完成一件产品的购买时,会根据原有的期望值去评价该产品或服务。消费者可能满意或不满意所购买的产品。如果满意,再购的可能性会提高;反之,如果不满意,再购的可能性会下降。因此,购后满意或不满意两种结果会影响消费者决定剩余产品的处置及未来是否再次购买。许多消费者对产品的期望来自广告、销售人员、朋友等,如果广告或销售人员夸大其辞,使消费者的期望提高,最后将很容易导致消费者的失望。而随着互联网的盛行,很多消费者也会利用网络等途径传播各种购后不满意的负面消息(吕俐蓉,2004)。

虽然并不是所有的消费过程都如上述所言,但这个过程是一个普遍意义上的决策过程,是我们理解消费者行为的重要基础,也深受认可。同样,这个过程的各个阶段也符合旅游产品的购买过程,对于我们理解旅游决策意义重大。

三、消费者决策的类型

消费者购买的产品和服务不同,其花费的时间和精力当然也有所不同,消费者的购买决策可以分为三类:习惯性决策、限制性决策和广泛性决策,如图4-2所示。

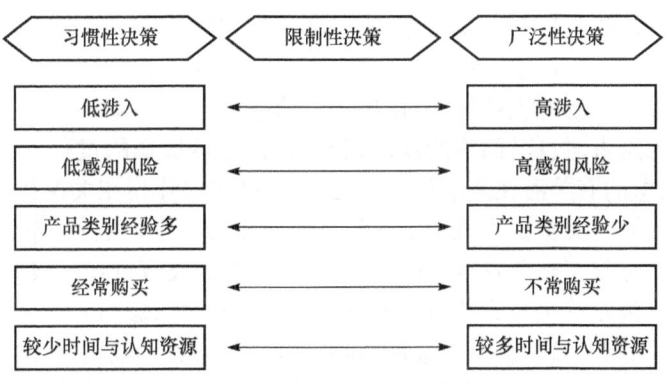

图 4-2 消费者决策类型

资料来源:陈亭羽、崔哲伟,2007.

(1) 习惯性决策。消费者经常会作且不假思索便会作出的那类购买决策,即消费者的购买行为属于习惯使然,几乎是以一种机械方式作出的决策,购买过程中的某个阶段或多个阶段都会因此而被跳过。这类决策通常购买的产品都是一些价格不贵或者很常用的产品或服务,一般有其固定的评价标准,没有感知风险或者风险很小,消费者对可供选择的产品和服务都很了解,所以也不需要收集信息。例如,出外旅游或出差购买火车票行为就属于习惯性决策,因为无需向他人征求意见,消费者也会很清楚地知道自己能得到什么,作决策时考虑的因素也会比较少。

(2) 限制性决策。这种类型的决策需要花费较多的时间和精力,消费者会经历购买决策过程的所有阶段。相比习惯性决策,消费者在购买时感知到的风险要大一些,虽然之前购买过此产品,但也没有经常购买,只是了解,所以消费者仍会向其他人征询有关的产品或服务信息。例如,选择去某家高级餐馆用餐就属于这种限制性决策。消费者虽然知道自己喜欢什么样的食物、需要什么样的用餐氛围,但由于他们也不经常光顾这类高级餐馆,掌握的信息也相对较少,所以在决策时要比自然性决策考虑的要多。

(3) 广泛性决策。这类购买决策花费的时间最多,且付出的精力也最大,消费者会十分专心地涉入这一决策过程。此类决策要购买的产品通常比较昂贵且复杂,感知风险会很高。所以决策过程的每一个阶段消费者都会认真对待,包括广泛地收集信息,参考他人意见,制订评价标准,反复对比评估等,最后再下决定。出国旅游就是典型的例子,在此决策中,消费者会广泛搜寻信息,询问相关旅游代理商或目的地营销组织的建议,周密地计划一切行程后再下决定。

第二节 旅游决策的内容与过程

一、旅游决策的概念

旅游是现代人生活的重要组成部分,日益成为人们休闲放松的一种体验方式,而一次完美的旅游经历必然离不开一个完善细致的旅游决策。旅游决策贯穿于整个旅游过程,对旅游的实现起着举足轻重的作用。如同"旅游"一样,虽然"旅游决策"一词使用频率相当高,却也很难检索到几个比较规范的定义。梅奥和贾维斯在描述旅游者个人决策时认为,旅游决策是一个从一般决策到重大决策的连续体,针对不同的决策条件,旅游者将采用不同的方式进行决策。当旅游者采用一般决策方式时,他们几乎是不假思索地快速决策,似乎决策已经成为一种常规或习惯。当旅游者采用重大决策方式时,他们会感到掌握的信息不够,难以帮助自己进行选择,希望了解更多的情况。保继刚认为,旅游决策是指在外出旅游之前,人们首先要收集各种有关的信息,然后根据自己的主观偏好,作出决定的过程(保继刚,1999)。谢彦君认为旅游决策过程,实际上是旅游者对自己面临的众多旅游机会,进行抉择的过程。在决策过程中,旅游者要收集和加工大量的有关潜在旅游目的地的信息,并最终作出相关抉择(谢彦君,2001)。

目前来说,国内外有关旅游决策的定义都是针对旅游之前的决策,事实上,旅游决策不仅发生在旅游之前,而且贯穿旅游发生的始终,是一个动态的决策过程。根据决策的定义及以往学者的定义,本书认为旅游决策是指在旅游发生前或进行中,旅游者个人或群体根据旅游目的,收集和加工有关旅游信息,提出并选择旅游所涉及的各种活动的方案或计划,并最终付诸实施的过程。旅游决策作为一种特殊的消费决策,其过程要复杂许多,决策要涉及旅游中的食、住、行、游、购、娱等各种要素,旅游所收集的信息也以这些要素为核心。只有制订完善的旅游决策,并灵活实施,才能更好地满足自己的旅游需要。

二、旅游决策的特点

旅游决策与一般决策有相似之处,但又有自己独特的特点。根据以往的各类旅游决策研究结果,本书认为,旅游决策具有以下明显特点。

（一）复杂性

旅游是一种高层次的消费活动，相比普通的消费决策，其过程当然也要复杂很多。旅游决策过程涉及各项决定，如目的地的选择、出行人员、出行方式、日期、旅游时间、参观景点、参与活动、交通运输的使用、住宿、购物、餐饮、预算支出等。一次旅游决策的制订实质上是由各项细分的决策综合组成的，而且这些细分的决策在整个决策中都具有独特的作用，缺一不可。换句话说，旅游决策的完整制订建立在这些细分决策制订的基础之上，反映并协调每一个细分决策，如果个别细分决策没有组织好，那么整个旅游过程就很可能会矛盾不断，使游玩过程不能尽兴。以家庭旅游为例，因为涉及各个年龄层次的家庭成员，所以在选择旅游目的地、游览景点和娱乐活动时，就不能只考虑个别人的兴趣，而要顾及到年长的父母或是年幼的孩子，从而综合协调旅游行程的安排。

（二）顺序性

和一般消费决策过程类似，旅游决策过程也是一个连续的需要确认、信息搜寻、选择评估、决策制订和游后评估的过程。旅游决策的复杂性鼓励个人去发展决策层次，以促进多种旅游需求和旅游者满意度，从而使决策者认知能力得到最大程度的发挥。具体来说，旅游决策过程的复杂性使个人需要通过将复杂的决策分解成不同的层次来分别解决，而这些细分的决策也要经历信息搜寻、信息处理和决策的顺序过程。很多学者的研究表明，信息整合过程是一个层级的、连续的结构，使每个决策元素（或分段信息）在连续的形成过程中融合到选择价值的过程中。旅游过程整体就是一个有顺序、有层次的决策过程，从时间的动态角度看，一般都会按照需要确认、信息搜寻、评估和联合决策、旅游行程安排及随后的旅游满意度评价等顺序进行。当然决策是人的主观意识，这个顺序也会受到个人性格特征、家庭风格等的影响。

此外，由于旅游决策的复杂性，在旅游决策的制订顺序方面，还需明确层级结构。比如，一些重要的旅游决定，如旅游目的地的类型、旅游方式等必须制订好，才能去决定到达目的地之后的食、住、行、游、购、娱等活动。摩尔等提出的三维的旅游决策层级模型能帮助我们很好地理解这一点。如图4-3所示，每种旅游类型代表一个选择，旅游者在决定旅游类型之后，然后会导致一个决策单元的层级变化，进而形成一个三维决策空间，即旅游决策单元及内容会随时

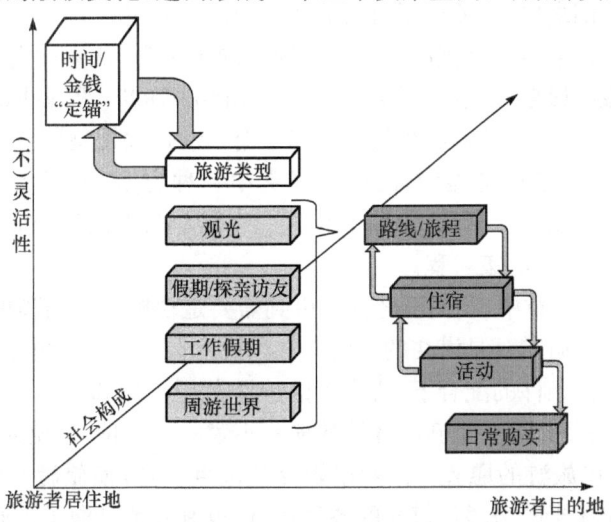

图4-3 三维旅游者决策层级模型

资料来源：Moore et al.，2012.

间、地点、社会构成内容的不同而发生改变。例如，在"旅游购买"决策里，如果按照"是否在目的地"这一维度，旅游者可能会做短期停留，按照"社会构成"这一维度，旅游者可能会选择做适中停留，如果按照"灵活性"这一维度，旅游者可能会做短期停留。

（三）偶发性

旅游决策不仅是一个连续的过程，也是一个偶发性的过程。旅游决策不仅体现在决策前的周密安排，而且还包括应对各种到达目的地后的突发情况和事件，这一点也反映了旅游决策的复杂程度。和日常消费不同，旅游是一种异地性的消费，这一特点决定了旅游过程中必然会面临各种无法预料的状况，即使先前的决策非常周密，也不可避免地会遇到一些临时改变。从本质上讲，旅游决策中的诸多附加决策不是先定的。因此，旅游决策往往不是静态的，而是一个动态解决问题的过程，早期阶段的决策能确保后期决策处于正常运转的状态，而后期在旅游目的地的临时决策能在一定程度上确保旅游行程的正常实现。

在现实旅游决策中，人们的行为不免要受到各种信息、环境及情境因素的影响，旅游前的决策不可能考虑的特别周密，而且对于一些附加决策，也完全没有办法在出行前完全制订。比如，散客自助游，途中要去哪里休息，要到什么地方吃饭等，这些都没有办法提前决定，只能视情况灵活改变。

三、旅游决策的内容与过程

旅游决策与其他决策一样，是一个包括从内在的心理活动到外显行为的连续体，并可以划分为一系列相关的阶段或步骤。许多学者对消费者行为模型的研究结果都显示消费决策是一个连续的步骤，旅游决策也是如此，我们应该注意的是整个旅游决策的内容和过程。福斯特（Foster，1985）指出旅游决策要素有六种：①去哪儿？②去哪儿住宿？③如何旅游？④预算多少？⑤到哪儿预订？⑥采用什么旅游方式？

其实，如本节开篇定义中提到的，旅游决策是一个动态的决策过程，涉及的内容非常多，包括旅游前的出发时间、人员构成（个人/朋友/家庭等）、出游方式（跟团/自由行等）、交通方式（火车/汽车/飞机等），还有旅游中的食、住、行、游、购、娱等，凡是和旅游相关的一切内容和活动都在我们的决策范围之内，需要根据自己的实际情况作好决定。

关于旅游决策的许多研究都把旅游者视作理性的决策者，认为旅游者会寻求一种有效的方式去满足自己的旅游愿望和需要（Um and Crompton，1990；Woodside and King，2001）。根据消费者行为研究，假定旅游者在决策的过程中会主动地去搜集信息，根据这些信息对几种决策进行评价，最终确定自己的旅游偏好，选择其中一种方案，实现他们旅游或度假的愿望（Fodness and Murray，1997；Mansfeld，1992）。具体说来，无论是个体旅游决策还是群体旅游决策，都会包括以下几个决策过程。

（1）旅游需要。第二章中，我们已经详细讲到需要是动机的基础和重要前提，没有动机也就没有行为的发生。旅游需要是潜在的旅游者在内在和外在的刺激下，感觉到一种需要的不足，在时间、经济和社会条件的配合下，所产生的旅游欲望。例如，现代社会的快节奏生活，常常使人们乏味疲倦，希望找寻一个新的环境放松一下紧张的心情，逃避人造的、单调的、无味的生活，所以才产生背包旅游的愿望。而网络媒介的高度发达，使旅游经营商充分抓住一切时机，扩大宣传，这些充斥于网络通信媒介的各种信息，也有效地刺激了人们的旅游欲望，激发了旅游的需要。

（2）收集相关信息。旅游是一种异地消费活动，涉及各种各样的内容，而且旅游目的地选择本身就含有很多不确定因素,会有一些时间、经济、期望、社会压力、身体等方面的风险,因此相关信息的收集就至关重要。一般说来,大多数旅游者在出发之前,都会搜寻有关旅游目的地方面的食、住、行、游、购、娱等旅游信息。一方面可以了解旅游地的风土人情,为选择目的地作准备;另一方面可以在确定旅游地之后,节省旅游时间,最大效率地完成行程安排。

至于信息来源,主要有正式的(商业环境)与非正式的(社会环境)两类。正式的来源包括旅行社、旅游小册子、游记影片、旅游指导书籍、地图、广播电视节目、录像带、杂志与报纸。非正式的来源是他人的推介与意见(指朋友、亲戚与社会群体),以及依据过去旅游经验与个人先前长期获得的旅游知识(Mansfeld,1992)。

(3) 可行方案评估。信息搜寻之后,旅游者会在内心建立几个可行的目的地备选方案,根据自己的标准来进行评估。这个标准可能是客观的也可能是主观的,客观标准通常都有依据,而主观标准是不可捉摸的,反映了在旅游者心中,每个可选择的目的地能满足其特定需要的程度。由于旅游目的地具有多重属性的特点,通常旅游者都会以目的地属性的效用价值来进行判断,也就是说目的地拥有的效用价值越多,越能满足自己的旅游需要,则被选为最后的旅游目的地的可能性就越大。

(4) 确定目的地和旅游线路。评估完可行方案之后,旅游者会综合考虑自己的时间、经济条件,对每一目的地可行方案形成态度与偏好,按优先级排列,选定最终的旅游目的地。之后,旅游者会根据先前获得的旅游地信息,结合自己的预算支出,进行旅游线路的选择。当然,如果是跟团旅游的话,这一阶段就要相对简单,只需到旅行社,参考旅行社安排的行程计划,安排好自己的时间即可。

(5) 实施出游。一切准备充分之后,就可以实施决策了。在出游的过程中,旅游者不可避免地会遇到各种与预想冲突的事件,这也是事先不可预料的,因此需要根据实际情况临时决策。换言之,旅游决策不会随着旅游的实施而终结,而是会伴随旅游的整个过程,包括到旅游地之后在哪儿吃饭,去哪儿购物等。所以,旅游决策是一个动态的决策过程,直到旅游行程的结束。

(6) 游后评估。这是旅游决策行为的最后一个步骤。旅游者在完成旅游计划之后,会根据自己的旅游体验进行评估,是否满意这次旅游行程。如果旅游行程轻松愉快,身心获得了满足,说明旅游者实现了自己的旅游目的,下次很可能还会选择故地重游。反之,如果旅游者感到并没有实现自己的旅游初衷,对行程不满,则重游的可能性就会很低。而且,有些旅游者还可能通过自己的博客、微博、朋友网等网络媒介,以文字、图片等方式传达自己的旅游体验,或分享旅游愉悦,或抱怨旅途中的不满。

四、旅游决策的影响因素

旅游作为一种特殊的消费决策,按照新古典经济学理论的描述,其最基本的影响因素包括两大方面。第一是旅游者所处的外部环境,主要有:①消费选择自由,即旅游者在购买活动中,基本不受限量、配额和短缺的约束;②价格充分弹性,旅游产品和服务的价格,取决于供给和需求的关系;③预算约束,即购买受个人收入的限制;④没有流动约束,即借贷自由;⑤不确定性,旅游产品和服务、个人收入、旅游政策等,存在不确定性。第二是旅游者的内在因素,主要有:①理性主体,即决策者的理性是适度理性;②追求效用最大化,即寻求最大限度满足自己需要的方案;③规避风险,决策者总是试图使风险降低到最小;④时间偏好,旅游者通常看重现在的消费(孙凤,2002)。

综合以往研究成果,可以将旅游决策的影响因素归为四个部分(图4-4)。

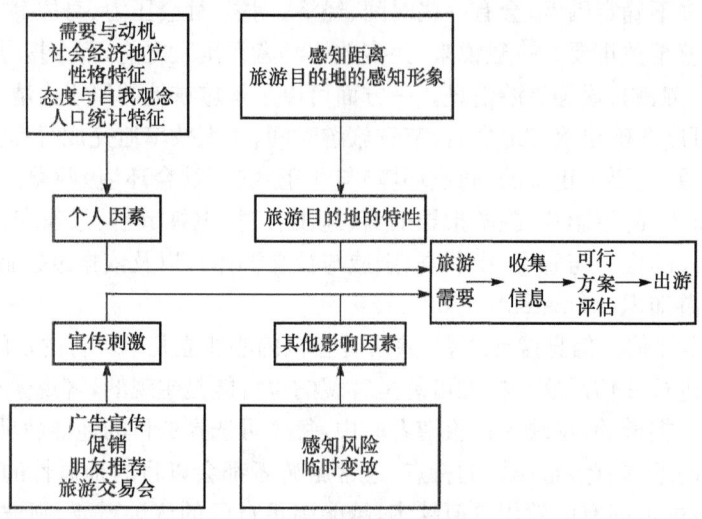

图 4-4 旅游决策的影响因素

资料来源:Foster,1985.

(一) 个人因素

个人因素包括以下几个方面。

(1) 需要和动机。需要和动机是旅游决策的基础,也是决定旅游目的地选择的重要因素。

(2) 社会经济地位(社会阶层的象征)。主要包括职业、收入、受教育程度等。一般来说,职位越高的人,常需要多样化的、花费相当程度精力的活动,其旅游决策的制订也会相对周密。收入高的人,旅游休闲的标准也会相对较高。受教育程度高的人,对文化活动较有兴趣,如自然研究、原始野地露营、摄影等,更容易去从事一些较细致或需要较多设计的旅游活动。

(3) 性格特征。旅游决策是一个主观意识过程,受自己的性格影响很大。性格内向、做事严谨的人会在旅游之前仔细思考之后再下决定;而性格外向、做事易冲动的人则不会考虑很多,会喜欢寻求旅途中的刺激,随机决策。

(4) 态度与自我观念。这一点也是个人的心理特征之一。态度与自我观念会决定一个人的行为表现,因此也会影响到旅游决策的制订。

(5) 人口统计特征。包括性别、年龄等。

(二) 旅游目的地特性因素

(1) 感知距离。旅游感知距离与实际距离是两个不同的概念。旅游感知距离受到旅游者自身经济条件、时间条件、旅游目的地的可进入性、交通条件等因素的影响。旅游决策的制订也会根据感知距离的改变而改变。

(2) 旅游目的地感知形象。旅游目的地旅游者感知形象是旅游者在旅游前、旅游中、旅游后对旅游目的地印象、认识及评价的综合,受到旅游者感觉和知觉、认知和感情等因素的交互影响。旅游目的地的景点、旅游产品和服务、交通、旅游服务设施、民风民俗、旅游氛围等都会影响到旅游者的感知,因此也会影响到旅游决策的制订。

(三) 宣传刺激

(1) 广告宣传。包括通过报纸、期刊、电视、互联网、宣传册、户外广告等媒介进行传播的信息,以及由旅游代理商和口碑效应传递的信息等。

(2) 促销。旅行社在节假日推出的各种促销优惠活动及旅游目的地的推介等,是影响旅游决策的重要外界刺激因素。

(3) 朋友推荐。朋友的旅游经验,旅游后分享照片、视频的喜悦,对旅游的评价口碑等都是旅游决策制订的重要参考因素。

(4) 旅游交易会。近些年来会展的蓬勃发展,使人们对外界有了更多、更深的了解。旅游交易会的举办就为各省推介本地旅游提供了良好契机,同时也激发了人们外出旅游的欲望。

(四) 其他影响因素

(1) 感知风险。包括目的地的社会治安、气候状况、自己身体的抵抗承受能力等。

(2) 临时变故。旅游前或旅游中的一些不可抗力因素,如天气突变、突发事件、交通问题等。

第三节 旅游目的地选择

旅游目的地的选择是旅游者消费行为研究中的重要组成,也是任何一个旅游者制订旅游决策的核心部分。一般说来,旅游决策要解决三个问题:一是要不要旅游,关系到自己的旅游需要与动机;二是到哪旅游,即旅游目的地的选择;三是如何旅游,即要选择什么样的旅游产品。由此可知,旅游目的地的选择处于旅游决策的核心位置,关系到其他决策的产生。

一、旅游目的地

旅游目的地的选择是旅游决策的重要组成部分,也是评估旅游体验的重要基础。柯特曼(Coltman,1989)对旅游目的地所下的定义是,一个具有不同的自然属性、特色或吸引力,能吸引非当地旅游者前往游览的旅游地区。

一个国家或地区要成为一个旅游目的地,必须具备三个条件:一是具有吸引力,二是有可进入性,三是有旅游基础设施和辅助设施。莫里森(Morrison,1989)提出目的地组合概念,认为目的地是由旅游吸引力与节庆、各种设施、基础设施与便利交通和旅游服务资源四个要素组合而成,其中吸引力与节庆是旅游目的地的中枢。甘恩(Gunn,1972)和默菲(Murphy,1985)将旅游市场分为需求方与供给方,需求方是产生旅游者的国家或地区,供给方是接待旅游者国家或地区,也就是旅游目的地国家或地区。他们认为旅游目的地构成的四个要素为交通、吸引力、服务及信息的推广。甘恩(Gunn,1988)曾提出旅游运作系统,以简明扼要的方式,指出旅游动态系统的构成及各组成要素间的互动关系,如图 4-5 所示。由此可知,旅游目的地是一种综合体,各个组成要素密切配合,才能成为一个旅游者愿意选择、具有吸引力的目的地。

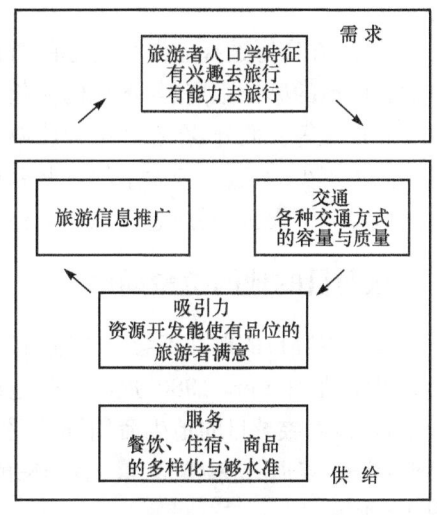

图 4-5 旅游运作系统

资料来源:Gunn,1988.

二、旅游目的地选择的考虑因素

旅游目的地选择是旅游者决策中最重要的决策内容,它是一个综合考虑的过程,需要在搜集目的地各种信息的基础上,综合考虑自己的旅游需要和目的地的契合程度,从而进行选择。卢德伯格(Lundberg,1980)提出选择旅游目的地有十二种重要的考虑因素,并按重要性将其分为三组(表4-1)。

表4-1 旅游目的地选择的影响因素

第一重要组	热忱友善的当地居民 舒适的住宿设施 美丽的自然风景 合理的价格
第二重要组	吸引人的风俗与生活方式 宜人的气候 漂亮的人工景观 美食
第三重要组	良好的购物场所 异国情调的环境 历史或家族的关联性 特殊的游憩设施

此外,西尼尔(Senior,1983)也列出目的地影响潜在旅游者选择的有利因素和不利因素。有利因素包括:①自然吸引力;②气候宜人;③地理位置接近;④旅游费用低廉;⑤服务设施完善;⑥政治安定;⑦经济繁荣;⑧文化社会或历史渊源;⑨新鲜又刺激的地点;⑩住宿便宜。不利因素包括:①较高的通货膨胀率;②强势货币;③高犯罪率;④恐怖主义事件;⑤自然灾害;⑥政治不安定;⑦不受欢迎的政府或政权;⑧不良宣传;⑨经济衰退;⑩没有吸引力的地点。

总之,在实际选择旅游目的地的时候,首先要考虑是否满足自己的旅游需要,其次要综合考虑目的地的感知距离、与本地的文化差异程度、目的地的可进入性、景观特色、风俗人情、旅游基础设施等。此外,在选择国际旅游目的地的时候,对国际政治及一些大的自然灾害的关注也是必不可少的,近些年发生的一些恐怖主义袭击、大的海啸及地震事件,也给人们选择旅游目的地敲响了警钟,要注意三思而慎行。

三、旅游目的地的生命周期

一个旅游目的地并不会一直繁荣发展,持续保持吸引力,而是有自己的生命周期与发展规律。巴特勒(Butler,1980)提出目的地进化阶段包括探险、投入、发展、巩固、停滞及衰退/复苏六个阶段,使旅游目的地生命周期广受关注。1988年,科特勒提出了三种不同产品生命周期模型:成长-衰退-成熟模型、最初循环-再循环模型和扇贝成长模型,丰富了巴特勒的模型,如图4-6所示。

事实上,每一个旅游目的地都有自己独特的生命周期,不一而同。虽然大多数旅游者并不懂得旅游地生命周期这一概念,但是在实际中旅游者的决策也会受到旅游地生命周期的影响。

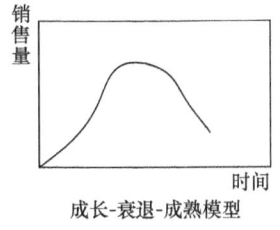 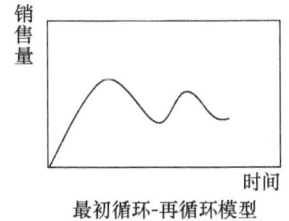 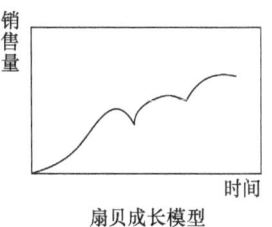

成长-衰退-成熟模型　　最初循环-再循环模型　　扇贝成长模型

图 4-6　产品生命周期类型

举例来说,一个个性很强,喜欢探险求新的旅游者可能想去一个偏僻的荒山或是原始森林旅游,但是这个旅游目的地还没有投入开发,也无交通可达,所以即使旅游欲望很强烈,也会因为这一点而放弃。还有一些旅游目的地处于停滞期,虽然旅游者自己并不知道这一点,但是可以从朋友介绍或者查找资料时发现,这一目的地目前已经没多少人去,是一个"冷点",所以也可能会放弃这一旅游选择。由此可见,目的地所处生命周期阶段,会影响旅游者在选择其作为旅游目的地时的偏好或倾向。

四、旅游目的地选择模型

对旅游目的地的选择是任何一个旅游者都必须作出的最重要的决策。多年来,国外学者从不同研究视角出发,提出了大量的相关理论模型,这些模型对旅游消费者行为研究具有重要意义。就旅游目的地选择模型分类而言,一般分成补偿选择模型(compensatory model)、非补偿选择模型(non-compensatory model)、巢状选择模型(nested choice model),这三种模型各有其优缺点,以下将分别予以论述。

（一）补偿选择模型

补偿选择模型起源于期望价值理论。麦库等(McCool et al., 1985)认为"旅游者对于目的地属性的评价是主观的认知系统",旅游者在选择旅游目的地时,会同时考虑所有影响选择的因素,并根据这些影响因素来评估每个潜在旅游目的地的吸引力,以吸引力最大者为其最终的旅游目的地。其评估方式可以用下列数学式来表示

$$A_j = X_{1j}W_1 + X_{2j}W_2 + X_{3j}W_3 + \cdots + X_{nj}W_n = \sum_{i=1}^{n} X_{ij}W_i$$

其中,A_j 为第 j 个潜在旅游目的地的吸引力;X_{ij} 为第 i 个影响选择的评估因子在第 j 个潜在旅游目的地上的评估结果(表现程度);W_i 为第 i 个影响选择的评估因子的重要程度。

而所谓"补偿"是因为在潜在旅游目的地中低吸引力的旅游目的地属性可被高吸引力的旅游目的地属性所补偿(Brunson and Shelby and 1990),并允许"缺乏的属性可由出现的属性所补偿"(Krumpe and McLaughlin, 1982)。

然而补偿选择模型存在两个问题:首先,有些旅游目的地属性扮演着"必要条件"角色,是不可交换的(Huang, 1997;Krumpe and McLaughlin, 1982);其次,有些属性很可能是相继被考虑到而非同时被考虑到(Huang, 1997;Krumpe and McLaughlin, 1982;Peterson et al., 1985)。由于补偿选择模型有上述局限,因此有学者认为非补偿模型是较为恰当的。

（二）非补偿选择模型

与补偿选择模型相对的为非补偿选择模型。非补偿模型假设旅游者对于旅游目的地属性的评估是渐进的,并非一次考虑所有的属性因素。目的地选择方式主要在于"属性与属性间的比较",并非是对所有目的地属性考虑效益的总和。非补偿模型通常分为两种方式,第一种只

以最重要的属性来选择,第二种则在排除不满意的属性后,再继续处理次重要的属性及第三重要的属性直到作出最后选择。在"非补偿模型"中,用来评估选择目的地的属性不能由其他属性补偿(Huang,1997)。旅游者在选择过程中,将考虑因素依重要性程度予以排列,所有潜在旅游目的地依序将其属性和考虑因素作比较,符合此考虑属性门槛的潜在旅游目的地即被列入,不符合者予以排除(Huang,1997)。

事实上,从逻辑思维角度,人的思考模型很难在作一项决策时直接去计算价值、权重、效用的分数,因此相对来说非补偿模型是比较恰当的(Tversky,1972)。但非补偿模型仍有其缺点。第一,因为影响选择的评估因子是一个一个相继被考虑,而非同时被考虑,因此评估因子间无法相互补偿,而以非补偿方式所得到的结果,不一定具有最高吸引力;而具有最高吸引力的潜在旅游目的地,很可能在一开始就因不符合某一属性门槛条件而被排除在外。第二,在考虑所有属性后,得到的选择结果可能超过一个(Huang,1997)。由于补偿模型与非补偿模型各有其缺点,因此有学者结合补偿模型与非补偿模型的特点,又提出一种新的选择模型,即所谓的巢状选择模型。

(三) 巢状选择模型

巢状选择模型的概念早期常运用在交通运输工具的选择,后来发展应用在旅游目的地的选择上。林等(Lin et al.,1988)认为巢状选择模型的选择过程包含三个阶段:①是否出游的选择;②在出游的情形下,以非补偿方式进行活动地点类型的选择,如选择植物园、保护区、森林保育区;③在选择的活动地点类型中,利用补偿方式从该类型的地点群组中作地点选择。巢状选择的过程说明,如图 4-7 所示。

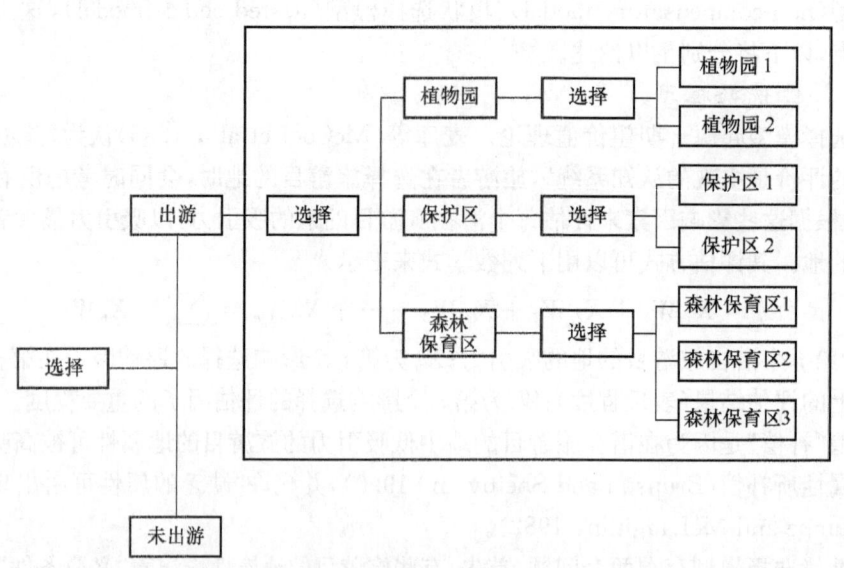

图 4-7 巢状选择模型
资料来源:Lin et al.,1988.

巢状选择模型是一个旅游目的地阶段性的选择过程,首先以非补偿选择模型进行旅游目的地类型的选择,根据筛选条件的重要性程度予以排列,经过几个选择阶段,并于每个选择阶段形成在该阶段的旅游目的地选择类型,符合筛选条件的旅游目的地即被列入,而不符合者予以排除,当没有其他非补偿之筛选条件时,仍还有多个同类型的地点,这时就运用补偿选择模型权衡轻重,选出最后的旅游目的地。

因旅游目的地的信息多元而复杂,而人们处理信息的能力有限,无法进行每个旅游目的地的统合计算,因此先以非补偿模型来选择旅游目的地的类型。例如,一个居住在中部省区的旅游者考虑选择周末假期的旅游目的地时,一开始全国的旅游目的地都在其考虑范围内,但若考虑其现实条件的限制,首先以距离区位为第一个选择考虑因素时,全国旅游目的地将分成东、西、南、北四个巢状选择群组,各群组中有许多潜在旅游目的地,假设是以东部地区为其旅游目的地选择的范围,则西、南及北部地区的旅游地点即被排除;再以所喜好的旅游区资源类型来做第二个选择因素,即形成自然、人文、主题游乐园区、特殊游憩区四个巢状选择群组,如果从中选择主题游乐园区,其余者即被排除,此时已没有其他筛选条件。而东部地区主题游乐园包含游乐园A、游乐园B、游乐园C、游乐园D、游乐园E、游乐园F及游乐园G,因此进一步利用补偿模型针对这七个主题游乐园进行权重、吸引力的衡量计算,以吸引力最高者为最终的旅游目的地,即为游乐园A,如图4-8所示。

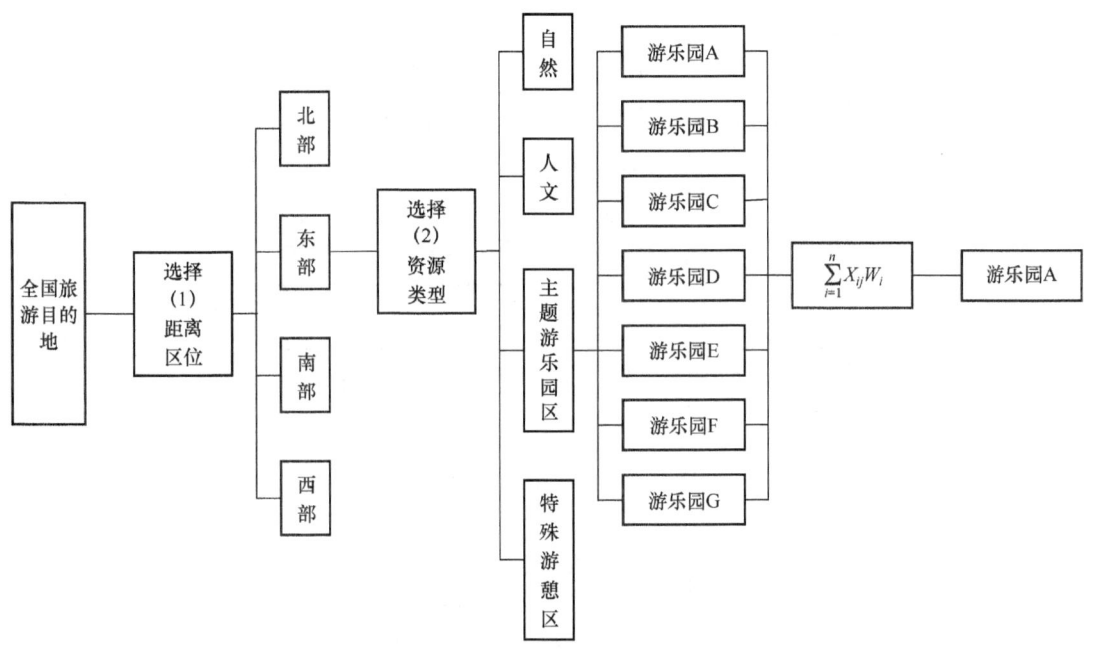

图 4-8　周末假期旅游目的地的巢状选择模型

这种巢状选择模型根据考虑的属性门槛进行逐步的筛选,在每个阶段会形成巢状选择群组,此过程是个体对环境认知的结果,以上述为例,即旅游者对整个东部地区主题游乐园的环境认知。举个例子来说:如果旅游者在选择东部主题游乐园时,由于香港迪斯尼主题乐园因地理位置较偏南边,而且距离又远,不在旅游者的东部地区的环境认知范围内,则在一开始第一阶段距离区位考虑时,即被排除在外。

五、其他旅游目的地选择解释模型

除上述所列之外,还有学者提出一些比较经典的旅游目的地选择模型。

(一) 伍德赛德和李斯基的旅游目的地选择模型

伍德赛德和李斯基采纳克朗普顿1977年所提出的概念,并以消费者的知觉与偏好为中心建立一个旅游目的地选择的一般模型,如图4-9所示。此模型涵盖八个变量与九个关联。旅游者与营销两大变量是影响旅游者对目的地知觉的因子,而旅游者对目的地的知觉又形成了目的地知名度。旅游者会在内心将其分为四类:考虑组合、冷淡组合、不可行但知道组合与拒绝组合。通常情况下旅游者会对考虑组合中的目的地方案进行评估,在评估时先受到个人情感的影响而形成偏好与旅游意图,最后考虑情境变量后作出真正的目的地选择。此模型虽在一定程度上简化并实际描述了旅游者偏好及其目的地选择方式,但其仅从人口统计与心理统计两方面来加以分析,并没有深入刻画旅游者决策过程,其缺陷也较为明显。

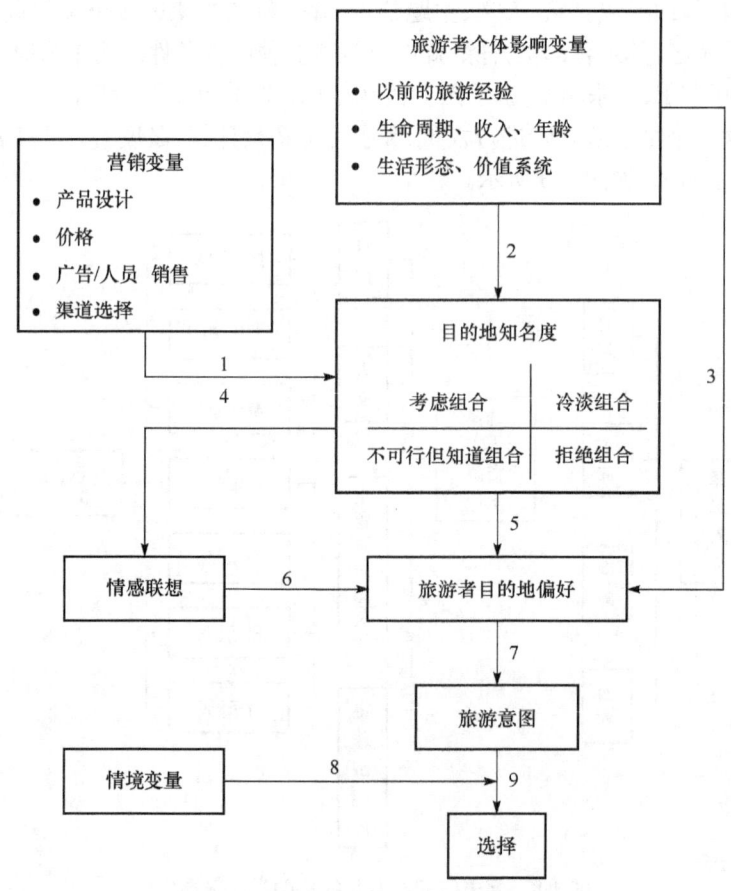

图 4-9 旅游者目的地选择的一般模型

资料来源:Woodside and Lysonski,1989.

(二)恩和克朗普顿的旅游目的地选择模型

恩和克朗普顿(Um and Crompton,1990)认为潜在的旅游者,一般对以前未曾到过的目的地的属性所知有限。因此,无论其印象与态度是否真正代表该目的地的真实特点,对旅游目的地的印象与态度的大小,可能是目的地选择过程中的重要元素。他们提出旅游目的地选择过程模型,如图 4-10 所示。此模型明确表明两个输入、五个过程、引出三个架构,即已知组合、记忆组合和旅游目的地选择。恩和克朗普顿的研究特别强调态度的重要性,并将情境变量整合成为对目的地态度的一部分;目的地属性按其适应情境限制同时满足旅游动机的程度可分为认知便利因子与认知抑制因子,而态度就是认知便利因子大小与认知抑制因子大小的差距,用来作为评估目的地选择两阶段程序的标准。但是恩和克朗普顿在后来的"随兴旅游目的地决定上认知抑制因子与认知便利因子角色"一文中,提出目的地选择形成一种三阶段连续决策概念,从已知组合→早期的记忆组合、最后的记忆组合→最后的目的地决定。他们在研究中发现,早期的记忆组合到最后的记忆组合,认知便利因子是重要指标;而从最后的记忆组合选出最终的目的地,认知抑制因子是一个重要指标。

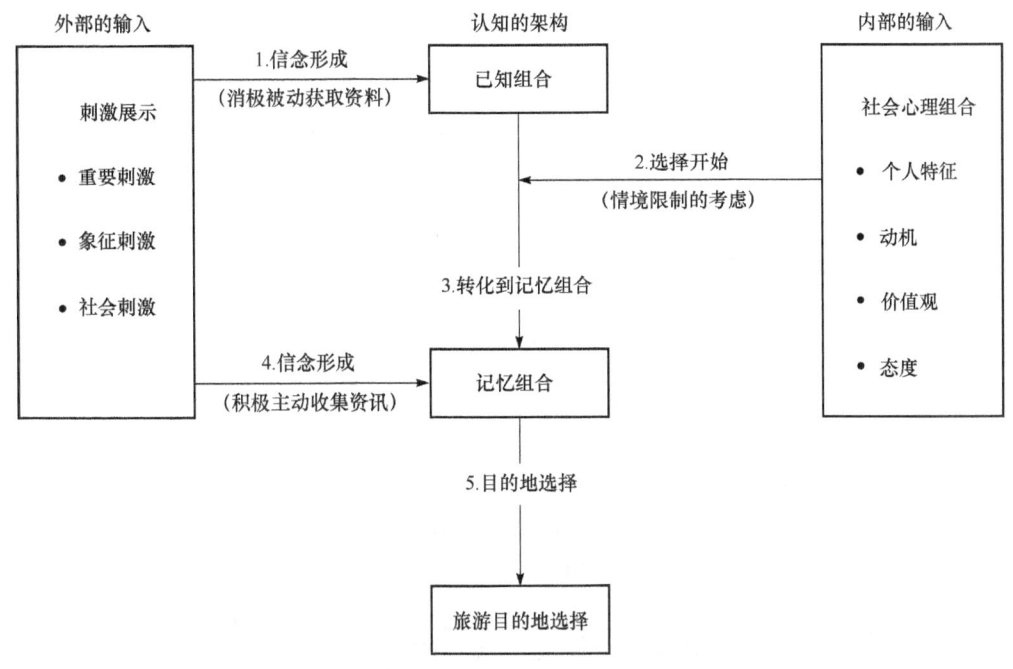

图 4-10 旅游目的地选择过程模型

资料来源:Um and Crompton,1990.

从上述两种旅游目的地选择模型中,可发现其模型核心仍在于选择组合(choice set)上。克朗普顿认为到一个新的目的地旅游,本身就有高危险性:高投入的购买选择过程,而这种购买选择过程在许多学者的研究结果中都是阶段式的。他综合各学者的研究,提出三核心阶段的旅游目的地选择组合模型,如图 4-11 所示。此模型清晰地显示目的地的决策过程:通过类似漏斗的过程,逐步减少目的地可行方案的数目。

(三)曼斯费德的旅游目的地选择模型

曼斯费德认为探讨旅游者流动的决定因素应专注于真正旅游前的选择程序,而这种选择程序来自旅游者的需要、期望与背景。关于选择决策程序,传统决定式的方法认为个体是理性的,会选择其认知效用或吸引力最大的方案。由于不切实际,许多学者研究提出另一种建立在随机效用原理上的可能性方法,认为旅游目的地可行方案选择含有相当的不确定性,如气候、真正的服务质量、真正的住宿质量、服务人员的态度等,在作决策时都无法了解。此外,现有的旅游资料只是对目的地某一效用的可能性想象,其中存在理性和非理性评估成分。因此,旅游者选择目的地的研究应采用行为的可能性方法才能避免传统方法的缺失。根据行为的可能性方法,个体在连续的决策阶段,会从旅游动机的激发转化导向目的地选择的目标,然后反映其选择与旅游行为。曼斯费德就从旅游动机如何影响目的地选择行为的研究角度,提出旅游者目的地选择概念模型,如图 4-12 所示。

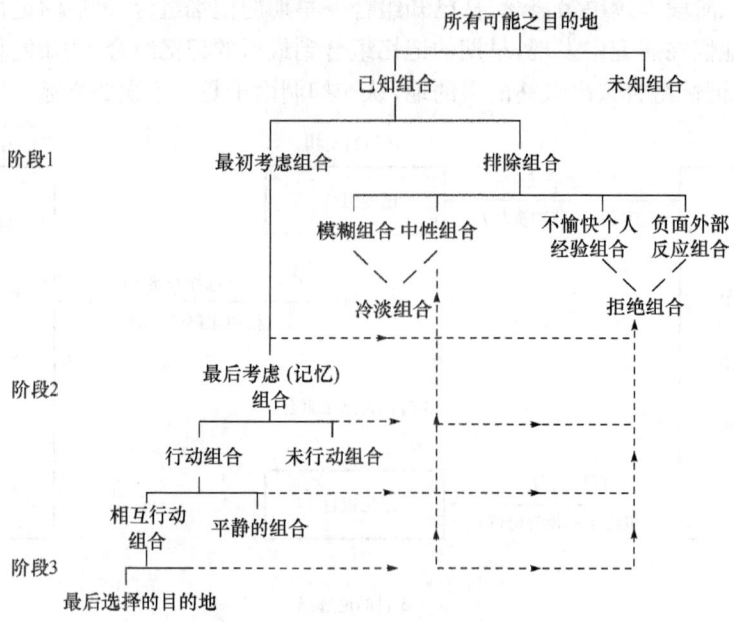

图 4-11　旅游目的地选择组合架构

资料来源：Crompton，1992.

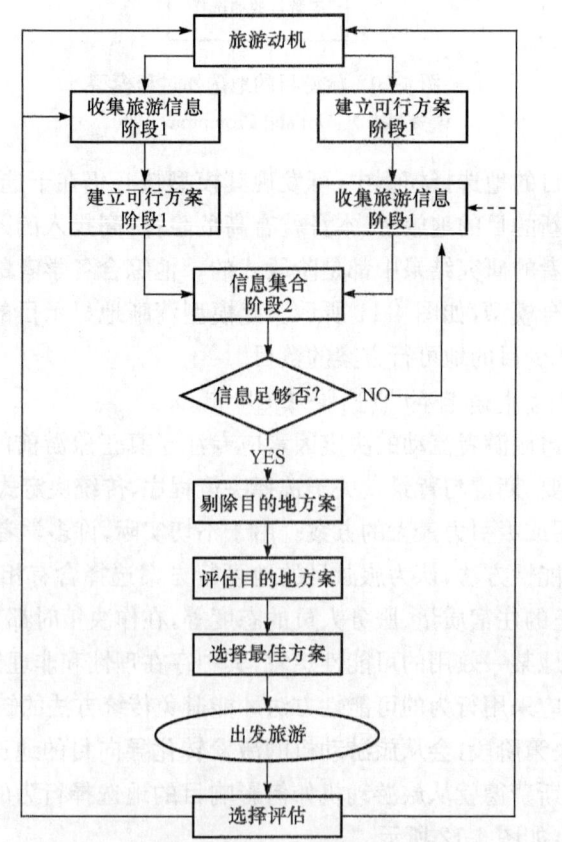

图 4-12　旅游者目的地选择概念模型

资料来源：Mansfeld，1992.

首先,此模型强调旅游者的旅游动机是多重的、内在的、外在的,属于复杂的状况,其随意的与不理性的动机会改变评估属性的方式。旅游动机是激发整个决策过程,并让其依序运作地原动力。其次,旅游动机的状况和种类,可以影响旅游者选择从"非特殊的目的地","某一确定地区或国家"到"一个很特别的地方"。因而,在第一阶段其旅游决策有两种可能方向:一是先建立可行方案再去收集信息;二是先收集信息再建立可行方案,然后再经第二阶段的信息集合,依次剔除目的地可行方案,评估可行方案,最后选择最佳方案去旅游。

本章作业

1. 简述决策和消费者决策的概念。
2. 简述消费者决策过程与类型。
3. 简述并举例说明旅游者决策的内容与过程。
4. 旅游者目的地选择模型可分为哪几类?请简述其差异。
5. 旅游目的地选择的经典模型有哪些?你是否可以通过延伸文献阅读再列举几个。

延伸阅读文献

李玮娜. 2011. 国外经典旅游目的地选择模型述评. 旅游学刊, 26(5): 53-62.

Decrop A. 1999. Tourists' decision-making and behavior processes // Pizam A, Mansfeld Y. Consumer Behavior in Travel and Tourism. New York: Haworth Hospitality Press.

Decrop A. 2006. Vacation Decision-making. Wallingford: CABI Publishing.

Smallman C, Moore K. 2010. Process studies of tourists' decision-making. Annals of Tourism Research, 37(2): 397-422.

Stephen L J. 2006. 旅游决策分析方法. 李天元, 徐虹, 黄晶译. 天津: 南开大学出版社.

第五章 旅游体验

□ 本章导读

随着旅游者旅游经历的日渐丰富,个性化的旅游体验越来越受到人们的追捧。在旅游体验中,旅游者可以在风景观赏中获得审美愉悦,可以在与人交往中品味多彩人生,可以在积极模仿不同角色的过程中发现和发展自我,也可以在旅游消费中享受世俗之乐。在体验经济时代,旅游者已不再满足于大众化的旅游产品,而更渴望追求个性化、情感化及休闲化的旅游体验。本章首先介绍"体验"在不同学科中的研究重点与特点,以及消费者体验与旅游体验研究之间的顺承关系,在此基础上,重点探讨消费者体验类型与旅游者体验类型的区别,最后阐述旅游体验质量测度的难点及现有的测量方法。

第一节 体验概述

一、体验的概念

体验(experience)一词源自拉丁文"experientia",为探访查询之意,在希腊语中为"emperia",亚里士多德将其解释为从感觉产生记忆,并由多次相同记忆串联而成(王宽荣,2007)。体验的英文源自于实验(experimenting)、尝试(trying)、冒险(risking)三词,重点是个人的参与,因此体验是个体对某些刺激响应的个别事件,包含整体的生活本质,通常是由事件的直接观察与参与造成的。也就是说,体验是由个人在特定时刻里所产生的记忆、身心感觉结合的行为,同时也象征了一个人进入某一种新阶段的仪式。同时,还应注意到,当个体通过直接观察或参与特定事物而获得体验时,体验就是其所受到外在刺激后所产生的内在响应,是情绪、体力、智力、与精神加总之下的感觉、感知、印象(Kelly,1987),因此是主观的、感性的、独特的(Mulder and Vliet,2006;Sperdin and Peters,2009)。

不同学者对体验的观点也存在一定的差异。如人本主义心理学始祖罗杰斯(Rogers,1951)将体验定义为,在任一给定的时刻里,个体所发生或进行的事情,这些事情是可以被意识到的;体验的动词意义是指有机体内接受当时所发生的感觉生理性事件的刺激(江光荣,2001)。学者凯恩(Caine,1994)将体验定义为,生命中的每一刻都沉静在某一种体验里,就如同鱼儿悠游于水中一般,同时他也深信所有的学习都必须应由体验而来,如果可以巧妙地运用体验便是成功的关键因素。施米特(Schmitt,2009)认为体验是发生在对某些刺激响应的个别事件上,包含整个生活,通常是由事件的直接观察或是参与所造成的,无关事件是真实的或是虚假的。然而体验通常不是自发性的,是个体对某些刺激回应的个别事件,包含整体的生活本质,通常是由事件的直接观察与参与所造成(钟振华,2003)。因此,体验可以视为一种个人借由各种活动或是学习等行为,所获得的美好感受。也因为体验来自个体不同的心境与事件而产生,所以没有两个人的体验是完全一样的。

二、体验的多学科属性与诠释

体验是一个具有多学科属性的研究概念(陈才,2009),在哲学、心理学、经济学、教育学乃至神经生物学等多门学科中都有所阐释。

(一)哲学对体验的一般性解释

"体验"作为一个术语,最早出现在哲学之中。从西方哲学发展来看,许多哲学大师在其作品和学说中,都不同程度地使用过"体验"这一概念,他们都曾从不同角度阐述了对"体验"概念的理解。纵观"体验"概念在西方哲学史上的演变,大体经历了认识论阶段、本体论阶段和解释学阶段,并呈现出两个特点:一是随着体验概念的发展,体验的主体性精神一步步得到凸现;二是越来越强调体验的非理性因素。概括而言,"体验"一词在西方哲学中主要是作为"理性"的对立面而出现的。17~20世纪,西方哲学的主流就是理性哲学。然而,曾为人类带来福音的理性主义哲学因为过于强调和看重哲学的实践性,总是竭力推崇人对于自然的支配权和主宰权,由此导致人类在使世界理性化的同时,也使自身陷入了异化的困境。为了寻找出路,在西方理性哲学中一直蕴含着某种反理性的暗流,如怀疑主义、意志哲学、生命哲学和存在主义哲学等,而在这些哲学中盛行的关键词就是体验。与理性不同,体验思考的是生活的意义和存在的真理,体验不是从逻辑的观点看世界,而是以内在的心灵去体悟世界(王苏君,2003)。由此可见,哲学视野中的体验是感性的代名词,也是医治科学弊端的一服良药。

(二)心理学对体验概念的阐释

谈及体验,人们自然而然地会想到心理学,把它作为心理学的一个基本概念,认为心理学会系统地界定体验的内涵,阐释体验发生机制。实际上,在心理学研究蓬勃发展、理论研究日新月异的今天,占主流的是对认知的研究,而对体验的研究却并不深入,尚未取得突破性进展。换言之,心理学诞生百年来,从不同学派、观点、方法和技术上,不断地对认知加以探索和揭示,而对体验却鲜有专门、系统而深入地研究。对此,李云峰将心理学对体验研究的现状概括为"三无"、"三散"和"三缺"(李云峰,2004)。所谓"三无",即由于体验并得不到充分的重视和长期、系统地研究,导致在心理学史中无法对其进行清晰地梳理;在普通心理学这一心理学之树的主干中无法建立起自己的范畴;在众多的心理学词典中,没有体验的概念和术语,只是将其依附在诸如对情绪、情感和态度的阐释中。所谓"三散",即对体验的研究只散见于部分心理学学派(主要是持人文取向的)和少量理论文献中;只散见于少数的领域(如情感、人格、心理分析、艺术、教育、体育、心理治疗、宗教等);只散见于或包含在对一些具体问题的研究当中。所谓"三缺",即对蕴涵于各民族丰富博大历史文化遗产中关于体验的心理学思想和心理学意义缺乏系统地梳理、开掘、提炼和阐发;在普通心理学中缺乏将其提升到应有的地位上进行专门研究;还缺乏对其进行跨学科、多角度、多方法和多技术的开发与整合研究。

目前,随着情绪心理学的发展,"体验"这一概念内涵得到了越来越多的重视。在普通心理学中,体验是人类心理功能的方式之一。学术界多数学者认为,体验是人们把握世界的一种心理形式,是情感活动的一种特殊方式。这种观点是把体验看做心理学范畴。心理学中的体验是有机体在中枢神经系统调控参与下对内外环境刺激的一种反应,可以说,人的一切生理和心理活动、实践和认识活动都是体验性的。

(三)教育学对体验概念的解释

体验是教育学中一个常用的概念。作为一个教育学概念,体验基本上被认为是在对事物真切感受和深刻理解的基础上对事物产生情感并生成意义的活动。我们对某物有深刻的体验,必然会理解到它在我心目中的独特意义,或者形成某种联想、领悟。换言之,体验是一种能生发与主体独特的自我密切相关的独特领悟和意义的情感反应。体验的结果是产生情感(有内心反应,内心有感动)且生成意义(产生联想、领悟),两者缺一不可。光有情感没有产生新的意义就只是一般的情感,而不能算做体验;光有意义没有情感,就同单纯的认知性理解没有区别。因此,在实际教育语境中,体验是一种产生情感且生成意义的活动。从活动的构成上看,每一个活动都包含三个基本要素:一是活动目标,二是活动过程,三是活动结果。由此可以认为,关于"体验"的界定主要有三层含义:其一,体验是活动的目标和结果,主要包含反思、理解、感受、感悟、感动、直觉、发现、整合和建构等认知与情感因素;其二,体验作为活动过程,强调情境创设与亲历过程,具有"过程与方法"的意义;其三,体验作为活动方式,是一种重要的学习方式。

(四)经济学视角下的体验内涵

经济学对体验的解释主要源于近年来兴起的"体验经济"热潮。"体验经济"这一概念源于美国经济学家约瑟夫·派恩和詹姆斯·吉尔摩。二人在合著的《体验经济》中指出,在激烈的市场竞争压力下,经营者为了不断追求独特的卖点,一种新的经济形态——体验经济正从服务经济中分离出来。体验经济是继产品经济、商品经济、服务经济后的第四个经济阶段,其最鲜明的特征是企业提供一种让客户身在其中并且难以忘怀的体验。从体验经济学者来看,体验主要是一种新的经济提供物。在《体验经济》一书中,他们给出了一个经典性的定义,"体验就是企业以服务为舞台、以商品为道具,环绕着消费者,创造出值得消费者回忆的活动。"其中的商品是有形的,服务是无形的,而创造出的体验是令人难忘的。如果说商品、服务对消费者来说是外在的,那么体验就是内在的,存在于个人心中,是个人在形体、情绪、知识上参与的所得。没有两个人的体验是完全一样的,因为体验是来自个人的心境与事件的互动。

(五)神经生物学对体验的阐释

按照神经生物学的解释,体验是这样产生的:首先是人脑中负责不同功能的区域或系统(情感或知觉系统)所引起的反应,主要可分为来自边缘区域及扁桃体附近的新皮质区经思考、创作力作用的认知系统及加上记忆处理过后的自觉情感系统,体验是由此三大系统互动之后所产生的一个凝聚的知觉认知、感觉与思考的结果(戴湘君,2000)。显然,从科学研究的角度来看,神经生物学对体验的阐释是最为科学的。或许,随着神经生物学的发展,体验的发生机制最终将得到科学的答案,但目前来看,由于人类认知能力的有限性,对于体验还不能给出一个令人满意的答案。

第二节 消费者体验

一、消费者体验研究的发展历史

近30年尤其是近10年来,体验营销一直是营销学者和实务人士共同关注的热点主题之一(贺和平等,2010)。"体验"被视为消费者基于个人价值,通过对生活与情境的感官感受与心理认可而产生的一种精神需求。

在营销研究领域,消费体验研究已经有很长历史,其发展来自营销研究导向的不断变化(图5-1)。理论界,欧洲学者科西和科瓦(Caru and Cova, 2003)指出,自1982年两位美国学者霍布鲁克与赫尔斯曼在其开创性的经典论文中将"体验"概念引入消费及营销研究领域开始,这一概念逐渐成为理解消费者行为的一个核心概念(Addis and Holbrook, 2001)。体验研究成为继20世纪70年代的消费者满意度研究、80年代的广告态度研究和90年代的品牌关系研究之后消费者行为领域的一个新的研究热点和机会,体验也被看做继产品、商品和服务之后的又一关键市场提供物,更被视为未来市场营销的基础(Pine and Gilmore,1998)。在商业领域,向消费者提供卓越体验(如众所周知的"星巴克体验")已成为最热门的营销目标。一项针对营销人员的调查报告显示,70%的受访者称在未来更广泛地实施体验营销对实现组织目标非常重要(Tynan and McKechnie,2009)。有些企业甚至设置了一种新的管理岗位——首席体验官来对消费者体验进行管理(Schmitt,2009)。

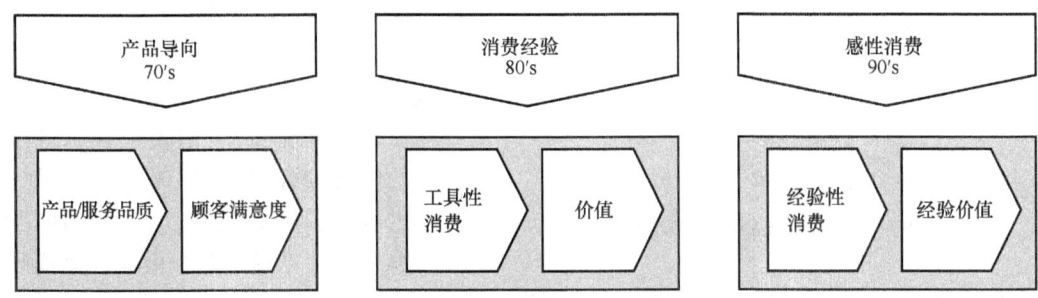

图 5-1　消费体验理论的发展演变

体验营销与传统营销在许多观念上有明显差异(表 5-1)。体验营销将焦点放在消费者体验上,重视消费情境,并认为消费者同时受情感与理性的驱使,研究中注重定量与定性方法的混合使用;传统营销则倾向将消费者视为理性的资料处理者,消费者在认知自己的需求后,便会找寻相关资料加以评估与选择,进而产生购买与消费行为。

表 5-1　传统营销与体验营销的区别

项目	传统营销	体验营销
着重点	专注功能上的性能与效益	焦点在消费者体验上
产品分类与竞争	狭隘的定义	检验消费情境
消费者	理性决策者	理性与感性兼具
市场研究	定量方法	定量与定性方法

资料来源:Schmitt,1999.

二、消费者体验类型

从体验概念被引入营销研究,到体验成为一种市场提供物,学者们一直没有停止过对其维度结构的探索。

霍布鲁克在整理相关研究的基础上,将消费者体验划分为四种(4Es):体验、娱乐、表现狂以及教义式,每一维度包含三种体验形式,共组成 12 种体验类型。

潘和吉尔默提出体验维度按照消费者参与形式(主动与被动)及环境因素(吸收与沉浸)为划分标准。被动参与意味着不直接影响消费者体验产生;主动参与意味着影响消费者产生体验;吸收表示通过让人了解的方式来吸引他人注意;沉浸表示消费者变成体验的一部分,进而形成了娱乐、教育、逃离与美感四种体验类型(图 5-2)(Pine II and Gilmore,1998)。

(1) 娱乐性:通常发生在消费者观看表演、听音乐会或为了消遣而阅读时,消费者通过他们的感官,被动地吸收这些体验。牛津英文字典中,娱乐性指在进行某项活动时,使一个人注意力集中,并获得乐趣。而娱乐性不仅是体验最古老的形式,也是大家最熟悉、最常见的及被发展得最多的形式。

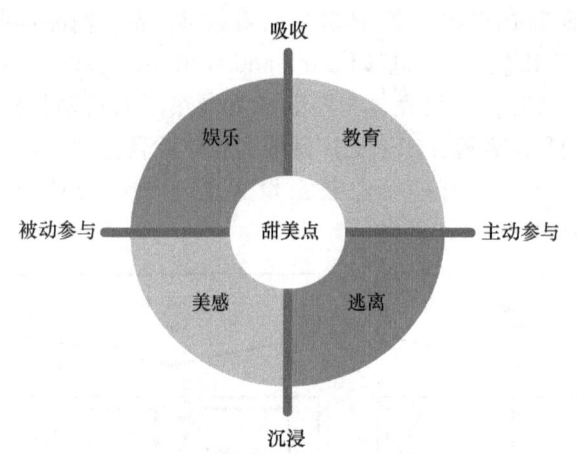

图 5-2 消费体验的四种类型

(2) 教育性：与娱乐性体验不同，教育性体验是消费者主动参与的过程。要真正使一个人得到知识或技能，必须使教育性事件真正进入消费者（学习者），而这必须通过学习者的主动参与才能得到。虽然教育是严谨的事业，但不能使教育性体验无趣可循，若将教育性与娱乐性结合在一起，则会形成一种兼具教育及娱乐双重功能的体验。

(3) 逃离现实性：相较于娱乐性或教育性的体验，逃离现实性体验形式是一种沉浸过程。事实上，逃离现实性的体验形式与娱乐性可以说是两个极端。逃离现实性体验的接受者完全地沉浸于体验产生的环境之中，并且是个人主动的参与。例如，在计算机游戏中，可以感觉自己像一个英雄而获得逃离现实性的体验。

(4) 美感：在美感的体验形式中，个体完全沉浸于所处的环境中，但对环境不会产生任何影响，如站在大峡谷边缘或参观美术馆都属于美感的体验形式。对于美感体验的接受者而言，重点在于"存在于"那个环境之中。

与潘和吉尔默的分类不同，施米特（Schmitt，1999）的分类强调为消费者体验所创造的不同体验形式，其最终目标是为消费者创造整体体验，其构成为感官、情感、思考、行动与关联五种不同策略的体验模块（图 5-3）。

(1) 感官体验：该体验模块是经由视觉、听觉、触觉、味觉与嗅觉功能引发消费者动机、增加产品价值及区分公司与产品。这是展示一种生动与审美感受兼具的体验，称之为直接而真实的体验。

(2) 情感体验：该体验有两个要素（心情与感情）。心情是一种原因不明的状态，而感情则具有明确的原因，它包括生气、忌妒与猜忌等。心情好坏通常无特定原因。心情不但会随时间及情况而发生改变，而且也十分短暂并不稳定。舒尔茨（Schultz，1996）曾对心情与服务的关系进行研究，其结果发现

图 5-3 消费者体验模块构成

消费者在心情好的时候，倾向于采取周边路径模式，其主要原因是唯恐外界干扰会影响其快乐心情；反之，当消费者心情不好时，则会采取中央路径模式。

(3) 思考体验：要求智力，目标是以创意方式使消费者创造认知与解决问题的体验，通过引起消费者对一个公司及其品牌，比较费心与具有创意的思考，促使他们对企业与产品重新进行评估，涉入参与，其过程是由惊奇、诱发到刺激。惊奇是使消费者进行创造性思考的关键，惊奇必须是正面的，让消费者觉得获得的比预期还要多；诱发则是激起消费者好奇心，取决于消费者过去的知识、兴趣和经验；刺激是激发讨论，创造争辩或震惊（Schmitt，1999）。

(4) 行动体验：影响身体的有形体验、生活形态与互动。通过增加身体体验，指出做事的替代方法、替代的生活形态与互动，并丰富消费者的生活，如使用偶像、诉诸社会规范等

(Schmitt,1999)。消费者往往会根据对某一产品的经验,或脑海中一闪而过的想法,产生对产品的评估及决定要购买什么产品(Folkes,1988)。

(5) 关联体验:包含感官、情感、思考、行动四个层面的体验,要求让个人与理想自我、他人、或是文化产生关联,目标是建立强而有力的品牌关系与品牌社群,由此为消费者创造一种独特的社会身份识别。

在自由竞争环境下,营销方式一直在改变,为了使消费者对某一产品或服务留下美好印象及回忆,就必须突破以往的营销方式,营造消费过程中的整体感觉,带给消费者一种不同体验的感受,促使美好和回忆能长期保留在消费者脑海中。在相同的消费过程中,消费者所珍惜的是参与其中,并获得体验。由于体验是会让人留下难忘的经验与回忆,因此体验能创造出比产品或服务本身更让人珍惜的价值。

第三节 旅游体验

一、旅游体验的概念与特点

旅游体验研究始于20世纪60年代,其英语表述不尽相同,有旅行中的体验(traveling experience)、旅行体验(travel experience)、休闲体验(recreation experience)、旅游体验(tourism experience)、游客/旅客体验(tourist experience)、访客体验(visitor experience)及度假体验(vacation experience)。鉴于旅游体验的复杂性和跨学科研究特征,学者们对它的定义也存在明显差异,其学术思潮大致经历了目的论和后现代主义两个阶段。

早期旅游体验的观点都偏向目的论。例如,布尔斯廷(Boorstin,1964)定义旅游体验是一种流行的消费行为,是大众旅游那种做作的、刻板的体验。马康纳(MacCannell,1973)定义旅游体验是旅游者为了要寻求真实体验而去克服生活上的困难。所以,前后两个学者皆认为旅游者旅游过程中的旅游体验和日常生活体验是截然相反的概念。特纳和艾仕(Turner and Ash,1975)强调旅游者离开了他们熟悉的环境,会暂时中止他们的规范力量与价值观,并在旅游过程中使用不同观点去思考他们原有的生活与社会。旅游者在旅游过程中所产生的旅游体验对其而言可能是主观性的,因为旅游体验是一种复杂的综合体,各类诱导因素会共同影响旅游者旅游中的感受与态度。

旅游体验的后现代主义研究思潮发端于科恩于1979年出版的《旅游者类型的现象学分析》一书。他认为不同的旅游者类型会寻求不同旅游体验的概念,他定义旅游体验是个体与中心类别的一种关系,体验的意义来自旅游者的世界观,取决于个人是否会依附于某个中心,而这个中心并不是旅游者生活空间的地理中心,而是指个体的心灵中心;同时,他相信体验会反映出一些动机的稳定形式,既有别于旅游者的各种行为方式,又是对这些行为方式的特征化,他还特别强调了旅游体验所具有的五种后现代主义[①]特征。

旅游体验具有娱乐和消遣作用,它是一个暂时且令人享受愉快的活动,就像到戏院或剧院。而旅游的本质是让人们暂时离开日常生活,寻找一个没有工作、烦恼并舒适的环境;个人的娱乐是为了重构他们的社会中心,帮助人们远离日常的生活。旅游者寻找操作旅游的真实体验,远离社会中心,寻找其他含义;它是一种因人而异的验证自我存在的过程,类似一种实验

[①] 后现代理论强调生活的多样性与丰富性,早期的旅游体验研究注重旅游的目的性指向,而后现代理论视角下的旅游体验注重探讨体验构成的主观性(主体性沟通),主观性体验表现着人们生活、社会与文化之间的一种关系。

法;它通过转换不同的视野来看待原来的事物,由此而产生一种新的认识。

尤瑞(Urry,2002)也从后现代观点指出后现代旅游者与一般旅游者有所不同,主张旅游体验是一种凝视(gaze),并会创造出不同的感觉、观点,旅游者会因本身的好奇心与兴趣来凝视旅游环境,同时也表达出旅游者欣赏旅游环境的方式,以及他们对于旅游环境的想法。而凝视是旅游者和其他人、事物的偶然相遇,并提供一些感觉的能力、乐趣和建构体验。他认为旅游体验包括了如下九个基本特征:①旅游体验是休闲参与活动;②旅游者之间关系的改变主要来自人们不同地点的移动与停留;③短期或暂时远离日常生活;④在旅游体验上,地方凝视不是有偿工作,但会与日常工作形成对比;⑤旅游者活动如现代人口流动,新社会形态的产生与发展需要以凝视来加以应对;⑥目的地选择是以凝视的态度和观点来决定的;⑦旅游者凝视是描述与家不同的景观;⑧凝视构成符号,旅游者收集这些符号;⑨各种各样观光旅游产业的发展,试图引导并重构旅游者新的凝视目标。

有学者在汇总以往旅游体验研究的基础上,提出并界定了旅游体验的基本特性。他们认为,旅游体验的研究来自现象学,着重旅游者主观性的分析;旅游体验类似一种宗教属性,如朝觐的宗教旅游,它提供了一个远离烦恼、解脱日常繁琐乏味生活的机会,是自由并具本真性的体验;旅游体验是一个主观心理机制;旅游体验传统上被视为追求愉悦的活动,是现代旅游者的兴奋剂;旅游体验实质上具有特殊的凝视形态,而凝视的形成则受到旅游制度、大众传播、主流文化、价值观的影响。

我国学者谢彦君(2011)将旅游体验定义为处于旅游世界中的旅游者在与当下情境深度融合时所获得的一种身心一体的畅爽感受。这种感受是旅游者的内在心理活动与旅游客体所呈现的表面形态和深刻含义之间相互交流或相互作用后的结果,是借助于观赏、交往、模仿和消费等活动方式实现的一个时序过程。同时,他还强调了旅游体验的四个特征:旅游体验是一种心理现象,是体验个体集中地以情感或情绪表现出来的快感(愉悦)经验;旅游体验与当下的旅游情境有关,通常不包括脱离了旅游世界的预测和回忆等范畴;旅游体验过程中旅游者在与外部世界取得暂时性联系的过程当中,会产生改变其心理水平并调整其心理结构的效果,这通常是旅游体验的更为积极的人生意义之所在。旅游体验是一个互动过程,体验深度与旅游者的融入程度相关,从而会形成深度体验和浅度体验的差异。

虽然近年来后现代主义的旅游体验观点大行其道,学者们的研究重点或论断也各有所依,但总体上认为旅游体验的本质是一种个人的、主观的且具高度异质性的内心感受。同时,对旅游者而言,旅游只是一种媒介,体验才是最终目的,旅游者会因自身旅游动机的不同,而产生不同的旅游体验,此体验包括身体与心理的结合。从开始规划行程、选择目的地、到目的地旅游过程直到回程,这一连串的演变,都会使旅游者有不同的感觉,这种感觉通过旅游者亲身体验而形成日后经验,而体验的好坏也将影响旅游者下次的旅游选择。因此,笔者认为在心理与行为层面来界定旅游体验,它应被视为一种个人心路历程,主要是旅游者回忆的过程,是个人记忆中长期保存的与过去旅游相关的事件。

二、旅游体验的类型

按照旅游体验研究观点的发展与差异,旅游体验的类型也可大致划分为两类。

(一)体验经济视角下的旅游体验分类

自20世纪80年代潘和吉尔默提出体验经济的概念以来,消费者研究领域将研究重点由过去的产品转向消费者自身,这也在一定程度上影响了旅游研究领域的旅游体验研究。在该视角下,旅游者作为消费者,其旅游消费过程中的体验追求,除了旅游产品的本身,还期待旅游过程中更多的各种偶遇与发现,这就要求旅游者在体验过程中要有更多地融入。由此,借助消费者体验的分类,旅游体验可以被划分为以下四种。

(1) 娱乐体验。此类体验为旅游者被动参与活动,环境互动程度为吸收性高。娱乐体验是旅游产品中最基本的环节,也是一种感官上的体验,此类旅游目的地如迪斯尼乐园,其出名的原因就在于它们的娱乐种类与质量。另外,旅游者前往游轮上的夜总会、音乐酒吧也属于娱乐体验的一种。

(2) 教育体验。此类体验是旅游者主动参与动态活动,环境互动程度为吸收性高,潘和吉尔默指出,教育体验为消费者主动参与活动,旅游者可从活动中学习到新的技能与知识来增加自我能力,如参加滑雪课程等,而旅游者旅游的主要动机就在于他们期望在旅游中可以自我教育。目前的许多旅游产品都具有教育特性,卡特莱特和贝尔德(Cartwright and Baird,1999)就以邮轮度假为例说明了该项目的主要教育价值:第一,文化的浸入使旅游者吸收到新的文化,而登上陆地的时候,旅游者会有机会到新的环境进行社交与学习;第二,旅游者在拜访目的地的时候会去探索并从当地学习新的事物;第三,邮轮上会有活动课程给予旅游者学习的机会,如烹饪课程与演讲等。

(3) 逃离体验。该类型体验定义旅游者会主动参与动态活动且会沉浸在动态环境之中,如高空弹跳、水上运动、打高尔夫球等,所以旅游业常会给旅游者提供各种逃离体验。所谓的假期就是指逃离日常生活的藩篱,寻求某些问题的解决之道并给予新奇的生活与幸福,假期会提供给人们逃离原有日常生活的一种精神感受(Uriely,2005)。科恩(Cohen,1979)就曾明确指出旅游者旅游动机就是在于追求自我中心与本真性,并远离原有的日常生活活动。

(4) 美学体验。该类型体验为旅游者被实体情境所环绕,为沉浸与被动参与形式,如旅游者身处青藏高原的雪域风光之中,该体验类型比娱乐体验的感受来得更为强烈。

旅游体验作为一种包含身体与心智活动的综合性体验,其对旅游者的知觉、意识、想象、推理思考等都会产生一定的影响(Milman,1998),而这些愉悦性的体验也会促使旅游者不断追求新的尝试与冒险。因此,旅游体验也可以被划分为以下五种方式。

(1) 娱乐方式。此旅游者体验类型与参与大众娱乐形式的相关活动有关,如看电视与电影及运动活动等,从事活动旅游者多半可将日常生活中的压力加以释放并恢复他们的精力。从事这样体验多半以个人居多,虽然他们在日常生活中会有压力,但他们对自己的社会中心付诸于承诺,所以在旅游当中并不会去追求其他深层的意义。

(2) 转移方式。此类旅游体验类型不追求社会存在的价值,而是单纯追求娱乐活动,对于日常生活的存在价值与目标欲暂时脱离,通过旅游来逃离无趣的日常惯性生活,并在休闲活动中获得乐趣,所以第一种类型主要是放松,而此种类型主要是逃离。

(3) 经验方式。此类旅游体验在旅游过程中喜欢观察当地人真实的生活,并有可能会转换自己原本的生活方式来融入当地人的生活形式。

(4) 实验性方式。此类旅游体验在旅游中除了会与当地人的真实生活互动以外,还有可能会尝试使用当地文化价值代替他们本身文化所存在的中心社会价值。因为他们不会对任何一种生活方式付诸承诺,所以他们在旅游中的体验方式会有所转移,如流浪旅游者形式。

(5) 存在方式。此类旅游者在社会文化与地理层面,具有明确的社会价值中心并付诸承诺,旅游者虽会因为旅游或旅行到一个遥远的地方,但会强烈实现与维持他们所认可的精神与心灵中心。

从上述内容可知,旅游体验是离开原有环境去寻求与以往不同的经历,这样的体验活动会对旅游者身心产生一定的影响,这种影响会使旅游者的意识、知觉、想象、思考方式发生变化,同时,也会使旅游者暂时放下原有社会带给他们价值观,并在旅途中使用不同的眼光去思考、看待原生环境。旅游除了带来逃离、放松体验外,还通过对学习的渴望正面愉悦旅游者,并不断促使他们追求新的冒险。

（二）本真性视角下的旅游体验分类

本真性(authenticity)一词源于希腊语的"authentes",意为权威者或某人亲手制作。在旅游研究中,本真性最初关注博物馆语境下的本真性。沙普利认为,判断旅游工艺品、节庆、饮食、服装等的真实或不真实,其标准往往是它们是否是由当地人根据其习俗和传统来制造或表现的,从这个意义上说,本真性意味着传统的文化及其起源,意味着一种纯真、真实与独特(Wang,2000)。

社会学家王宁是旅游体验本真性研究的代表人物(马凌,2007),他在存在主义理论视角上构建了结合客观主义、建构主义及后现代主义取向,将旅游体验的本真性划分为客观本真性、建构本真性与存在本真性等,如表5-2所示。

表5-2 本真性旅游体验的三种类型

与旅游对象相关的本真性	与旅游活动相关的本真性
客观本真性为当地原始的本真性,本真性的体验与当地原始性的体验是相同的	存在本真性为旅游者活动的一种潜在存在状态,旅游体验为达成观光刺激过程中的活动状态,它与旅游对象的本真性无关
建构本真性为旅游者在旅游产品上的计划或是旅游经营者所提供给旅游者的形象、期望、偏好、信念与力量等,而旅游者本真性的体验是由旅游对象与上述内容所组成,所以此旅游对象为象征性的旅游体验	

资料来源:Wang,2000。

客观本真性类似于布尔斯廷(Boorstin,1964)提出的大众旅游的概念,在旅游过程中文化是商品化的。

建构本真性与布鲁纳(Bruner,1994)所提出的概念相似,当旅游者进入当地社会时,文化作为一种过程包含了人类的社交与互动过程,人们在旅游时所体会到的本真性往往被贴上当地文化的刻板印象与既有期望。

存在本真性代表个体在特殊状态下的真实感受,分为个体外在本真性与个体内在本真性。个体外在本真性指身体的感受,如放松、休闲、娱乐等,而除了身体的感受以外,也有包含个人特性的展现,如健康、品尝美食、美学等都是一种内在感受的来源。另外,许多旅游者在工作与日常生活的角色有许多限制,很难去追求自我实现,所以有些旅游者会去体验冒险与刺激性活动;而个体内在本真性指家人约束的概念,家庭旅游通常为体验内在本真性中的一种旅游方式。从伯杰(Berger,1973)的观点来看,家庭是旅游者个体体验自我的主要一环,如与家人旅游中可以得到真实的亲密感,又如人们通过朝觐前往国外去寻求宗教价值与高尚的情感体验等。

（三）旅游体验与现实生活体验的互动关系

生活世界是潜在旅游者日常所居的世界,它包含了构成潜在旅游者日常生活的所有事件的总和,但唯独不包含(或充其量仅仅局部地包含或重叠于)旅游世界的事件。因为在这里,我们不得不先行假定,旅游是不同于日常生活的一种经验过程。尽管我们知道,在一个人的生活世界当中,比旅游更具有异常性质的事件可能(或肯定)还有,但由于它们已经不是我们所关注的对象,因此,我们有理由把它们统合到其他更为主流的日常事件当中,并且可以忽略其独特的、但并不相关的意义。这样一种处理,使我们得到一个常规性的生活世界的概念,它由日常的工作、学习、生活和一些偶然事件构成,这些事件的集合可能形成对人的情感的影响,如无聊、厌恶、羞愧、挫折和悲哀等,在很大程度上可能构成了旅游的动力。

由此,我们可以推知,旅游世界将是不同于日常生活世界的一个崭新世界。从表面上看,它在两个维度上展示了一种与日常生活世界存在某种张力关系的对立。首先,在空间上,旅游世界总是生活世界的一种暂时的隔离,先是离开它,然后再回归它;在这个背离和回归的过程中,旅游者发生了变化。其次,在时间上,旅游者在异地所度过的时间,相对于日常生活世界所拥有的完整的时间而言,将是永久性的逸出或漏损。如果人的全部生存意义由(日常)生活世界所给定的话,这就更是一种完全意义上的逸出或漏损。幸好,现实不是这样。人们不把旅游看做是纯粹的消磨时间,而是借助旅游发现意义。这样,漏出于生活世界的这段时间,就具有了本体的和发现的意义。

这种本体的证明和发现的实现,借助的是旅游体验的过程。旅游体验既是一个心理过程,也是一个物理过程;既是一个时间现象,也是一个空间现象;既是一个个体行为,也是一种社会行为。旅游体验发生在旅游世界当中,因此,它以旅游世界的边界为边界。而就其自身而言,它在经过一个物理的时间和空间变换之后,为体验主体带来的是心理上的变化。这种变化在某种程度上和某些方面,是预先期望的;但在某种程度和某些方面,又可能是意外的获得。但不管怎样,在旅游体验过程中,旅游者个体都是一直在整体地把握着这个体验过程,其途径主要是通过努力实现事先建立起来的期望,或者通过积极调整体验过程而迎合原有期望最基本层面的要求,抑或是通过积极地营造并串联各个典型旅游行为发生的情境,最终实现旅游的目的。因此,在这个过程中,旅游者的主观能动性表现得十分突出,他也绝不会以物理的目光将旅游体验的客体肢解成破碎的断片,因为那不是旅游的目的所在,也不是旅游的意义所在。

在这个基本点上,旅游体验过程就是一个有一定组织能力的连续系统。它由一个个富有特色和专门意义的情境串联组合而成,旅游者的行为取向,在很大程度上受这些情境的影响,因此,要预测旅游者的行为,也就必然要先了解旅游者所处的具体情境。根据这一思路,生活世界、旅游世界、旅游体验、旅游情境被统一整合在一起,构建成为一个可以解释旅游世界内部过程和结构的相互关联的话语体系(图5-4)。

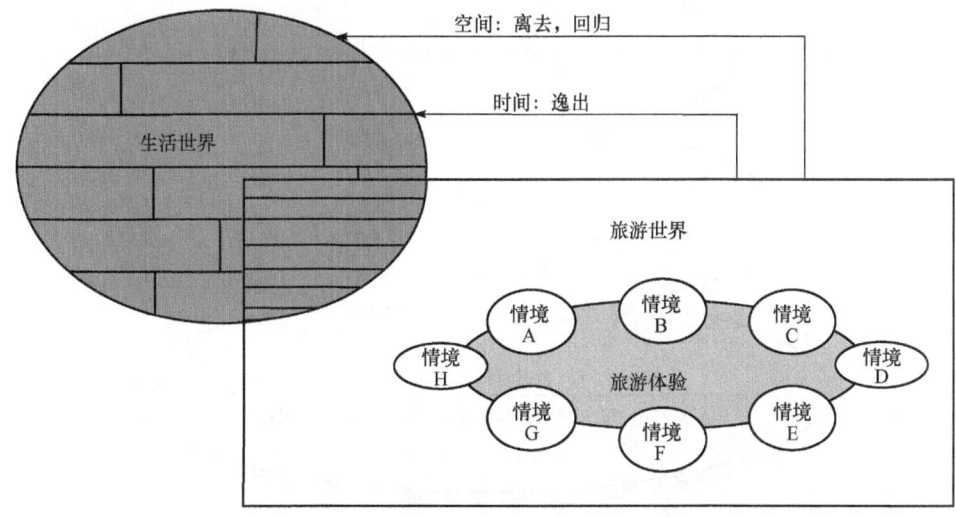

图 5-4　生活世界与旅游世界及其关系

同时，旅游体验也是一种纯粹、最终、高峰的体验，这种体验状态通常来自旅游目的地的吸引力。这在旅游过程中就会形成一个体验类型的三角关系（图5-5）。高峰体验是指因目的地的吸引力而产生的体验，是构成旅游的主要动机；次要体验则主要是令人满意的体验，是消费者在旅途中的某些需要体验，如吃、睡和交通工具等，这些体验不构成旅游的主要动机。

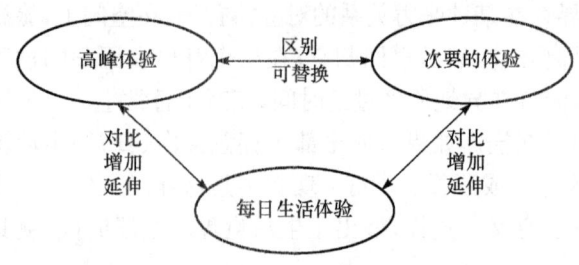

图 5-5　旅游体验类型的三角关系

由此，有学者提出对旅游体验分类应重点关注两个方面：①应从概念上区分高峰体验和次要体验，而区分的关键在于重新概念化二者之间的关系。一方面，整体旅游体验并不能被视为次要体验，因为如果目的地吸引力无法构成旅游的主要动机，那么再高质量的服务也无法补偿这个缺陷和遗憾。另一方面，高峰体验并不能取代次要的体验。因此，即使高峰体验是好的，但次要体验如果令人不愉快，那么整体的旅游体验也会被破坏。②高峰体验和次要体验在某种程度上可以互换。一方面，次要体验的要素可转换为高峰体验，如旅游者旅游的原始动机也许是寻找当地具有吸引力的食物，那么他去寻找食物的活动取代了著名的旅游景点。这种情况下，食物体验就会转变成高峰体验，而不是次要体验。另一方面，目的地吸引力的体验有时也会转化为次要体验，如一个年轻男子跟一个女性旅游者在海滩共度浪漫假期，这时目的地吸引力的高峰体验海滩就会变成浪漫的背景，成为次要体验。因此，可以这样来总结这三类体验的关系：旅游体验（高峰体验）是与每日生活经验（次要体验）相对比的；旅游体验延伸于每日生活体验当中；旅游体验会在一定程度上增加每日生活体验。

三、影响旅游体验的因素

鉴于旅游体验分类的复杂及涉及影响因素的多样，学者们对其影响因素的划分也不尽相同。在诸多分类中，墨菲（Murphy, 2000）的分类较为典型（图5-6）。该分类中，最为基础的旅

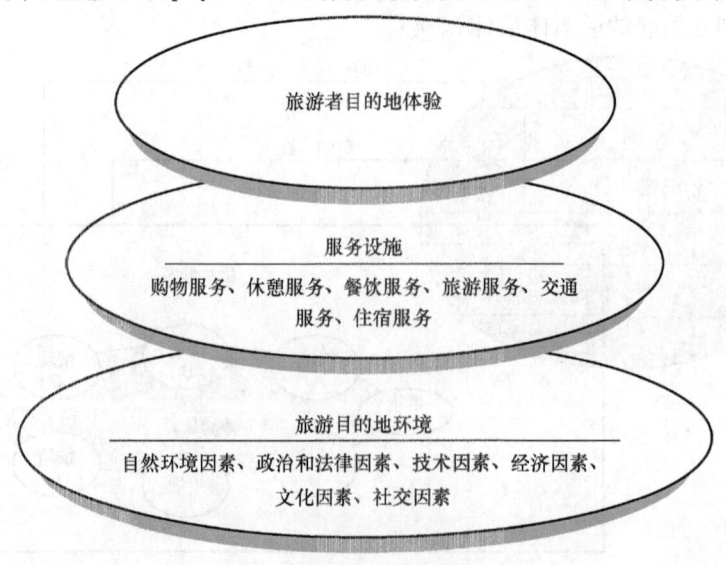

图 5-6　旅游体验的影响因素

游体验影响因素来自旅游目的地整体环境,包括目的地的自然环境因素、政治和法律因素、技术因素、经济因素、文化因素及社交因素。次级影响因素为旅游目的地服务设施因素,包括了购物服务、游憩服务、餐饮服务、旅游服务、交通服务及住宿服务。最为核心的旅游体验影响因素为旅游者在景区景点的体验。

具体而言,旅游体验的影响因素也可以被划分为如下四类(图5-7)。

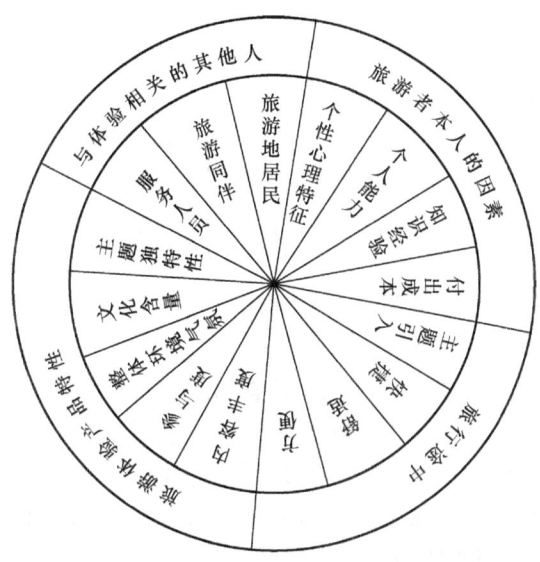

图 5-7　影响旅游体验质量的效用因素分类

(1) 旅游者自身因素。从旅游者的角度看,一个旅游产品就是一次完整的游览经历,旅游者为购买这种异地、异时、不同于日常生活的活动,不仅要付出一定的货币,更要付出一定的"心理货币",即时间和精力。衡量旅游产品质量,不是如物质产品那样,对一个实体进行点评,而是根据自己的感受,作出判断,个人的文化素养和审美水平等在其中起了决定性的作用。因此,旅游者的个性心理特点、个人能力、知识经验和付出成本影响旅游体验效用。

(2) 与体验过程相关的其他人。旅游消费过程离不开与人的交往。旅游企业服务人员的服务贯穿全过程,想了解异域他乡风土人情,更离不开旅游地居民的配合,参加团队旅游还得与其他旅游者打交道。所以,旅游者心理效用感受如何,除了旅游者本人外,还受旅游企业服务人员、旅游地居民和其他旅游者的影响。

(3) 旅行途中因素。在旅游体验消费中,交通工具不仅具有空间位移的作用,而且也是整个旅游体验的重要组成部分。旅游体验以旅行开始又以旅行结束,旅行会影响到整个体验过程的感受。安全舒适的旅途能使旅游者以良好的心情消费体验产品。如果在途中能将体验的主题加以介绍,步步引入,会激发旅游者的想象空间。独特的交通工具和交通环境本身就是一种独特的旅游体验产品。一次成功的旅游体验,应该是始于旅游消费者踏上旅行途中,终于返回家中。如果忽视交通途中因素,就会令一次难忘的经历大打折扣。

(4) 旅游体验产品特性。旅游消费具有享受、发展、表现自我的消费特征。旅游产品供给如果主题独特性不够突出,不具备一定的异质文化特征,必然会影响旅游者的旅游探索欲求。另外,旅游产品如果过于单一,同时其呈现方式较少体现参与特点,而又与整体旅游环境不协调,也会在一定程度上影响旅游者的体验质量。因此,旅游体验产品的主题是否独特、文化含量如何、产品的整体环境氛围怎样及旅游者的参与度等是给旅游者留下难忘回忆的主要通道。

四、旅游体验的质量的测量

对于旅游体验质量的内涵,通常从体验主体的角度,将其视为一种心理上的结果(Mannell and Iso-Ahola,1987)或者是情感的表达(Laws,1991)。克朗普顿和蓝芙(Crompton and Love,1995)认为体验质量包含了供给者所提供服务的品质,与消费者参与活动后心理上的感觉。显然,旅游体验的品质与测量是旅游体验研究的重要环节之一,目前学者们主要从心理学、管理学、市场营销学的角度来探讨旅游体验的影响因素及测量方法,但尚没有形成通用的测量量表,这说明旅游体验测量技术还很不成熟。

尽管旅游体验难于测量,但西森米哈里(Csikszentmihalyi,1992)提出了一个最佳旅游体验的标准"畅爽"。在他看来,旅游者出游的目的就是追求畅爽的感觉,但是在不同的情境及不同的活动中,畅爽也有不同的衡量标准。通常情况下,在达到畅爽的状况下,一般意味着达到了马斯洛所言的高峰体验。

此外,一些学者试图采用一些主观变量来测量旅游体验。达蒂洛和霍华德(Dattilo and Howard,1994)在研究中提出,旅游体验除了正面的体验外,也有负面(压力与不愉快)的体验,负面与正面体验常常是同时发生,因此,旅游体验并非为单一知觉。杰克逊等(Jackson et al.,1996)使用积极体验和消极体验两个维度来描述旅游者的感受,采用能力水平、努力程度、任务完成的难易程度,以及运气的好坏来解释旅游体验结果。结果显示,内在因素引发积极体验,外在因素引发消极体验,旅游者对积极体验和消极体验的自我控制意识都比较差。旅游是一种追求愉悦的活动,旅游体验的结果通常表现为愉悦。但是,愉悦度是很难测量的,因其影响因素太多了。一些学者尝试用快乐程度来表示旅游体验,例如,Katzner(1979)就用人们相信自己在旅游时有多快乐的问卷来分析快乐程度,Kozma and Stones(1980)则利用快乐程度的量表 MUNSH(memorial university of newfoundland scale of happiness)来检测旅游体验与心理快乐的关联性。

本章作业

1. 体验研究都涉及哪些学科类型?其特点有哪些?
2. 消费者体验有哪些基本类型?结合旅游活动,举例说明。
3. 旅游体验具有哪两个明确阶段?其侧重点是什么?
4. 结合以往的旅游体验质量实证研究,提出一个你自己感兴趣的实证测量研究框架。
5. 以本章学习内容为基础,说出你理解的旅游体验研究难点是什么?

延伸推荐阅读

王宁.2010.消费社会学的探索.北京:人民出版社.
谢彦君.2005.旅游体验研究:一个现象学的视角.天津:南开大学出版社.
谢彦君.2010.旅游体验研究:走向实证科学.北京:中国旅游出版社.
Uriely N. 2005. The tourist experience: conceptual developments. Annals of Tourism Research,32(1): 199-216.

第六章 旅游后的心理与行为

□ 本章导读

满足旅游者需要,归根结底,就是要使旅游者满意。旅游者满意,才会对旅游目的地给予良好的评价,才会促使品牌忠诚和重游行为的产生。相反,如果旅游者在旅游目的地体验到的不是满足,而是后悔与抱怨,那么,他不仅在未来会远离该目的地,而且还可能将不满和负面的信息向其他人扩散,为旅游目的地带来负面影响。本章首先介绍行为意图的概念与构成维度,以及满意度测量的典型模型,其次阐述旅游者忠诚度的概念与构成维度,探讨旅游后悔与抱怨之间的关系,最后介绍旅游者地方依恋理论及其构成维度和测量方法。

第一节 旅游行为意图

一、行为意图的界定

当旅游者选择一个旅游目的地准备出发去旅行,无论是旅游目的地自身的吸引力,还是其他外部因素的驱动,旅游者对该旅游目的地总会怀有一定的期望。旅游者期望水平可能从很低(就是到此一游)到很高。旅游者期望水平和感知到实际旅游体验效果并非相互独立。一般来说,我们对旅游体验的感知会与期望相一致。那么,如何得知旅游体验后的未来旅游者行为,这就需要观测旅游者的行为意图。

行为意图是一个人主观判断其未来可能采取行动的倾向,在消费者研究领域被看做是消费者对产品或企业可能采取的特定活动或行为倾向(Zeithaml et al.,1996)。消费者购买产品后如何使用,感受如何,以及产品丧失使用价值后,消费者如何进行处理均属于购后行为(符国群,2011)。行为意图越强代表消费者越有可能去从事该行为,通过对其的测量可以增加对消费者后续行为的预测。因此,行为意图也被企业视为是否能成功留住消费者的重要指标。

一般而言,行为意图被划分为正向和负向两类(图6-1),正向的行为意图使消费者增加购买,负向的行为意图使其减少购买。有的学者也认为较高知觉价值与消费者满意度会产生较高的消费意愿,而较高消费意愿也会使其产生较高的推荐意愿。因此,推荐意愿也被看做是消费者行为意图的重要组成部分。

在旅游活动中,旅游者行为意图与一般消费者行为意图类似,旅游者也会存在正面和负面的行为意图。基于旅游体验满意的行为意图,会给旅游者留

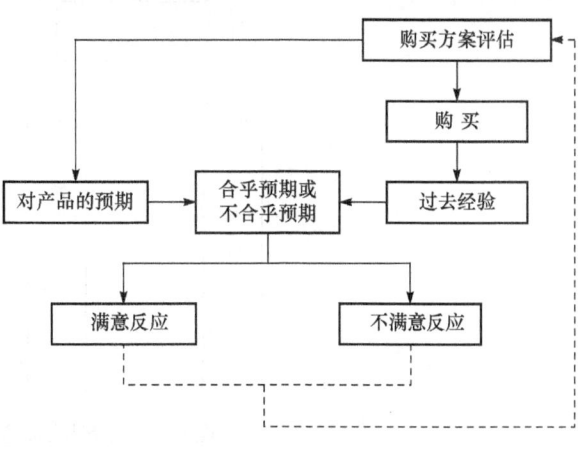

图6-1 消费者购买评价模式

下深刻的回忆与记忆,也会促使旅游者产生推荐意愿与再次到访意愿,在一定程度上使其产生实际旅游行为,这也是为何现实世界越来越多"候鸟式"旅游者的原因之一;同样,如果旅游体验不满意,那么旅游者也会呈现多样的行为意图,如进行负面口碑宣传、转移旅游目的地选择,乃至放弃整个区域旅游目的地选择,这些行为倾向都值得旅游经营者及管理者加以重视。

二、行为意图的构成维度

在服务研究领域,消费者行为意图一般被划分为五种:忠诚度、支付更多、转移行为、内部反应和外部反应。忠诚度指消费者与服务提供商之间关系的强弱,以及消费者愿意进行更多交易的可能性,包括了正面推荐及再次购买意愿。即使产品或服务价格上涨,消费者依然愿意付出更多来加以购买。转移行为是指消费者减少与服务提供商的交易,转而选择其他品牌或价格、服务较好的产品。内部反应指消费者接受服务过程中遭遇问题,他对产品、服务质量不满意时,会向内部服务人员抱怨的可能性。外部反应指消费者在接受服务的过程中遭遇问题时,其对产品、服务质量不满意时,向公司以外人士抱怨,或到别家消费的可能性。

满意状态的旅游行为意图一般由忠诚度与支付更多意愿组成:忠诚度上会呈现出向他人称赞该旅游目的地或产品、向询问的人推荐该旅游目的地或产品、鼓励亲友去进行此项旅游消费、自己优先选择该旅游目的地或旅游产品、经常到访该旅游目的地或消费该项旅游产品。支付更多意愿往往体现在两个方面:使价格略微增加,仍愿意持续购买该旅游产品;愿意支付比其他旅游产品更高的价格来购买该旅游产品。

不满意状态下的旅游行为意图一般会呈现两种状态(图 6-2):不采取行动和采取行动。采取行动又被划分为两类:一类是私下行动,如抵制该产品或警告亲友不要购买;一类是公开行动,如向企业求偿、诉诸法律或向政府、公共或私人机构申诉抱怨。

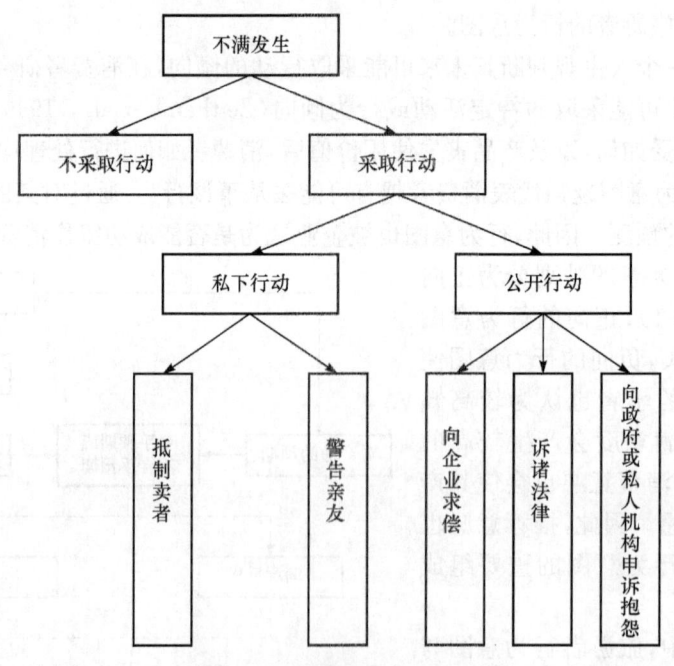

图 6-2　消费者抱怨行为分类图

资料来源:Day and Landon,1977.

第二节 旅游满意度

随着世界经济的迅猛发展,全球经济日趋一体化,产品由卖方市场转变为买方市场,人们的需求结构和消费观念发生了巨大变化,对旅游产品和服务的需求越来越多样化,市场竞争更加剧烈。没有消费者就没有市场,所以旅游目的地与旅游经营者要努力提高产品和服务质量,努力满足旅游者的需求。20世纪80年代以来,以消费者为中心、力求满足消费者需求、追求消费者满意的新理念在发达国家形成并发展。西方国家的一些学者最先对消费者满意度进行了研究,瑞典、美国等相继构建了消费者满意度指数模型,并开展了消费者满意度指数测评。当然,这种分析思路也被引入到旅游领域。

一、满意度的概念

满意度是指消费者对经营者所提供的服务或产品使用后,对其绩效与购买前信念的评估与比较,若两者具有一致性,则消费者将获得满足;若两者有落差,则消费者将感到不满意。换句话来讲,消费者满意度是指消费者接受互动服务后,产生的主观满意或不满意感受。旅游者满意度是旅游者对目的地的期望和到目的地后的实际感知相比较后,所形成的愉悦或失望的感觉状态,它会影响旅游者对旅游目的地的选择、旅游产品和服务的消费、是否重游、是否推荐给亲朋好友等方面(李瑛,2008)。

时至今日,关于消费者满意度还没有一个统一的定义。

霍华德和谢恩(Howard and Sheth,1969)给出满意度的定义如下:消费者满意是消费者衡量其付出与实际获得是否公平、合理的心理状态。

奥利弗(Oliver,1980)则提出消费者满意由一个函数确定,函数如下

$$S_{ijt} = f_1(\mu_{ijt}^e) + f_2(u_{ijt}^p - \mu_{ijt}^e)$$

其中,S_{ijt}为顾客i在时间t时对产品j的满意度;u_{ijt}^p为顾客i在时间t时对产品j的质量感知;μ_{ijt}^e为顾客i在时间t时对产品j的期望。

近年来,西蒙(Simon,1974)认为消费者满意与消费效用相近,该观点一直影响着该领域的延伸研究。

ISO 9000:2000中,对消费者满意的定义为:消费者对其要求已被满足程度的感受。

总的说来,消费者满意的定义可分为两类:消费者购买某种产品或服务后的评价,也就是某一特定交易活动后的消费者满意(Yi,1990);消费者对先前购买某种产品或服务所有经历的总体评价,也就是累积的消费者满意(Johnson and Fornell,1991)。

二、满意度指数模型

一个评价体系,可以既具回顾性又具前瞻性,客观地告知经营者和利益相关者各种服务的表现与绩效。换句话说,这种评价系统必须能够捕获到消费者满意度的决定因素及其带来的影响。例如,如果数据显示满意度下降,然后系统应该提示从业人员找出可能的原因(如消费者期望、感知绩效或评估价值)和提出相应的补救措施。满意度下降的后果,如消费者消极评价和消费者忠诚度下降,也应在评价系统中指示出来。消费者满意度指数的创建来源于此。目前旅游者满意度测评使用的方法主要有SERVQUAL(服务质量)、SERVPERF(服务绩效)、Importance-Performance Analysis(重要性-绩效分析)三种。以下是几个较有代表性的消费者满意度指数模型。

（一）瑞典消费者满意度晴雨表模型

瑞典消费者满意度晴雨表(Swedish Customer Satisfaction Barometer, SCSB)模型是第一个消费者满意度指数测评模型，模型包括消费者期望、感知表现、消费者满意、消费者抱怨、消费者忠诚五个潜变量。SCSB模型是瑞典统计局于1989年在美国密西根大学国家质量研究中心帮助下构建的，其消费者满意度指数测评涵盖了瑞典31个行业100多家公司。

（二）美国消费者满意度指数模型

美国消费者满意度指数(American Customer Satisfaction Index, ACSI)模型是在SCSB模型的基础上构建的，是目前被广泛采用或借鉴的消费者满意度指数测评模型，模型包括消费者期望、质量感知、价值感知、消费者满意、消费者抱怨、消费者忠诚六个潜变量。ACSI模型是美国国民经济研究协会委托美国国家质量研究中心和美国质量协会等机构于1990年开始构建的。1994年，ACSI模型正式启动。至1998年，ACSI模型已用于美国7个部门34个行业中的200家企业的消费者满意度指数测评。

（三）欧洲消费者满意度指数模型

欧洲消费者满意度指数(European Customer Satisfaction Index, ECSI)模型是在ACSI的基础上构建的，模型包括企业形象、消费者期望、质量感知、价值感知、消费者满意、消费者忠诚六个潜变量。ECSI模型是在欧洲质量组织、欧洲质量管理基金会等机构的组织下构建的。1999年，采用ECSI模型在12个欧盟国家进行了消费者满意度指数测评。

（四）清华大学中国企业研究中心构建的CSI模型

国务院于1999年颁布了《国务院关于进一步加强产品质量工作若干问题的决定》，提出"要研究和探索产品质量消费者满意度指数评价方法，向消费者提供真实可靠的产品质量信息"。根据国务院的要求，国家质量监督检验检疫总局委托清华大学中国企业研究中心进行了"中国用户满意度指数的研究"，构建了消费者满意度指数模型，并于2001年在全国范围内进行了两次较大规模的消费者满意度指数试点调查。

清华大学中国企业研究中心构建的消费者满意度指数模型是在ACSI的基础上构建的，模型包括品牌形象、预期质量、质量感知、价值感知、消费者满意、消费者忠诚六个潜变量。在该模型基础上，结合行业特点作了部分改动。

（五）中国旅游研究院旅游者满意度指数

中国旅游研究院"全国旅游者满意度调查"项目从2009年3月开始，由中国旅游研究院和国家旅游局质量监督与管理司联合执行。该项目调研范围涉及全国50个旅游城市，是中华人民共和国成立以后，我国旅游业针对城市旅游满意度调查的里程碑式研究工作。

旅游者满意度指标体系由现场问卷调查、网络评论调查、旅游投诉与质监调查三个层面构成(表6-1)，各分项指数的设置依据如下：现场问卷调查的满意度指数依据主流的结构方程模型，主要参照美国行业满意度ASCI指数和三项中国国家与行业标准，包括《商业服务业满意度指数测评规范》(SB/T 10409—2007)、《顾客满意测评通则》(GB/T 19039—2009)、《顾客满意测评模型和方法指南》(GB/T 19038—2009)。网络评论调查的满意度指数主要依据当前管理学科较前沿的以案例研究法为基础的扎根理论，即以归纳法为基础，从旅游者网络评论中抽象出涉及城市旅游软环境评价的核心概念范畴，可对以演绎法为基础的主流结构方程模型进行有效补充和充分验证；旅游投诉与质监调查满意度指数主要是根据旅游产业，特别是关联性广的综合性服务产业，旅游服务涉及吃、住、行、游、购、娱等产业和城市整体服务质量，旅游者不确定的主观评价使旅游服务投诉难以避免，旅游投诉与质监机构的监测可成为当前提升旅游服务质量的有效工作手段。

表6-1　旅游者满意度指数测评体系

一级指标	二级指标	三级指标
现场问卷调查指数	城市旅游形象	目的地旅游业形象、目的地整体服务水平
	旅游者预期	旅游质量的总体预期、旅游过程服务质量预期
	旅游者感知质量	总体服务质量、旅游交通、旅游餐饮、旅游住宿、旅游购物、旅游娱乐、旅游景点、旅行社服务、旅游公共服务
	旅游者感知价值	旅游价格是否合理、与旅游定位相比旅游质量
	旅游者满意度	总体满意程度、实际感受与需求相比满意程度、实际感受与理想中相比满意程度
	旅游者忠诚	未来重游可能性、未来继续选择该旅行社的可能性、向亲友推荐该地旅游地的可能性
网络评论调查指数	目的地旅游形象	
	当地居民态度	
	交通	性价比、质量、服务、总体评价
	餐饮	性价比、质量、服务、特色、总体评价
	住宿	性价比、质量、服务、总体评价
	景点	性价比、质量、服务、特色、总体评价
	购物	性价比、质量、服务、特色、总体评价
	休闲娱乐	性价比、服务、特色、总体评价
	旅行社	性价比、服务、总体评价
	预订网络	性价比、服务、总体评价
	旅游公共服务	市场秩序、信息服务、投诉机制
	整体性价比	
	综合评价	
	回头率/推荐度	
旅游投诉与质监调查指数	投诉程序	搜索便捷程度、政务网便捷程度、实际体验
	投诉制度	质监所网站建设、制度与新闻的数量
	投诉结果公示	公示频度、详细程度、投诉处理效果
	投诉数量	重要平台投诉数量及现场调查的投诉比例

资料来源:"旅游者满意度指数"课题组,2012.

(六)香港旅游者满意度指数

该满意度指数通过两个步骤进行构建:①通过分析各种消费者满意度指数的指标构成,并结合香港城市旅游目的地多元客流的特点,突出旅游服务业的基本特点,构建了包括感知绩效、期望、估计价值、旅游者满意、抱怨意图和忠诚度六个基本维度;②通过六个重要的与旅游业相关的服务行业(酒店、餐厅、零售商店、景点、交通和移民服务)整体检验模型的结构与效果(图6-3)。

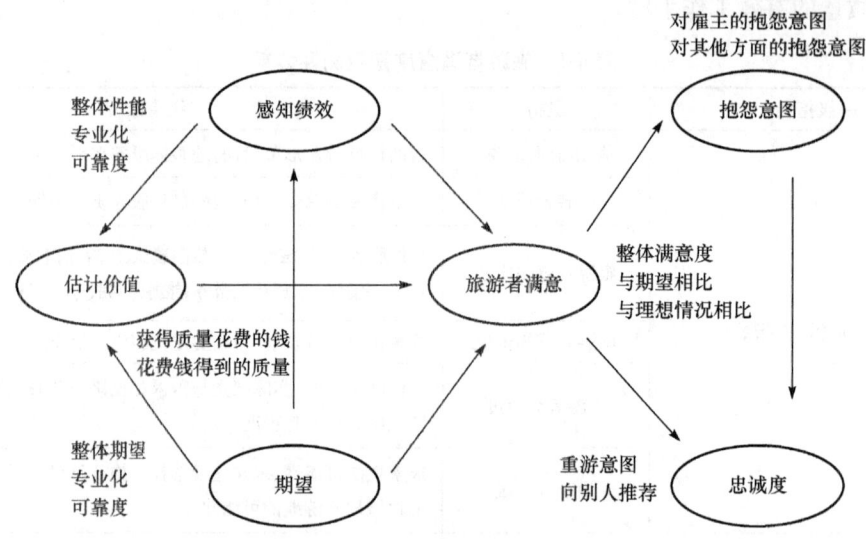

图 6-3 香港旅游者满意度指数理论框架

资料来源:Song et al.,2012.

最终的旅游者满意度指数由如下公式计算而得

$$旅游者满意度指数(TSI) = \frac{\varpi_{\eta 31}\bar{y}31 + \varpi_{\eta 32}\bar{y}32 + \varpi_{\eta 33}\bar{y}33}{\varpi_{\eta 31} + \varpi_{\eta 32} + \varpi_{\eta 33}} \times 10$$

其中,三个满意度指标分别是整体满意度[$\bar{y}31$]、比较预期值[$\bar{y}32$]和比较理想值[$\bar{y}33$];$\varpi_{\eta 31}$、$\varpi_{\eta 32}$和$\varpi_{\eta 33}$分别为这三个指标的非标准化权重,旅游者满意度的最后分值会趋于0~100。

第三节 旅游忠诚度

一、忠诚度的概念

顾客忠诚(customer loyalty)也被称为消费者忠诚,是指消费者重复购买产品或服务的行为或意图(Hawkins et al.,2001)。虽然许多文献都曾对顾客忠诚的概念加以界定,但迄今为止,学术界尚未对顾客忠诚概念形成统一认识。较为经典的对消费者忠诚的定义是奥利弗(Oliver)于1997年提出的,他认为消费者忠诚指经常向当前供应商重复购买产品或服务,并且采购的品种越来越宽泛,对潜在竞争者具有较强的"免疫力"。

作为一个复杂且微妙的消费者行为概念,消费者忠诚不仅要求能够描述顾客忠诚的行为特征(如重复购买行为),同时也需要强调顾客忠诚的态度特征,即顾客忠诚来源于顾客对产品的喜爱和依赖,是积极的、有持续性的。因此,顾客忠诚的内涵可以分别从行为和态度两个方面进行界定。从行为视角看,比较典型的是以顾客的重复购买次数、忠诚行为的持续时间和购买比例等来定义顾客忠诚。例如,塔克(Tucker,1993)将连续三次购买定义为顾客忠诚;阿萨尔(Assael,1990)将顾客忠诚定义为对某一品牌的赞同所导致的、在较长时期内对该品牌产品的持续性购买行为;凯勒(Keller,1993)认为反复的购买行为已经十分明确地显示了顾客忠诚的存在。从顾客态度视角看,比较典型的则是以口碑宣传、推荐意向和购买意向等来定义顾客忠诚。譬如,格兰勒和布朗(Gremler and Brown,1996)把服务业顾客忠诚定义为顾客向特定服务供应商的重复购买意愿和对其所抱有的积极态度,以及在对该类服务的需求增加时,继续选择该服务供应商为唯一供应源的倾向。

雅各布和库纳认为消费者忠诚度应包含如下特征：①忠诚度是一种在态度和行为上表现的偏好，即消费者对某一产品或服务有忠诚度的产生，除了消费者本身的态度是喜好该产品或服务外，还需要有实际的购买行为；②忠诚度是经过一段时间持续性的表现，也就是消费者忠诚度的形成需要经过一段时间的经验累积；③忠诚度是一种决策单位的表现，当消费者对某一产品或服务具有忠诚度时，他的购买行为会较集中于该产品或服务；④在某大类产品或服务中，消费者的印象只有几个，记得的某特定产品或服务的数量越少，表示忠诚度越高；⑤消费者心理层面的认知，即以消费者态度来定义，当消费者心中只知道这个产品或服务的提供者时，则他对该产品或服务具有忠诚度。

希尔和亚历山大（Hill and Alexander，2002）认为消费者忠诚度会有不同层级，且该层级如同一个连续的阶梯形金字塔（图6-4），企业应该了解如何经营各层级的消费者，才能有效提升消费者的忠诚度，进而达到最高目标层级，即与消费者的关系如同伙伴，具体内容如下。①怀疑者：市场中所有产品和服务种类的购买者，即未察觉到企业所提供的产品或是没有购买意图的消费者；②眺望者：对于企业所提供的一些产品和服务有一些兴趣的潜在消费者，但尚未进一步交易者；

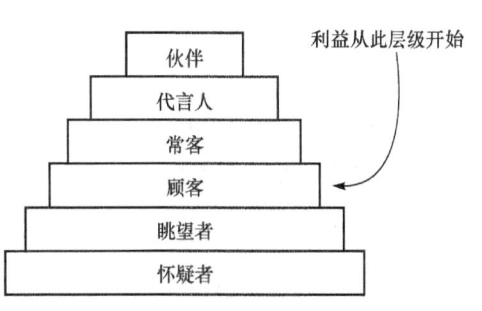

图6-4　忠诚度金字塔
资料来源：Hill and Alexander，2002.

③顾客：仅一次性购买企业所提供商品的消费者，即对该企业并非真正感觉喜爱的人。④常客：重复购买的消费者，且对于企业所提供的产品和服务确实喜爱的忠诚者，是被动而不是主动购买者，属于个别购买者；⑤代言人：积极支持并推荐企业所提供的产品和服务给其他人的常客。⑥伙伴：消费者和供应者的关系坚定且持续，因为两者的伙伴关系对于彼此皆为有利。

二、忠诚度的类型划分

旅游业是一个组织高度复杂的系统，连接着消费者、供应商和最终的旅游目的地。旅游系统由交通、住宿、景点、设施供应商，零售商和食品服务部门、地方、国家和民族的目的地管理组织等大量商业和非商业机构组成。传统上，受消费者忠诚度研究思路和方法的影响，旅游忠诚度研究都集中在旅游系统中某一个企业或目的地一个层级上。如果一个旅游消费者既忠诚于一个酒店品牌，又忠诚于一个航空公司或忠诚于一个品牌的航空公司，同时又忠诚于一个旅游目的地，那么此类旅游忠诚度又该如何解释或者界定？为此，学者们在深入访谈立意取样的基础上，重新界定了旅游忠诚度的类型与特点（McKercher et al.，2012），具体包括以下内容。①垂直忠诚度：此类旅游忠诚度可以存在于旅游系统的各个层级（如同时包含一个旅行社和一个航空公司）。②水平忠诚度：此类旅游忠诚度是旅游系统中同一层级上的一个旅游供应商或者一个以上的品牌酒店。③体验忠诚度：忠诚于某一个最佳旅游或度假类型，在旅游体验基础上产生的忠诚度，如高尔夫或滑雪，虽然这种忠诚度的表达可能会在很多旅游目的地发生，但其聚焦在体验层次之上。

诚然，上面旅游忠诚度类型的划分在一定程度上突出了旅游的特性，但旅游心理与行为研究的重点应该更加关注理论对应用的指导作用，即如何通过旅游心理与行为的讨论来指导行业发展与实践。为此，我们认为贝克曼和克朗普顿的忠诚度划分类型更具有可操作性

(Backman and Crompton,1991)。他们将旅游忠诚度划分为四种：①高忠诚度,有高游憩频率,并且具有强烈心理承诺意愿的旅游者；②潜在忠诚度,有强烈的心理承诺意愿,但无高游憩频率者,可能由于时间、金钱、距离、交通工具等因素而无法显现游憩次数经验,或是第一次来游玩的人,都将归于此类；③伪装忠诚度,有高游憩频率,但不具有强烈心理意愿的旅游者,如该旅游者是因朋友的邀约不得已情况下才来的,或是被旅行社安排到此游憩区,并非出自其内心意愿,而又多次前往的旅游者；④低忠诚度,有低游憩频率,并且具有微弱心理意愿的旅游者(图6-5)。

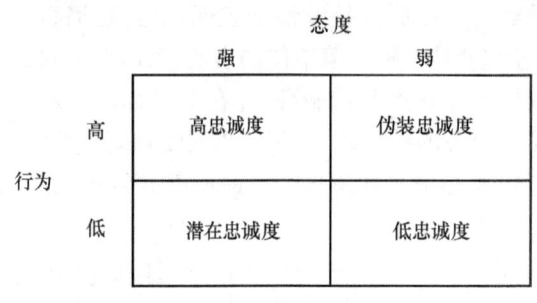

图6-5 旅游者忠诚度的二元尺度衡量区分图
资料来源:Backman and Crompton,1991.

三、忠诚度的衡量指标

旅游经营的实践表明,在买方市场条件下,旅游忠诚才是旅游目的地发展最宝贵、最可靠、最稳定的资产。高度忠诚的旅游消费者不仅是旅游目的地竞争获胜的关键,也是旅游目的地长期发展利润的最可靠来源,而且也是旅游目的地或旅游企业长治久安的延长或更新旅游生命周期的根本保证,而如何来对其加以衡量,则一直是业界和学界所共同关注的问题。一般情况下,可以从行为、态度及复合指标三个方面对其加以衡量。

（一）行为上的忠诚度衡量指标

行为忠诚至少可利用六项构成要素作为操作指标(Iwasaki and Havitz,1998)。同一品牌或产品持续使用:持续时间与长期参与、惠顾或使用有关。同一品牌或产品的使用频率:使用频率与购买、使用或参与的数量或次数有关,有具体的时间作代表,如一星期、一个月、一季或一年。同一品牌或产品的使用强度:使用强度是指每周、每天、每月或每年的购买、使用或参与的时数。连续使用同一品牌或产品包括:连续忠诚,如 AAAAAA；不连续忠诚,如 ABABAB；不稳定忠诚,如 AAAABB；非忠诚,如 ABCEDEF。使用同一品牌或产品的比例(百分比):购买比例与使用的百分比。同一品牌或产品的使用概率:计算品牌或产品的平均继续使用时间与转换使用其他类同品牌产品的概率。

（二）态度上的忠诚度衡量指标

态度层面的忠诚度是消费者对某一产品或品牌的使用或购买倾向,是一种心理作用过程(Jacoby and Chestnut,1978)。其衡量指标包括:偏好(Bowen and Chen,2001;Butcher et al.,2001);再购买的目的(Byrnes,2001;Lee and Cunningham,2001);许诺(Beatty and Kahle,1988;Bloemer et al.,1999)。

（三）复合上的忠诚度衡量指标

复合忠诚度衡量指标提出的目的,是学者们意欲打破忠诚度衡量单一偏向态度或行为的某一个方面。此类复合指标往往比较复杂,兼顾了态度与行为两个方面。比如,甘尼(Ganesh et al.,2000)将忠诚度衡量划分为主动忠诚和被动忠诚。主动忠诚是消费者正面的行为或行为意图,包括抉择上有强烈意愿并自愿与供货商扩展生意；而被动忠诚则与主动忠诚相反,如供货商进行价格战时,消费者对相同质量但价格差异显著的产品有强烈的敏感度。米塔尔和拉莎(Mittal and Lassar,1998)将忠诚度划分为情境上的忠诚、习性上的忠诚和态度上的忠诚三个维度,该种类型划分也被广大学者所接受,并在检验测量中加以应用,相关细化测量内容总结见表6-2。另外需要特别提出的是,学者们在研究忠诚度过程中,特别强调了消费者忠诚是否存在口耳相传的沟通方式,即是否将产品或服务的消费信息告知亲朋好友,该指标已经成为检验忠诚度的核心关键指标之一(Bloemer et al.,1999;Ganesh et al.,2000;Narayandas,1999;Yu and Dean,2001;Zeithaml et al.,1996)。

表 6-2 多维度的忠诚度衡量指标

情境忠诚	习性忠诚	态度忠诚
由 Dubois 和 Laurent (1999)所提出的三项处境忠诚衡量指标如下: ✓ 跟朋友用餐时,会购买同一供货商所提供的产品 ✓ 工作用餐时,会购买同一供货商所提供的产品 ✓ 若迫切需要用到一项产品时,也只会从同一供货商购买急需用到的产品	由 Raju(1980)提出的四项消费者习性忠诚衡量指标如下: ✓ 极少介绍新品牌给亲朋好友 ✓ 极少购买陌生品牌的产品 ✓ 当习惯使用的品牌产品缺货时,会等待补货后再购买 ✓ 会坚持购买知名品牌的产品	由 Cronin 等(2000)、Gronholdt 等(2000)、Lee 和 Cunningham(2001)及 Mittal 等(1999)提出的六项态度忠诚衡量指标如下: ✓ 从同一家供货商购买更多同一产品的可能 ✓ 从同一家供货商再购买同一产品的可能 ✓ 当下次需要购买产品时,会同样选择此家供货商 ✓ 会在此家供货商购买其他需要的产品 ✓ 推荐此家供货商给亲友的可能 ✓ 当有新构想或建议,可能会告知此家供货商

四、忠诚度涟漪效应

忠诚度涟漪效应主要说明忠诚消费者的影响力,举个例子来说,可以将这个影响力看成涟漪一样,就像将一颗小石头扔向一个静止的水池,小石头让水池表面上原本静止的水有了波动,而忠诚度涟漪效应主要阐明了一个忠诚的消费者可能对其他消费者和组织的进一步的影响。格兰米勒和布朗将忠诚度涟漪效应定义为:消费者对公司所造成的直接影响与间接影响,即通过鼓励新的消费者光顾,进而使新消费者对公司产生兴趣;而另一方面则是通过其他活动或行为,为组织创造价值(Gremler and Brown,1999)。以下举例说明忠诚度涟漪效应产生的过程与影响。

就 Y 先生而言,他是 M 汽车公司的忠诚顾客。Y 先生今年 38 岁,已婚并育有两名幼子,且拥有两部 M 汽车公司生产的已经五年以上的车子。Y 先生年平均花费 800 美金维修这两部车子。假设他的车子需要再做 15 年相同的维修服务,则 Y 先生作为一个忠诚消费者对于 M 汽车公司的直接贡献为:(800 美金/年×15 年)=12000 美金。

假设 Y 先生对 M 汽车公司所提供的服务很满意,并且 15 年期间 Y 先生将该汽车公司推荐给五个人,而五个人中有两个人会尝试去 M 汽车公司,并成为 M 汽车公司的忠诚顾客,这时,Y 先生对 M 汽车公司带来的忠诚度涟漪效应就十分明显。假设这两位新消费者对汽车服务的需求和 Y 先生一样,则 Y 先生对于 M 汽车公司的实际价值将为:(12000 美金+2×12000 美金)=36000 美金。进一步说明涟漪效应的影响力,若 Y 先生的两位转换者也各自说服其他两位顾客使用 M 汽车公司的服务,则 Y 先生对于该组织的价值跃升至:(12000 美金+2×12000 美金+2×12000 美金)=60000 美金。

综观上述说明可以得知,最大的收益冲击为忠诚顾客可以经由再推荐而产生潜在顾客,进而带来收益。图 6-6 为忠诚度涟漪效应示意图。

假设将该例子放在旅游消费活动中,Y 先生在 M 旅游地的影响代表小石子扔向一个平静

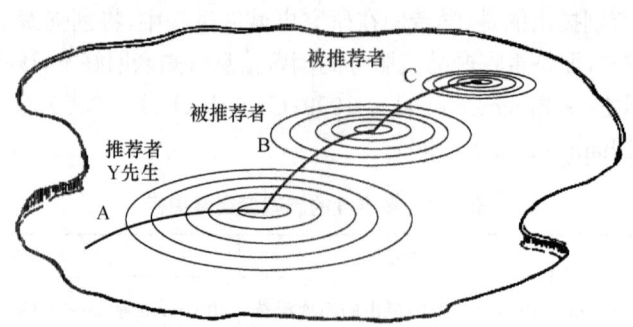

图6-6 忠诚度涟漪效应示意图

资料来源：Gremler and Brown, 1999.

的水池(社会关系网络所组成的消费群体)，以A为代表，他如同一位旅游目的地的忠诚顾客，明显地影响水池表面。Y先生以口耳相传的传达方式影响其他两位成为M旅游地的顾客，就像一颗石子跳跃过水池，代表B和C。接着，这两位顾客在水池表面创造属于他们自己影响力的涟漪。

上面例子其实也说明了口耳相传的几点规律：①消费者之间的沟通经常被认为具有较高可信度的，由于消费者之间的沟通背后没有商业企图存在，从而消费者也较相信彼此间所传达的信息，因此消费者对于口耳相传内容存在着较高的信任度；②相对于一般的单向沟通，口耳相传是一种双向沟通，沟通双方可以透过问答、确认、厘清与查核来进行更有效的沟通，因此口耳相传沟通所产生的偏误会会比一般单向沟通少；③口耳相传沟通对于一些想象性的产品属性（如旅游目的地氛围），可以有较好的沟通效果，特别是对旅游目的地服务体验消费经验的生动描述，往往可以让我们身临其境，进而对该旅游目的地能有较好的体会和认识。

第四节 旅游后悔与抱怨

一、旅游后悔

消费者行为研究的结果是市场拓展策略制订的基础。消费者行为研究中所强调的消费者动机、感知、期望、满意度、感知价值等行为变量最终是为了更好地预测消费者未来的行为意图。消费者后悔心理是消费者对所使用或体验产品不满的直接反应，此种心理及其后续行为被认为是全面理解消费者对产品/服务的满意度和解释多种售后行为(如在购买意愿、品牌转换、投诉及口碑传播)的重要因素(陈荣、贾建民，2005)。对消费者而言，后悔情绪可引发不满和消费转移，事实上，简单的一个后悔期望就足以改变消费者的后续购买行为(Cooke et al., 2001)。

后悔被定义为产生于认知的消极情绪。当代后悔研究主要有三种：哲学取向、经济学取向与心理学取向(陈巍，2007)。鉴于个体消费的特点，消费者行为研究多借鉴心理学成熟的研究方法和内容，这也决定了心理学取向在后悔心理研究的主导地位。

心理学视角下的消费者后悔定义与其他视角下的定义存在一定差异。例如，学者将后悔归纳为与观念、感受相关，是一种深切的感受，也就是消费者认为做错某件事，或失去了某次机会，对自己不满并想纠正自己，但实际上并没有这么做而寄希望于第二次机会的一种理想(Zeelenberg and Pieters, 2004)。有学者指出可能是消费选择引发了消费者的一种逆反想法而导致了后悔的出现(Kahneman and Miller, 1986)。因此,当购买者仔细考虑放弃选择时,他们认为放弃了可能更好的选择,犯了选择性错误,并后悔没有选择应选而未选的。从后悔情绪研究的理解来看,消费个体越是认真地考虑其他选项越可能体会到后悔(Keaveney et al., 2007)。

当消费者购买后,后悔和满意可能同时出现。因购买者对选择的产品既感到满意,也感到对其他产品没有被选而产生后悔。尽管后悔和不满意都来自于不愉快的经历,但是它们的参照不同。当产品的性能达不到顾客对产品的期望时,不满意就产生了;但产品的性能比不上顾客应选而未选的产品功能时,就会产生后悔情绪。后悔与购买者对产品的选择有关,而不满意与期望的比较结果有关(Tsiros, 1998; Tsiros and Mittal, 2000)。当购买者完成了产品特质之间的比较评估之后,他可能感到总体满意,但同时,如果产品的一些特质比不上未选的产品时,也会感到后悔。因此,后悔情绪是由"作为"和"不作为"之间的比较引起的。

大多数研究都认为态度由情感、行为和认知组成,即所谓的 ABC 态度模型(ABC model of attitudes)。从国外后悔心理研究结果看,后悔是基于认知信息加工而生成的个体态度(态度的标准学习层级),其结果指向必然是"认知→情感→行为"。因此,以消费者认知为主导的后悔心理必然能更好地预测消费者后续的行为意图和行为表现方式。

旅游活动是一种综合性的社会与消费活动,其过程涵盖了旅游者常住地与旅游目的地,并涉及诸多服务领域。例如,旅游者去饭店吃的饭不合口味;参加了旅游团,没有达到预期的效果;进入景区参观,发现并不像想象中的那样美好,因此,旅游者后悔心理可能会出现在旅游过程的各个环节。由此,可以这样来定义旅游后悔,它是旅游者在旅游目的地体验活动基础上作出的以认知因素为主导的个体态度,这种后悔心理可能是实际旅游体验质量和旅游期望的比较下的结果,也可能是旅游者将本次旅游目的地和未选择旅游目的地之间的比较结果,或二者皆有的结果(白凯,2009)。

在一般的消费领域,购买后悔的影响因素主要有产品价值、购前信息收集、品牌意识、购买过程服务和可供选择却没有选择等(Keaveney et al., 2007)。旅游后悔的影响因素往往主要来自旅游体验质量低于旅游期望、旅游目的地产品宣传与实际不符旅游地服务质量差三项因素的综合影响结果,其所导致的后续行为表现主要为:采取相对激烈的对抗行为,通过网络负面宣传、向旅游管理机关投诉、断绝该地旅游并影响亲友和借鉴经历调整心态等;男性较女性更容易采取相对激烈的对抗行为,通过网络负面宣传及向旅游管理机关投诉的方式来表达自己的旅游后悔心理(表6-3)。

表6-3 旅游后悔心理的后续行为表现

测量维度	测量问句
采取相对激烈的对抗行为	故意在旅游地作出一些破坏性行为
	在经营场所阻拦其他客人进行负面宣传
	破口大骂相关责任人
	不给相关人付清剩余旅游费用
	小题大做,把一点事情弄大
	见到不论什么人都对该旅游地进行负面宣传
	通过媒体(报纸、电台等)进行负面宣传

续表

测量维度	测量问句
通过网络负面宣传	上网发帖子对该旅游地进行负面宣传
	写旅游类博客供别人出游参考
向旅游管理机关投诉	投诉给旅游企业或景点管理机关
	向旅游地行政管理部门或消费者协会投诉
	向组团社投诉
	给旅游地管理机关提出合理建议
断绝该地旅游并影响亲友	再不去这个地方了
	迁怒于组团社、导游
	仅告诉自己的亲朋好友
借鉴经历调整心态	算了算了,自认倒霉,不管了
	调整自己下次的旅游心态
	旅游未尽兴,再次到访

二、旅游抱怨

在消费者行为研究领域,抱怨行为虽自 20 世纪 70 年代晚期被研究者提出,从 20 世纪 80 年代开始,陆续有学者致力于此方面的研究,但其研究偏向有形商品的购买,对无形服务的探讨仍有待深入。借助以往研究可以这样来理解消费者抱怨,它是顾客对于不满意的购买经验所可能采取的反应,也可能是消费者通过认知不满的情感或情绪所引起的反应,即抱怨行为是消费者对商品或服务品质不满的一种具体表现。

旅游产品是典型的服务性产品,具有无形性、异质性与不可储存的特质。它无法通过专利权加以保护,也难以大量生产,使得其服务质量较实体难以掌握,购买的风险亦较大。再加上形形色色的消费者,由于个人因素、购买经验、购买目的(动机)等不同,即使旅游生产者提供相同的产品或服务,也会存在不同的消费满意程度。因此,当消费者对旅游经营者或旅游目的地所提供的服务质量或旅游产品不认同时,便会产生抱怨行为。

按照《质量管理体系基础和术语》中的定义,"顾客满意是顾客对其已被满足的程度的感受。"对于这一定义,2000 版"标准"又给出进一步的注释:"顾客抱怨是一种满意程度低的最常见的表达方式,但没有抱怨并不一定表明顾客很满意。"针对该表述,笔者认为在消费者满意度较低的情况下,后悔和抱怨会并行产生。结合以往的研究,我们这样来区分后悔和抱怨,后悔在心理层面更趋于隐蔽,不易察觉,但抱怨则是后悔的进一步增强或发展,它更能诱发消费者实际行为的产生。

关于消费者抱怨行为的划分,笔者认为戴维德和达欣的成果较为典型,他们对消费者抱怨行为的界定是在圈子概念的基础之上,对待消费者自身圈子之外的抱怨指向,一般会采取比较激进的方式进行直接抱怨或第三方抱怨,但对待圈子内部,则会采用较为柔和的沉默抵制和负面宣传方式(图 6-7)。

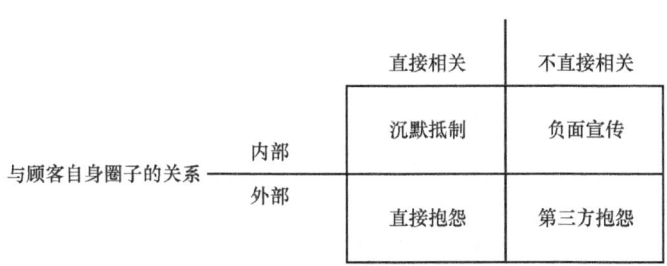

图 6-7　基于消费者自身圈子关系的抱怨行为分类

资料来源：Davidow and Dacin，1997．

综上所述，笔者尝试对旅游抱怨进行界定：旅游抱怨是消费者参加旅游活动并在一定旅游体验经历基础上，因不满而产生的一种心理倾向与行为。它是由旅游者后悔心理发展而来的，是旅游者对旅游目的地或旅游产品服务不满的一种具体行为表现。

三、旅游后悔与抱怨产生的主要原因

以往研究中已经大量出现了针对消费者后悔及抱怨行为的研究，而这两部分研究内容在专属的旅游研究领域的讨论还是相对欠缺的，结合以往消费者行为领域的研究总结，并结合旅游心理与行为的发生过程及特点，笔者认为旅游后悔与抱怨产生的主要原因有以下几个方面。

（1）旅游者对旅游产品或服务存在过高的期望。旅游者期望在对旅游产品和服务判断中起关键性的作用，旅游者将他们所要的或期望的东西与他们曾经的旅游消费经验或并行旅游产品选择进行对比，以此评价旅游产品购买或目的地选择的价值。当旅游者期望值越大时，购买旅游产品或对某一旅游目的地的欲望相对就越大。但当旅游者期望值过高时，就会使得旅游满意度变小；旅游者期望值越低时，旅游满意度则相对越大。因此，旅游经营者应该适度地管理旅游者期望。当旅游期望管理失误时，就容易导致旅游者产生消费后悔或抱怨。管理旅游期望值的失误主要体现在两个方面：①"海口"承诺与过度销售。此类现象在旅游目的地经常发生，如旅游目的地旺季人满为患，吃、住、行等消费过量预订，出现取消预订或降低预订标准的现象。②隐匿信息。在旅游促销广告中过分地宣传旅游产品或旅游目的地特点，故意忽略一些关键的信息，转移消费者注意力。这些管理失误导致旅游者在消费过程中有失望的感觉，因而产生抱怨。

（2）旅游产品或服务的质量问题。这主要表现在：旅游产品本身存在问题，质量没有达到规定的标准；旅游线路发生改变；旅游强制消费或欺骗消费；旅游过程中饮食发生问题；旅游团队标准随意改变。虽然有时旅游者抱怨没有任何理由，因为经营者已经按照预先合同标准执行，无懈可击。但实际上，其抱怨的并不是预订产品本身，而在于旅游产品或旅游目的地消费的综合效益，换句话讲，即旅游者所购买的产品不符合旅游者的需要，或者原先有这样欲求的旅游消费，由于某些情况变化了，现在已经不符合他们的需求了。这样往往就出现旅游后悔或抱怨。

（3）旅游过程中相关群体行为的影响。旅游过程中的相关群体包括旅游者和旅游者、旅游者与当地居民，以及旅游者与旅游服务人员。这三个群体中最明显，也最易导致后悔与抱怨的是旅游服务人员。旅游企业通过企业员工为旅游者提供产品和服务，员工缺乏正确的推销技巧和工作态度都将导致旅游者的不满,产生后悔与抱怨。这主要表现在:①旅游企业员工服务态度差。不尊敬旅游者,缺乏礼貌;对旅游者的询问不理会或回答出言不逊;语言不当,用词不准,引起旅游者误解;旅游企业员工不当的身体语言,如对旅游者表示不屑的眼神,无所谓的手势,面部表情僵硬等。②缺乏正确的推销方式。缺乏耐心,对旅游者的提问或要求表示烦躁,不情愿,不够主动;对旅游者爱理不理,独自忙乎自己的事情,言语冷淡,语气不耐烦、敷衍,似乎有意把旅游者赶走。③缺少专业知识,无法回答旅游者的提问或者答非所问,结算错误;让旅游者等待时间过长。④过度推销。过分夸大旅游产品与服务的好处,引诱旅游者购买,或有意设立圈套让旅游者中计,强迫旅游者购买。⑤服务人员环境的公共卫生状态不佳;安全管理不当等。

(4) 旅游者自身的原因。有些消费者爱提意见,似乎这已成为一种习惯。消费者有时的抱怨是没有根据的,也许是其最近心情一直不舒畅,为某些事感到沮丧,精神受到刺激,情绪进一步恶化的缘故。在这种个人情绪低落的情况下,旅游往往会成为消费调整心态与情绪的选择。但如果在旅游过程中,某个旅游产品或服务不到位,就会成为旅游者抱怨的导火线。虽然旅游者有时可能知道是自己个人问题,但也会刻意为之。

第五节 地方依恋

常人对于旅游景点都会有其个人印象或地方认知,因此地方特点也是旅游的卖点之一,如法国巴黎的埃菲尔铁塔、美国纽约的自由女神像、北京的鸟巢、上海的东方明珠塔等。这些独特的地标除了可以使人在最短时间内在大脑中浮现出记忆中的场景,也代表着一个地方的特色,并进而引发情感因素。而一座杰出的地标建筑,足可以成为一个城市或地方的代表,也可以改变旅游目的地给旅游者的印象。

一、地方依恋的内涵

"place attachment"在国内存在不同的翻译方式,"place"有的译为地方,有的译为场所。前者主要存在于地理学,而后者常见于建筑学、景观学、城市规划等相关学科。由此,该术语也被译为地方依赖和地方依恋。

place 和 attachment 是研究地方依恋的两个逻辑出发点。其中,"地方"从物质(地理位置和物质形式)和精神(地方所拥有的价值和意义)两个层面被解构。"空间"之所以成为"地方",主要是因为人对空间进行了解读,赋予其个人的理解,使空间具有了精神层面上的意义。而"依恋"最初是心理学的研究范畴,描述了"个体对最亲近人的强烈而深厚的情感联系,并突出地体现在亲子关系中"。从概念解构的意义上说,"地方"是"依恋"发生的基础,而"依恋"是人对"地方"进行认知和产生情感后的反应(杨昀,2011)。

20世纪后期,"地方"(place)成为文化地理学的又一核心概念,"地方"的概念由来已久,许多人文社会学科均加以采用,但是到了1970~1980年,地理学在使用这个概念时逐渐采用段义孚和瑞尔夫等人文主义地理学家给出的专门定义,即地方是相对空间的一个概念,地方是人们赋予意义的,空间是没有意义的,一个以欧几里得距离度量出来的空间被人们赋予功能情感的意义之后就成为了地方(周尚意,2011)。地方是主观感觉和体验的一种文化现象,主观性与日常生活体验是建构地方最为重要的特征(Relph,1976;Tuan,1977)。人或社会群体通过对地方意义的体验与诠释来理解自身的身份与自我存在(Harner,2001)。

地方在社会科学上有三个涵义(Kaltenborn,1997),即地理区位(location):人们从事社会和经济活动分布的区域;场所(locale):日常生活和社会相互影响的地方;地方感(sense of place):个人对地方认同和归属的情感联结。

从产生过程看,地方感是人与地方不断互动的产物,是人以地方为媒介产生的一种特殊的情感体验,经由这种体验,地方成为了自我的一个有机组成部分,其意义不能脱离人而存在(朱竑、刘博,2011)。从人本主义的角度来看,地方暗示的是一种家的存在,是一种美好的回忆与重大的成就积累与沉淀,且能够给予人稳定的安全感与归属感。段义孚将广义的地方感分为根植性与地方感两个维度。其中根植性体现的是一种心理上的情感依附与满足;而地方感表现的则是社会层面上身份的建构与认同的形成(Tuan,1977)。对于能够使人产生强烈的感情体验的地方,人们往往有强烈的依恋感,而这种情感上的依恋又逐渐成为了"家"这一概念形成过程中最为关键的元素。

地方感是环境与情感互动的产物,因个人记忆与情感重复互动,进而使人产生与地方资源功能性及情感上的依附行为,这种依附行为是人与特殊地点的重要联结。威廉姆斯和罗根巴克(Williams and Roggenbuck,1989)认为地方依恋由地方依赖与地方认同组成。有些学者则认为地方依恋包含地方感、地方依赖与地方认同(Bricker and Kerstetter,2000;Manzo,2003)。地方依附感不论是由两个维度还是多个维度构成,其最终指向的是人与环境交互作用形成的过程,并产生对地方有情感联结的行为(Altman and Low,1992;Brown and Perkins,1992;Giuliani and Feldman 1993)。而形成地方依附感的因素或特征包含:能够引起强烈情感反应的地方;一个可以显示个人的身份或信念的地方;地方可以提供一种可控制、隐私和宁静的感觉;稳定个人与社会关系间交互作用的地方。

依恋是基于个人或团体对地方质量和替代性地方质量的评价。而个人体验、过去经验及替代性的熟悉感、旅游、迁移流动都会影响对地方依恋的评估(Stokls and Shumaker,1981)。鉴于地方依恋的复杂性,学者们尝试给出不同的定义。希瑞尔、雅各和怀特认为地方依恋呈现了使用者对游憩设施的评价,该评价包括了两个维度:功能意义(特殊活动的需求)及情感的象征意义。费什维克和维伦(Fishwick and Vining,1992)则指出地方依恋是通过重复转换的过程,使地方与人产生相互的作用和影响,并使人们产生地方的认同。摩尔和格雷菲(Moore and Graefe,1994)认为,地方依恋会通过情感和行为的展现而被概念化为个体对于特殊地点的认同与评价。布里克和凯瑞缇娜(Bricker and Keratetter,2000)提出,地方依恋是一种情感上的归属,是使用者感觉到自己与地点的结合程度。沃兹察和莱蒙(Warzecha and Lime,2001)认为地方依恋通常是指对地方的感觉,包含象征性或情感性的表达。赫南德斯等(Hernandez et al.,2007)则提出,地方依恋是一个人通过情感连接想要停留并感到舒服且安全的具体地方。

因此,可以这样来解释地方感和地方依恋之间的关系:地方感是通过个人经验与地方重复互动,存在某种意义而延伸的情感;地方依恋则是由地方感发展而来,是个体对地方的归属、认同与依赖。

二、旅游者地方依恋的特征

在旅游地开发实践中,旅游规划者们都希望通过延长旅游者的停留时间来增加旅游收益。旅游者对某个旅游地的留恋程度决定其停留时间。网络上经常出现"一个让我留恋的地方"、"最让人留恋的地方"等网络文本或排行榜。从上文的分析可以看出,地方依恋是相对复杂且模糊的,如果从旅游者角度来看,其存在如下几个显著特征(陈海波,2011)。

(1)指向性:不同旅游者的旅游喜好是不尽相同的。从微观的角度来看,个体旅游者的场所依恋存在一个发散指向的过程,即旅游者可能对一个或多个场所产生依恋。从宏观的角度来看,不同旅游者场所依恋的指向性会使得这种依恋聚集在某个场所上。因而我们认为,场所依恋也可以作为某个特定旅游地进行市场细分的一个标准。

(2)交互性:旅游者对场所的价值判断与实际评价能够促成旅游者场所依恋的形成,同时旅游者场所依恋能够提升旅游者对某个场所的价值判断与体验评价。这种交互是一个交叉互动的过程。已有的研究成果表明,重游者对旅游地的满意度和重游意愿较初游者对旅游地的满意来说,都要高很多(Kozak and Rimmington, 2000)。

(3)不可传递性:旅游者场所依恋是存在于个体旅游者与特定场所之间的高品质情感倾向。这种情感倾向,不能够在人与人之间传递。也就是说,一个旅游者对某个场所的依恋,不能直接传递给其他旅游者。每个旅游者对特定场所产生依恋,都需要一个与场所建立个人联系的过程。由于旅游者个体的差异性,导致了旅游者场所依恋具有不可传递性。例如,哈米特和柯尔(Hammitt and Cole, 1998)发现钓鱼游憩活动对某些家族来说是一种世代传统,而游憩者对某个活动地点的选择则是来自多年的使用习惯。

三、旅游者地方依恋的形成过程

心理学上感觉(刺激-反应)及知觉(感觉的高级形式)原理为我们提供了分析旅游者地方依恋形成机制的理论依据。感觉是感觉器官对内在需求与外界刺激的一般性反应,而知觉是对感觉的理解和分析过程。感觉(刺激-反应)过程在人的活动中,存在两个环节:一是对内在需求的反应;二是对外界环境中刺激的反应。人的内部刺激是旅游需要和动机的主要来源,而外部环境刺激则在较大程度上影响旅游活动的选择范围。

地方(旅游地)是独立于人之外的客体,人通过意向性学习和偶然性学习(Dogan and Ken, 2004),接受来自客体的相关信息。与此同时,人的知觉受到主观心理因素,主要是认知、经验、期望、个性、情感、偏好等方面的影响。人的反应是在特定环境中客观因素刺激与主观心理因素相互作用的结果。因此,人这个主体会对地方(旅游地)的信息产生一个知觉过程,换而言之,这也是个人需要与价值系统的筛选过程。

关于旅游者地方依恋形成过程,结合图6-8加以说明:任何一个人都可以成为旅游者,人是社会的动物,在个人成长阶段和日常生活中,可能通过各种途径了解到关于某个旅游地的信息。地方向旅游者传递各种信息,与此同时,个人依据自己的价值系统对来自地方的信息进行选择性注意和知觉,形成基本的判断与印象,从而产生初步的情感倾向,我们将这一阶段称为地方依恋形成过程的一阶。一阶依恋具体表现为对某个地方的向往,这也说明有些旅游地旅游者不一定要亲自前往,往往也会形成很强烈的情感倾向。比如,长期以来去长城、天安门等地成为了很多国人的梦想。一阶依恋(向往)会促使旅游者在进行决策时优先考虑该地方。或者说,一阶依恋(向往)会使得该地方进入旅游者出游目的地备选库,成为理想旅游地。旅游者作旅游决策的过程中,会加大对某个地方的信息搜寻和了解,同时进行价值判断,当旅游者最终决定前往某个地方旅行时,一阶依恋得到了最终升华。

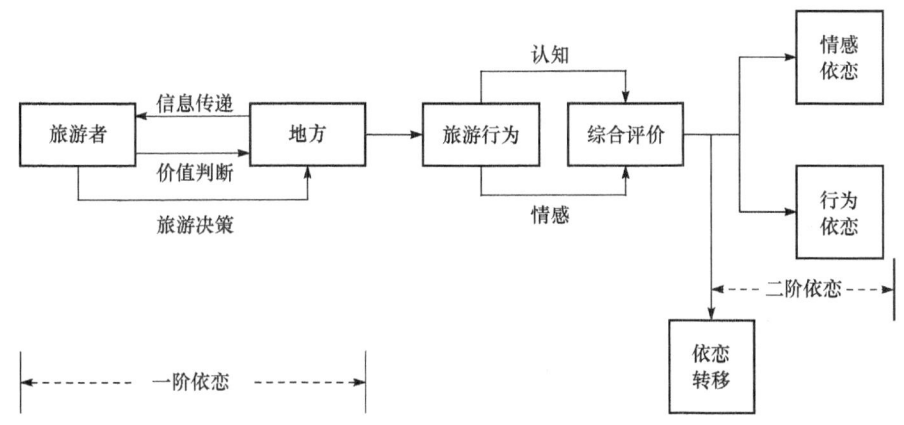

图 6-8　旅游者地方依恋形成机制与过程
资料来源:陈海波,2011.

旅游者抵达目的地完成各项旅游活动后,会通过认知—情感过程,对本次获得的旅游体验进行评价,从而产生三种结果。①情感依恋。旅游者在获得关于地方的旅游体验之后,对地方产生了更强烈的情感依恋。这种情感依恋主要表现为旅游者对该地方的积极情绪、高度满意、强烈的推荐意愿和归宿感。②行为依恋。旅游者对该地方产生了重游意愿。这种情感依恋和行为依恋是建立在旅游者对地方全面认知的情况下,因而具有较高的稳定性和持久性。我们将经由旅游行为之后产生的情感依恋和行为依恋合称为二阶依恋。二阶依恋是地方依恋的最高级形式,旅游者一旦形成了对某个地方的二阶依恋,就会表现出对这个地方的喜爱感、归宿感直至根深蒂固感,并伴随多次重游行为的发生,是旅游地最为忠诚的客源市场。③依恋转移。旅游者对该地方进行实际体验后,产生了反感、不满甚至厌恶的情绪,那么就会产生依恋转移。依恋转移会削弱甚至消退旅游者已经形成的一阶依恋。凯尔等(Kyle et al.,2003)发现无论是旅游者还是当地居民或旅游管理人员,都会因为旅游地社会和自然环境的状况,如旅游区的旅游者拥挤、本地居民和旅游者的冲突、旅游地城市化下的土地折价,以及生态冲击、道路开发或城市发展而影响其对旅游地的依恋程度。

四、地方依恋的层级结构

地方依恋的维度构成存在两种明显观点:一种观点认为,地方依恋由地方认同和地方依赖组成;另一种则认为,地方依恋由地方熟悉感、地方认同、地方归属感、地方依赖感和地方根深蒂固感五个维度构成。哈米特和柯尔(Hammitt and Cole,1998)提出的地方依恋的层级递进概念,将个体情感与地方特质相互联结,说明了地方依恋的强度和地方特质的关系,其结构如图 6-9所示。通过该图可以清晰发现,地方依恋层次随着联结强度与联结特质的程度由浅至深,从熟悉感直到长期持续性的根深蒂固感。

(1) 地方熟悉感。在不熟悉的旅游或游憩地点,人与地方的关系会从熟悉感开始。个人与地方情感的联结会将旅游或游憩的地方延伸为"他们的地方"、"最喜爱的地方",或者是"独一无二的地方"(Roberts,1996;Korpela et al.,2001)。熟悉感来自人们对旅游地的熟悉与安全感,并经由个人记忆与经验的积累产生对地方的认知与了解,是地方依恋的重要影响成分

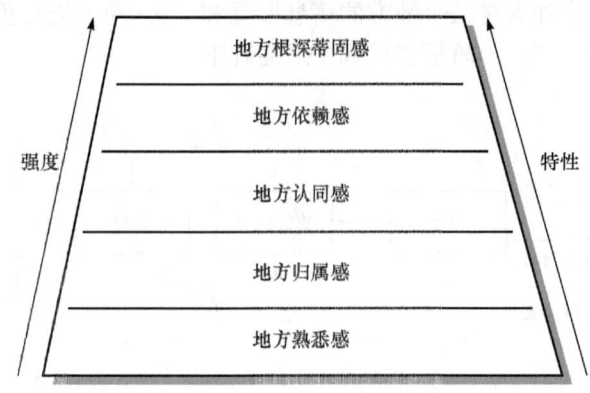

图 6-9 地方依恋的层级
资料来源:Hammitt and Cole, 1998.

(Hammitt et al.,2004)。人们对旅游地的选择,常常以个人自由及自我意志为参照标准,而该标准的产生往往来自旅游者熟悉意象中的情感经验或特殊关系。当人们决定或选择旅游地时,对地方的熟悉感很容易浮现出来。这也是为何一个旅游者会重复多次到访一个旅游目的地的原因。具有地方熟悉感的人可以很清楚的区分不同地方的差异,而这种熟悉感很容易转化为对一个地方的认同和归属。

(2)地方归属感。在记忆与经验增加的基础上,人们感觉属于这个地方,并视自己为这个地方的一分子,并有效融入当地的环境中,即产生了地方归属感(Milligan, 1998)。地方归属感与地方社会层级有关,归属感会让一个人觉得是属于这个社会的一员,像拥有"会员身份"一样。地方熟悉感与地方归属感必须对这个地方的社会与物理环境有爱的感觉,并会随着地方经验的增加与关系网络的扩展波及邻近的地方与休闲游憩地点(Hay, 1998)。

(3)地方认同感。地方认同是个人对生活环境的认同,是个人自我身份认同的一部分(Hammitt et al.,2004)。地方认同是一种态度、价值、思想、信仰、意义和行为意图(Bricker and Kerstetter, 2000)。地方认同是心理层面的感受,是一段时间经历与体验过程后,产生的情感和象征上的意义,是个人自我层面对自然环境的认同(Williams et al.,1992)。换句话讲,一个地方之所以存在,最重要的取决标准是个人的心灵归属。因此,地方认同就不仅仅是简单的环境地方特征,而是从个人经验中体会的环境与活动,通过情感转换成记忆、怀念或分享,将"地方认同"内化到自我认同中,成为自我经验的一部分(Relph, 1976),即根据个人感官与所能察觉的外在环境的情感联结,转化成自我认同的一部分。

(4)地方依赖感。当一个地点可以满足使用者特定需求时,个体对地方就会产生依赖感,而且一个地方的独特性可以引发个人对于地方情感上的依赖。例如,从事游憩活动的特殊地点满足用户需求的功能性,即让用户有依赖感产生。地方依赖包含前述的熟悉感、归属感和认同感,但与之皆有程度上的差异,如使用者可能会认同一连串类似的地方,却只会对少数甚至是唯一的地方产生依赖。

(5)地方根深蒂固感。段义孚是这样描绘地方根深蒂固感的,即那是一种让人感到对地方有着非常强烈和专注情感联结,"就像家一样,不需防备"。在一个地方长时间从事休闲或旅游活动,会使使用者想要拥有并根植在这个特殊的地方;当人们变得想要停留于此地,甚至想要拥有这个地方,就不会想去找寻另一个替代地点从事活动(Hay, 1998)。这种情感特征的形成,是人们对地方功能性依赖的延伸,使用者对于地方使用状况变得非常注意,并将特殊的情感专注在特定的地方,这种强烈的情感即为图 6-9 金字塔分类上层部分——地方根深蒂固感。

本章作业

1. 简述旅游者行为意图的概念及其基本构成。
2. 简述满意度的概念并列举旅游者满意度测量的方式。
3. 简述忠诚度的概念与构成维度,并举例说明旅游涟漪效应。
4. 旅游后悔和抱怨的概念是什么?二者的行为表现方式各有什么不同?
5. 简述旅游者地方依恋的理论来源,并叙述旅游者地方依恋的基本过程。

延伸阅读文献

陈海波. 2011. 旅游者场所依恋的形成机制及其管理启示. 旅游研究,3(2):62-67.

"旅游者满意度指数"课题组. 2012. 旅游者满意度测评体系的构建及实证研究. 旅游学刊,27(7):74-80.

Hill N, Alexander J. 2006. The Handbook of Customer Satisfaction and Loyalty Measurement. Aldershot: Gower Press.

Song H, et al. 2010. The Hong Kong tourist satisfaction index. Annals of Tourism Research, 39(1): 459-479.

第三篇 旅游者行为的个体影响因素

第三篇 旅游者行为

个体旅游因素

第七章 旅游者资源

□ 本章导读

旅游作为一种非基本需求的活动,属于较高层次的消费支出。人们只有在拥有了足够的可自由支配收入和闲暇时间后,才会有出游的愿望和行为。旅游者的经济资源、闲暇时间和旅游动机是旅游需求实现的三个约束条件。旅游消费活动除了要"有钱有闲",还需要人们具备一定的旅游知识,只有成为一个"精明的旅游者",人们才能更好地享受旅游带来的快乐、体验与挑战。旅游动机在上文中已经有所概述,本章主要介绍旅游者的经济资源、闲暇时间,同时说明旅游者知识对旅游者行为的影响。

第一节 旅游者经济资源

经济资源可以划分为多种类型,主要有收入、财产和信贷三大类,和旅游者行为关系最为密切的就是收入,下面主要对其加以讨论。

一、收入的构成

对于绝大多数人来说,收入是其消费或支出的主要来源。一些人能住别墅、开小车、穿着时髦,而另一些人住房简陋、穿一般衣服、出门以自行车代步或挤公共汽车,原因主要在于他们的收入存在差别。收入作为购买力的主要来源无疑是决定购买行为的关键因素,也是旅游经营者和旅游目的地管理部门对客源市场开发最为关心的内容。

一般认为,收入由工资、奖金、津贴、红利和利息等构成。不同的人群,收入构成存在较大差别。在我国城镇地区,工资和奖金是居民收入的主要来源。农村居民的收入来源则较为复杂,大部分居民靠种植或养殖为生,他们收获的农副产品或土畜产品一部分供自用,另一部分则是作为商品在市场出售。随着越来越多的农民进入城市谋生,很多农村家庭可能既有成员在家务农,也有成员外出经商或进城打工,由此使收入的来源和构成趋于多样化。由于收入分布的差别和职业的不同,具体到不同的个体,其收入构成可能千差万别。例如,有的人以工资作为收入的主要来源,有的人以奖金为主要来源,还有的人以红利、利息、股票收入等为主要来源。

二、收入的测量与分类

(一)人均国民生产总值与人均国内生产总值

国民年产总值(GNP)是指本国常住居民在一定时期(通常是一年)生产的产品与服务的总价值,包括居住在本国的常住居民(本国居民与常住但未加入本国国籍的公民)所生产的最终产品的市场价值与本国公民在国外的资本和劳务所创造的价值。

国内生产总值(GDP)同样是用来反映一国经济在一定时期内所创造的产品与服务的总价值。它包括居住在本国的常住居民所生产的最终产品的市场价值与外国公民在本国的资本和劳务所创造的全部产值与收入(梁小民,1993)。由于 GDP 较 GNP 能更准确地反映一国经济的实际运行状况,所以自 20 世纪 90 年代以来,世界上绝大多数国家采用 GDP 这一指标。人均 GDP 反映了一个国家或一个地区的消费者的购买力水平,是分析消费者收入的一个基本参照点。

(二)个人收入、个人可支配收入和个人可自由支配收入

个人收入指个人在一年内所获得的工资、奖金、红利、利息或其他福利收入。个人可支配收入则是个人收入扣除税款和非税负性负担(如强制性保险)后的余额,它是支出与储蓄的来源。目前,因为我国个人所得税税款数目还比较小,所以在我国现阶段,个人收入和个人可支配收入实际上差别不大。然而,在西方发达国家,个人收入中的 1/4~1/3 被作为税款扣除,所以对两者应作严格区分。个人可自由支配收入是指个人可支配收入中扣除用于维持个人与家庭生存所必需的支出(如房租、水电、食物、燃料、保险等)后的那一部分收入。由于人们只有在保证日常的生活开销之后,才会考虑购买高档耐用品、奢侈品和外出度假、旅游。居民可自由支配收入是旅游需求产生的三大条件之一,因此,旅游经营者和旅游目的地管理部门,尤其需关心、研究客源地居民的可自由支配收入。

(三)名义收入与实际收入

名义收入是指人们以货币形式获得的收入,实际收入则是在考虑通货膨胀和各种隐形所得等因素之后所测算出的收入。当企业采用问卷形式询问消费者的收入水平时,所得数据大多是反映消费者的名义收入。为了便于数据能在不同消费者之间及不同时段之间进行比较,对名义收入应作适当调整。这种调整至少应包括两个方面:一是剔除通货膨胀因素的影响,前年或去年的 1 元钱和今年的 1 元钱在价值上是不同的;二是要把名义收入转化为实际收入,应将现阶段不能得到的一些延迟所得和以隐形形式获得的收入货币化。例如,政府公务员大多是由单位提供公房或廉价房,他们在医疗、养老保险等方面享有较多的保障,对这些方面的所得都应货币化。否则,拿公务员的月收入与私营或合资企业工作人员同样的月收入直接比较是不合适的。

(四)现期收入、过去收入与未来收入

消费既受现期收入的影响,也受过去收入和对未来收入的预期的影响。一个过去收入很高的人,即使现在的收入水平已大幅度下降,他仍会保持过去的某些消费习性。同样,一个对未来充满信心,认为未来收入将较现在有较大幅度提高的人,可能会突破现行收入的限制,通过信贷等方式扩大消费能力。消费者对未来收入的预期,涉及消费信心等问题。消费信心对耐用品的购买、是否举债消费、消费中储蓄与支出的安排均将产生重要影响。

三、收入水平与消费行为

很明显,不同的收入水平层在消费行为上存在明显差异。例如,在美国,收入居前 20% 的人口与收入居后 20% 的人口相比,两者在家中消费的食物不相上下,但在外出用餐量和服饰上的支出,前者是后者的五倍,在交通工具上的支出,前者是后者的七倍(Engel et al.,1995)。美国是目前世界上旅游业最为发达的国家之一,2011 年国民出国旅游的总人次是 5870 多万,所以,下面主要依据美国的一些数据来进行探讨。

(1)超级富裕层。超级富裕层一般是指由收入特别高的人组成的群体,他们在人口中占的比重约为 1%,但其消费行为对其他群体有很大的示范作用。到底什么样的人属于超级富裕层并没有公认的和一成不变的标准,如在 20 世纪 90 年代初的美国社会,一般认为家庭主要

成员年收入在7.5万美元或10万美元以上的家庭就可划为超级富裕层。这一群体的人员大部分拥有自己的公司，或者是有名的医生、律师、咨询顾问，平均年龄57岁，更可能生活在加利福尼亚、纽约、德克萨斯或伊利诺伊州。他们被认为是游艇、高级轿车等高级奢侈品的主要购买者，当然，这些产品也可能主要是由他们的公司而不是个人掏钱购买。他们在使用哪些银行卡上也不同于其他阶层，如他们更可能使用西尔斯信用卡，而不是美国运通卡或萨克斯第5大街所发行的信用卡。他们在住房、装修、电器等方面开销不大，因为他们已拥有这些东西。然而，他们花在服务、旅游、继续教育等方面的支出则相当多。

(2) 高收入层。高收入层通常是指由人均收入居前20%或前25%的人群组成的家庭，他们拥有社会一半的收入和财产。高收入家庭通常是双职工家庭，时间压力比较大。这一阶层特别注重产品的质量与服务，他们是家具、电器、中高档服装、家庭娱乐用品、化妆品、珠宝首饰等产品的主要购买者，购买量相当于这类产品消费总量的50%以上。高收入层也是推动服务市场增长的主要力量，他们是花园与草坪护理、美容服务等的主要消费者，他们也会将收入的很大一部分投入旅游、休闲与家庭游憩活动。

(3) 普通收入层。无论在发达国家还是发展中国家，普通收入层或工薪层都占人口的大多数。普通收入层拥有中等收入，购买大众化产品。即使在欧洲、北美等发达国家和地区，这一阶层的人大多数经济并不宽裕，相对而言对价格比较敏感。普通收入层在旅游消费方面往往会精打细算，他们一般不会选择远期预订的方式来从事旅游活动，特别是出境旅游，以此来节约旅游开支，从而达到旅游购买"质优价廉"的效果。普通收入层会重点关注旅行社提供的包价旅游产品，因为在收入上没有太多可自由支配的余地，旅游、休闲及游憩等消费支出仅为其年总收入的很小一部分。

(4) 低收入或贫困层。这一阶层在美国约占总人口的10%~15%，他们多是年老独身、家庭离异、无家可归或身残智障者。虽然其消费量在消费总量中占的比重很小，或者说作为一个市场，吸引力相对较小，但也有很多理由使企业和市场研究人员对这一群体的消费表现出关心。首先，这一群体处于社会的底层，从道德层面考虑，不能对其采取歧视态度。其次，如果这一阶层生活过于贫穷，连起码的生活必需品也无力购买，将会引发社会问题，同时还会影响其他收入阶层支出的减少。最后，这一阶层的消费者仍然需要购买很多基本产品和服务，如牛奶、面包、理发等。西方国家跳蚤市场、旧货市场的繁荣在一定程度上反映了这一群体的某些需要。

四、收入水平与旅游消费

在商品经济条件下，人们从事旅游活动都是通过商品交换的形式进行的。旅游需求的形式除了消费者个人具有进行旅游消费的动机外，它的实现在很大程度上还取决于消费者的支付能力。特别是对中长距离的旅游活动来说，人们支付能力的大小直接关系着这种旅游需求的实现程度。

收入水平与旅游消费之间存在着密切的联系，旅游支付能力是指在人们的全部收入中扣除必须缴纳的税金和必需的生活及生活消费支出后的余额中，可能用于旅游消费的货币量(张辉，2002)。国际经验表明：当国民人均GDP达到800~1000美元时，旅游消费将呈现大众化、普遍化态势；人均GDP超过2000美元时，旅游消费开始向休闲旅游转化；人均GDP达到3000美元左右时，旅游消费开始向度假旅游升级；人均GDP达到5000美元以上时，则开始进入远距离旅游、跨国旅游和高档旅游消费的度假旅游经济时期。

（一）国际旅游支付能力

从现有研究看，收入水平与旅游消费最直接，也最能进行国家间比较的是国际旅游支付能力。国际旅游支出和国际旅游支付能力是两个相互联系、但又有本质区别的概念，国际旅游支付能力不仅要考虑人们的旅游需求，还必须以现实的经济支付能力为基础。因此，可把国际旅游支付定义为由经济发展水平决定的人均国际旅游支出理论值（孙根年、李开宇，1998）。一般而言，经济越发达，人均GNP越高，人均国际旅游支出额就越高，旅游者所能抵达的旅游空间就越远；从统计平均状况来看，经济越发达，参与国际旅游人口就越多，出境旅游率也就越高。

国际旅游支付能力首先由经济发展水平决定，随着人均GNP的增加，人均国际旅游支付能力也将提高。根据相关研究，可以将国际旅游支付能力划分为三个等级（表7-1）。

表7-1　国际旅游支付能力的三个等级

旅游支付等级	低收入、低支付	中等收入、中等支付	高收入、高支付
人均GNP/美元	300～900	1000～9000	10000～30000
出游率	较低，大约在1%～15%	较高，大约在10%～30%	很高，可达20%～50%
游览空间	近距离，周边旅游	中距离，周边及洲际旅游	远距离，洲际及全球旅游
旅游支付率	较低，占人均GNP的0.60%～1.15%	较高，占人均GNP的1.21%～1.54%	很高，占人均GNP的1.70%～1.83%
代表性国家	尼日利亚、巴基斯坦、斯里兰卡、印度尼西亚、菲律宾、罗马尼亚	泰国、伊朗、土耳其、南非、捷克、墨西哥、阿根廷、韩国	新西兰、西班牙、以色列、英国、意大利、加拿大、法国、德国、日本

资料来源：孙根年、李开宇，1998.

（1）低收入、低支付。人均GNP在300～900美元，人均国际旅游支付能力只有几至十几美元。在此经济水平下，该国参与国际旅游的人数相对较少，只有1%～15%。旅游的空间距离也较近，主要参与周边国际旅游。参与国际旅游的支出在人均GNP中所占的比例也较小，大致在0.60%～1.15%。这些国家多为发展中国家，如尼日利亚、巴基斯坦、斯里兰卡、印度尼西亚等。

（2）中等收入、中等支付。人均GNP达到1000～9000美元，人均国际旅游的支付能力可达十几至几十美元。在此经济水平下，该国参与国际旅游的人数相应增多，可达10%～30%。旅游的空间距离也较远，可参与周边和洲际旅游。参与国际旅游的支出在人均GNP中所占的比例也较大，大致在1.21%～1.54%。这些国家多为中等发达国家，如泰国、土耳其、阿根廷等。

（3）高收入、高支付。人均GNP高达10000～30000美元，人均国际旅游的支付能力也较高，可达一百至几百美元。在此经济水平下，该国参与国际旅游的人数相应增多，可达20%～50%。旅游的空间距离也很远，可参与洲际及全球旅游。参与国际旅游的支出在人均GNP中所占的比例也较大，大致在1.70%～1.83%。这些国家多为发达国家，如以色列、日本、美国、法国、德国等。

（二）国际旅游偏好强度

除受经济发展水平控制外，各国实际的国际旅游支出（或出游率）也受到国土面积、资源禀赋、文化素质、旅游心理需求等非经济因素的影响，这就造成各国参与国际旅游的人数和用于国际旅游的人均支出也不完全由经济发展水平决定，即使在人均 GNP 相近的国家间人均国际旅游支出的实际状况也有较大差别。对于一个国家而言，国际旅游偏好指数具有相对的稳定性，它反映了一个国家国土面积大小、旅游资源禀赋、居民文化水平、旅游心理等非经济因素的综合作用，具体关系见表 7-2。

表 7-2　国际旅游偏好的三种类型

偏好类型	强旅游偏好	一般旅游偏好	弱旅游偏好
国际旅游偏好指数	$\xi \geqslant 149\%$	$70\% < \xi < 149\%$	$\xi \leqslant 70\%$
代表性国家	新加坡、荷兰、以色列、委内瑞拉、马来西亚等	德国、加拿大、泰国、澳大利亚、阿根廷等	美国、法国、西班牙、伊朗、罗马尼亚、菲律宾等

注：旅游偏好指数(ξ)为旅游支付偏差或出游率偏差的百分比，即 $\xi = (Rt/Ht) \times 100\%$。式中，$Rt$ 为实际人均旅游支出(或出游率)，Ht 为由人均 GNP 决定的国际旅游支付(或出游率)。

资料来源：孙根年，2001.

（1）强旅游偏好。实际国际旅游支出大于由人均 GNP 支持的国际旅游支付能力理论值，说明该国居民对参与国际旅游具有极强的兴趣，旅游偏好指数 $\xi \geqslant 149\%$。例如，新加坡、荷兰、委内瑞拉、以色列、马来西亚等，实际人均旅游支出超过旅游支付能力理论值的 50% 还要多，国际旅游消费旺盛。

（2）中旅游偏好。实际国际旅游支出与人均 GNP 支持的国际旅游支付能力理论值大致适应，说明该国居民对参与国际旅游具有与众相同的兴趣，旅游偏好指数在 70%～149%。例如，德国、加拿大、澳大利亚、阿根廷、泰国等，属于旅游消费适中型国家。

（3）弱旅游偏好。实际国际旅游支出小于由人均 GNP 支持的国际旅游支付能力理论值，说明该国居民对参与国际旅游的兴趣不太强烈，旅游偏好指数 $\xi \leqslant 70\%$。例如，美国、法国、西班牙、伊朗、罗马尼亚、菲律宾等，属于弱旅游偏好型国家，居民的国际旅游消费呈"节俭"型。产生这种现象可能有两种原因：一种是国土面积辽阔、国内旅游资源丰富，吸引着大批旅游者进行国内旅游，所以国际旅游相对较弱；另一种可能与较封闭的政策观念有关，如伊朗、罗马尼亚。

第二节　旅游者的时间

从理论上讲，金钱作为一种循环资源可以是再获取的，而时间却不是这样。时间的稀缺性使之更具有价值。对于旅游消费活动来讲，除了收入水平的约束与限制，时间也是出行的必备条件，下面我们就对时间与旅游的关系进行一定的分析。

一、时间的使用方式划分

传统上，人们将时间分为两部分：工作与休闲。然而，现在人们不再如此简单地对时间进行分割，而是将时间分成三个部分：工作、非自由处置时间和休闲（图 7-1）。沃斯认为："休闲是指这样的自由处置时间，在此时间内消费者没有感受到经济的、法律的、道德的或社会的义务，也不是一种生理上的必需，消费者如何支配这段时间完全取决于他自身。"按照这一界定，吃饭、睡觉、家务、个人护理及其他负有道义责任的工作所占用的时间都应划入非自由处置时间。只有在扣除了这部分时间和工作时间之后，剩余的才是休闲时间(Voss, 1967)。

人们在休闲时间里从事诸如阅读、登山、钓鱼、旅游、创作等愉悦身心的活动,这类活动通常被称为休闲活动。休闲活动并不是绝对的,被大多数人视为休闲性的活动,对另一些人来说可能恰恰是本职工作。艺术家、大学教授、职业运动员所从事的就是这样一些"休闲性"工作。也许有些人把上街购物视为一种休闲活动,而另一些人或同一些人在另外的时间里则将其视为非休闲性活动。正是由于上述原因,严格地界定什么是休闲或休闲活动并非易事。不同休闲观下的时间预算,如图 7-1 所示。

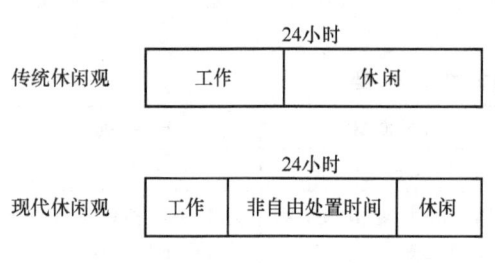

图 7-1 不同休闲观下的时间预算

不管怎样,消费者需要确定或安排自己的时间组合,即按一定比例在付酬性工作、非付酬性业务活动和休闲三者之间分配时间。消费者如何安排自己的时间,受很多因素的影响。第一个因素是工作性质和报酬。有的工作,如推销可能不一定特别有规律,经常需要加班加点,而且出入娱乐场所通常也是为了工作需要,故在时间尤其是非工作时间的预算或安排上个体缺乏足够的自主性;相反,另外一些职业或工作,如图书馆管理员,工作时间和非工作时间泾渭分明,在非工作时间里,个体的自主性相对较大。通常,报酬越高,个体用于工作的时间就会越多,相应用于休闲的时间就可能减少。一些人还兼有第二职业,从表面上看,其第一职业的工作时间并不长,但如果综合考察,实际工作时间则是很长的。第二个因素是家庭其他成员的时间预算。对于夫妻来说,相异的时间预算体现在"个人活动"上,而融合的时间预算体现在一些共同的活动上。第三个因素是退休年龄、节假日数目和假期长度。第四个因素则是消费者感受到的时间压力。

二、闲暇时间

国内外有许多关于闲暇时间的定义,有些是从时间分类的角度将闲暇时间定义为"剩余"时间。例如,《社会百科词典》对闲暇(时间)的规范性解释是:人们生活中除工作时间、工作往返时间、家务劳动时间、抚育子女时间和满足生理需要时间以外,剩余的可供个人自由支配的时间,即自由时间和空闲时间(袁方,1990)。类似的定义还有 1970 年 6 月在欧洲娱乐委员会上通过的《休闲宪章》中规定:闲暇时间是指个人完成工作和满足生活要求之后,完全由他们本人自由支配的一段时间。马克思却是从闲暇时间的功能方面来对其进行定义的,他认为,闲暇时间是在满足绝对需要的劳动时间之后留下的从事其他活动的剩余时间,是劳动者用于消费和用于从事自由活动的时间,是为全体社会成员本身发展所需要的时间。不过,无论哪一类定义,都强调了闲暇时间的一个最根本特点,那就是其"可自由支配性"。因此,从根本上来说,闲暇时间就是指"个人可自由支配的时间"。

在西方经济学的理论体系中,闲暇与休闲属于从属关系,休闲仅仅是闲暇的一个部分或闲暇时间内可从事的活动之一。如上文所述,闲暇时间可以等同于可自由支配时间,只有有了可自由支配时间,才能将其中的一部分或全部用于休闲或旅游活动(图 7-2)。

不同休闲活动对闲暇时间的要求是不同的。有些休闲活动只需要较短的闲暇时间,大多数日常休闲活动就是如此。但有些休闲活动却需要一个较长连续的闲暇时间,如休闲旅游一般就需要 1~10 天甚至更长。事实上,在所有休闲活动中,休闲旅游是一项对闲暇时间连续性要求很高的活动。因此,当闲暇时间连续性太低时,即使闲暇时间总量很大,出游价格下降它

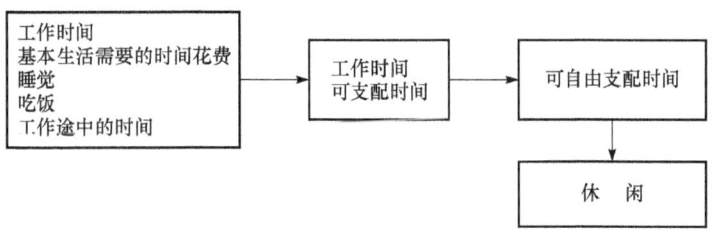

图 7-2 休闲时间来源的四个阶段

资料来源：Golembski, 2007.

仍然不能有效地激发旅游市场；相反，当闲暇时间连续性提高到一定程度时，此时即使出游价格上升，也难以阻挡人们的出游热情。和一般的休闲活动不同，旅游需要使用的连续闲暇时间相对较长，这种连续性的休闲时间可以与一个国家的公共假期的长度与数量、带薪假期的长度相互对应。表 7-3 列举了部分国家的公共假期数量，总体上看，公共假期的数量越多、越长，民众的旅游活动就越频繁，旅游需求也会相对旺盛。

表 7-3　部分国家的公共假期数量　　　　　　（单位：个/年度）

国　家	公共假期数量
韩国	18
日本	14
澳大利亚/马来西亚	13
意大利/南非	12
加拿大/法国/德国/瑞典/新加坡	11
巴西	10
美国	9
澳大利亚/荷兰/瑞士/英国	8
中国	7

注：上述统计虽为 1999 年的世界旅游组织报告，但其统计数据作者进行了核对，到 2013 年初上述国家的公共假期数量未发生根本变化。

资料来源：World Tourism Organization. 1999. Changes in Leisure Time: the Impact on Tourism.

三、闲暇时间对旅游需求的影响

闲暇时间是除旅游支付能力以外，形成现实旅游需求的又一重要客观条件。

在社会生活中，人们的闲暇时间可以分为四种基本类型：每日工作之余的闲暇时间、每周末的闲暇时间、法定假日的闲暇时间和带薪假期。这四种闲暇时间对形成现实旅游需求有不同的意义。首先，每日闲暇对现实旅游需求的形成基本没什么实际意义，一般被用于每日的休闲和娱乐。其次，周末闲暇可以促进短期、近距离的旅游需求。这一点可以从我国实行五天工作制后，城市周边旅游的兴起中得到验证。再次，法定假日的闲暇时间可以促成更长更远程的旅游需求。但是法定假日对旅游需求的影响还要视各国的休假方式而定。例如，我国在实行新的法定假日制度以前，由于连休制没有普遍施行，法定假日对旅游需求的影响与每周末的闲暇时间没什么区别。1999年国庆实行新的更加合理的休假方式后,对国内旅游需求市场的拉动起到了意想不到的效果,在短短7天时间内竟然产生了141亿元人民币的国内旅游收入。随后的春节亦创下163亿元的收入新高。最后,带薪假期是旅游真正走向大众的必要的制度支持。国外的国内旅游之所以能够达到较高水平,除了旅游支付能力较高外,与带薪假期不无关系。许多发达国家普遍实行了带薪假期,美国每年3~4.5周,法国4周,德国2.5~3周,丹麦5周……我国虽然在劳动法中规定劳动者连续工作1年以上的,可以享受带薪年休假,但是执行的不是很理想,不具有社会意义。可以说,我国旅游产业的发展现在正面临着连续的长跨度的闲暇时间的瓶颈。

居民拥有的闲暇时间与其所在国的社会经济发展水平、科学技术水平及社会生产力水平呈现出高度的正相关关系。社会经济发展水平越高、科学技术水平越高、社会生产力水平越高,该国居民的闲暇时间也越多。但是,由于不同国家实行不同的工作和休假制度,故而闲暇时间对现实旅游需求的形成作用也有所差异。

总体而言,一方面,闲暇时间的长短会直接影响旅游者出行的地域范围。同时,闲暇时间的长短也会影响旅游者的旅游方式,进而影响到旅游需求的实现程度,如旅游是采取多点流转式的数量型,还是少点滞留式的质量型。另一方面,闲暇时间的空间分布会影响旅游需求的集中程度。如果闲暇时间过于集中,则容易造成旅游需求的爆炸性增长,使旅游供给难以适应需求,进而造成旅游者旅游体验质量下降。

第三节 旅游者的知识

一、知识经济时代促使旅游者不断丰富知识

知识经济比工业经济能够更大程度的解放人类,使人们用于满足生存需要的劳动时间大大减少,从而留下更多时间用于自我发展。旅游是满足人类发展需求的活动,也是对自身人力资本的投资。知识经济时代旅游与知识联系紧密,呈现如下的变化趋势。

(1) 目标市场的知识化。随着信息和网络技术日新月异的发展,旅游者群体可以通过各种高科技手段获取各种有关旅游目的地的信息,也由于受教育水平的提高和终身学习理念的普及,旅游者对知识的需求向更深和更广的层次发展。

(2) 从业人员的知识化。知识经济时代重视知识和学习,旅游组织的发展也要依赖员工知识技能的不断提高,旅游企业员工在组织内外环境的影响下,会努力自主的追求知识并创造知识。

(3) 服务手段的知识化。信息产业的发展,推动了各种管理信息系统在旅游产业中的广泛应用,提高了效率,增进了效益。目前已经广泛应用的系统有旅游业宏观管理信息系统、中央预订系统、物业物理系统、旅行社信息管理系统、旅游目的地信息系统等,大大提高了旅游各部门各企业的管理和服务能力(张玲等,2012)。

可以说知识经济时代旅游活动的主体,或者说旅游产品的消费者随着教育水平的提高、旅游经验的丰富,他们对于旅游产品本身的知识含量,以及产品提供者的服务水平都提出了更高的要求。旅游活动时时处处、方方面面都与知识密切相关,旅游充满知识特色,从本质上来讲旅游经济就是知识经济,至少是最适应知识经济发展的行业(张玲等,2010)。知识旅游堪称最能顺应时代潮流、最能够代表旅游时代特征的称谓。

二、旅游者知识

（一）知识的来源

一般认为，人类知识有三个明确的来源，即经验、推理与社交。实际生活中，大部分人都会把资料、信息与知识三者混为一谈，其实三者在内涵上存在较大差异。其中，资料是指现实世界中各类事件的记录，它通常以数据或文件的形式存在于组织或个人的储存系统中（如资料库、档案柜等）。而信息是指通过相关资料汇整、转换或分析后对辅助决策有意义的信息结果。知识则是进一步将信息通过人的客观解释与主观认知转化而形成的行动或决策能力，它与信息的不同点在于，它牵涉到人的经验、承诺与行动。简言之，知识是信息与行动的组合，它与人的经验、价值相关。

根据国际经济合作发展组织（OECD）以知识为基础的经济报告中的划分，知识可分为四种类型：第一类是知道是什么（know what），是指关于事实方面的知识。例如，中国的土地面积，这类知识通常也被称为信息。第二类是知道为什么（know why），是指那些自然、人类思维和社会运动的规则和规律方面的科学理论，是多数产业中技术与工艺进步的支撑力量，这类知识通常是由专门研究机构，如实验室和大学来创造的。第三类是知道怎样做（know how），是指从事实际工作的技艺和能力，掌握这类知识往往是企业发展和保持其优势的诀窍。第四类是知道是谁（know who），它涉及谁知道什么和谁知道如何做什么的信息，这在社会高度分工的经济中尤为重要，这类知识比任何其他种类的知识都更隐蔽的存在于组织内部。这四类知识的获取有不同的途径，前两类知识可以通过阅读书籍、查阅数据库、参加讲座等方式获取。后两类知识根植于日常实践中，主要通过实践取得。

（二）旅游者知识及其构成

在消费者研究领域，消费者知识被看做是消费者对购买及使用产品的经验记忆与信息储存（Engel et al.，1995），也是消费者对于某项产品的消费经验及熟悉度范围（Dodd et al.，2005）。一般消费者知识可以被划分为三类，即产品知识、购买知识和使用知识。产品知识包括产品名称及品牌识别、产品属性与价格的认知；购买知识指消费者对于产品的购买渠道、购买时机的相关知识；使用知识则为消费者对于产品的使用操作方法与使用状态的知识（Malhotra，1993）。

旅游商品的购买与决策方式、过程和一般商品或有形商品有着明显的差异，因此，旅游者知识和一般的消费者知识概念存在着明显的差异。简单看，旅游者知识是消费者购买旅游产品及顺利完成旅游消费所需的知识（黄浩烈，2005），但实际上，它是旅游者产品购买前知识（熟悉度与专业知识）的加总。同时，我们也应该注意到，不同类型的旅游，也会造成不同的旅游者知识构成维度。例如，团队包价旅游中，旅游者知识可以被划分为熟悉度、购买知识及一般旅游知识。其中，熟悉度是指旅游者参与团队旅游行程的次数，以及取得出团信息的渠道；购买知识是 what、how、where、when 等的购买知识；使用知识是旅游者知道如何办理证件、搭乘交通、选择餐饮住宿、搜寻信息及危难时寻求协助等（黄浩烈，2005）。自助旅游中，旅游者知识则可以被划分为实地旅游能力、行前准备事宜及紧急应变处理（陈佳利，2007）。归总而言，可以将旅游者知识组成分为三类：行前准备事宜、实地旅游能力及紧急应变处理（Tsaur et al.，2010）（图7-3）。

（1）行前准备事宜。行前准备事宜包含预订事宜、行程规划技巧、证件办理及旅游地信息搜集等四个因素。这些内容与旅游出发前的规划与准备有直接关系，例如，在旅游者决

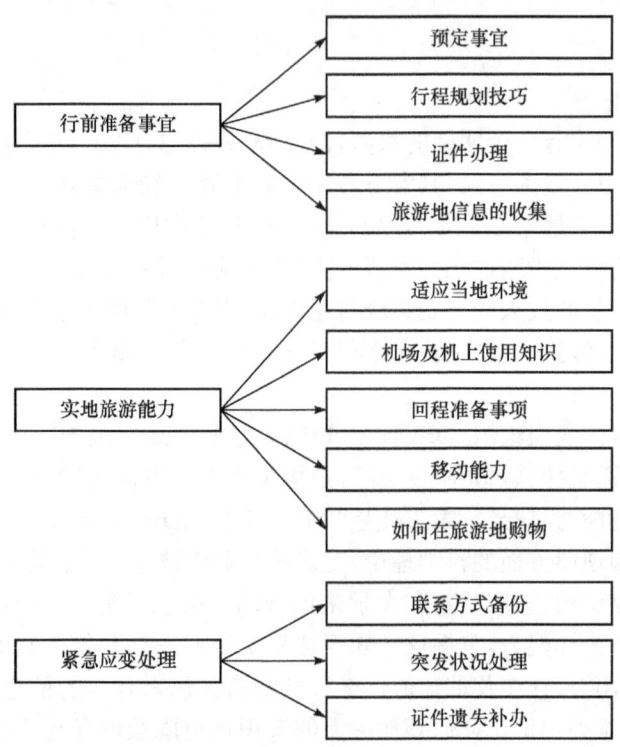

图 7-3 旅游者知识构成维度与内容
资料来源:陈佳利,2007.

定要去旅游目的地旅游时,需要对旅游目的地的信息进行收集、制定切实可行的行程安排、办理出国相关证件,以及确定行程后的国际机票预订和住宿预订等。这些内容是检验旅游者实地旅游能力和紧急应变处理能力的前提。

(2)实地旅游能力。实地旅游能力有当地环境适应、机场及机上使用知识、回程准备事项、移动能力与在当地如何购物五个因素。这些和实际在当地旅游时,能够处理一般旅游状况有直接的关系。例如,一个自助旅游者踏上旅途开始后要面对机场、机上相关规定知识、在旅游当地的购物、交友、沟通、衣食住行等,到最后踏上归途回国的这个阶段中,所需具备的自助旅游知识及技巧。这些因素分别为:适应当地环境、机场及机上使用知识、回程准备事项、移动能力及在当地如何购物。

(3)紧急应变处理。紧急应变处理有别于前面出游前准备事宜与实地旅游能力,旅游者不一定会遇到这些紧急突发事件,但也不能不具备这些处理知识及预防方法。常见的紧急应变情况有:在旅途中遇到坑蒙拐骗或者偷盗抢劫;遇到影响旅游行程,甚至危及人身安全的天灾人祸;护照或签证等重要物品遗失等。旅游者在面对这些突发事件时应该掌握基本的应变与处理能力。

三、旅游者知识与旅游形态的关系

相对于那些由旅行社等媒介规划安排全部或部分行程及订票订房的团体旅游和半自助旅游而言,自助旅游是使用旅游知识最高的群体,因为他们需要独立完成旅游行程安排、预订与实现。而半自助型旅游则无需安排行程与预订房间等前期工作,在旅游知识需求及运用上不如自助旅游那么强烈。跟团旅游则对上述旅游知识的需求相对较弱。图 7-4 展示了旅游知识在不同旅游类型及阶段的影响。该框架图说明了,消费者旅游知识随着时间的改变而不断增加,其知识掌握程度的高低往往决定了旅游活动的方式。在全自助旅游阶段,消费者对旅游知识的掌握与运用都呈现较高水平,在丰富旅游知识的支持下,消费者具有较高的决策自主性,其对旅游服务机构所提供的各类服务依存度较弱;在半自助旅游阶段,消费者对旅游机构所提供的服务有一定的依赖,但自主性决策处于相对中等的水平,部分旅游消费选择由专门的旅游服务机构提供,部分旅游消费选择进行自主决策;而在跟团旅游阶段,消费者完全依赖旅游服务机构,其各类消费决策基本是非自主的,也可以说是由旅游服务机构代为制订的,其自主性决策水平较低。

由于每个人对知识的精通存在一定差别,而消费者决策经常受到前期经验与知识精通程度的影响,这种精通程度往往决定了消费者在某一方面知识的掌握和运用能力。这说明越早具备的知识越会在旅游形态提升过程中变得越加成熟,所以旅游知识层级的排序并非单一时间的横断面,当消费者旅游知识层级提升至更高阶层时,同时也代表其基础知识也有所提升。例如,消费者在具有自助旅游能力时,其旅游目的地购物选择能力往往会比

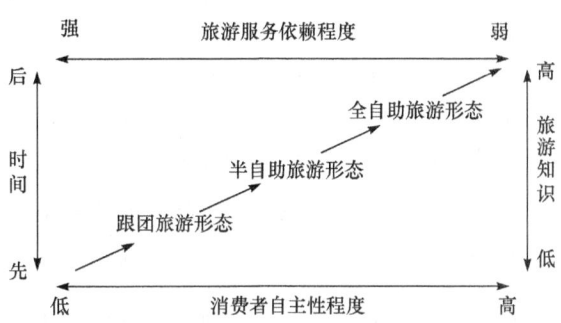

图7-4 旅游知识在不同旅游形态旅游中的影响程度
资料来源:林文彬,2007.

知识层级仍在半自助旅游阶段的消费者强。因此,知识层级并非重要性或强度的排序,而是一个消费者旅游知识掌握与运用能力的阶段性转换与变化。例如,对某一消费者来说,面对某一类旅游产品的旅游知识是基础层级的,需要跟团旅游,但当其面对另外一个旅游产品时,其旅游知识掌握会相对充沛,不需要跟团旅游,可以进行全自助旅游(图7-4)。

四、旅游知识对旅游服务依赖的影响

知识是学习的成果,代表着个体在认知上的改变,只要拥有足够的信息来源,知识便可以通过学习而获得。旅游信息暴露程度与旅游经历会使消费者变得精明老练,进而使旅游者对旅游产生其自有的认知结构,这种认知结构能使消费者认为订房、订机票是可以自行完成。也就是说,具有旅游知识的消费者面对旅游业提供的服务具有消费自主性(张雅莉,2004)。而现有的互联网、书籍、电视媒体及旅游经验者形成了便捷专业的旅游信息来源,通过信息的收集与经验的积累,旅游者在成长过程中所学习的内容可能改变其行为。

知识是通过学习与经验而获得的,同时也直接改变了个体对事物的认知,从而有可能影响旅游者的行为意图。旅游者由于掌握旅游知识的不同使得其对于旅游业服务依赖也有所不同(林文彬,2007),而这种依赖程度可以被划分为消减依赖和续存依赖。

(一)消减依赖

旅游者对旅行社的依赖往往是由多个依赖项目组合而成的一个完善的行程安排,旅游形态的改变经常伴随着依赖项目的减少或项目的改变,对旅游者而言,这些依赖项目就如同框架一般限制了交易的自主性。而当某些条件达成时,有些依赖项目则会消失或产生本质上的变化。例如,团队旅游者的依赖内容中,许多依赖项目并不会出现在半自助旅游消费者的依赖架构中。其中团队旅游者在信息收集、对外沟通方面由于缺乏相关知识而必须依赖旅行社,而半

自助旅游者对旅行社的依赖程度较弱。然而,对比半自助旅游者与全自助旅游者,也会发现同样的情况。例如,在订房、订票、办理签证以及语言沟通方面,全自助旅游者就会应对自如,而这些能力对于半自助旅游者来说可能还需要旅行社的协助才能完成。

（二）续存依赖

随着旅游形态的改变,旅游者仍有可能对旅行社存在依赖。为什么旅游者在掌握了相关知识后还会继续保持对旅行社的依赖呢？其实是依赖的原因发生了变化,但这种依赖关系并不稳定。例如,一个已经能够进行自助游的旅游者,仍然有可能会需要旅行社协助处理旅游中的相关事宜,在其掌握技巧前寻求旅行社帮助是因为缺乏相关知识,而在掌握技巧后可能会转变为寻求便利。然而,消减依赖通常会使旅游者改变现有的旅游形态,而续存依赖则不会出现类似的结果。表 7-4 显示,路径依赖与特殊依赖并不受旅游者旅游知识变化的影响,特殊依赖产生的是旅游者在权衡利弊后选择旅游服务机构来简化旅游计划,如陪伴亲人出游、特定的旅游方式或是特殊的旅游线路。路径依赖则是旅游者在旅游经历中不经意间形成的对特定旅游业所提供的服务依赖,所以这两种依赖项目未必存在于每个旅游者心中。

表 7-4　旅游者对旅游服务的消减依赖与续存依赖

依赖项目	消减依赖	续存依赖
信息依赖	缺少旅游信息收集能力	寻找便利的信息渠道
		缺少旅游目的地相关信息
旅游规划依赖	缺少旅游规划能力	寻找方便的规划方式
		希望拥有景点丰富的旅行
交易依赖	缺少订房、订票及办理签证等知识	寻找方便的交易渠道
		寻找经济的交易渠道
对群体的依赖	寻求群体出游带来的安全感	
	寻求社交活动或拓展交友圈	
沟通依赖	接触外国人有心理障碍	语言能力不足
	语言能力不足	
心理风险依赖	突发状况的处理	旅游目的地的特殊情况
	寻求专业服务带来的安全感	人身安全的保障
		期望舒适的旅程
路径依赖		习惯由特定旅行社办理旅游计划
		信任特定旅行社办理的旅游活动
特殊依赖		特定目的的限制
		特定线路的限制

资料来源:林文彬,2007.

五、旅游者知识对旅游决策的影响

消费者依赖是一个未经概念化的商业用语。以旅行社为例,如果个别消费者自身的能力无法实现海外旅游计划安排,则必然要求助于旅行社。该情况下,消费者受制于旅行社所提供的产品与价格;反之,如果消费者自身的能力足以独立完成一次海外旅行,则可选择是否通过旅行社安排来简便行程与手续。旅游信息没有大量流通之前,消费者想出国旅游大多需要依靠旅行社代为办理,在此背景下,旅游需求的满足必须要通过旅行社的协助,即所谓的依靠生产者(服务提供商)才能满足需求的消费制约(East et al.,1994),这是一种依赖的极端表现。当旅游知识普及或被部分特殊人群掌握后,旅游市场中会形成一种新的旅游形态——全自助旅游。该条件下,全自助旅游者无需通过旅游服务机构即可独立完成旅游行程。当然,还有一种结果,就是消费者不进行旅游产品购买,从而放弃旅游计划(图 7-5)。

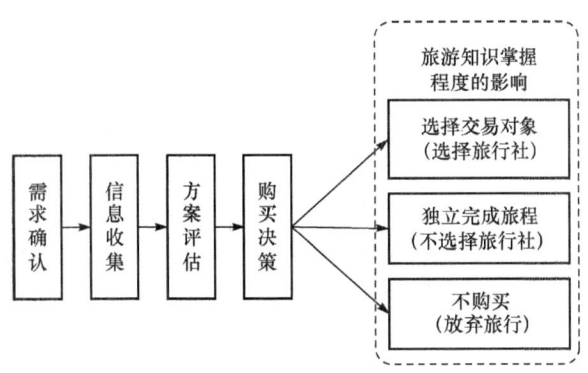

图 7-5 旅游知识掌握程度对消费者旅游决策的影响

本章作业

1. 什么是收入,其分类与测量方式有哪些?
2. 不同收入水平消费者人群的类型有哪些?简述收入对旅游消费的影响?
3. 闲暇时间的来源是什么?对旅游需求有什么具体的影响?
4. 简述旅游者知识的概念、构成及测量方法?
5. 结合实践,谈谈旅游者知识对旅游者行为的影响。

延伸阅读文献

Gursoy D. 2003. Prior product knowledge and its influence on the traveler's information search behavior. Journal of Hospitality & Leisure Marketing, 10(3/4): 113-130.

Park C W, Mothersbaugh D L, Feick L. 1994. Consumer knowledge assessment. Journal of Consumer Research, 21(1): 71-82.

Tsaur S H, Yen C H, Chen C L. 2010. Independent tourist knowledge and skills. Annals of Tourism Research, 37(4): 1035-1054.

第八章 旅游者个性与自我概念

□ **本章导读**

个性由个体行为中那些能够将自己区别于其他人的稳定特征构成,是个体在多种情境下表现出来的具有一致性的行为反应倾向。旅游行为的研究包括许多心理因素,其中个性和自我以多种方式影响着个体的旅游行为。此外,个性与自我也决定了旅游者是否更容易受他人影响,是否更倾向于冒险性旅游,是否对某些类型的信息更具感受性。本章在介绍个性概念、相关理论及影响因素的基础上,分析各类旅游者的人格特性,阐述旅游者自我概念的相关理论及测量方法,最后重点阐明自我一致性的内涵、测量及其在旅游中的应用。

第一节 个 性

一、个性的含义与特点

个性理论也被称为人格特质理论。个性(personality)一词源于拉丁语"persona"(人格面具),是指戏剧演员所使用的一种面具,引申为戏剧中演员戴各种面具所扮演的不同角色。个性还包含了许多主观的社会或情绪特质,一些我们无法直接看见或人们刻意隐藏的特性。归总学界对个性的各类定义(表 8-1),可以明显发现,其表述均呈现了三种对人格特质的基本描述,即独特性、整体性和持续性。

表 8-1 个性的概念

文献	概念
Allport, 1937	个人内在的动力组织,它决定一个人对环境的独特适应
Guilford, 1959	个性并不是由单一特质所造成的,其是个人特征、属性和特性的总和,是一个人有别于他人的持续且特殊的特质
Allport, 1961	人格特质是心理系统的动态组合,决定个人与外在环境互动的独特形式,运用"人格特质"可以在相当程度上解释个人行为发生的原因,因为一个人的喜好、价值观,往往反映在其个性特质上,而一个人的人格也往往会影响其工作行为
Eysenck and Eysenck, 1975	个性是稳定且持久性的组织,为个体所具有的性格、气质、智慧,决定对外在环境适应的独特性
Costa and McCrae, 1985	人格特质是一种独特的个体行为反应,这些行为特征会稳定持续出现在不同的情境中
Phares, 1991	人格是个体所具有的持久性情感模式、思考和态度
Pervin, 1996	认知、情感和行为的复杂组织,它赋予个人生活的倾向和模式,体现了个性概念的"内在-外在"特点的结合

续表

文献	概念
Duane and Sydney, 1997	一组持久而独特的个人特征集合，该特征集合会随着情境的不同而发生变化
Funder, 1997	个体思维、情感和行为的特异性模式，以及在这些模式之下能够或不能够被观察到的心理机制
Cervone and Pervin, 2008	人格是可以解释人类的感觉、想法与行为的一致性的一组特征

所谓独特性，是指个性由遗传、成熟、环境、学习等因素交互影响下发展形成的，因为影响因素有所差异，所以个体的人格也不尽相同。每个人的个性都是由其独特的个性倾向和个性心理特征组成，世界上很难找到个性完全相同的两个人。例如，某些人大方、健谈，而另外一些人则拘谨、腼腆和沉默。

所谓整体性，是指个性是身心合一的组织，一个人生理上的变异情形会影响心理状态与行为表现。同样，个体为了适应社会环境，其个体观念和行为也随着环境的变化而变化，以求人格完整。例如，生活中的某些重大事件，如小孩的出生、亲人的离世、离婚等都可能导致个性的改变。

所谓持续性，是指个体人格在异常重大的环境压力下会产生改变，但是一般情况下，人格特征具有持续性，不易受到外界环境的影响。例如，某人偶然发一次脾气，不能说他的脾气就一定很暴躁，偶尔说几句俏皮话，不能说他一定很幽默。说某人"很执著、有进取心、机智、勇敢"，是说他在各种情况下多次展现这些行为倾向。

二、个性的相关理论

（一）弗洛伊德的精神分析论

弗洛伊德的精神分析论既是一种动机理论又是一种人格或个性理论。除了由本我、自我和超我组成的人格系统以外，弗洛伊德还提出了个性发展的阶段理论。他认为，个性的形成取决于个体在不同的性心理期如何应付和处理相应的各种危机。弗洛伊德将性心理期分为口腔期、肛门期、性器期、潜伏期和两性期，在每一时期的结束阶段，个体都将面临某种危机。比如，在口腔期，即0~1岁，婴儿的欲望主要靠口腔部位的吸吮、咀嚼、吞咽等活动获得满足，婴儿的快乐也多得自口腔活动（张春兴，1996）。当婴儿即将断奶或不再用瓶子吮吸，危机就发生了。如果婴儿的口腔需要没有得到很好的满足，个体在成人后就会"固化"在这一阶段，会展现出诸如依赖和过度的口腔活动等行为倾向(Schiffman and Kanuk, 1995)。弗洛伊德的个性理论是以本能，尤其是性本能为基础的理论。

（二）荣格的个性类型说

荣格曾是弗洛伊德精神分析论的支持者，后因观点不同而自创分析心理学，荣格心理学涉及内容极为广泛，与消费者行为分析尤为密切的首推其个性类型说。根据这一学说，人格结构由很多两极相对的内动力形成，如感觉对直觉、思维对情感、外倾对内倾等。具体到一个人身上，这些彼此相对的个性倾向常常是失衡的或有所偏向。例如，一些人更多地凭直觉、情感作决策，另外一些人更多地凭理智和逻辑作决定。将前述两极相对的个性倾向每每两组配对，可以组成很多彼此不同的组合，如外倾感觉型、内倾思维型和直觉思维型等。表8-2列出了与消费决策和信息处理特别相关的四种个性类型。假设有4个人，分别属于表8-2中所示的个性类型。如果他们均面临旅游目的地选择的决策问题,那么在行为上会有何不同呢?感觉思维型和感觉情感型消费者均会认真研究有关目的地的交通、住宿、旅游设施等情况,以获得相关事实和数据。然而,后者较前者更有可能将他人的推荐纳入决策范围,更有可能使用提供全面服务而不是部分服务的旅行社。直觉思维型和直觉情感型旅游者均凭直觉作决定,均倚重自己的想象,但后者的决策会更多地反映来自他人的意见和评论,如在某个聚会上听到的消息,某个旅游体验师的观点等。

表 8-2 个性类型

类型	特征
感觉思维型	决策富有理性 观点既有逻辑性又有事实依据 决策时遵循"客观性"导向 突出经济方面的考虑,对价格非常敏感 花大量精力搜集与决策有关的信息 风险规避者 实用主义、关心个人的动机 决策中的短视
感觉情感型	实证观点 被个人价值观而不是被逻辑所驱动 决策时遵循"主观性"导向 决策时会考虑别人的想法 与他人共担风险 实用主义、关心地位 决策中的短视
直觉思维型	视野开阔 决策时依赖想象的同时运用逻辑 决策时想象很多的选择方案 内省性地权衡各种选择方案 乐于承担风险 决策时采用长期观点
直觉情感型	视野开阔 想象很多的选择方案 非常在意别人的观点 决策时遵循"主观性导向" 价格敏感性低 喜欢冒险 决策时采用无限时间观

资料来源:Schiffman and Kanuk, 1995.

(三)新弗洛伊德个性理论

弗洛伊德的一些同事和门徒并不同意弗洛伊德关于个性主要是由本能或性本能所决定的观点,这些被称为"新弗洛伊德者"的学者认为,个性的形成和发展与社会关系密不可分。例如,阿德勒认为,人具有相当的自主性,并非受制于本我与潜意识内盲目的冲动。人具有与生俱来的追求卓越的内在动力,它是人类共同的人格特质。由于在实际生活中所用的追求方式及由此产生的后果不同,每个人会逐渐形成彼此各具特色的生活格调。按阿德勒的说法,一般人的生活格调的形成大概在 4～5 岁。个人的生活格调一经形成,就不易改变,它对以后的行为方式将产生深远的影响(张春兴,1996)。

另一个新弗洛伊德理论的代表人物沙利文则认为,人们不断地追求与他人建立具有互惠价值的关系。他特别关注个体为缓解各种紧张、焦躁和不安所作的努力。与沙利文一样,霍尼对焦虑的研究也特别感兴趣,他集中研究儿童与父母关系对行为的影响,尤其是个体抑制焦躁情绪的欲望对行为的影响。霍尼按个性将人分为三种类型。①驯从型或依从型。这一类型的人倾向于与他人打成一片,特别希望获得别人的爱和被别人欣赏。②攻击型。这一类型的人上进心特别强,总想超越别人和赢得他人的羡慕和尊敬。③我行我素型。这一类型的人倾向于独立、自给自足和摆脱各种各样的束缚。以霍尼的上述类型理论为基础,一些学者在 20 世纪 60 年代开始了被称为 CAD(compliant aggressive detached)的个性测试,试图了解前述不同个性类型的消费者在消费行为上的特点。最初的 CAD 研究发现了一系列关于不同个性类型消费者与产品、品牌使用模式的关系。例如,依从型的消费者喜欢购买有品牌的产品,如拜耳阿司匹林;攻击型消费者对 Old Spice 牌除臭剂情有独钟,因为该品牌具有男性化形象;我行我素型消费者则嗜好喝茶(Schiffman and Kanuk,1995)。

（四）特质论

前面介绍的各种理论主要依靠定性方法,如个人观察、自我报告、投射技术来测量人的个性,特质论则强调根据具体的心理特征来测定人的个性,是一种以实证和定量分析取向的个性理论。特质论认为,人的个性是由诸多特质构成的。特质是指人拥有的、影响行为的品质或特性,作为一种神经心理结构,它使个体以相对一贯的方式对刺激作出反应(孟昭兰,1994)。特质论并不是把个性看成绝对的类型,而是认为存在一些特质维度,每个人在这些特质上存在不同的表现。比如,慷慨是一种特质,每个人都可在不同程度上具备这种特质。人的个性之所以有差异,是因为不同的人在各种特质上有不同的表现。

卡特尔的特质论是个性特质理论的典型代表。卡特尔认为,在构成个性的特质中,有的是人人皆有的,有的是个人独有的,有的是遗传决定的,有的则受环境影响。人的个性特质可以分成两种类型:一是表面特质,二是根源特质。前者是在每个具体的行为中体现出来的个性特点,后者则反映一个人的总体个性,它是根据表面特质推理设定的。卡特尔经过多年的测查、筛选,找出了反映人的个性的 16 个根源特质(表 8-3)。

表 8-3　卡特尔的反映个性的 16 种根源特质

根源特质	低分特征	高分特征
开朗性	缄默、孤独	合群、外向
聪慧性	迟钝、学识浅薄	智慧、富有才识
稳定性	情绪激动	情绪稳定
支配性	谦虚、顺从	好强、固执
兴奋性	严肃、谨慎	轻松、兴奋
有恒性	权宜、敷衍	有恒、负责
勇敢性	畏缩、胆怯	冒险、敢为
敏感性	理智、着重实际	敏感、感情用事
怀疑性	信赖、随和	怀疑、刚愎

续表

根源特质	低分特征	高分特征
幻想性	现实、合乎成规	幻想、狂放不羁
机敏性	坦白直率、天真	精明能干、世故
忧虑性	安详沉着、有自信心	忧虑忧郁、烦恼多端
实验性	保守、服膺传统	自由、批评激进
独立性	依赖、随群服众	自主、当机立断
自律性	矛盾冲突、不明大体	知彼知己、自律严谨
紧张性	心气和平	紧张、困扰

资料来源:孟昭兰,1994.

在消费者行为研究领域,一些学者试图测定某些与企业营销活动密切相关的个性特质,如消费者的创新性、对人际影响的敏感性等。一般认为,这类研究对于理解消费者如何作选择、是否消费某一大类产品颇有帮助,而对于预测消费者具体选择何种品牌的产品则帮助不大。例如,某种个性可能更多地对消费者是否购买微波炉而不是购买何种牌号的微波炉具有预示作用。

三、个性形成的影响因素

个性的形成主要受先天遗传因素、环境因素和社会实践因素交互影响。

(一) 先天遗传因素

遗传是形成人格基础的先决要素。人们的遗传基因总是各不相同的,婴儿自出生就继承了父母的一些遗传特征。这些先天遗传的特征包括个体的神经活动类型、感官特点、身体状况、体貌特征、血型、智力潜能等,这些都对个性的形成产生基础性的作用,直接影响人们形成不同的个体。例如,天生有缺陷的人往往担心受到他人的讽刺和嘲笑,使他产生自卑感。先天遗传的因素是个性形成和发展的前提条件,但对个性的形成并不起决定性作用。例如,个体智力的发展主要受后天环境的影响,但是智力大部分都是由遗传决定的。因此,遗传是形成个性的因素之一。现代心理学的研究成果认为,环境因素和社会实践活动在个性的形成过程中更具重要性。

(二) 环境因素

人是具有社会性的高级动物,且每个人都属于社会人。外界环境的不同对个体个性的形成产生重要的影响。影响个性形成的环境因素中,家庭、学校和社会文化是个体个性影响程度最直接的、最重要的因素。

(1) 家庭环境对个性的影响。环境因素中家庭是形成个性极其重要的因子,尤其是在人们个性形成的关键时期——儿童期和青少年时期,家庭生活的时间约占全部生活时间的1/2。家庭成员中的成年人,尤其是父母的教育方式、生活经验、价值观念、行为方式等都会通过言传身教的方式影响儿童个性的形成。父母是儿童的模仿榜样,父母本身的个性特征也能潜移默化的影响子女的个性。通常子女的个性与父母相似,这不仅是由于遗传的原因,家庭环境和家庭教育因素也起着非常重要的作用。

(2) 学校教育对个性的影响。学校是个体接受系统教育的场所,学校环境对个体的个性影响也主要在青少年时期。学校教育通过教学活动,有目的、有计划地对个体施加社会规范性的影响。学校不仅传授文化知识,还要向学生传授社会规范和道德标准,促使学生的个性向适应社会规范和价值观念的方向发展。例如,一般接受高等教育的人在个性发展方面比较健全,犯罪率也较低。

(3) 社会文化对个性的影响。社会文化对个体的影响主要在成年期,社会文化时刻都约束着个体的言行,塑造着适应社会文化要求的个体个性。例如,政治形态、经济制度、学校教育、宗教信仰及风俗习惯等都能影响人们的日常生活方式,甚至是个体不同观点、思想、行为的来源。此外,个体为了更好地适应社会,在成长过程中都以各自的方式对社会的要求作出反应,从而导致了个体个性与社会文化的高度一致性。

(三) 社会实践因素

个体的个性也是在不断地认识客观世界的社会实践中形成的。在社会实践过程中,个体扮演着不同的社会角色,并对这些社会角色承担着相应的责任,这促使个体逐渐形成符合社会要求的态度体系、行为方式等个性特征。例如,人们的兴趣、价值观、社会态度都是个人在生活经历中积累而成的,并在不断学习的过程中形成一定的个性。另外,环境因素中的家庭教育、学校教育和社会文化对个体的影响为个性的形成和发展指明了方向,奠定了基础。个体最终能形成什么样的个性,还要由经历各自的社会实践过程决定。个体在社会实践中获得的各种经验都在塑造着个体的个性。

第二节 旅游者的人格特性

一、以度假类型描述的人格特征

长久以来,营销研究人员一直努力搜集资料,试图证明性格特征对消费者行为的影响。科恩以 CAD 的方法进行研究,证明不同性格的人对不同的产品、商标有不同的偏好(Cohen, 1968)。但截至目前,尚不足以用统计学要求的高度准确性来明确显示两者之间的关键变量。

旅游者的人格特征分析,主要是为了阐明旅游者的心理及其旅游行为是因人而异的。加拿大政府旅游局就曾对该国成年人进行了大量样本抽样调查研究,揭示了各种类型旅游者与其人格特征之间一些有意义的相关。表8-4清楚地表明假期出外旅游的加拿大人与假期待在家中或者根本不度假的加拿大人在人格上有明显的不同。假期出外旅游者喜欢对自己的行动及别人的行动进行思索和反省,也表现得更为活跃、自信和好奇,善于与他人交往且外向。在选择旅游方向、交通工具、活动内容、旅游的季节等方面,人格因素也确实显示出重要的影响。

表 8-4 旅游者类型与人格特征

度假类型	性格特征
假期旅游者	好思考、活跃、善交际、外向、好奇、自信
不度假者	好思考、不活跃、内向、严肃、忧心忡忡
坐小轿车旅游者	好思考、活跃、善交际、外向、好奇、自信
坐飞机旅游者	十分活跃、十分自信、好思考
坐火车旅游者	好思考、不活跃、冷漠、不善交际、忧郁、依赖性强、情绪不稳定
坐旅行轿车旅游者	依赖性强、忧郁、敏感、对他人怀有敌意、好争吵、不善自我控制

续表

度假类型	性格特征
本国旅游者	外向、活跃、无忧无虑
外国旅游者	自信、对他人信赖、好思考、易冲动、勇敢
男性旅游者	好思考、勇敢
女性旅游者	易冲动、无忧无虑、勇敢
探访亲友者	不活跃
去休养胜地者	活跃、善交际、情绪不稳定、不善克制、不活跃
从事户外活动者	勇敢、活跃、不善交际、忧郁、沉闷
冬季旅游者	活跃
春季旅游者	好思考
秋季旅游者	情绪稳定、不活跃

资料来源：参见 Canadian government travel bureau. 1971. 1969 Vacation Trends and Recreation Patterns.

二、以性格倾向描述的人格特征

著名的瑞士心理学家荣格认为生命力流动的方向决定人的人格类型，生命力内流者属于内向型，生命力外流者属于外向型。前者在性格上爱沉静、易羞怯，不轻易表露感情，重视自己和自己的主观世界；后者则是好活动、爱社交，强烈表达感情者，较重视他人和外在的客观世界。但此种分类具有很大局限性，也过于简单。事实上，大部分的人却是适当的内向或外向，或是两个极端中的平衡。即使在同样的教育水平、性别或职业中，都会存在内外向的差异。

在一项专为调查"旅游目的地受人欢迎的程度为何出现大幅度变动"而设计的研究中，人们发现具有内向型和外向型人格的人在旅游行为上的许多重要方向存在着明显的区别。表 8-5 显示内向性格者，显然强烈要求他的生活具有可预测性。因此，他的典型做法是自行驱车到他熟悉的目的地去。由于属于较安静的性格，他的旅游动机主要是休息和松弛。他理想中的假期包括旅游目的地本身及全部活动、住宿设备、餐馆及娱乐，都应该是固定不变，且可事先预订或预估的。而外向型人格的人则较渴望生活中有一些估计不到的东西。因为具有冒险的性格，所以他通常去那些较偏僻且不太为人所熟知或常去地方去旅游，也愿意坐飞机去旅游目的地，由于较活跃，喜欢去国外旅游，接触不同的文化背景。他心目中理想的假期是充满新奇、无法预估的、复杂的假期，且能体验一些新的经历，避免千篇一律。

表 8-5　各种心理描述类型的旅游特点

内向型人格	外向型人格
选择熟悉的旅游目的地	选择非旅游地区
喜欢旅游目的地的一般活动	喜欢在别人来到该地区前享受新奇经验和发现的喜悦
选择晒日光浴和游乐场所，包括相当程度无拘无束的休息	喜欢新的、不寻常的旅游场所
活动量小	活动量大
喜欢去能驱车前往的旅游点	喜欢坐飞机去旅游目的地

续表

内向型人格	外向型人格
喜欢正规的住宿设备,如设备齐全的旅馆、家庭式饭店,以及旅游商店	住宿设备只要包括一般或较好的旅馆和伙食,不一定要现代化的大型旅馆,不喜欢专门吸引旅游者的地区商店
喜欢家庭的气氛(如出售汉堡的小摊),熟悉的娱乐活动,不喜欢外国的气氛	愿意会见和接触具有他们所不熟悉的文化或外国文化的居民
要准备好齐全的旅游行装,全部日程都要事先安排妥当	旅游的安排只包括最基本的项目(交通工具和旅馆),留有较大的余地和灵活性

资料来源:Plog,1972.

但在实际的旅游活动中,大多数人是属于两者之间的中间类型。中间类型人格的人,即虽不真正具备冒险精神,但又喜欢旅游,可说是旅游市场中最活跃的人,是大众旅游市场的代表。这些人在旅游地点和活动项目的选择上,也就是当今最受欢迎的旅游点和活动项目。由于人格受环境的影响很深,因此即使是对内向型人格的人来说,经过一个长期的过程,性格也会发生改变。而趋向于中间类型的特点,在选择旅游地点或活动方面也会接近中间类型的人。原本中间类型人格的人也会接近外向型人格,也会影响旅游活动的地点和内容的选择。因此当一个旅游地点的旅游者已从少量的外向型性格的人转变为大量的内向型性格的人,即表示此旅游地点已更趋向商业化、普通化,需要更多的旅馆业、旅行业等旅游业的投入,以服务这类旅游者日增的大众旅游市场。

另一种类似的分类方法是将人们分为心理中心型(psychocentric)和他人中心型(allocentric)两大类。前者的英文前缀"psycho",即自我中心(self-centered),而后者的英文前缀"allo"也有多样性中心(varied in form)的含义。因此心理中心型的人凡事较计较,考虑自己,忧心忡忡,心情较压抑,不喜欢冒险;他人中心型的人则较自信、好奇、外向、急于与外界接触,所以喜欢冒险也喜欢在生活中尝试新的东西。显然,内向的人和心理中心型的人之间、外向的人和他人中心型的人之间有许多类似之处(Plog,1972),故其在旅游行为方面也极为类似。

三、以生活形态描述的人格特征

所谓的生活形态,简单地说,即使用时间和金钱的方式,这种生活形态也受到个人所属的文化、社会阶层、参考团体、家族成员等的影响(Engel and Blackwell,1982)。生活形态可以反映在个人的日常工作、活动、价值观、需求和对事物的认知表现上,其能够有效反映一个人的人格特征。它能有助于我们了解各种类型的旅游者及他们的旅游行为。

(一)平静安宁的旅游者

寻求平静安宁生活的人,有其独特的生活形态。威尔斯曾对旅游者的生活形态进行分析,结果显示,他们的文化水平和职业,使得这些人有足够的钱用于旅游,但由于他们对家十分重视,因此宁愿将多余的钱用于购买家具、维修房屋,多余的时间待在家里与家人共处或看电视也不外出旅游,即使外出旅游,也愿在湖滨安静地度假,享受轻松和休息。他们也喜欢户外活动和新鲜空气,喜爱狩猎、钓鱼和野营。这样的人是喜欢孩子的,往往将孩子视为他生活中最重要的组成部分。这种人爱整洁、对自己的身体健康异常注意,不愿意冒任何险,所以对广告向来抱着怀疑态度(Wells,1972)。

我们了解这类人的生活全貌,可以知道哪些产品和广告宣传方式符合这类人的兴趣、需求、价值观和态度,对于宣传销售旅游商品是十分有利的。

（二）交际型的旅游者

与喜欢平静安宁生活方式的旅游者相比,交际型的旅游者就有明显的不同。这种类型的人活跃、外向、自信、易于接受新鲜事物,更爱主动与人交往,在旅游方面,则喜欢到有异国情调的目的地去旅游,喜爱环球旅行,并且认为假期的含义不能仅局限于休息或轻松,而应作为寻求新知识、结交新朋友的良好时机。对文化较感兴趣,参观美术馆或博物馆,以及听古典音乐或观看传统戏剧也成为他们到海外旅游的目的之一。

上述这些特质说明交际型的旅游者偏爱远处或海外的旅游,旅游业者对这一类人宣传去国外旅游时就不应该强调休息或疗养,而应该强调其他方面的益处。

（三）对历史感兴趣的旅游者

有些人的旅游动机源于对历史的兴趣。历史也因此塑造了旅游和艺术的方向,几十年来,旅游者被吸引到具有历史和文化意义的地方。这是因为人类缅怀过去、了解过去、追忆过去的愿望是相当强烈的。

据有关研究发现,对历史爱好的旅游者是较为宁静的,他们对以往的文化非常感兴趣,所以大都认为假期应该过得有教育意义,能够增长见识。因而就促使他们将自己的假期变成一个历史课,去参观博物馆与艺术馆,去游览历史名胜古迹,去了解不同的文化和习俗。而娱乐反倒成为一个次要的动机了(Solomon and George,1978)。

这些对历史感兴趣的旅游者之所以对受教育、增长见识如此重视,一般说来,除了与他对自己祖国和人类历史的强烈责任感外,更包括他对自己的孩子和家庭的强烈责任感。所以他认为假期应该是为孩子们安排的,并且认为全家能在一起度假的家庭才是幸福的家庭。因此,作为旅游业的宣传和销售服务人员而言,若想吸引这一类的旅游者,就要注意提供具有历史意义的旅游点,在度假或游览地点的宣传上应该突出其所能提供的受教育、增长知识的机会,并强调全家可同游的特点。

（四）驾驶旅行车旅游者

根据从对驾驶旅行车旅游者的一系列特有的性格特征的分析中得知,凡是对旅行车及驾驶这种车辆旅游不感兴趣的人,一般对户外活动也不感兴趣(Hawes,1975)。他们更喜欢将时间和金钱花在所谓典雅的生活形态上,如上剧院、出席鸡尾酒会等,总之他们倾向的是室内的休闲活动。即使出外旅游,也喜欢去大城市度假。这些人最突出的生活形态特征在于他们对工作的高度责任感,他们从工作中得到极大的满足,希望能在职业上平步青云。因此这些人每天的工作时间很长,也不易且不愿花长时间去度假。而拥有或喜欢驾驶旅行车的人则相反。他们虽不那么外向、善交际,晚上也宁可待在家里,而不愿出席鸡尾酒会,更不认为应该将钱花在购置奢侈品上,但却在购置旅行车上舍得花上几千美元。由于这些人较为保守和正统,他们的生活形态多以家庭为重心,以家庭为单位的旅行车的购买可方便他们进行一系列的家庭活动。此外,他们也认为人不应该为长时间的工作所拖累,坚持要有足够空闲时间的观念,他们热爱户外活动也爱运动。

（五）先旅游后付款的旅游者

现代人手中拥有信用卡已经成为流行趋势,所以"先享受,后付款"更是成为一种新的消费形态。这种消费形态不仅用在购置衣服、家具、汽车等产品上,就连旅游服务的购买,也因考虑到外出旅游现钞使用的安全等问题,而受重视。

一般而言,若将旅游看成是奢侈品者较反对这种先旅游后付款的消费形态,而将旅游视为生活必需品者较易心安理得的使用。在美国,人们也许会毫不犹豫地用分期付款或赊欠方式购买首饰、高级赛车、度假别墅等奢侈品,但却不见得会以分期付款方式赊购旅游这种无形产品。据调查,有高达90％以上的美国人倾向这种态度(Hawes,1975)。许多人在旅游途中为求方便而使用信用卡,但却不愿意以分期付款方式赊购旅游服务。这些人在度假期间肯用信用卡购买汽油、支付住宿费或一些餐费,但却不愿意以分期付款方式赊购机票、船票或支付团费这种较大宗支出项目。尤其这种支出是以"玩"为目的时更是如此,这就可以说明为何商用旅游者用信用卡支付票款的情况比一般"纯"旅游者来得多。毕竟这些商用旅游者外出旅游的主要动机是"for business"而不是"for pleasure"。

正如霍斯所说,只有具有特殊性格的人才会心安理得的赊购旅游服务。此外,去国外旅游者通常也较常使用信用卡。这是因为现钞在使用及携带上的风险增加,以及伪钞猖獗,持外币现钞在国外消费(尤其是大宗的消费上)不见得畅行无阻。以信用卡搭配旅行支票及适量小额现钞,不仅方便而且可保旅途平安,以及避免不必要的风险,更成为一种趋势。

如前所述,交际型的海外旅游者比较外向、活跃、自信,容易接受新鲜事物、不怕花钱,一般也较年轻,对外出旅游时信用卡的使用也较持肯定态度。

目前,不论是上班族、家庭主妇,甚至还无正式收入的青少年学生们,对于申请一张以上的信用卡,都保持相当高的兴致。或许有些人日常生活中的消费、出国旅游的开销,大多以现金支付,真正使用信用卡的机会不太多,但身上放张信用卡,感觉就是不太一样,仿佛随时都有备无患。这种情形可能归功于信用卡的广告,以及电视或电影中刻意塑造拥有信用卡的人有着相当程度的社会地位和信用。虽然现今信用卡的发行量和消费总额大幅增长,但使用信用卡或分期支付机票、旅行社团费的情形却不见得会相对增加。今后若想宣传旅游者使用信用卡的好处,应着重强调其使用的便利性,而不应强调延迟付款的好处。

四、其他类型的分类

依据伯奈(Bernay,1970)的分类有活动型旅游者和恋家型旅游者两类。前者较积极地介入与改变他们所生活的世界,更乐于参与各项活动,如体育、音乐会,但却较少在家收看电视,通常对旅游也感兴趣,而且大半是去海外旅游也乘坐飞机,当然也愿意在冬天去度假或租用汽车。而恋家型旅游者则和前者有着完全不同的生活方式,家在他们心中的地位是极重要的,所以他们愿意花许多钱购置家具、修缮、油漆房子,也爱在家看电视、读报,却少读那些"高雅的"杂志,对世界采取旁观和消极的态度,故与旅游有关的行为也与活动型旅游者有明显的差异(表8-6)。

表8-6　与旅游有关的生活形态差异

分类	活动型旅游者/%	恋家型旅游者/%
乘飞机旅游	84	56
去另一大陆旅游	20	5
租赁汽车	43	19

续表

分类	活动型旅游者/%	恋家型旅游者/%
非旅游季节度假	43	37
护照有效	30	7
拥有度假别墅	13	7

资料来源：Benay，1970.

　　柯恩所划分的四种不同类型的旅游者有：①组织性的大众旅游者；②个别的旅游者；③探险家；④流浪者。其中①和②由于是按照旅行社的既定行程而行动，就像是制度型的旅游者，其性格倾向是属于熟悉性的旅游者；而③和④又称为非制度型的旅游者，是属于神奇性性格倾向的旅游者（Cohen，1972）。

　　表8-7是对国际旅游者性格类型的整理。可知，个人人格特征不同，选择的活动也有所差异，人格的特征就是一种需要，需要产生动机，因此人格也可视为一种动机；个人对需要层面的追求不同，选择从事的活动也会不同（Bishop and Witt，1970）。在旅游业经营的过程中应尽量提供满足各种层面的旅游、游憩活动，避免活动间的冲突，以满足个人人格特征的不同。

表8-7　国际旅游者的类型和性格

作者	Wells	Bernay	Plog	Freud	Bem and Harris	May and Jarvis	Gray	Cohen	Mehrabian
类型和性格	静态旅游者	恋家型旅游者	心理中心型旅游者	本我	儿童	一致性需求	向日性旅游者	熟悉性旅游者	低负荷环境
	国际型的海外旅游者	活动型旅游者	其他中心型旅游者	自我	成人	复杂性需求	流浪性旅游者	新奇性旅游者	高负荷环境
	历史型旅游者			超我	父母				
	RV型旅游者								
	先旅游后付款型旅游者								

资料来源：谢淑芬，2009.

第三节　自我概念

一、自我概念

　　公元前四五世纪，希腊哲学家苏格拉底提出一句至理名言："知汝自己"，这句话如以现在的话来诠释，即是认识自己的人格特质（罗文基等，1994）。古代中国，孙子云："知己知彼"，意谓知晓他人，也要了解自己。由此可见，人类对于自我的概念在很早以前即已存在。

　　自我概念是个体对自身一切的知觉、了解和感受的总和（Sirgy，1982）。每个人都会逐步形成关于自身的看法，如是丑是美、是胖是瘦、是能力一般还是能力出众等。自我概念回答的是，"我是谁"和"我是什么样的人"的一类问题，它是个体自身体验和外部环境综合作用的结果。一般认为,消费者将选择那些与其自我概念相一致的产品与服务,避免选择与其自我概念相抵触的产品和服务。正是在这个意义上,研究消费者的自我概念对企业特别重要。

消费者不只有一种自我概念,而是拥有多种类型的自我概念:①实际的自我概念,指消费者实际上如何看待自己;②理想的自我概念,指消费者希望如何看待自己;③社会的自我概念,指消费者感到别人是如何看待自己;④理想的社会自我概念,指消费者希望别人如何看自己;⑤期待的自我,指消费者期待在将来如何看待自己,是介于实际的自我与理想的自我之间的一种形式。由于期待的自我折射出个体改变"自我"的现实机会,对营销者来说它也许比理想的自我和现实的自我更有价值。

自我概念的多样性,意味着在不同的情境下消费者可能选择不同的自我概念来指导其态度与行为。比如,在家里和与家庭人员交往时,其行为可能更多地受实际的自我支配,在电影院或博物馆则可能更多地受理想的社会自我概念所支配。

二、自我概念的动机

托德认为人们通过旅游的消费行为可以满足他对自尊的需求或加强自我概念的一部分,就如同在旅游过程中所带回有形或无形的纪念品或影像可以作为向社会展示的一种方式(Todd,2001)。爱泼斯坦(Epstein)指出,有三个基础的动机会引导人的行为(Sirgy,1986):和谐原则、现实原则和愉悦原则。其中,和谐原则倾向维持自我理论,保持自我概念的和谐性与个人认同的完整性;现实原则类似于自我知识动机,其收集关乎自我与世界的信息来保证与现实生活的一致性;最后愉悦原则与自尊动机很相似,该原则指人们的动机是提高他人或自己的眼中的自我评价,并且避免使用负面的角度来看待自己。而自我概念一致性理论涵盖自尊、自我一致性与自我知识等层面,另外人格动机更是自我概念一致性的基础动机。因此,瑟吉整理激发自我概念的动机与引领自我概念一致性的过程分为以下三个:自尊、自我一致性和自我知识。瑟吉借此三原则,论述自我概念存在的动机(Sirgy,1986)。①自尊动机:人感觉到自己是用积极的眼光在进行信息处理或公开行动;②自我一致性动机:人察觉到自己倾向用以往一贯的方式来进行信息处理或公开行动;③自我知识动机:人在进行信息处理或公开行动时能够更了解自我。

三、自我概念的相关理论

(一)自我心理学

美国心理学家詹姆斯所著的《心理学原理》一书,可以说是开启研究自我心理学的先河。他认为自我包括"被认知的客体"与"认知的主体"两部分。前者又称"经验的自我",是经验与意识的客体,包括所有属于个体的东西;而后者又称"纯粹的自我",是个体经验、知觉、想象、选择、记忆与计划的主体,是决定行动与适应外界的心路历程。他进一步指出,自我的客体由物质我、社会我和精神我三者组成。其中,物质我包括生理、身体、家庭及所拥有的物质财产;社会我是指个体透过他人对自己评价所形成的印象,如名声、荣誉;精神我则代表个体内在的特质,如气质、思想、价值等。詹姆斯认为这三个我有阶层之分,精神我层次最高,社会我次之,物质我层次最低(Harter,1998)。

后续的研究者对詹姆斯的理论观点进行进一步的引申,提出自我概念亦是由三层结构所组成(郭为藩,1996)。①最底层(物质、生理自我):指个体对自己身体、健康状况、外貌、衣物、财产、技能等方面的看法;②中间层(社会自我):指个体与他人互动交往的过程中所感受到的价值感与胜任感；③最上层（人格、精神自我）：指个体对某些信念、价值、行为准则的认同。

（二）精神分析学

弗洛伊德首创精神分析论，用以解释精神病形成的原因，其理论虽然用于解释精神病病因，但对于儿童发展过程提出一套完整且有系统的人格发展理论（张春兴，1994）。他在解释人格的结构时，将人格视为一个不可分割的整体，这个整体包括本我、自我和超我三个部分，代表人格发展的三个层次，各有其功能、特质、动力、转机和运作原则，且彼此间紧密相关、互相作用。

（1）本我：与生俱来，只寻求生存满足的本能性冲动，包括饥、渴、性等生理本能，活动是为享乐主义，以获得快乐、避免痛苦为目的。

（2）自我：后天学习而得，人格组织中理性的部分，是现实原则，个体经由知觉和学习去适应环境探求解决途径。主要的任务是协调机体本能性的需求和四周环境的情况。

（3）超我：由社会化过程塑造而成，活动是根据道德原则，人格中传统的价值和道德观念，经由师长的增强和削弱逐渐内化进儿童的人格中，而超我又可分为良心和理想两个部分。

精神分析论者认为人的行为与发展几乎是这三个部分交互作用的结果，任何一个"我"都无法独立于另外两个"我"的情境而运作稳健且发挥其功能（Hall and Lindzey，1978）。精神分析学特别注重个体出生后前两年的客体关系，并对自我重新加以诠释，以试图建立含有精神分析色彩的自我心理学（郭为藩，1996）。

（三）心理社会学

埃里克森以心理分析学派为理论依据，再加以批判修正，提出心理社会发展论，简称心理社会论，其理论与弗洛伊德不同之处有三：①人格发展理论不是以人格异常者的心理特征建构的，是以一般健康个体建构的；②人格发展理论不是早期决定论，而人格的发展是一生连续不断的过程，不止认为个性发展对自我的影响，也强调文化和社会因素对人格的影响；③人格发展理论不是本我的性冲动，而是发于自我成长的内在人格发展的动力，是具有社会性的，因此其人格发展被视为心理社会发展（张春兴，1994）。

依照心理社会学的观点，自我概念始于自我与他人之别，经过后天养成和学习而来，个体有了自我思想与行为时，经由与环境和他人的互动，自我概念便日趋成熟稳定。

（四）存在现象学

现象学派认为自我概念是主观的认知，个体是根据自己内在的参照架构来行动的。罗杰斯是存在现象学理论最具影响力的人物。他主张以自我概念为中心，强调个人对现实的主观感受，着重个人的意识。罗杰斯的自我概念理论包含了四个主张（Rogers，1951）：①自我概念是人与环境互动的结果；②自我概念可以合并别人的价值观；③自我概念具有稳定性；④自我概念的改变是成熟和学习的结果。

柏奇（Purkey，1998）的论点与存在现象学派极为相近，认为自我概念的发展是个体学习的过程，具有三个特征：①自我概念是经由学习的；②自我概念是有组织的；③自我概念是动态的。

总体而言，现象学派强调个人行为的探究，认为应根据"个人的"、"知觉的"或"现象的"方法，从行动者本身的观点去了解行为，而不能从旁观者的立场滥加评鉴，因为个人不是依据他人所见的事实去行动，而是依照自己知觉的事实而行动（李丽香，2004）。

（五）其他理论

莎沃森等（Shavelson et al.，1976）认为自我概念可由一个人对环境的反应加以推断自己的知觉,其提出自我概念的建构具有七个重要的特质:①自我概念是有组织的;②自我概念是多面向的架构;③自我概念是具层级的;④自我概念的结构是稳定的;⑤自我概念是会随着年龄而发展的;⑥自我概念是可评价的;⑦自我概念是可区别的,不同于其他的建构。

郭为藩(1996)认为自我概念是知觉的主观认定,而非客观存在的事实;并认为自我概念是具有多面向结构的主观性知觉客体,表示对自己和外在事物的态度。他提出的自我概念具有以下的特质。

自我概念是知觉的客体:经验的自我,个体对外界事物及自身的知觉是主观的,且个体对自我的知觉或态度(如看法、感情)是整合的,有其稳定性和一致性。

自我概念的主观性:纯粹的自我,指个人思考、感受与认知的主体。个体的行为特征和人格特质可以运用心理测验或其他评量技术加以描述,但这些客体方法描绘出来的形象不一定为本人所接受,因为个人所认定的自我形象与客观的自我形象不完全一致。

自我概念显示对自我和外物的态度:自我由个人对自己的身体、能力、生活目标,以及对他人、家庭、团体、社会价值所获得的有关态度组成。自我态度又与自我评价有关,而自我评价由四个外在经历为依据而形成,包括:①过去经验,尤其是成败经验;②与他人比较的结果,特别是跟兄弟姊妹、朋友圈及其他竞争对象的比较;③个体周遭的他人,尤其是个体所认同的重要他人,其所给予的称赞或贬抑影响最大;④受社会刻板印象或角色所涉及的社会身份与地位的影响。

综合上述理论观点可知,自我心理学派将自我概念视为被知觉的客体,并认为自我概念有层次之别;而精神分析学派将自我概念视为人格的一部分;心理社会学认为自我概念始于自我与他人之别,经过后天养成和学习而来;存在现象学派则认为自我概念是个体与环境互动的结果,其发展过程是动态的,且具有稳定性和组织性。

四、自我概念的测量

自我概念是一种主观的抽象概念,也是人格结构的核心,并操控人类的行为反应模式;由于其建构的历程受到多项因素影响而极具复杂性,在测量上甚为不易。此外,探究自我概念的最大难处在于自我概念是一种概念性的构想(郭为藩,1996),是无法直接观察的,必须先假定自我概念具有可被验证的本质,是可被认知的客体,方能加以测量。

自我概念是个人内在对自己的一种态度,并没有一种绝对的测量方式,于是各种不同方式应运而生,这些方法大致可分为两种类型:一是自我影像的探讨,目的在于把握显现于意识上的自我形象,致力于轮廓的描绘;另一是侧重在自我概念的评判衡量,即了解个人自我接受及自尊自重的程度,着眼于生活适应的研究(郭为藩,1987)。实际上,大部分的研究均掺杂这两类内容,最常见的方法是先了解个人不同维度的自我影像,然后比较其重叠程度及彼此间的差距,来了解自我接受的情形。以下就较为常见的测量方法逐一说明。

(一)自陈法

自我陈述是一项值得相信且具有参考价值的数据源,透过这种方法可以迅速得到个体有意义的自我特质。在众多测量自我概念的方法中,自陈法是国内外最普遍且最常被采用的测量方式,尤其以李克特所设计的"总加量表法"为代表,诸多广为使用的自我概念量表也多属此形式。此种形式量表包括一个或多个系列且数目众多的叙述语句,作答的项目通常在好恶的程度上区分为好几个等级,并假设这些等级是等距的,受试者依其自身的状况逐一作答,在计分上通常将不同的等级给予不同的分数,再将分数予以累加,得到一个代表整体自我概念的总数(郭为藩,1996)。

(二) Q 排组法

斯蒂芬森在 1953 创立了 Q 排组法,用以评量个体的态度、兴趣、自我概念和其他情感变项,其在自我概念的应用上相当普遍(郭生玉,1973)。此法主要是由研究者将描述人格词句分别印在卡片上,要求受试者依据个人的看法指出最适合或最不适合描述自己的语句,并进行分类与排列,以比较受试者不同维度自我概念的相关性及其变化(卢钦铭,1980)。通常分为九级或十一级,一端为最赞同,即最符合自己,另一端为最不赞同,也就是最不像自己,每一级的卡片数依常态分配来安排。使用 Q 排组法来评量个体自我概念的主要目的在于探索个体的自我形象,分析个体自我概念所包含的因素及其因素结构的层次,亦即要把握凸显于意识上的自我形象,致力于自我概念轮廓的描绘(郭为藩,1979)。

(三) 自由反应

在各种自由反应法方法中,语句完成法是最常被用来了解自我概念的测量方法,近来则广泛用于心理治疗与辅导上。这种方法是将一系列的句根给受试者,让其完成语句。它的优点是可以让受试者随意表露任何关于个人生活情境的态度,不会受到测验题目的约束,因此具备投射测验的一部分效能(郭为藩,1979),但相较于其他投射测验,其结构明确度较高(侯雅龄,1998)。不过,这类方法会有分析方式复杂、不易建立完备的评分标准、评量结果难以量化呈现及较为耗时等限制,因此较适用于个案分析,较少用于大样本的研究(郭为藩,1996)。

(四) 形容词检核表

由编制者根据相关理论,列出与自我概念主题相关的形容词,再由受试者就所有形容词作选择,选取其中适用于自己或符合自己的项目。不过,此法在勾选时仅有选取与未选取两种选择,无法对受试者的反应进行程度上的划分,受试者对于该形容词的意义解释为什么无从得知,且缺乏信度、效度,并不是一种良好的测量方式(侯雅龄,1998)。

第四节 自我一致性与旅游目的地选择

一、自我一致性的内涵

自我一致性是指将个体自我概念的心理结构与市场上欲购买产品的象征性价值联结(Grubb and Grathwohl, 1967)。当产品或品牌能够提升或符合消费者的自我观念时,消费者会购买某种产品或品牌(Ross, 1971)。

自我一致性包含两个要素,分别为自我形象与产品形象。自我形象是指"我希望其他人认为我是怎样的人",其理论可与自我概念理论互相替换。产品和服务也可以被视为有人格形象,即含有某种(些)人格特质,如友善的、新潮的、年轻的及传统的,故将产品形象定义为"特定产品或服务的人格特质"(Sirgy, 1985)。产品的形象或人格不仅来自于产品本身实体的特征,还可能因包装、广告、渠道、价格等因素而被人为赋予某种人格特质,因此可以说,产品的人格是指"通过产品的使用,可看出一般使用者的典型形象"(Holman, 1981)。

以自我概念为基础的"个人-符号-观众"理论模式提到自我概念对品牌与消费的影响,其内容如下:①一个人有自我概念是与父母、朋友、老师等互动产生的;②一个人的自我概念对他而言是有价值的;③由于对自我概念如此重视,个人会努力提升其自我概念;④某些产品能提供社会象征,并可传递产品拥有者的某种社会意义;⑤使用具有社会象征的产品会影响个人的、私人的、社会的自我概念;⑥个人会消费某些产品或服务来维持或提升理想的自我概念。

虽然"个人-符号-观众"理论模式说明自我概念对个体的消费有所影响,但市场营销人员在利用消费者的自我概念作为相关的营销工具之前,必须认识到消费者心中的自我概念与品牌形象具有关联性。如图8-1所示,厂商所销售的品牌必须要让消费者得到理想的自我概念,也就是说品牌可以用来让消费者解释他们是谁,他们在做什么,和希望别人如何看待自己。例如,广为人知的首尔悦榕庄度假村,这一上流社会高档俱乐部之所以为世人所追捧与欣羡,关键的原因就在于让消费者享有贵族般的品质。在会员的心中,它是身份与地位的象征,能在首尔悦榕庄度假村度假,即能获得时尚、高雅、尊贵的自我满足。

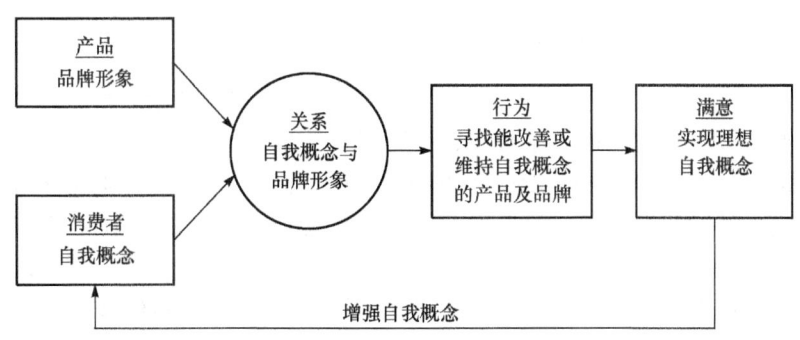

图8-1 自我概念与品牌形象的关系

资料来源：Hawkins et al.，2001.

国内外已有许多研究探讨品牌形象与自我概念一致性对消费者消费行为的影响。例如,以真实自我和理想自我来探讨社交性消费产品(啤酒和香烟)与私人性消费产品(肥皂和牙刷)品牌一致性的关系。学者提出消费者会偏好形象与自我形象一致的品牌、产品或供货商的观点(Landon，1974)。

回顾过去的研究结果,自我概念与产品形象的一致性和消费者行为间的关系可表述如下。①消费者真实自我概念与产品形象一致性确实会对消费者消费决策造成影响,如产品偏好、购买意愿、产品的使用、拥有和忠诚度。②消费者理想的自我概念与产品品牌形象的一致性对消费决策的影响通常也会被支持。③消费者的社会自我概念与产品品牌形象的一致性对消费决策的影响仅有少数研究支持。④由上述结果可知消费者自我概念与产品形象一致会促进消费者对产品产生正面的行为和态度,即会影响到消费者的产品偏好及购买倾向,不论一致性的标准是来自实际我,还是理想我。

二、自我一致性的衡量

自我一致性的衡量有三种主要的方法。第一种是早期马尔霍特拉(Malhotra，1981)所建立的自我形象归因量表,他采用维度、间接式的衡量方式,以16个语意差异归因因子及七点回应量表来衡量真实自我形象及理想自我形象的分数,然后以同样的量表衡量受测者对于产品印象的分数,自我形象的属性分数与产品印象的属性分数相减后,其绝对值的总和,即为自我一致性的分数,分数越低,表示自我一致性的程度越高。

马尔霍特拉的量表被作为基础,广泛应用到不同产品类别的研究上,其最初的研究认为消费者购买的汽车可以反映出购买者的自我形象,其后在房子的购买上也得到了同样的支持,随后更有学者成功地把马尔霍特拉的量表应用在流行领导者身上。

第二种方法为海金和费克(Higie and Feick)于1988年所提出的持久性涉入量表,该量表包括十个问项,以七点语意差异衡量,分别包含快乐主义及自我表现因素,前五题是在验证快乐主义(hedonic)的因素,后五题背后隐含自我表现(self-expression)的因素,这五个问项主要是在衡量受测者是否将自我人格投射在媒体内容上。换句话说,其他人是否能从观察消费者所观赏的媒体内容,进而推测该消费者的个性或人格。

第三种方法是阿克(Aaker)于1997年提出的品牌人格量表,可以同时询问消费者的人格特质及其对该品牌的感觉,了解品牌个性与消费者人格之间的关联。换句话说,可以衡量出品牌与消费者人格的一致性程度。

三、自我一致性理论在旅游中的应用

(一)自我形象与旅游目的形象的一致性与旅游满意度的关系

在本书的第六章中,我们提到旅游满意度的概念及其重要性,在旅游满意度的测量方面,大多数研究都是通过旅游者对旅游地点功能属性的期望与实际体验的差距来进行测量,而没有考虑旅游者自身特质,即旅游者的自我形象对旅游地点的价值衡量。面对这种情况,部分学者运用自我概念理论中自我形象-产品形象的一致性模式,来探讨在同一旅游地点当中,旅游者的自我概念/旅游地点的一致性高低与满意度之间的关系。乔恩(Chon,1992)将一致性分为四种维度:积极的自我形象一致性、积极的自我形象不一致、负面自我形象一致性及负面的自我形象不一致。通过分析,他发现"自我形象与对旅游目的形象的一致性"与旅游满意度有显著的相关关系。举例来说,同样是登顶华山,一个喜欢刺激冒险的旅游者的旅游满意度较之那些害怕冒险旅游者往往是偏高的。

(二)自我形象一致性和旅游消费行为之间的关系

自我形象一致性对旅游消费行为产生重要的影响,图8-2很好地概括了二者及相关概念之间的关系。从图8-2可以看出,目的地的环境因素,同时影响目的地知觉到的功能归因和目的地旅游者形象,从而间接地影响了自我形象的一致性;目的地旅游者形象和旅游者自我概念共同决定了自我形象一致性;目的地知觉到的功能归因和目的地理想上的功能归因又共同决定了功能属性的一致性;自我形象的一致性与功能上的一致性共同影响消费者的旅游行为(Sirgy and Su,2000)。

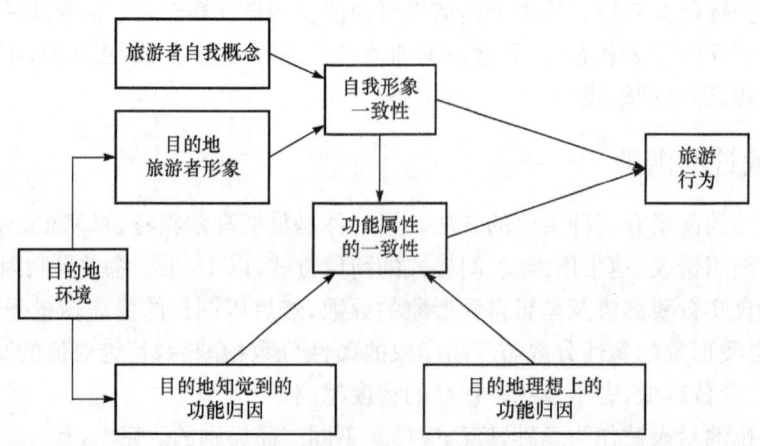

图8-2 自我形象一致性影响旅游/消费行为的整合框架

资料来源:Sirgy and Su,2000.

（三）自我形象一致性与旅游兴趣、旅游可能性的关系

自我概念理论中自我形象-产品形象的一致性模式同样可以应用到购前行为，自我形象的一致性会影响到旅游兴趣和是否出游。旅游者在出游之前，会提前了解旅游目的地的一些相关信息，对目的地形成初步的感知形象。如果这一形象与自我形象的一致性较高，就可能会增强其出游意愿；反之，如果旅游目的地的感知形象与自我形象相差万里，则可能会降低出游的可能性。这一点也同样回应了上一点内容，也就是自我意象的一致性会影响旅游行为(Litvin and Goh, 2002)。

（四）个人主义/集体主义在自我形象一致性与消费行为之间产生的影响

在自我概念理论中自我形象-产品形象的一致性模式的研究基础上加入文化因素，可以探讨个人主义/集体主义在自我意象一致性与消费行为之间可能产生的影响。李特文和高认为，无论是真实自我形象的一致性，还是理想自我形象的一致性，当自我形象的一致性越高时，倾向个人主义的消费者满意度较高(Litvin and Goh, 2003)。

（五）目的地自我形象的一致性与品牌偏好以及购买的关系

目的地自我形象一致性(destination-self-congruity, DSC)是当地居民、旅游者，以及目的地各象征性元素的实际自我形象与情感目的地形象对比的直接结果。马尔霍特拉的语意差异量表，以及直接而整体的自我形象一致性问句可以直接对乡村旅游的旅游者进行问卷调查。经过研究学者指出，直接测量的方式是衡量DSC最好的表现方式，通过测量评定可知，学者指出自我形象的一致性与购买意愿有显著的关系，重游对旅游目的地的形象认同会相互加强，因此而衍生出旅游经验在自我形象一致性和旅游行为上角色的探讨(Kastenholz, 2004)。

（六）目的地品牌个性与旅游者的自我一致性之间的关系

约克塞尔(Yuksel)等提出了目的地品牌化的过程和内涵的理论模型，旅游目的地品牌化是目的地与旅游者之间的一种互助关联，情绪需求与基本需求是首先要满足的。然而，更重要的是，要使旅游者形象和目的地形象之间达成一种有效的链接状态，即自我一致性理论。目的地个性与旅游者的自我观念应当是协调一致的。将自我一致性理论应用于旅游目的地领域，可以得知，目的地个性与旅游者的自我观念越是匹配，旅游者就越是对该目的地抱有好感，这种好感将会导致旅游行为或是传播推广。因此，了解目的地个性与旅游者自我观念之间的一致性对于旅游者行为复杂本质的了解大有裨益(Ekinci et al., 2011)。

本章作业

1. 简述个性的概念、影响因素与测量方法。
2. 试列举几种类型的旅游者，并分析其人格特性？
3. 自我概念的含义及动机是什么？试述其测量方法？
4. 试述自我一致性的测量方法。

延伸阅读文献

王登峰, 崔红. 2005. 解读中国人的人格. 北京：社会科学文献出版社.

Ekinci Y, Sirakaya-Turk E, Preciado S. 2011. Symbolic consumption of tourism destination brands. Journal of Business Research 90:250-258.

Litvin S W, Goh H K. 2002. Self-image congruity: a valid tourism theory? Tourism Management, 23(1): 81-83.

Sirgy M J, Su C T. 2000. Destination image, self-congruity, and travel behavior: toward an integrative model. Journal of Travel Research, 38 (4):340-352.

第九章　旅游感知与认知

□ 本章导读

　　人类的旅游行为多是通过被认识的社会环境的刺激,经由感觉和知觉对信息的加工作用而产生的,因此,要理解旅游者的行为,首先要熟悉感觉和知觉的基本原理。本章从基础心理学中的感觉和知觉的介绍入手,探讨感觉和知觉信息加工机制及感知过程对旅游者购买的影响,最后重点阐述旅游感知和认知的关系及其影响因素。

第一节　概　　述

一、感觉与知觉的概念

（一）感觉

　　日常生活中,我们无时无刻不在接触各种客观刺激,任何客观刺激都具有光、色、声、味、温度等属性,这些属性作用于人的眼、耳、鼻、舌、身等感觉器官,就会在大脑中形成听觉、嗅觉、味觉、视觉等,这些反映就是感觉。感觉是一种最初级的经验,是我们认识客观世界的第一步,是我们关于世界一切知识的最初源泉。
　　《中国大百科全书·心理学——普通心理学》将感觉定义为:客观刺激作用于感受器官,经过大脑的信息加工活动所产生的对客观事物的基本属性的反映。感觉作为认识过程的初级阶段,它为知觉及其他复杂认识过程提供了最基本的原始材料。通过感觉,人们从外界获得各种各样的信息,这些信息在感觉系统的不同水平上经过加工,并与已经存储的信息进行对照,得到补充,从而产生了对外界事物基本的反映。例如,当我们看到一个苹果时,它直接作用于我们的眼睛,通过大脑我们反映出苹果的形状、颜色、光滑程度等,通过品尝我们知道了它的酸甜程度,这就是我们对苹果的感觉。感觉在人的心理活动中起着十分重要的作用,是心理行为变化的最基本变量,担负着对复杂事物的简单要素进行分析的任务。

（二）知觉

　　知觉是人对客观环境和主体状态的感觉和解释过程。感觉只是人脑对客观事物某一方面属性的反映,而知觉则是视觉、听觉、触觉、运动觉等多种感觉协同化的结果。任何事物都包含着个别属性,这些个别属性并不是各自孤立的,而是一个综合的整体,在知觉过程中,人脑将各种感官刺激转化为整体经验,从而形成人对客观事物和身体状态整体形象的反映。知觉不是各种感觉的简单相加,而是按事物的一定关系被整合成一个完整的、有意义的映像。
　　事实上,在正常的日常生活中,纯粹的感觉是不存在的,感觉信息一经感觉系统传达到脑,知觉便随之产生(黄希庭,2007)。当一个苹果出现在我们面前时,我们马上会认出"这是一个苹果",而不会说它是其他东西。这里需要强调的是,知觉是随着人的实践活动的丰富而发展起来的,和人的知识经验密切相关,是在现实刺激和原有知识经验的相互作用下形成的结果,和感觉相比,具有间接的性质。此外,知觉会受到诸多心理特点的影响和制约,人的情绪、兴趣、态度、价值观等都会影响到人们的知觉过程,如人在心情愉悦时,倾向于把很多事物知觉为美好的,反之亦然。

总之,感觉和知觉紧密相关,都属于人的认识的初级阶段,即感性认识阶段。从感觉到知觉是一个连续的过程,感觉是知觉的前提和基础,知觉是感觉的深入和发展。由感觉而变为知觉,其间要经过选择的历程,感觉是知觉的基础,但有了感觉未必会产生知觉;感觉是个体获得此时此地的事实资料,知觉是个体将感觉资料与经验联结而产生的组织;个体靠感觉接受到刺激,但决定其行为的则是知觉因素。没有感觉和知觉,也就不会有记忆、思维、想象、意志等复杂的心理活动。所以,感觉和知觉是正常心理活动形成、发展的基础,也是我们认识世界的开端。

二、感觉的分类

客观事物有各种不同的属性,它们作用于人的不同的感官使人产生各种感觉。"感觉"一词是多种感觉的总称,在心理学上最受重视的是视觉与听觉,其次是嗅觉、味觉、触觉,它们合称五大感觉(张朝等,2008)。

（一）视觉

视觉是个体借助眼睛辨别外界物体明暗、颜色和形状等特性的感觉,对光波 360~780nm 的反映(很小范围),是人类和其他动物最复杂、最重要,也是生物进化过程中得到高度发展的感觉(梁宁建,2006)。现实中我们常说"一饱眼福",就是视觉享受的满足。在旅游过程中,我们会被各种雄、奇、险、秀、幽的自然之美所折服,被各种雄壮、规模庞大或精巧别致的人文景观所惊叹。比如,以山色称绝的丹霞山,构成它的红色砂、砾岩呈现出绚丽的色彩,远看似染红霞,近看五彩斑斓,令人称奇。大自然的植被随季节变化而呈现出春的翠烟弥漫、夏的碧海无涯、秋的层林尽染、冬的银装素裹,令人流连。万里长城的雄伟、兵马俑的庞大气势、古典园林的静雅别致等,这些自然或是人类的杰作无不给予人们一场视觉的盛宴,让人感慨万千。

（二）听觉

听觉是人通过听觉器官对外界声音刺激的反映,是仅次于视觉的重要感觉。听觉与视觉相互补充,从而为人脑提供来自各方面的信息,使人对客观事物形成更全面的认识。声音是由发生体的振动引起的,根据振动是否具有周期性,可将声音分为乐音和噪声。我们日常所说的噪声,从心理学的角度讲,就是我们不希望听到的声音。我们在欣赏旅游景观之美的过程中,不仅会得到视觉上的享受,同时还可能会有听觉上的震撼。惊涛拍岸的潮流、空山雄浑的飞瀑、恬静的涓涓细流各自弹出了不同声域的乐章,悦耳动听,给人以音乐美的享受。例如,安徽黄山的鸣弦泉,泉水叮咚作响,宛如弹拨琴弦的声音,清脆悦耳,有古诗描述云:"山空滴沥如下注,转觉飘洒若风雨,却按宫商仔细听,二十五弦具不住。"

（三）其他感觉

虽然我们对于外部世界的信息大都来自视听,但是其他感觉带给我们的各种信息也是非常重要的,嗅觉和味觉就是仅次于视听的重要感觉,能从更多角度加深我们对事物的认识。其次还有触觉,即人的皮肤受到刺激而产生的多种感觉,如疼、痛、冷、热、硬、软等。平衡觉是反映头部运动速率和方向的感觉。人们晕车、晕船等现象就是由于身体急速摇晃,内耳的前庭器官来不及调整而产生的眩晕现象。运动觉是反映身体运动和位置状态的感觉,肌肉收缩和放松时的压力和张力是动觉的刺激。

总之,人的各感觉器官受到外界刺激会通过人脑传递出不同的感觉,这些感觉之间还会相互作用、对比、补偿、联系等,使我们更加清晰地辨别事物的属性,了解自身的运动、姿势及内部器官的工作状况,为下一步的知觉奠定基础。

三、知觉的特征及分类

（一）知觉的基本特性

(1) 理解性。知觉理解性是指在知觉过程中,人根据自己已有的知识经验对客观事物进行解释,并用词语加以概括与标志以赋予其意义的组织加工过程(梁宁建,2006)。同一个知觉对象,由于人的知识经验背景的不同,对其的知觉加工也是不同的,由此形成的知觉经验也会存在差异。例如,在峨眉山旅游中所见到的峨眉十景之一——金顶佛光,没有知识背景的人怎么都不会把它理解为一种自然现象,总觉得是佛光显现,激动不已;而有相关知识的人就会理解它只是一种大气光学现象,不是变幻莫测的。

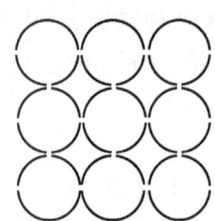

图 9-1　知觉的闭合原则

(2) 整体性。知觉的对象具有不同的属性,由不同的部分组成,但我们并不把它认为是个别孤立的部分,而总是把它当成一个有组织的整体。人在接受一个客观事物的信息时,总是会利用自己已有的经验,把单一的、零散的信息进行整合,有时甚至当事物的某些部分被遮盖或隐去时,我们也能将零散的部分组织成完整的对象。例如,我们乍一看图9-1,就会觉得是一组圆圈,尽管每个圆圈上都有缺口。这是因为我们的知觉已经把这些缺口"弥补"成一组完整的图像。

(3) 选择性。知觉的选择性是人有意或无意地把某些刺激信息或刺激信息的某些方面作为知觉对象而把其他事物作为背景进行组织加工的过程。因为人每时每刻都会接触到各种各样的事物和信息,所以不可能也不会把所有作用于感官的刺激信息进行反映,而会进行选择性的加工处理,从而排除其他信息的干扰,迅速地形成对事物的知觉。例如,在人群密集的地方,大多人都身着黑白灰色系的衣服,这时如果其中有一人穿着红色,那么我们肯定首先能把他区分出来。

(4) 恒常性。当知觉对象的刺激输入在一定范围内发生了变化时,知觉形象并不因此发生相应的变化,而是维持恒定,知觉的这种特性称之为知觉恒常性(黄希庭,2007)。知觉的恒常性在人的实践生活中具有重大的意义,它能使人在不同的情况下按照事物的实际面貌作出反应。一个人已有的知识经验,在知觉恒常性的产生过程中扮演着重要的角色。例如,从远处开来的一辆汽车很小,但大小恒常性仍然能够使我们知觉到它的大小足以载人;室内的家具,在不同颜色的光照下,我们对它的颜色感知依然保持不变。

（二）知觉的分类

(1) 空间知觉。生活在立体空间内的个体,必须能够了解自己与空间的关系及其变化的基本原则,而后才能适应生存。例如,猴子攀岩、老鼠归洞、飞鸟归巢等,其动作之敏捷准确,无疑靠它们对空间关系的正确判断。在我们人类生活中更是如此,但凡我们步行上下台阶、穿越马路、驾车转弯时,都需要时时刻刻了解自己与周围事物的关系,以及对位置、方向、距离等各种构成空间要素的判断,这种对空间关系综合了解的心路历程即为空间知觉。构成空间知觉的感觉基础,最主要的是视觉与听觉,而且空间知觉也和时间知觉有关。

(2) 时间知觉。了解空间中的物体的存在要靠空间知觉,但在空间中要了解事件发生的情况,就要靠时间知觉。时间知觉,即个体在生活环境中以某事件的发生为根据,对过去、现在、未来,以及快、慢等时间变化有所了解的心路历程。时间知觉的形成不以外界刺激和感官为基础,主要由生活环境的外在线索(如钟表等工具)和身体机能或生理历程的内在线索(如一日三餐有定时习惯者,每到吃饭时间就有饥饿感)来判断。但是时间知觉也会因时、因事、因地而有所变化。一般而言,个人在心情愉快时总感觉时间过得很快;反之,则会有度日如年或漫漫长夜的感觉。

(3)运动知觉。运动知觉指我们对客体或客体的部分在空间上的位置变化及变化速度的知觉,其对有机体的意义不言而喻。造成运动知觉的原因相当复杂,运动知觉的产生虽源自外界的刺激,但知觉的感受却并非由于刺激的变化而起,而是由于视网膜上的影像的移动而生。例如,当我们坐在火车内注视车外较近的物体,你会觉得物体迅速地在后退,但是远处的云朵或月亮又好像跟车子朝相同的方向前进。而当你坐在室内,转动头部环顾四周,这时虽然周围物体的光波投射在视网膜的不同部分,但是你仍然感觉到室内的物体并没有因此而移动。由此可知运动知觉是相对的,而非绝对的。

(4)错觉。错觉指在特定的条件下对事物必然会产生的某种固有倾向的歪曲知觉,它是在一定条件下必然发生的正常现象。在我们日常生活中,会有各种各样的错觉,如颜色错觉、运动错觉等。尤其是视觉方面,经常会出现看来如此的东西,实际上并非如此。例如,现实生活中一些商店、餐厅为了增添宽敞的效果,往往在墙面上镶上巨大的反射玻璃或镜子,这样给人感觉比原有面积大了很多,这就是错觉所致。我们在欣赏旅游资源,尤其是奇峰怪石景观时,也经常会有错觉出现,而这些错觉正是景观的神奇特色所在。例如,长江三峡的巫山神女峰,游客在远处眺望,烟雾中的神女峰确实像一位风姿绰约的少女,而当烟雾散去,再近观时,才发现那只是一块普通的石头,而没有错觉中的美丽动人。在中国的古典园林设计中,错觉的运用更是淋漓尽致。造园手法中的藏景、障景、借景,欲扬先抑、虚实相生,使得游客总有"山重水复疑无路,柳暗花明又一村"的感觉,入小园而不觉园之小,入大园而不觉园之旷,观假山而觉是真山。

第二节 "感知"——信息的加工过程

心理学研究中将感知分为两个不同的心理活动阶段——感觉和知觉,其定义也不同。感知的整个过程就是人体借助一定的接收器,通过感知主动获得一定量的信息,并对这些信息进行逐层加工的过程。这个过程构成了一个复杂的动态信息处理器,它不仅运用已有的个体经验加工接受信息,而且还会根据信息加工的结果支配个体活动,以对外界作出反应。

一、感觉信息的神经加工机制

人的心理活动最基本的原材料来源就是感觉。虽然我们意识不到感觉是发生在脑中的,但感觉是在脑中经过一个复杂的神经通路形成的。感觉的神经加工包括三个主要环节:对感受器的刺激过程,传入神经活动,中枢神经系统特别是大脑皮层的活动,从而产生感觉经验(黄希庭,2007)。

每种感觉都有相应的感受器和适宜刺激,心理学中把作用于有机体并引起反应的任何事物都称为刺激物,刺激物对有机体的影响称为刺激。感觉信息的第一个加工环节就是对感受器的刺激过程。来自外界环境的光、声音、气味、味道等的刺激被人的感觉接收器接受后,会转化为神经冲动,并反映不同的性质和强度。在此环节,感受器并不是消极的受纳器,而是会有选择的注意到一部分刺激,而其中更少的刺激会得到处理。第二个加工环节是传入神经活动,它把神经冲动传递到中枢。接着,最后一个环节是大脑皮层的活动,经过加工处理把感觉转变为指示性传出信号,经传出神经达到有机体相应的效应器。感觉的整个神经加工过程,如图9-2所示。

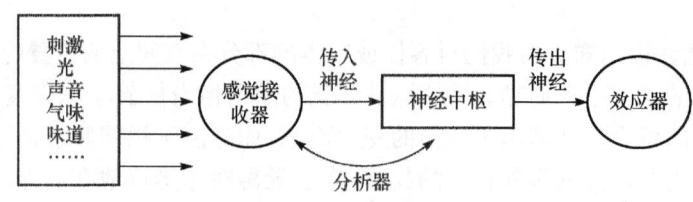

图9-2 感觉的神经加工过程
资料来源:梁宁建,2006.

二、知觉的信息加工机制

感觉是人对客观事物的直接反映,其对信息的加工更多停留在接受阶段,真正的信息处理阶段是知觉,通过知觉,我们才能得到有意义的信息解释。知觉包含了若干相互联系的作用或过程,如检测、分辨和识别(identification)等。知觉包含两种相互联系的信息加工:自下而上加工和自上而下加工。

(1)自下而上加工。自下而上加工也称数据驱动加工,是指由外部刺激开始的加工,即先对较小的知觉单位进行分析,然后再转向较大的知觉单元,经过一系列连续阶段的加工而形成的对感觉刺激的解释与理解。例如,当看一个英文单词时,视觉系统先确认构成字母的各个特征,如垂直线、水平线、斜线等,然后这些特征加以整合以确认这些字母,字母再联系起来而形成单词。总之,自下而上的信息流程是从构成知觉基础的较小的知觉单元到较大的知觉单元,或者是从较低水平的加工到较高水平的加工。因此,它受到外界刺激的影响更大。

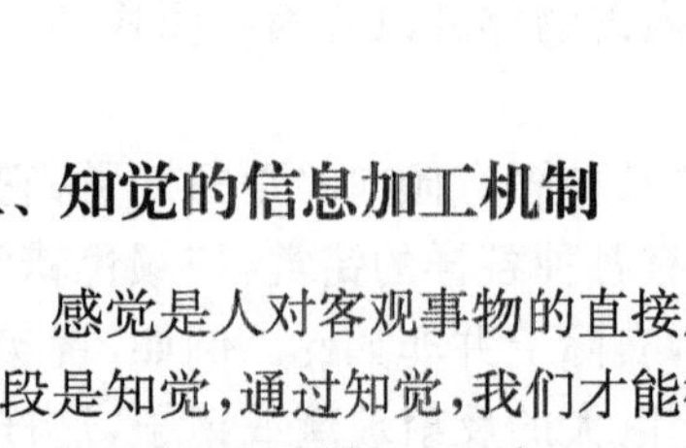

(2)自上而下加工。自上而下加工也称概念驱动加工,指知觉者的习得经验、期望、动机,引导着知觉者在知觉过程中的信息选择、整合和表征的建构,也称建构知觉理论(黄希庭,2007)。上下文效应和语境效应就是典型的自上而下的加工,它体现了人们运用自身已有的知识经验及概念来加工当前信息的过程。举个简单的例子,在图9-3中,我们看到第一行时,很多人都会念成"THE CAT",而在第二行中,第一个字母又会很自然地读成字母"A",其实这个字母既不是"H",也不是"A"。同样,字符串中的字母B放到数字串情景中就会被错看为13。

图9-3 自上而下加工图示
资料来源:黄希庭,2007.

知觉中的自下而上加工和自上而下加工是两种不同的信息加工过程,二者是相互联系、相互作用的,构成了人的整个知觉过程。图9-4表明了输入信息的感觉、知觉组织到辨识和识别的加工过程。当知觉表示来自感觉输入中的信息时,就会发生自下而上加工。当知觉表示受个人知识经验、动机、期望及其他精神活动影响时,就会发生自上而下加工。

三、"感知过程"与旅游者购买决策

在旅游中,任何一个旅游者的购买决策的制定首先都来源于对旅游地的感知,而整个感知过程也正是购买决策制定的有关信息处理过程。心理学家将感知过程称为"消费者暗箱"的内部自我完成的复杂的心理活动。通过图9-5，我们可以更好地理解感知过程是怎么完成旅游者的购买决策的信息处理的。

首先，在旅游之前，任何旅游者经历长期的社会生活，都会得到一些地方的自然和人文的信息，在心目中自然筑起关于该地的形象感知，这也就是先前的储备经验。比如，在中国人的心中，一提起内蒙古，都会想到"天苍苍，野茫茫，风吹草低见牛羊"的情景，而对于苏州、杭州，能构筑出那里江南水乡的旖旎形象。这些地方虽然从未去过，但是由于以前所受到的知识教育、日常见闻及一些民间俗语等，这些潜在的经验感知会在人们心中储备，很可能会激发人们的旅游愿望，但是这些潜

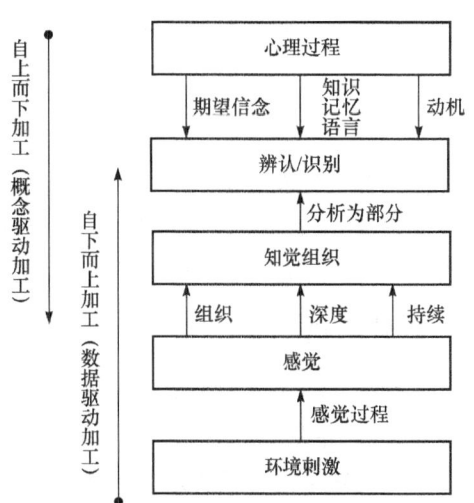

图9-4　自下而上和自上而下的信息加工
资料来源：Gerrig and Zimbardo, 2002.

在的印象往往不能直接激发人们的旅游行为，主要的刺激还是来源于各种外界环境，即各种外部信息的输入。

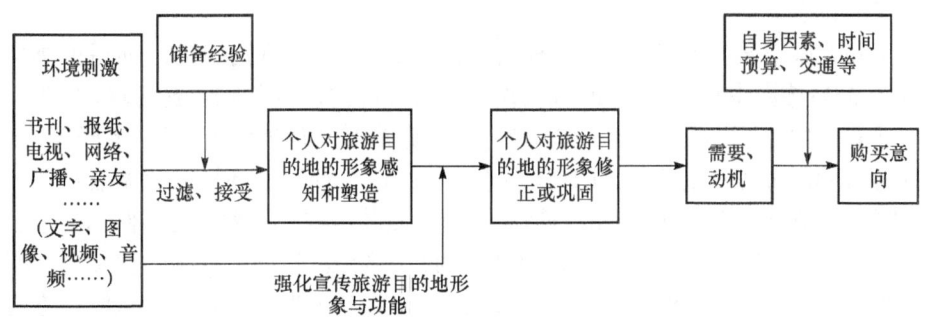

图9-5　感知过程与旅游者购买决策

旅行社的各种宣传、促销、市场营销手段就是典型的外部信息刺激，这些刺激信息的种类非常之多，文字、图像、视频、音频等，各种信息所达到的刺激效果也不尽相同。学者麦克凯和费森麦尔作了一个有趣的调查，他们从旅游心理学、广告学和景观设计学等角度，对北美的一些旅游目的地的图像和视觉资料进行分析，发现旅游目的地对旅游者的各种宣传资料中，视觉资料有着非常重要的作用。无论是何种宣传促销信息，潜在旅游者都会调动自己的五个感觉——视觉、听觉、味觉、触觉和嗅觉，来评论这些产品服务和信息并进行有选择性地筛选和接收，在心中留下一个模糊的旅游地形象。

潜在旅游者会继续受到各种外界信息的反复刺激，尤其是市场营销者会运用多种渠道的传播方式，如平面广告、杂志广告、网络广告等广告组合，在不同地点、不同场合、不同时间来不断刺激，强化明确旅游地的形象和独特之处，使其加深印象。经过多次的信息刺激，潜在旅游者心中的旅游地形象就会不断被修正或巩固，从而真正激发自己的旅游需要。

同时，这些潜在的旅游者还会考虑到自身的条件、时间、预算、交通等方面的因素，产生购买的意向。当然，也会存在一些冲动型消费者的例子，他们的区别就是没有经过仔细的感知比

较,凭借部分的刺激信息就能迅速地激发购买决定。

第三节 旅游感知与认知

感知和认知在旅游中的应用处于混杂的状态,尤其是旅游认知,国内外运用很少,并没有明确的概念提出,但是二者在旅游心理与行为中却占有重要的位置,贯穿旅游行为发生的整个过程。

一、旅游感知

心理学研究中将人的感知分为两个不同的心理活动阶段,即感觉和知觉。感觉是对刺激的觉察,知觉是将感觉信息组成有意义的对象,即在已存储知识经验的参与下把握刺激的意义。通过前两节对感觉和知觉的介绍,我们理解感知其实就是通过人的感受器不断接收刺激信息,并有选择地进行加工的动态信息处理过程。国内外一些学者根据心理学中的定义对旅游感知进行界定。例如,黎洁、赵西萍关于美国游客对西安的感知研究中,定义旅游感知是人们通过感觉器官获得对旅游对象、旅游环境条件等信息的心理过程。阿兰·迪克洛普将旅游者感知定义为:将外部世界的旅游信息转换为我们每一个人都会经历的内部思维世界的过程(Pizam and Mansfeld,2005)。但是这些定义只是心理学感知概念的移用,都没有考虑到旅游者行为自身的特点。

旅游感知在旅游研究中日益上升,研究内容涉及:旅游者抵达目的地前后的感知和经历(陆林等,1996);旅游中食、住、行、游、购、娱等社会方面的评价(黎洁、赵西萍,2000);旅游安全因素的前期评估(吴必虎等,2001);旅游地感知距离和常住地距离比较(解杼等,2003);旅游者在旅游目的地对各种旅游信息的评估;旅游目的地各种综合环境对旅游者决策行为的影响等(白凯等,2005)。这些研究中的"感知"究其本质其实都是一种评估、评价,有些已经和认知评价相互重叠。心理学中感知是人认识世界的初级阶段,强调个体被动接受外界信息。基于心理学对感知的定义及旅游研究者对感知的运用,笔者认为旅游感知是旅游者在旅游者常住地或旅游目的地将外部旅游信息被动接收后和自身已有的旅游经验进行对比所形成的和旅游目的地事物密切相关的认识和评价。

旅游者在旅游前,会受到有形与无形的信息影响,对目的地旅游产生初步的、不完整的感知,这是激发旅游需要的重要条件;旅游中,游客通过对目的地旅游吸引物的游览、旅游服务质量的体验,以及其他条件的相应感受,身心各种感官得到切实的刺激,就会形成实际的感知,为进一步地理解旅游目的地,即深入认知奠定基础。在感知过程中,旅游者对目的地的认识程度和情感水平在不断地变化,感知程度由浅变深,认知内容由少变多,情感水平沉睡或者唤醒、愉快或者不愉快、烦恼或者放松、沮丧或者兴奋(Russell and Snodgrass,1987)。

二、旅游认知

人们在日常生活、工作和学习等各种活动中,时刻都会接触到大量的信息,并且产生各种各样的想法与行为。例如,我们在大街上看到一家醒目的商家招牌,会在心里留下一定的印象,之后通过查找信息,了解了这家商店品牌和信誉后,才会决定是否进行购买,这个过程就是认知过程。1967年,奈瑟在其《认知心理学》中将认知定义为感觉输入的变换、减少、解释、储存、恢复和使用等所有过程。相比感知来说,认知是建立在感知的基础上,其范围涵盖了感知,是在感知被动接受信息刺激并加工的基础上激发个体的注意,进而主动展开的信息搜索的记忆和思维过程。

在旅游中,认知概念的运用在国外较为少见,主要用于文章中理论探讨的支持说明,没有针对性的实证研究。相关研究指出旅游者认知导致旅游者价值体系的形成,也就是反映相关的旅游经验(Gnoth,1997);旅游认知是旅游者对旅游目的地综合环境的评价(Abraham et al.,1999);旅游者社会认知水平会影响旅游者满意度的形成(Chhetri et al.,2004),认知评估导致认知情感状态(Bigné et al.,2005);旅游者认知经验受旅游者教育水平、信息接收水平和兴趣的影响,不同国家旅游者兴趣差别会影响旅游者的认知水平(Vitters et al.,2000)。这里特别要提及的是德博拉和理查德在《旅游者多重价值模型》一文中系统讨论了旅游者认知和旅游者个人价值之间的关系。研究提出,旅游者个人价值判断是由二维空间价值构架而成:内部控制和外部控制,以及情感支配和认知支配。其中,认知支配的内部控制是旅游者因为兴趣而进行的学习,外部控制是度假地的安全、可告知亲友的知名旅游地和对本国情况的学习。但真正关于旅游认知概念的定义在文章中并没有见到。国内学者游旭群在其所著的《旅游心理学》中虽没有给出旅游认知的确切概念,但其借助相关旅游研究的成果提出了旅游认知是旅游者在旅游这个特殊活动中的认知,其特殊性表现在旅游过程中旅游者对物的认知与人的认知的交融性。这种对物的认知和对人的认知的交融及旅游活动的特殊性才使旅游认知具有一些不同于其他领域的认知特点,包括审美性、表触性和互动性(游旭群,2003)。

笔者根据心理学认知的定义及旅游学者的研究认为:旅游认知是旅游者在已有感知印象的基础上,根据原有旅游经验或实地旅游体验经历对旅游目的地相关信息主动进行选择、反馈、加工和处理的心理过程,该过程可以发生在旅游者常住地,也可以发生在旅游目的地,以形成对旅游地相关事物的总体认识和评价为最终目标。

上述定义和心理学感知和认知概念的区别在于,心理学感知和认知的概念强调对心理过程的研究,旅游者行为研究中旅游感知和旅游认知的概念强调对评价结果的分析。

三、旅游感知与旅游认知的关系

旅游感知和旅游认知是相辅相成、密切相关的,实践中也很难区分。旅游是一种复合交叉的融合性活动,从本质上讲,是人们以消遣、审美等精神愉悦为主要目的,到日常生活环境之外的地方旅行和逗留的各种身心体验。它是人们的一种短期异地休闲生活方式和跨文化交流活动(谢彦君,2004),其目的性导向强调在深入体验基础上对旅游经历和旅游目的地的总体评价。

旅游者在一次旅游活动中多批次、递进式的消费特点导致其行为模式处于不停地变化当中。旅游者在未开始旅游目的地的活动前,其行为要素涉及旅游动机、旅游偏好、旅游决策、旅游选择和旅游时空行为等考察变量,这些行为和旅游者接触的旅游目的地信息密切相关。此期间,旅游者在动机的驱使下,将外部信息和旅游者原有的旅游经验在个体大脑中不停地进行交换和加工,旅游者此时对旅游目的地相关信息的交换和加工介于主动和被动之间,属于心理学所强调的感知和认知的交替状态。也就是说,在旅游活动前,旅游者感知和认知行为伴随着旅游动机的产生而产生,随着外界信息交换的增加而发展。当旅游者在目的地的旅游活动开始后,因为环境的变化旅游者以实际体验的方式重新开始主动和被动地接收旅游目的地的各种信息,在此期间,旅游者行为受动机、偏好、选择、评价、时空行为、客主交互等行为变量的驱使,感知和认知行为存在于旅游者行为的各个变量中,促进了旅游者各种行为的形成。旅游者这种和旅游目的地之间的感知和认知行为最终在旅游者回到常住地后结束,其标志是旅游者根据亲身体验后给出的关于旅游目的地的主观总体评价。这也说明了,旅游者感知和认知印象的形成不是其先天大脑就已经拥有的,而是在旅游环境变化的过程中循环加工和自我调整下逐渐固化和沉积的,这个过程和旅游者个体心智密切相关,其最终的平衡是内心自我调节的结果。

虽然旅游感知和认知在旅游行为过程中相互交织,但二者是两个不同的概念,也存在区别。相比旅游感知对信息的加工理解,旅游认知要相对主动,而且涵盖的范围更大,理解的程度也相对较深。旅游感知往往侧重于对旅游过程所见、所闻、所感的表面评价,或者说是倾向于对目的地接触对象的感性认识。而旅游认知则由于自己主动的收集资料和加工信息,对旅游目的地接触对象的了解较深,而且经由自己的思考,所得出的评价也较理性一些,而且此评价结果在一定程度上还蕴含着旅游者的未来期望。

总之,旅游者感知和认知都强调的是旅游者对旅游相关事物的认识和评价结果,这也是与普通意义上的感知与认知最大的不同。

四、旅游者感知和认知的影响因素

(一)客观因素

1. 感知和认知对象的特征

感知和认知首先来源于刺激,旅游感知和认知也首先由对象开始。由于旅游行为领域的复杂性,旅游感知和认知的对象既有物的自然方面的,也有人的社会方面的。即使各种刺激都存在,如果没有自身独特的形象,或是一定的强度和突出的属性,又怎么能吸引旅游者的眼光和反应呢?所以感知和认知对象自身的新异性和一定的刺激强度是非常重要的。

人们都有求新、求异的心理,尤其是旅游者外出旅游就是为了逃离日常同质的生活环境,希望有新奇的、不一样的体验。个人不可能接触到感知环境中的所有刺激,而只能有选择地进行接收,所以当一些刺激比较新异时,就更容易被旅游者纳入感知之中。例如,设计上或者色彩上独特的宾馆建筑,招牌显眼、广告响亮的街边小铺,历史悠久、民俗风情浓厚的特色古镇,或是阳光和煦、气候宜人的海滨浴场等,这些都会因其新异而具有较强的刺激,更易吸引人们的注意。

2. 对象和背景的差别、变化

背景是指人们感知对象之外的事物或环境。一般而言,对象和背景的差异越大,就越容易引起人们的感知。对象是主体、背景是衬托,背景的变化越大,越能显现出对象的光彩,就越容易引人注意,增加游兴。所以在做广告时,应注意主题与背景之间的差异,才能发挥宣传的效果。一幅宣传某海滨度假区的绘画纵使再逼真形象,但若忽略了度假区的名称和地点,也只能当一般的风景画了。

3. 感知和认知对象的组合

对象的组合状况对人的感知和认知的影响也不小,完形心理学中系统地研究了四种主要的组合完形法则,即相似法则、接近法则、闭合法则和连续法则(张春兴,1994)。

就相似法则而言,如果两种感知对象相似,就容易被人感知为一体。很多西方人常将日本人、朝鲜人和中国人混为一谈,这是因为这些人的外貌相似所致。旅游者在旅游过程中,如果处在一个和自己文化风俗相似的地方,就会更容易地进入那个环境,根据自己已有的习惯去感知和评价旅游地。

就接近法则而言，人们会有选择地把有关信息组合成一个对主体有意义的模式加以感知。例如，苏州和无锡、昆明和西双版纳、黄山和九华山，因为它们的距离接近，旅游者会把他们视作一条整体的旅游路线；北京、西安、洛阳、南京会被作为古都一起认知；三亚、夏威夷、马尔代夫常被作为海滨胜地而被旅游者认知了解。

就闭合法则而言，虽然刺激物的特征并不是完整的，人脑会主动运用已有的经验增加刺激物的特征，以便获得合乎逻辑的感知对象。比如，一些宾馆的广告宣传中并不会特意强调宾馆内部的情形，但从它展示的漂亮的外观，优美的周边环境，游泳池边服务人员的殷勤服务，人们就会推测其内部的房间、餐厅等一定有相同的水准。

就连续法则而言，凡是个体对象在空间和时间上具有连续性，就易被感知为一个整体。比如，在一个旅游区，尽管很明显可以区分出白种人、黑人和黄种人，但是由于他们是朝着同一个地方前进，当地人很容易就把他们视为一个旅游团队。

4. 旅游感知和认知的情境

在旅游过程中，旅游者要面对形形色色的人群，包括旅游服务人员、其他旅游者和旅游地居民等，这些人构成的情境都会影响旅游者自身的感知和认知。很常见的就是旅游者的一种从众消费行为。比如，在一个旅游地，旅游者看到周围的游客都在购买当地物品时，他也会不自觉地停下来购买。而当周围的人评价一个酒店不好时，旅游者就会犹豫是否要选择住宿。当然，认知情境对旅游者的影响还取决于旅游者自身的因素，如性格、个性等。

5. 旅游者的生理条件

旅游者正常的感知和认知必须以个体感官器官的完好和功能正常为基础，否则，其产生的感知评价必然与他人不同。例如，在旅游活动中，身体残缺或体弱的人会对爬山信心不足，听力有障碍的人无法明白导游的解说，就会产生误会等。

（二）主观因素

旅游者的感知和认知不仅要受客观因素的影响，也会受到自身主观因素，主要是心理因素的影响。在日常生活或旅游中，我们常会见到不同的人对同一对象的感知和认知是完全不同的。尤其是在复杂的旅游活动中，个人因素会起到很大的作用。

（1）旅游者的经验。由于每个人所受的教育和知识积累程度不同，其信息储备也是不同的。个人的储备经验在旅游活动感知和认知中会起到重要的作用，是旅游感知和认知的基础。旅游者在选择各种刺激时，都会受到以往个人经验的影响，个人经验越丰富，其感知内容就越全面，认知理解程度就会越深。例如，在去西安旅游之前，旅游者通过旅游广告、网站介绍和朋友了解等，会在心中储备一定的景点知识，形成一些见解的印象，这些对旅游者的真实感知将起到关键作用，因为他到达西安时可能会更多地关注这些对象，而且还会根据先前的经验来进行评价。

（2）旅游者的兴趣。感觉是有选择性的，而这种选择性与人们的兴趣关注点密切相关。换句话说，兴趣可以帮助我们筛除对我们不重要的事物。对美国感兴趣的人，平时在浏览旅游杂志时会更多的关注美国相关的景点信息；对饮食感兴趣的人，在旅游时就会尤为关注地方的特色小吃；对历史感兴趣的人，就会留意更多的古都、帝王、历史传说、文物古迹等信息，在古都旅游时，对其感知和认知的程度也要比那些对古都文化没兴趣的人要深刻许多。

（3）旅游者的需要和动机。在第二章我们讲到，旅游需要和动机是激发旅游行为的前提条件，同时也会决定旅游选择。在旅游过程中，凡是能满足旅游需要的事物，就更容易被旅游者感知和认知，成为注意的中心。比如，一些人旅游是基于社会地位需要，他们就会关注那些具有社会地位象征的目的地和旅游项目。而当有社交需要的旅游者在旅游过程中结识到几个好友时,即便因为一些客观原因影响了旅游体验的过程,但至少他满足了旅游的最初需要——结识到了几个益友,因此在对旅游的整体过程进行评价时,他的评价也会相对较高。

(4) 旅游者的情绪状态。情绪对一个人的感知有很明显的影响。在旅游过程中,我们在评价一些事物时,往往会受到情绪的左右。当一个旅游者处于愉悦的情绪状态时,他会积极主动地感知旅途中接触到的每一件事和每一个人,对其产生的评价也倾向于积极;反之,当一个旅游者处于消极低落的情绪时,他可能会选择避开人群,对周围的一切事物和人都毫无热情,对旅游结果的评价可能也会倾向于消极。

(5) 其他的个人因素。除了上述因素外,影响旅游者感知和认知的主观因素还可能包括:旅游者自身的年龄、性别、职业、受教育程度等人口统计特征。例如,不同年龄的人对同一个旅游活动的评价肯定是不同的,不同收入的人对住宿同一个级别的宾馆的感知肯定也有所差异。此外,还有一些因素,如旅游者的个性(沉稳的、活泼的、胆小谨慎、胆大冒险等)、宗教信仰(如信仰伊斯兰教的人对有"圣城"之称的麦加的感知和认知肯定要比普通人强烈)、传统文化、态度等也会影响对旅游过程的感知和认知。

本章作业

1. 感觉与知觉的概念是什么?知觉的分类有哪些?
2. 怎样理解感觉和知觉的信息加工过程?
3. 旅游感知和认知的概念是什么?怎样理解二者的实质?
4. 如何理解旅游感知和认知之间的关系?
5. 以自己的切身旅游经历为例,举例说明影响旅游感知和认知的因素有哪些。

延伸推荐阅读

白凯,马耀峰,游旭群. 2008. 基于旅游者行为研究的旅游感知和旅游认知概念. 旅游科学,22(1):22-28.

丁锦红. 2010. 认知心理学. 北京:中国人民大学出版社.

黄希庭. 2007. 心理学导论. 北京:人民教育出版社.

第十章 旅游者学习与记忆

□ 本章导读

学习作为影响人们行为变化的重要因素,对人们适应环境变化起到重要作用。随着旅游业的迅猛发展和旅游者本身经验的积累,旅游者通过学习获得越来越丰富的旅游经验,这促使旅游者更加成熟。面对铺天盖地的旅游目的地宣传广告,旅游者是如何挑选适合自己的旅游产品的?旅游产品是否能给旅游消费者留下深刻印象,而这种印象又能持续多长时间?上述问题,本章将给出部分答案。通过本章所学内容,你应该能解释旅游者学习与记忆的特征与特点,并能通过相关理论对旅游者记忆加以初步解释。

第一节 学 习

一、学习的概念

人出生以后,从牙牙学语到掌握高深的科学知识,从蹒跚学步到掌握各种复杂的运动技能,始终贯穿着学习这一主题。所谓学习,是指人在生活过程中,因经验而产生的行为或行为潜能的比较持久的变化。

首先,学习是因经验而生的。凡习惯、知识、技能、观念及生活活动,均属个体的经验。因经验而产生的学习大致有两种类型:一种是经由有计划的练习或训练而产生的学习,如通过培训而掌握开车技能,通过参加企业提供的技术指导班而学会操作、保养、维修某种机器,均属此种类型;另一种是由偶然的生活经历而产生的学习,如看到电视里介绍的某种化妆方法而予以仿效,看到某人闯红灯造成车毁人亡的场面而意识到遵守交通规则的重要性等。

其次,学习伴有行为或行为潜能的改变。从个体行为的改变,即可推知学习的存在。当某人表现出一种新的技能,如开车、游泳、打高尔夫球,我们即可推知,学习已经发生了。有时,个体通过学习获得的是一些一般性知识,如关于中国的历史或文化、关于中国的宗教与艺术,这类学习往往不会立即通过行为的变化外显出来,但可能影响着个体的价值观念和将来对待某些事物的态度,即改变着人的行为潜能。因为行为潜能不一定马上转化为外显行为,它本身又不能直接观察到,所以在很多情况下,学习对行为的影响往往是潜移默化却又十分深远的。

最后,学习所引起的行为或行为潜能的变化是相对持久的。无论是外显行为,还是行为潜能,只有发生较为持久的改变,才算是学习。药物、疲劳、疾病等因素均可引起行为或行为潜能的变化,但由于它们所引起的变化都是比较短暂的,故不能视为学习。当然,学习所获得的行为也并非是永久性的,因为遗忘是人所共知或每一个人都会体验到的事实。学习所引起的行为或行为潜能的改变到底能持久到什么地步,要视学习的材料与练习的程度而定。一般而言,以身体活动为基础的技能学习,能维持的时间比较长。比如,当我们学会骑车、游泳、滑冰等技能后,几乎可以终生不忘。对于知识观念的学习,学习内容有时会被遗忘或被新的内容所取代,但相对于那些暂时性变化,它们保持的时间也还是比较长久的。

二、学习的分类

对于学习如何分类,学术界迄今尚未达成共识。传统上,学习被划分为记忆学习、思维学习、技能学习和态度学习(叶奕乾、祝蓓里,1996)。从消费者行为分析角度,有两种分类方法是很有意义的。一是根据学习材料和消费者原有知识结构对学习分类,二是根据学习效果分类。

根据学习材料与学习者原有知识结构的关系,学习可分为机械学习与意义学习。机械学习是指将符号所代表的新知识与消费者认知结构中已有的知识建立人为性的联系。学习者并未理解符号所代表的知识,只是依据字面上的联系,记住某些符号的词句或组合,是一种生吞活剥式的学习。消费者对一些无意义的外国品牌的学习,很多就属这种类型。意义学习是将符号所代表的知识与消费者认知结构中已经存在的某些观念建立自然的和合乎逻辑的联系。比如,用"健力宝"作饮料商标,消费者自然会产生强身健体之类的联想;用"乐途"作为在线旅游服务公司的商标,则会使消费者对该企业所提供的服务产生"欢乐旅途"等美好的遐想相联系。消费者对这一类内容的学习,无需借助外在的和人为的力量,属于意义学习的范畴。

根据学习的效果,可将学习分为加强型学习、削弱型学习和重复型学习。消费者使用某种商品,如果觉得满意,可能会对与该商品有关的知识和信息表现出更加浓厚的兴趣,对该产品的好感和印象会由此而强化,所以,这一类型的学习被称为加强型学习。削弱型学习则是指通过新的观察和体验,使原有的某些知识和体验在强度上减弱直至被遗忘。消费者使用某种商品后如果不满意,或者通过观察发现别人使用该产品有不好的效果,他对该产品的购买兴趣就会减弱。就学习效果而言,这种类型的学习不是对已有行为的正面强化,而是负面强化。重复型学习则是指通过学习,学习效果既没有加强,也没有减弱,只是在原有水平上重复而已。

三、学习的影响因素

学习是行为的一种持久性改变,这种行为的改变常受到各种因素的影响,一般而言,影响学习的因素非常复杂,导致学习效果不一致。大体而言,影响学习的因素可分为三大类:一为学习材料,二为学习方法,三为学习者个人(林钦荣,1989)。

(一)学习材料

学习材料主要包括四方面,即材料的长度、材料的难度、序列中的位置及材料的意义性。

(1) 材料的长度。当材料的长度远超过记忆广度时,会引起学习困难呈"超正比"增加的现象,因此学习的材料较不易遗忘。较长的材料若经过学习者不断反复地学习,会加深学习者克服困难的决心,一旦困难克服之后,即产生深刻印象。

(2) 材料的难度。一般而言,简易的材料比艰难的材料容易学习,但习得之后未必易于记忆。固然,过于艰难的材料,易使学习者失去兴趣;但过于简单的材料,可能因缺乏挑战性,同样引不起学习者的兴趣。因此,学习材料的难易适中为宜,也应考虑个别的差异,并视学习者的能力与经验而定。

(3) 序列中的位置。学习一系列的材料时,排列在首尾的部分容易记忆。而无关联的材料,尤为明显。

(4) 材料的意义性。所谓意义性指和学习者个人过去经验或其目前的处境、现况有关而言,关系越密切,表示对个人越有意义,也越能引起学习者的兴趣和注意,就越容易学习。

（二）学习方法

学习时所采用的练习方法，也会影响学习的效果，主要包括下列四点。

(1) 集中练习与分散练习。学习时的练习方法可分集中在一定时间内实施，也可以分为若干时段实施。前者为集中练习，后者称为分散练习。一般而言，分散练习优于集中练习。这是因为集中练习给予学习者连续反应多，抑制量大，以致影响学习效果；而分散练习则因休息的缘故，反应抑制不易累积，故对学习不致产生过大的影响。

(2) 整体学习与部分学习。学习时，如对学习材料从头到尾一次练习，称为整体法；若将材料分为好几个段落，一段一段的练习，称为部分法。二者学习效果虽差不多，但通常智力较高者学习通常适宜采用整体法。此外，有一种前进部分法，就是先将学习的材料分为几部分，开始时先练习第一部分，再练习第二部分。等这两部分都已熟练后，即合并练习并使之形成一个整体，然后再单独练习第三部分，待第三部分熟练后，再与第一、第二两部分合并练习，形成一个更大的整体。如此逐渐扩大，直至全部材料学会为止。这种方法在形式上，较前二者为最佳。

(3) 学习程度。所谓学习程度，是就学习过程中个体正确反应所能达到的程度。通常在练习期间内，个体初次达到完全正确反应的地步，即称为百分之百的学习。若为了避免学后遗忘，再多加的练习称为过度学习。过度学习有时可以通过练习次数表示，有时也可以通过练习所需的时间来计算。过度学习需达到何种程度最能记忆，则需视材料的性质、材料对个人重要性，以及个人希望把它保留多久而定。

(4) 学习结果的获知。学习后必有成果，学习者能否获知这些成果，对以后的学习成绩有不同的影响。一般而言，学习者能获知学习成果，在学习上较能保持进步。综观其原因：①学习后的错误，得以作适时的修正；②学习后获知学习成果，将引起学习者继续学习的兴趣，成为引发个人学习的诱因。因此，在学习过程中，宜多提供学习者反应的机会，且其反应越具体、时间越短，学习成效越显著。

（三）学习者的个人因素

影响学习的个人因素很多，包括年龄、性别、能力、动机、情绪及个人特质等。以下仅列几项说明。

(1) 年龄。一般而言儿童是学习的黄金时代，但对技能与语文的学习，二十岁左右才是真正的黄金时代。主要原因在于成人的理解力高于儿童，学习也较快，只不过记忆力则远不如儿童。

(2) 性别。除了因男性的体力优于女性，较能担任大型技能性工作的操作外，在技能或语文的学习上，其实男女两性并没有显著的差异。因此，男女两性在学习行为上的差异，社会因素重于性别本身的因素。

(3) 动机。动机的强弱对学习的效果有很大的影响。一般而言，动机越强，且能得到酬赏，则学习效果越好。据研究显示，酬赏对个人动机有积极的作用，可鼓励个人继续进行某项行为；而惩罚则在制止某项行为的发生或再发方面具有消极的效果。因此酬赏对动机的引发常优于惩罚。

(4) 情绪。所谓情绪，是指个体受到某种刺激后，所发生的一种激动状态。根据心理学研究，个人对不愉快的情绪经验，常有动机性遗忘的趋势，但对愉快的情绪经验，则较不易遗忘。此外，情绪稳定者，不论在紧张或缓和的学习情况下，皆较不稳定者为优。

(5) 其他因素。一般经验显示，抽象凭记忆的材料较容易遗忘，而实际操作的学习则不太容易遗忘,这也是影响学习效果的原因。此外,所要学习的新反应与过去所学的旧反应或态度相吻合时,也才有利于学习的效果。

四、学习的基本历程

一般来说,心理学家普遍将学习理解为建立在经验上导致行为或行为潜能有持久变化的一种历程。在此历程中,个体的行为到底如何改变,又受到何种因素的影响,心理学家对此有两种不同的解释,分成"刺激-反应论"与"认知论"。

（一）刺激-反应论

刺激-反应论又称"S-R 理论"或简称联结论。它强调刺激与反应之间的关系,把学习解释为习惯的形成,即认为经由练习,在某一刺激与个体的某种反应间建立一种新的关系,此种刺激反应间联结的历程就是学习。此外又由于刺激与反应之间关系的不同,又有所谓"古典制约学习"和"操作制约学习"。

古典制约学习指俄国生理学家巴甫洛夫在 20 世纪初用狗从事消化实验时发现的一种唾液反应现象。即狗不仅在食物入口时有唾液与胃液的分泌,若作适当的安排,即使只听到铃声,或光看到食物,亦照常分泌,这就是学习的效果,称为制约反应。巴甫洛夫的实验方法,在心理学上被广泛运用于研究人类的学习行为。

另一操作制约学习（又称工具制约学习）则源于桑代克的尝试错误学习及斯肯纳的"斯肯纳箱实验"。桑代克认为学习主要是经由尝试与错误的过程而获得的,他以猫为实验,将其关进一个笼子里,笼外放置食物,观察其如何学习,猫经过一次又一次的尝试,终于拉动了连接笼门的拉杆,得以跑出来。至于斯肯纳的实验工具为一自动控制的设计,称为"斯肯纳箱"。实验时以白鼠为主,经由反复多次实验,每当白鼠按下箱中的杠杆,即可获得食物,久之,它这种按压杠杆的反应即为按后获得食物而满足的后果所控制。可说是因反应的结果带来满足,而加强了以后同类反应出现的机会,就此产生刺激→反应→奖励→反应的顺序,此种学习理论,目前则可用在特殊教育上。

依照 S-R 理论的看法,学习是经过反复练习逐渐形成的,且认为增强作用是影响学习的主要原因。通常可分为正性增强与负性增强。凡因增强物出现而强化刺激与反应的联结,即为正性增强;若因增强物的消失而强化某种反应的现象,则为负性增强。在工作中,员工为求取奖金而努力工作,则是正性增强;若为了避免受罚而努力工作,即为负性增强。

（二）认知论

认知论又称 S-S 理论,认为学习时的行为改变,是透过个体在其环境中,对事物间（刺激与刺激间）关系认知的历程,此种历程是领悟的结果。换言之,学习不必经过不断练习的历程,而只凭知觉经验即可形成。因此,学习是一种认知结构的改变。此理论主要根据凯勒的顿悟学习、特尔曼白鼠的符号学习的实验发展得来的。

依照认知论的看法,把个体对情境中刺激与刺激间关系的了解,视为构成学习的基本要素,因而强调认知与顿悟在学习历程中的重要性。同时,它们认为学习是经由个体主动的对情境的了解,而非被动的制约,所以增强并不是产生学习的必备条件。

以上两种理论似乎相互对立,但事实上,它们分别说明了学习历程不同的一面,因为人类学习行为是相当复杂的,不可能受单一原则的支配。一般而言,较陌生或较困难的问题情境多依"刺激与反应"的不断尝试错误的历程,而较熟知的问题,较易采用认知的顿悟学习。

第二节 旅游者学习

一、旅游与学习之间的关系

当社会从工业形态转变为知识经济为主的形态后,人们兴起一股"学习的贪婪欲望",不断透过各种途径和方式终身和自由地选择学习(Packer and Ballantyne,2004)。休闲场所提供了学习的重要媒介,如博物馆、植物园、自然公园、科学馆、动物园、水族馆、历史建筑、遗址和考古场所等,让人们可以获取信息、发展理念和建构对自身和所处社会的新视野。一些旅游文献中指出,学习逐渐成为显著的旅游动机之一(Mitchell,1998)。旅游学习或教育性旅游并非是当代的新概念,早在公元前的中国或十六世纪的欧洲即存在,可知学习与旅游之间关系久远密切。在这里,将首先从历史和社会层面来探讨学习和旅游之间的关系,进而理解旅游学习的内涵。

（一）历史层面

在电话、邮政系统、电视、书报杂志,以及互联网尚未问世的年代里,旅游者扮演着非常重要的角色。透过旅游者,新事物、新技术得以互相交流,生活物资得以互通有无,信息可以互相沟通,文化因而产生多元交流、融合与创造,同时,人类多样的基因也得以绵延和进化。

在中国,自古就有"读万卷书,不如行万里路"的古谚,中国最伟大的作品之一《水经注》,就是郦道元走访广阔社会,饱览壮丽自然美景,接触四方之民的生活习俗之后完成的。这种旅行,不是流浪,也不是浅尝辄止的观看,它强调与社会深度的互动、与人文亲密的交流,是一种极具教育意义的学习旅程。而16~19世纪的欧洲,尤其是英国的贵族子弟,流行在学业结束后,与一位家庭教师或贴身男仆,渡过英吉利海峡,到法国、意大利等欧陆国家城市进行旅行,体验学习不同的文化、艺术、语言和政治形态等。这趟旅行不仅是英国青年的成年礼,也是探索其他文化的一场学习之旅。这种旅行在欧洲,是贵族子弟成长中非常重要的一种教育方式,称之为"grand tour",中文将其译成"大旅行"或"壮游"。至19世纪,则开始有证据显示女人也可加入这种旅行。

近代,社会科学研究在20世纪二三十年代,则有类似民族志方式的旅游研究。为深入了解并学习不同文化而造访不同的国家,并透过结构性的研究方式将不同文化的民情风俗透过文字、图像等方式予以呈现,这也是近代显著的一种学习性旅行的方式。今日盛行的文化旅游与上述欧洲贵族的大旅行或研究性旅游不同,现今由于全球经济的繁荣,加上媒体的无远弗届,世人得以透过电视、电影或互联网感受不同国家的自然美景与人文风情,配合交通工具的四通八达,世人均可透过计划性的旅游来亲身体验不同国家的民情风俗和文化呈现。旅游除了休闲的功能,人们也期待能多了解其他不同文化的生活,扩展与发展不同的兴趣与知识(Bodger,1998)。换言之,旅游除了休闲、度假,亦可视为一种学习的机会。

（二）社会/哲学层面

旅行和学习的概念并不是一直都互相关联的。在古希腊时代,旅行是有钱有闲的贵族阶级才有的权力。在西方文化的诸多基础上,闲暇是其中之一,闲暇这个词在希腊语中指"学习和教育的场所",可知在古希腊时代,闲暇的本质是学习。闲暇、旅行和学习之间在哲学层面上是链接的,在社会层面上则是某种阶级才享有的。进入农业、工业时代,贵族奴隶的阶级消失,中产阶级兴起,工作逐渐成为主宰人们生活的核心价值之一,不工作整天无所事事的人会被社会鄙视——太懒惰了。生活就是为了工作,而休闲则是工作后的报酬,休闲时间就是陪伴家人、整理居家环境,为下一周的工作准备。此时的人们,工作与休闲是对立的,学习是学校阶段的事,休闲是一种娱乐放松,和严肃的学习也是相对立的。因此,在工业时代,闲暇、旅行和学习之间在哲学和社会层面上都是没有关联性的。

当轮船、汽车、飞机逐渐问世,且周休假日和年度长假的制度形成常态,大众旅游便逐渐成为一种为了寻求新体验和休闲乐趣而离开住所和工作的一种生活模式。随着科技发展、教育提升,产业结构的逐渐转变,生活日渐丰饶富裕的人们也逐渐从工作至上的价值观破茧而出。人生不再是为了工作而活,套句广告词"生命应该浪费在美好的事物上",在工作上展现能力获取实质的金钱回馈后,闲暇时间就是属于自己的时间。当代社会,许多人在工作一阵子存了钱后,会为了理想(或梦想)辞掉工作,出国进修兼玩乐,不仅开阔视野也学习新知,回国继续埋首工作。现代人,闲暇、旅行和学习之间的关系似乎有了新的链接关系,在哲学层面上,三者之间相互贯通,社会层面则具体实践。旅游的角色在当今社会不仅是一种关于个体社会与心理的需求,而且是个体生活的一种阶段(Gibson,1989)。

二、旅游者学习的过程

心理学的观点认为,人的全部行为都包含着某种形式的学习。这种观点认为,随着时间的推移,学习能引起个人许多行为的变化。在这里,我们主要感兴趣的是旅游者行为的变化,广泛地学习经验和理解信息带来的后果。换句话说,学习的产生就是人们体验和接触到信息的结果。现在我们来讨论旅游者学习的过程,它可以使我们进一步了解旅游者及其决策是怎样受到学习的影响的。

(一)经验

学习最本质的东西是概括,旅游者往往希望把作出决策所需的时间和精力减少到最低限度,要做到这点就必须进行概括。当一个人对特定情况作出反应时,他所采取的方法与他过去对类似情况作出反应的方法相同,这时,他就是在进行概括。例如,一位外国旅游者多次乘中国民航的班机,他都体验到了机组人员热情周到的服务,他可能由此断定中国民航所有的班机都会提供一流的服务。

对于旅游服务企业来说,应该了解概括的原理,充分利用旅游者概括的倾向,采取措施把他们的各种产品和服务相互联系起来,或采取措施阻止这种联系,以避免某一低水准的产品和服务影响与它有关的其他产品和服务。

实际购买就是在学习经验。这些经验影响一个人以后如何作出购买决策。这过程对大多数人来说是一个连续的过程。例如,人们从经验中知道,到大航空港选择转乘飞机,既要考虑相互竞争的航空公司的终点站,又要考虑班机起程时间,而选择饭店或汽车旅馆时,应首先考虑停车是否方便。

(二)信息

当一个人接触信息并对信息进行初步归类时,学习便开始了。这种与旅游者有关的信息主要来自两个渠道:商业环境和个体的社会环境。

1. 商业环境

商业环境包括广告、宣传和个人推销。旅游公司主要通过图片和文字传播信息,向潜在的购买者推销服务。一些学者认为,这种信息对潜在旅游者的影响是多方面的。首先,创造性地传播信息,可以强化旅游者已经形成的种种动机,并促使他立即作出未经周密计划的、冲动的决定。一个训练有素的经销人员可以创造非常有效的强化动机的方法,来促使买方立即作出反应。在同旅游消费者成交时,有许多方法实际上就是要强化购买者的动机。

商业信息通过诱导消费者改变决策的方式,也能影响他们的旅游决策。商业信息对于那些没有经验可借鉴的旅游者来说,特别具有影响力。这些信息有助于没有经验的旅游者学习怎样作出重大的旅游决策。例如,初次到外国旅游胜地去旅游的人可能从旅游广告和旅游代理人的谈吐中学到许多东西。

旅游公司也可以改变传递信息的内容,增加可供选择的旅游地,以便潜在旅游者选择。例如,当葡萄牙开始做"别有天地的葡萄牙"广告时,它竭力把葡萄牙包括在到访欧洲旅游者可能考虑要去的旅游区中。以旅游者为对象的商业信息,也可能无意中使旅游者联想起某个旅游服务质量低下的情况。例如,一家航空公司的广告强调自己能及时维修飞机排除险情,可能会使人们想到航空旅行有危险。当一家饭店公司用了"最惊奇的事也不惊奇"的广告语时,它不知不觉地表明了膳宿条件的标准化也许使人讨厌。当一家饭店公司把自己说成是"世界上最大的旅馆联营公司"时,人们可能想到"最大的"并非是总是"最佳的"。一位旅游代理人说"你选择了一个最受人欢迎的旅游胜地",这句话可能同时暗示旅游者对其拥挤现象应有所准备。所以,对旅游服务经销人员来说,十分重要的是,不仅要看到商业信息是潜在的旅游者学习旅游的重要来源,而且要看到商业信息给旅游消费者带来的消极作用。

2. 社会环境

旅游者的社会环境,包括家庭、朋友、熟人及其他人是他获得信息的主要来源。社会环境信息的效用不同于商业环境信息。朋友和熟人在与他人交谈信息之前,很可能已做了添油加醋地加工。例如,某人向一位朋友发表对某航空公司航班的旅行情况之前,会根据该公司能否满足他的要求来评价,而后,加上主观的看法还可能会强调,这种第一手的经验比来自商业环境的信息更加可靠、更加重要。换言之,朋友和熟人提供的经验被认为比商业信息更为可信,更无偏见。

来自旅游者的社会环境的信息,能对他的旅游动机产生强烈的影响。例如,以教育为目的的旅游,去国外旅游、参加文化活动的相对重要性将大大地受到身份相同的人和所属的各种有关团体的影响。在这种情况下,社会环境决定了经旅游者本人认真考虑的旅游方式。当某人缺乏直接经验时尤为如此。旅游经销人员如果了解潜在的顾客已经接触了哪种社会影响,就能从中得到好处。比如,当旅游者问:"你听说过神农架的情况吗?"对这类颇为简单的问题的回答,可能使你准确地觉察出潜在的旅游者受了来自哪个方面的社会影响。

旅游者可能会在他的社会环境中积极地搜寻信息,这不仅因为他认为这种信息比来自商业环境的信息更可靠,而且因为他在社会情境里容易双向沟通。社会环境允许个人提出问题,去获得有价值的,能使他减少风险和疑虑的信息。口头信息能促成个人作出判断,如为什么去杭州,而不去苏州度寒假;为什么住在喜来登酒店,而不住希尔顿酒店等。

3. 信息的搜寻

人们搜寻有关旅游决策信息的态度各不相同。旅游者是否精心地、审慎地去寻觅信息,取决于他的旅游经验,他在作决策时所觉察到的风险和疑虑的程度,以及他对作出一个最理想、最完美选择的重要性的认识。因此,最需要信息并积极地去搜寻信息的主要是以下三种人:没有旅游经验的人;在作旅游决策时感到有很大风险的人;认为有绝对必要作出尽可能完善的旅游决策的人。

下面详细地讨论一下最后一个因素,即作出最理想的旅游决策的重要性是如何影响信息收集行为的。去苏州还是去杭州旅游好,这个问题对某个人可能不太重要,而对另一个人却至关重要。换句话说,一些人觉得,任何一个可供选择的旅游胜地都会使人满意,另一些人却极为审慎地考虑到底去哪里最好。我们把前一组人叫做"满意者",后一组人称为"最佳者"。

旅游市场既有满意者,又有最佳者。也可能两种情况在同一人中兼而有之,做某项旅游决定时,如乘哪家航空公司的班机,或住哪家饭店,这个人也许只要选择一个满意的就行了;而作其他旅游决策时,如挑选度假地、交通工具,这个人可能非常重视最佳选择。满意者在搜寻信息时不很活跃,因为只要是满意的选择就够了,最佳者则想作出最完善的决定,因此,他需要更多的信息,并且在寻找信息时更为活跃。

关于度假旅游,满意者可能仅仅要求改变一下原来的旅游路线,而最佳者的要求更复杂些,他或许在表示想改变路线的刹那间,又会觉得:既然花时间和金钱去旅游,就必须得到最大的价值和充分的满足。

一项对从事野营的人进行的研究,说明满意者和最佳者之间在个性上的某些差异。野营活动可按几种不同的方式分类,其中一类属于象征性劳动。这种类型在追求"成果"的意义上是生产性的,它明确表明个人所花的时间和精力并非徒劳。钓鱼打猎的人如果回来时两手空空,而他又需要证明自己没有白花时间,那么他会感到十分失望。从海南岛度寒假回来的人,晒得黑里透红,这表明他在那里过得很好。最佳者非常需要确实的材料,证明他最充分地利用了时间和精力。而对于满意者来说,独自在林中散步,没有任何实质性的收获,或者钓一个下午的鱼,却没见到鱼影子,这都无关紧要。

上面的例子也说明了满意者和最佳者在旅游决策上的重要差别。满意者往往未加深思熟虑就作出决定,而且事后也不会有任何疑虑和后悔;最佳者很可能花大量时间和精力去评估两种可供选择的方案,在此过程中,他收集了大量信息,绞尽脑汁地考虑度假旅游的每一个细节。例如,他将会遇上许多各种类型的人物,他的房间的大小,饮食的质量,招待人员的名声,高尔夫球场的条件和有关费用等。

对于旅游营销人员来说,鉴别满意者和最佳者之间的差别是很困难的。但是,有一些表示两者差别的明显迹象,即最佳者想得到更多的信息,他很可能会不断地用一些细节问题纠缠销售者。而且,再次来访也是如此。显然,他们是最愿意花时间的顾客,因此也是难以对付和难以满意的。另外,对家庭度假旅游决策过程的研究说明这样一种倾向:一般来说,妻子是满意者,丈夫则是最佳者。在对驱车度假的 670 对已婚夫妇的一次调查中,同意"到哪儿去度假并不重要,只要能离开家就行"这种说法的,女性往往多于男性。这说明,典型的已婚夫妇,妻子通常是满意者。因此,她不愿意积极参加度假地活动决策,至少对家庭度假汽车停留地不发表意见。根据我们的看法,丈夫在家庭旅游度假决策中常常起着较积极的作用。这个情况对旅游营销人员有着重要意义。

三、旅游者学习与旅游者行为

学习怎样旅游还意味着个体旅游者必须学会区分互相竞争的旅游产品和服务,也就是说,他必须学会在旅游市场上当好一名顾客。作为一个消费者的旅游者,他必须学会怎样评价互相竞争的旅游产品和服务,以及怎样对待任何购买决策中所包含的风险和未知因素。我们也应记住,即使最有经验的旅游者也要继续学习和改变他的旅游行为。这是因为旅游产品和服务的价格不断变化,因为广告提供了新的信息,而且也因为具体的旅游服务项目的供应情况有所变化。有经验的旅游者也要继续学习,因为经过一段时间,他的收入可能增加,这就允许他考虑他过去不能考虑的东西。我们还被迫重新学习过去我们学过、却已忘记了的东西。从经验中学习是我们在市场所作决定的心理结果。当我们发现一种牌子的旅游服务和另一种牌子有何区别时,这就是一种学习。我们通过经验学习怎样评价互相竞争的各家连锁旅馆、航空公司和旅游地区。他们也从朋友告知他们的经历中学习。

关于我们怎样消费和这种学习怎样影响我们的旅游行为,必须强调风险和未知因素对我们在市场上所作决策的影响。任何人所作的任何决策都包含着风险和未知因素。但下面我们将要谈到,在购买旅游服务时,风险和不可知因素尤其突出,所作的任何决策往往会带来预料不到的后果,有时是令人很不愉快的后果。那么,当一个消费者作出决策时他可能感觉到风险,因为后果可能和他预料的很不相同。他可能感觉到当他租一辆汽车时,汽车会有损坏;冬季,他去南方旅游也存在风险,因为在南方他仍可能遇到不寻常的寒冷天气。甚至当旅游者已经在一家旅馆或一家航空公司预订房间和机票,并收到对方答复确认后,也存在着由于工作差错而住不上旅馆或买不到飞机票的可能;当他去一个有名的胜地度假时,也涉及风险,因为他的同行者可能认为该名胜已不符合时尚。

消费者们学习怎样对付这些风险和其他风险。为了解旅游者怎样减轻风险,首先必须了解人们所感知的两类主要风险:功能性风险和心理社会性风险。当所购买的产品或服务有可能不像预料的那样满意时,就存在着功能性风险,飞机出了机械故障,不在预期的目的地而是在其他地方着陆或者旅馆房间里的空调失灵。这些都是功能性风险的例子。

心理社会性风险涉及一项产品或服务是否能增强个体旅游者的幸福感,丰富他的自我概念,或改进别人对他的看法等。服装、汽车和许多旅游服务是显而易见的和象征性的物品,有很大的心理社会性风险。例如,在去夏威夷的旅游中,一个人可能遇到对增强其自我概念没有多少帮助的人们,这些都是一种风险。当人们感到所购买的产品可能既不能满足功能目标又不能满足心理社会目标时,因此可能既浪费钱财又浪费时间,这称为知觉性风险。当购买的是一件贵重的物品,如一辆新式汽车,一所新住宅,或一次昂贵的假日旅游时,知觉性风险就会令人十分不安。

和某一特定产品有关的功能性风险,心理社会性和财务风险的大小对消费者怎样对待这种产品和一个公司能否最好地帮助消费者减轻知觉性风险有重要的关系。一个人在购买过程中有下列原因可能感觉到风险。

(1)购买目标心中无数。虽然某一旅游者已经决定度假,但是他对进行什么样的旅游也许拿不定主意。他是在北戴河彻底地休息一周呢,还是徒步穿越秦岭度过激动人心、充满冒险的一周呢?

(2)购买的酬偿心中无数。假定购买目标已经明确,某旅游者也许对购买哪些东西可以最大地满足购买目标仍然心中无数。如果假日旅游的主要目标是想彻底休息一下,哪一种旅游获得效益更大呢?是在北戴河度过一周呢,还是在三亚度过一周呢?

(3)购买经验缺乏。一个人过去在购买决策方面没有多少经验,因此感觉到风险。一个初次到国外旅游的人所面临的可能就是这种情形。

(4)积极的和消极的后果。某旅游者可能感到所有的选择都有积极的和消极的后果。乘飞机是到达目的地最快的方式,但是却不能看到沿途的风光。

(5)财务上的考虑。在预料到他的财务状况可能有重要变化时,一个人就会感觉到风险。在经济萧条时,一个意识到他可能会失业的人也许就是这种情形。

人们通常在任何特定的购买情况下都会感到某种程度的风险。人们通常也试图以某种方式减轻这种感觉到的风险。在这方面他们可以取得旅行社的帮助,因为这些旅行社知道引起各种知觉性风险的原因,并懂得怎样帮助人们减轻这些风险。事实上,专门的旅行社在帮助旅游者正确对待和减轻知觉风险方面起着独特的作用。

（一）如何作旅游决策

人们用三种方法来试图减轻知觉性风险，从而作出旅游决策。

1. 对产品和服务寄托较少的期望

减轻知觉性风险的一种方法是降低我们对一种产品或服务的期望。我们可以期望新汽车的汽油消耗定额高于环保部门的估计数，或者期望在度假期间天气至少有一段时间不太理想。通过这种对产品寄托较少期望的做法，我们可以有效地降低知觉性风险。

然而，根据一些权威人士的看法，对产品或服务寄托较少的期望并不是一项很流行的减少知觉性风险的策略(Robertson，1970)。在旅游和旅游服务方面尤其如此。度假者往往把他们的旅游理想化(Lundberg，1976)。他们对将要去的地点充满幻想，从来没有想到过在夏威夷可能下雨，也从未想到过迪斯尼世界竟要排队等上好几个小时，也没有想到在异国只受到当地人勉强的接待，没有想到喝了外国的饮用水可能使他们生病。事实上可以想象，如果不允许人们把未来的假日旅游理想化，他们对旅游就不会那么感兴趣。托马斯·阿奎那曾经说过："期待是更大的乐趣。"这也许特别适用于旅游。旅行社和其他人就面临着这样的双重任务，既要鼓励顾客想象，又要让他们对旅游的现实有思想准备，以免他们回来时大失所望，败兴而归。这显然不是一件容易的工作。

2. 经常地购买相同的产品和服务或同一牌子的商品

消费者用来减少知觉性风险比较普遍的策略是反复地购买某一种产品或服务。一个因公出差的人总是在汉庭旅馆住宿且乘坐海南航空公司的飞机，这可能是为了减少知觉风险。他只在汉庭旅馆住宿是因为通过经验他已经了解到，在任何地方的汉庭旅馆他至少可以期望舒舒服服地睡上一夜，得到充分的休息，他看不出有任何理由到别的旅馆去住宿，去冒险度过一个无法安睡的夜晚的风险。为了减少知觉风险，他忠诚地惠顾海南航空。对商标的忠诚并不意味着某个个体旅游者对产品完全满意。他忠于商标的行为可能仅仅说明他感到这种产品还可以接受，尽管如此，他觉得没有任何理由花费时间和精力或承担风险去寻找更好的产品。

认定一种商标是节省时间的一种办法。另外，认定某种商标也能减少知觉性风险。尤其在旅游市场上，产品往往是无形的，旅游者很可能把认准商标作为减少风险的策略。与汽车、用具和服装等有形的产品不同，一个消费者对一种无形的服务往往很难作出评价。无形的服务很难向广大顾客进行描述演示，也难以在宣传材料中用插图表示。大多数旅游产品实际上是服务，这些服务的质量往往取决于服务公司的各个雇员。一辆汽车出厂时要进行比较严格的质量标准的检验，而服务员对人的服务情况就不是如此，服务质量对于这个顾客与另一个顾客，从一天到另一天都可能有显著的不同，人们看待它时心中难免缺乏把握。因此，旅游消费者就较多地依靠对商标的信赖，因为大多数有关旅游的购买所涉及的知觉风险是比较大的。这种推理方式更加说明旅游服务宣传者宣传他们的商标的重要意义。实现这一点的方法之一是对员工进行培训，使他们能为顾客提供最优质的服务和照顾。这是旅游业中一些公司的标准做法，因为这是有效地控制公司服务质量的有限的几种方法之一。通过提高服务质量，旅游公司能够保住现在的顾客。通过提供比竞争对手更高质量的服务，还可以吸引新的顾客。

3. 获取信息

消费者减少与购买有关的风险的第三种，也是最流行的对策是寻求信息。通常说来，消费者的信息越可靠，他在购买过程中感觉到的风险就越少。例如，一个个体旅行者通过他自己的经历，别人的经历和某一旅社的广告获得有关旅社的信息。这些信息使他确信，该旅社提供一种高度标准化的产品,而且在该旅社的任何分店里确实很少发生令人感到意外的事情。这家连锁旅馆提供的住宿条件和安静睡眠的机会是完全可以预计的,因此对消费者不会带来多大风险。显然,这家旅社多年来成功的原因之一正是它为旅游者减轻知觉性风险,这并不一定意味着人们对于旅社感到完全满意,但是这确实清楚地说明在旅游者选择过夜地点方面帮助他减少他可能感觉到的风险的重要性。

多年来,信息交流研究工作者和广告工作者把信息传递过程主要看成是单项传递。他们假定广告工作者把有说服力的信息展现在消费者面前,而消费者只是消极地接受这些信息,而信息传递过程的比较新的观点认为消费者是主动地参与这个过程的。根据这个观点,消费者对信息需要特别迫切时,会主动地寻找、获取、传递和处理信息。消费者在大多数购买情境下都感觉到风险,并且从学习中认识到信息能帮助他们减轻这种风险。他们在作购买决策时往往就信息的来源、类型和数量作出选择。但这并不意味着消费者从不处于被动地位。消费者只是在感到需要信息时才会很主动地投入到获取和评价信息的过程中去。这也意味着当一项广告的信息符合消费者的信息要求时,他们很可能就利用这项信息(Markin,1974)。例如,一个打算去欧洲旅游的人可能比较注意拥有横渡大西洋航线的航空公司和外国旅游局刊登的广告,他也很可能去征求自己认识的去过欧洲的人们的建议和意见。

意识到自己需要信息的消费者甚至花钱获取信息。当人们在网上搜寻信息时,当人们订阅《官方航线指南》时,实际就在用钱换取信息。当旅游者拜访旅行社或阅读宣传小册子时,他以时间为代价换取信息。

消费者们寻找他们认为与他们力图减轻的那类知觉风险关系最密切的信息。如果一个人感觉到有很大的功能风险,即产品不像他所想象的那么理想,那么他将寻找性能方面的信息。这类信息来源之一是公司的广告和宣传材料(Robertson and Kassarsian,1991)。一个打算去某一名胜地区度假旅游的人应该能获得该胜地提供的有关平均温度,到车站、码头的距离,休闲娱乐场所的数目等书面材料的信息。

另外,旅游者还可以征求朋友和旅行社的意见,以证实他从其他渠道获得的旅游地的信息。事实上,人们认为这类来自"无偏见"的个人渠道的信息在消费者作最后决策时,比卖方提供的材料更有决定意义。因为人们认为这种信息较少带有偏见,因而比较完整和有权威性。

如果一个人没有感觉到多少功能风险,但是却感觉到了大量的心理社会性风险,他就可能更多地依靠人际的信息来源,而不太依靠制造商或生产者所提供的信息。心理社会性风险往往引起对某一类具体信息的需要,虽然以树立商品形象为目的的消费者广告和宣传品能有助于减轻心理社会性风险,但它们也许不能提供能完全消除这种风险的信息。此外,就这类信息而言,人们通常不把生产者或制造商看成是很可靠或值得信赖的信息来源。

感觉到存在过大的心理社会性风险的消费者,一般将从朋友、熟人和其他人际来源去寻找能减少这种风险的信息。根据一些权威人士的统计,人们一般不大依靠广告和宣传小册子或印刷品来减少这类知觉性风险。

必须指出,在人们感觉到存在很大的心理社会性风险时,旅行社专业工作人员可以起到很重要的作用。如果旅行社工作人员能被当做人们的个人旅游顾问,他能对旅游决策过程将产生重要的影响。然而,如果他只是被看成是一个接受对方委托的人,他对旅游决策的影响就将是微乎其微的。所有这一切说明了旅行社工作人员必须熟悉他出售的旅游产品和他的顾客的重要性,同时它也说明了旅游服务公司与旅行社密切配合的重要性,因为这些机构在旅游业的整个营业额中占了相当大的比重。

（二）学会对待购买后的疑虑

上文讨论了在消费者作出购买决定之前可能出现心中无数的感觉和消费者如何减轻这种心中无数的感觉。在已经作出购买决定之后也可能存在心中无数的感觉。人们已经对购买后的心中无数感进行了大量的研究，消费行为理论家称之为购买后的失调。例如，人们已经发现，购买住宅、汽车、主要用具和许多贵重物后的人中在购买后普遍存在心中无数的感觉。

消费者对购买一项产品的决定可能产生疑虑或后悔有两个主要原因。这种心中无数感在某种程度上可能是购买前难于在几种可能的选择中作出决定所带来的遗留问题。假如一对新婚夫妇选择到日本或韩国进行蜜月旅行而不是选择去欧洲。他们选择去日韩旅游大概是因为他们判断那儿将最适合他们的需要。然而，这并没有解除他们作出选择后可能存在的疑虑，即由日韩旅游的一些缺点和由他们已放弃的欧洲城市的诱人特色所引起的疑虑。这些疑虑可能出现在刚作出决定后和外出旅游之前或旅游归来之后，或在两种情况下都有可能出现。如果这对夫妇在日本或韩国遇到了令人失望的经历和没有料到的麻烦，也可能出现购买后的疑虑。例如，景色不佳，或者娱乐比第一流的逊色，就会产生购买后的疑虑。如果在返家之后他们的朋友评论，"为什么你们去那儿"，而不是说"你们一定玩得很愉快"，也可能出现同样的疑虑。

当没有人证实消费者所作的决定是一项好的决定时，也会出现购买后的失调。没有他们的证实会引起消费者心理上的不安，这位消费者可能想，"我是不是本来应该作另一种决定？"结果所造成的心理上的紧张促使消费者去减轻这种紧张。消费者们从学习中知道有一些办法可以做到这一点。了解这些方法对推销旅游服务的人来说是重要的，因为对某项特定的服务感到满意的消费者再次购买并向别人推荐的可能性较大。因此，旅游公司对顾客的兴趣不能仅限于顾客购买它们的服务之时。

消费者用来减少购买后疑虑的基本方法之一是接触新的信息。如果某一个体旅游者对一项决定感到后悔，他将寻找他认为可能会支持这项决定的信息。与此同时，他将避开对他所放弃的其他选择有利的信息。这两种活动都是选择性接触。事实上，消费者设法控制他所接触的信息类型，以便使自己在心中坚信他所作的决定是很好的。例如，研究已经表明，新汽车的买主更多地阅读他们自己所购买的那种汽车的广告，不大注意其他汽车的广告。一个人也可以通过遗忘所放弃的东西的有利特点，记住其不利的方面，或同时做到以上两点来减少购买后的失调。这种感知技巧称为选择性回忆，在减少购买后的疑虑方面可能相当有效。例如，一个旅游者开汽车去西海岸旅游三周归来，可能有意识地忘记他如果乘飞机去将会节省的时间，而是把注意力放在他节省的几百美元上面。另一种减轻失调的办法是通过决策结果对照来进行辩护，尽管他可能花了很长时间才决定了到北戴河度假而不是在三亚，但事后他可能断定这实际上根本没有多大关系。现在他认为，在两个地点他都能好好休息两周，在两处都能晒得黑黑地归来，都能同样遇到许多有趣的人。

第三节 记 忆

一、记忆的概念

记忆是过去经验在人脑中的反映。凡是人们感知过的事物、体验过的情感及练习过的动作，都可以以印象的形式保留在人的头脑中，在必要的时候又可把它们再现出来，这个过程就是记忆。记忆既不同于感觉，又不同于知觉。感觉和知觉反映的是当前作用于感官的事物，离开当前的客观事物,感觉和知觉均不复存在。记忆总是指向过去,它出现在感觉和知觉之后,是人脑对过去经历过的事物的反映。

记忆包括信息获取和储存,以便在需要的时候能够提取出来,现在对记忆的研究主要使用信息加工的方法。根据心理学研究,无论何种记忆类型,若要形成记忆必然有三个步骤,即将刺激物内化为代码、储存和检索。代码是处理信息的第一个阶段,它接收来自外界各种途径的刺激。比如,眼睛所看到的景象,或是耳朵收听的声响等。在第一阶段,这些外在刺激的信息会转化成一种标志,内化成为对个人具有意义的符号。代码的类型大致可分为视觉代码、声响代码、语义代码等,在接收信息刺激之后,这些代码会储存在个人脑海中,尔后接收到相同的信息刺激时,脑内会自动检索曾经接收过的相同信息(Zimbardo,1985;赖彦均,2007)。图10-1归纳了记忆的过程。

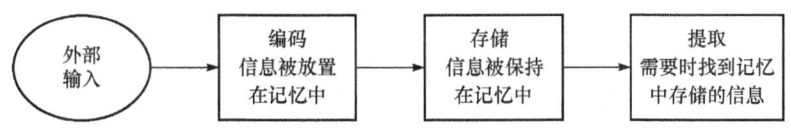

图 10-1 记忆的过程

以消费者受广告刺激对产品记忆的影响为例,消费者记忆的过程包括了铭记、保留、回忆三阶段。铭记是指在接触广告时理解并记住其内容,回忆是指在某种情境下回想(再生、再认)出事物。铭记和回忆间效果的维持为信息的保留阶段(Endler and Magnusson,1976)。

罗斯和赛考雷认为,人们越能够将事物的点点滴滴从脑海中记起,对该事物作出评估的能力也就越高。作出的评估,往往与所记忆事物的正负观感有关(Ross and Sicoly,1979)。帮助人们检索记忆的方式,即暗示,暗示所传达的信息若与已记忆的事物链接,便能引发回忆,事件或物体都可能是暗示的媒介(赖彦均,2007)。暗示能勾起形成记忆的第一阶段——代码,若被记忆的事件前因后果具有关联性,在代码时期便会被脑部储存,所以日后接受任何与该事物相关的暗示时,脑内便会迅速地检索该项事物,使记忆与现实更快速且完整地联结。回忆是经由感觉而来,它在脑中呈现图像,与曾经历的事件相互联结(Tulving,1983)。由物品引发情感或思绪谓之睹物思情。旅游纪念品对旅游者而言即为一种旅游经历的象征,可作为暗示旅游回忆的刺激物。纪念品如同一个提醒物,是用以提示旅游者旅游事件的具体物品(Gordon,1986),是旅游事件与旅游情感记录并留存的媒介。因此,旅游记忆是旅游者整合旅游经验及纪念品的串联,对整体旅游体验的评价具有影响力。

二、记忆系统与机制

传统上,人们一直把记忆看成是某种单一的东西,相信只存在一种长时记忆系统。1890年,美国心理学家威廉·詹姆士提出了记忆分初级和次级的二重学说。初级记忆指短时记忆,次级记忆指长时记忆。由于很长一段时间没有客观证据对存在独立的短时记忆结构这一假设提供支持,因此,詹姆士的记忆二重学说没有得到重视。20世纪50年代后,情况出现了变化。1962年,加拿大学者墨多克发现了系列位置效应,即被试者对单词的回忆与该单词呈现的位置有关,置于词表系列前后部分的单词容易记住,置于中间部分的单词则较难记住。原因是词表系列开始部分因有较多的复述机会,容易进入长时记忆,词表系列末尾部分因刚刚学过不及复述而进入短时记忆中,它保存在人的潜意识中,因此更易于再现。这一结果对记忆二重学说给予了支持。1966年,神经心理学家米尔诺报告了一个患有癫痫病并做了脑部切除手术的患者的情况。该患者术后病情大有好转,对手术前的往事记忆犹新,但对刚刚经历过的事情却没有记忆(孟昭兰,1994)。由此说明手术破坏了她脑内由短时记忆向长时记忆传输信息的结构,同时也证实,短时记忆中的信息与长时记忆中的信息并不储存在同一个记忆库中,或者说短时记忆是一个不同于长时记忆的独立的记忆系统。

受短时记忆研究的影响,人们提出了是否存在比短时记忆更短暂的记忆系统的问题。20世纪60年代初,美国心理学家斯波林率先用实验证实了瞬时记忆系统或感觉记忆系统的存在。斯波林的实验采用部分报告法,要求被试报告呈现过的字母卡上有哪些字母。结果发现,在卡片呈现后1秒钟之内,被试头脑中保持每张卡片的字母数有9个之多,这与前人用全部报告法所测的瞬间只能辨认4~5个字母的结论有很大差距。斯波林认为,以往关于注意或记忆是4~5个项目的说法,仅仅反映了映象消退之前能够提取出来并转入到下一个记忆系统的项目数,并没有反映最初信息储存的容量。这说明,在人的记忆系统中不仅有以年、小时、日计的长时记忆,也有以分、秒计的短时记忆,还有以毫秒计的感觉记忆。

由此看来,人的记忆系统不仅包括短时记忆和长时记忆,而且还包括感觉记忆(图10-2)。外部信息首先进入感觉记忆系统,信息在感觉记忆系统保持的时间极其短暂,通常在1秒钟左右。其中,一部分信息受到特别注意进入短时记忆系统,若信息给人的刺激极为强烈、深刻,也可能直接进入长时记忆系统,那些没有受到注意的信息则很快变弱直至消失。短时记忆中的信息一部分来自感觉记忆,另一部分则取自长时记忆。当人们需要某些知识时,便从长时记忆中提取信息,这些信息只有召回到短时记忆系统和进行有意识的加工,才能服务于特定的目的。短时记忆的信息保持时间一般不超过1分钟,受到干扰就会消失。短时记忆中的信息一部分经复述进入长时记忆,另一部分则被遗忘。应当指出的是,感觉记忆、短时记忆和长时记忆是三个相互联系的信息储存与提取系统,它们相互作用、相互影响、密切配合,共同承担对外部信息的加工和传输。下面,我们将对上述三个记忆系统作进一步讨论。

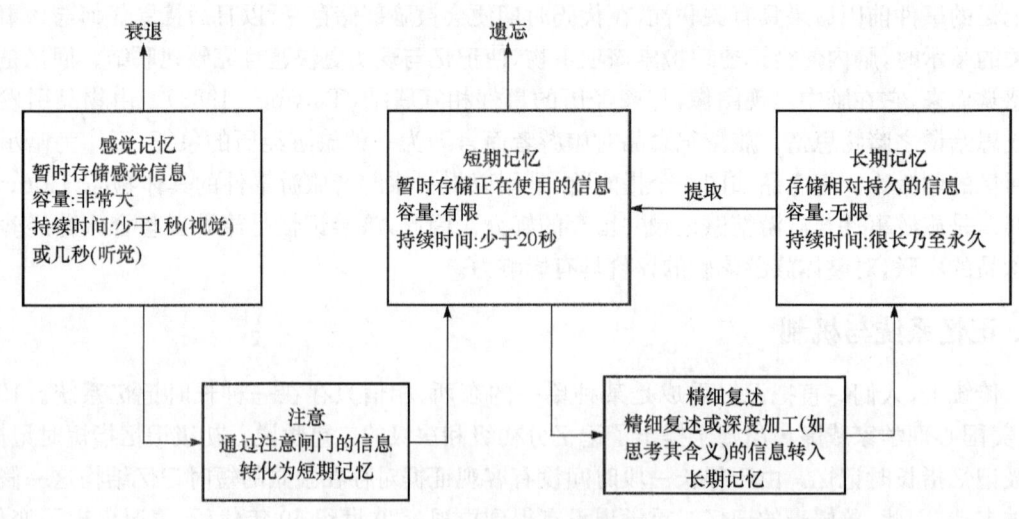

图 10-2　记忆系统模式图

(1) 感觉记忆。感觉记忆储存了我们从感官获得的信息。这种记忆是非常短暂的,最多持续两秒钟。例如,一个人走过一家油炸圈饼店时会闻到店里烘烤食物的香味。虽然这种感觉只持续几秒钟,但是已经足以让这个人决定是否需要到店里去看看。如果为了进一步加工这个信息,这种信息就会通过一个注意闸门从而转化为短期记忆。

(2) 短期记忆。短期记忆存储信息的时间也是有限的,并且存储容量同样也有限。与计算机相似,可以把短期记忆系统看做一个工作内存,它存储的是当前使用和加工的信息。语言输入可以根据其发音按听觉方式存储,也可以根据其含义按语义方式存储。

在组块过程中,小片段信息会结合成较大的信息片段。组块是将信息组合成个体熟悉的模式,并作为一个整体来操作。例如,一个品牌名称就可以作为归纳了大量有关该品牌的信息形成的组块。

最初,人们认为短期记忆每次可以在5~9个信息组块中进行加工,这就是为什么电话号码设计成7位数的原因。但是现在看来,信息有效提取组块的最佳容量是3~4个(我们之所以记住7位数的电话号码,是因为我们把单独的每个数字结合在一起,构成了组块,从而可以把3位数字的电话号码作为一个信息单位来记忆)。

(3) 长期记忆。长期记忆是我们得以长时间保留信息的记忆系统。为了使信息从短期记忆变为长期记忆,需要进行精细的复述。这个过程包括思考刺激的含义并将之与记忆中已有的信息联系起来。营销者有时会设计出简单易记的广告语或广告歌来帮助我们完成这一过程。

第四节 旅游者记忆

一、旅游者记忆的产生

旅游记忆由旅游体验而来,旅游者必须先发生旅游经历,才有衍生旅游记忆的根据。游憩体验的历程应包括五个阶段,分别为:预期阶段、去程、现场活动、回程及回忆(Clawson and Knetschy,1969),并由此开始影响以后的游憩经验历程(黄宗成等,2000)。

(1) 预期阶段指旅游者前往游憩地点前的阶段,旅游者会参照个人以往的经验、收集信息或参考社会价值观,进行各项游憩活动的计划与决策。

(2) 去程指旅游者前往游憩地点的阶段,旅游者必须付出时间与费用,并通过交通工具完成。

(3) 现场活动指旅游者自抵达游憩地点至离开该地为止的时间,此为旅游者旅游体验的主要阶段,亦是游憩经验发生的原因。

(4) 回程指旅游者离开游憩地点,与去程相同,旅游者须付出时间与费用,并通过交通工具完成该阶段。

(5) 回忆指旅游者回到原居住地后的阶段。旅游者在经历过游憩体验的各项阶段之后,旅游者记忆的体验会产生与实际体验不同的感觉,此感觉会形成经验,影响以后游憩体验的决策。

如前所述,游憩体验有五项阶段,旅游者在每个阶段会产生不同的游憩体验,通过体验所产生的认知、知觉与印象,使旅游者形成游憩经验,此经验常被作为衡量各项游憩体验的指标(林国贤,2004)。相关研究发现旅游者在现场活动阶段,会产生暂时性的心理满足,而在回忆阶段则会留存长久性的游憩体验(Manfredo,1983)。

本书中旅游记忆,指游憩体验五阶段中最末阶段,是旅游者回想旅游经历的举动,旅游者必须先具有旅游体验才能产生旅游记忆。因此,旅游体验是旅游记忆的基础,旅游记忆也是完整旅游体验不可或缺的环节。

二、旅游者遗忘及其影响因素

遗忘是对识记过的内容不能再认和回忆，或者表现为错误的再认和回忆。从信息加工的角度看，遗忘就是信息提取不出来，或提取出现错误。

最早对遗忘现象进行实验研究的是德国心理学家艾宾浩斯。艾宾浩斯以自己为实验对象，以无意义音节作为记忆材料，用时间节省法计算识记效果。实验结果见表10-1。表内数字制成的曲线被称为艾宾浩斯遗忘曲线（图10-3）。该曲线表明了遗忘变量与时间变量之间的关系：遗忘进程不是均衡的，在识记的最初一段时间遗忘很快，以后逐渐缓慢，过了一段时间后，几乎不再遗忘。可以说，遗忘的发展历程是先快后慢，呈负加速型。

表10-1 不同时间间隔后的记忆成绩

时间间隔	重学时节省诵读时间的百分比/%
20分钟	58.2
1小时	44.2
8～9小时	35.8
1日	33.7
2日	27.8
6日	25.4
31日	21.1

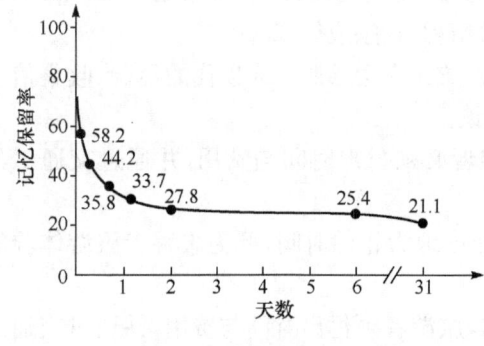

图10-3 艾宾浩斯遗忘曲线

除了时间以外，识记材料对学习者的意义、识记材料的性质、识记材料的数量、学习程度、学习材料的系列位置和学习时的情绪等均会对遗忘的进程产生影响。下面对这些因素分别予以讨论。

（1）识记材料对旅游者的意义。凡不能引起旅游者兴趣、不符合旅游者需要、对旅游者购买活动没有太多价值的材料或信息，往往遗忘得快，反之则遗忘得较慢。同是看有关旅游地的宣传材料，对于准备去该地旅游的旅游者与从未想过要去旅游的旅游者，两者对所记信息的保持时间存在明显差别。

（2）识记材料的性质。一般来说，熟练的动作遗忘得最慢。贝尔发现，一项技能在一年后只遗忘了29%，而且稍加练习即能恢复。同时，有意义的材料较无意义的材料，形象和突出的材料较平淡、缺乏形象性的材料遗忘得慢。莱斯托夫效应实际上从一个侧面反映了学习材料的独特性对记忆和遗忘的影响。所谓莱斯托夫效应是指在一系列类似或具有同质性的学习项目中，最具有独特性的项目最易获得保持和被记忆。对于旅游企业或旅游目的地来说，要使广告内容被潜在旅游者记住，并长期保持，广告主题、情境、图像等应当具有独特性或显著性；否则，广告内容可能很快被遗忘。

（3）识记材料的数量。识记材料数量越大，识记后遗忘得就越多。实验表明，识记5个材料的保持率为100%，10个材料的保持率为70%，100个材料的保持率为25%。

(4) 识记材料的系列位置。一般而言，系列性材料开始部分最容易记住，其次是末尾部分，中间偏后的内容则容易遗忘。之所以如此，是因为前后学习材料相互在干扰，前面学习的材料受后面学习材料的干扰，后面学习的材料受前面材料的干扰，中间材料受前、后两部分学习材料的干扰，所以更难记住，也更容易遗忘。

(5) 学习的程度。一般来说，学习强度越高，遗忘越少。过度学习达150％时，记忆效果最佳。低于或超过这个限度，记忆的效果都将下降。所谓过度学习，是指一种学习材料在达到恰好能背诵时仍继续学习的状况。

(6) 学习时的情绪。心情愉快时习得的材料，保持时间更长，而焦虑、沮丧、紧张时所学习的内容更易于遗忘。美国学者斯鲁尔通过将被试者置于过去的某些经历中，激起了三种情绪状态，即积极的情绪、消极的情绪和中性的情绪。然后，向被试者呈现一则关于马自达跑车的印刷广告，并要求被试者在阅读该广告时形成对该跑车的整体印象。48小时后，这些被试者被要求对这种跑车作出评价。结果发现，阅读广告时处于积极情绪状态的被试者对该跑车的评价最高，其次是处于中性情绪状态的被试者，而处于消极情绪状态的被试者对该跑车的评价最低。由此说明，信息获取时的情绪状态，对信息如何编码有直接影响。戈德伯格和戈恩所作的一项实验中，一些被试者看喜剧类电视片，另一些被试者看悲剧类电视片，两则电视片中均插播同一内容的广告。结果发现，看喜剧片的被试者较看悲剧片的被试者能更多地回忆起广告的内容。这一结果的一种可能解释是，积极的情绪状态会使消费者从记忆中提取出更为广泛和更加完整的知识，从而有助于对当前输入信息的编码。

情绪与记忆之间的上述关系，对旅游企业具有重要启示。企业营销人员应努力营造一种气氛，使旅游者在接触或接收有关企业产品与服务的信息时，产生一种愉快的或积极的情绪。比如，可以在广告中使用幽默手法，或在向客户推销旅游产品时给客户一些小的礼品，以便尽可能使受众或目标顾客产生积极愉快的情绪。

三、如何提升旅游者记忆

本节中，我们提到了记忆产生和遗忘。人们会出于各种原因记住某些事情而不是别的事情，包括当他们回忆时的情绪，记忆的内容的独特性，或因为他们已经被复述了许多遍。旅游者的一些特征会影响他们的回忆。比如，一种积极的情绪能够通过鼓励精细化和影响信息复述加强回忆。然而，情绪一致性也是很重要的。因此，消极情绪的一些人也更可能回忆起消极的信息。专业也影响人们的回忆。例如，提供一种消费词汇可以便利编码与检索，此外还影响决策。帮助旅游者标明诸如旅游花销、路线、交通工具、食宿等的信息能帮助他们编码、检索和在将来作决策。

当然，营销人员对于加强消费者对自己产品和服务的记忆感兴趣，或许也对于干扰消费者对其竞争者的产品和服务的记忆感兴趣。表10-2借鉴营销领域的研究成果，总结了如何从营销角度影响旅游者记忆。当然了，这种列举只是浅显的，并且其中没有包括这些决策在进行选择时是如何互动的。

表10-2　加强旅游者记忆的方法

方法	细化说明
堆积	帮助旅游者将关于品牌的一组相关信息放在一起，将使其进行短期记忆更容易，并增加其转变为长期记忆的机会

续表

方 法	细化说明
复述	动人的押韵和标语的使用能够鼓励旅游者重复及思考这一信息
循环	营销传播应该重复面对旅游者,如果使用不同的执行手法,这一效果就会被加强
精细化	当旅游者思考信息并有意识地将其与现有的信息联系时,会建立起更强的记忆线索。鼓励旅游者与过去的重要经验联系的广告,或许是鼓励精细化的一种有效的方式
先入为主	旅游者对他们最先学到的记得最好。营销人员能够试图控制消费者面对信息的顺序。然而,根据建议,知识少的消费者比知识多的消费者更容易怀疑这一效果。一则竞争者的广告正好紧跟其后时,可能会导致混淆
情感	整体的评估或感觉倾向于比具体的信息获得的更多。营销人员能够鼓励旅游者对他们的产品和服务产生正面的情感
突出性	作为独特或重要的突出信息比其他的信息更容易获得。营销人员可以使潜在旅游者对他们与产品相关的信息感到特别
典型性	被认为一种产品种类中典型品牌更容易被记住。第一个进入旅游市场的营销人员比后入者具有优势,因为他们限定产品种类。分类领导者也有这类优势
一致性	当对旅游产品的多种联系是一致的或与其他信息一致时,旅游产品信息更容易被记住。营销人员可以努力确保信息的一致性,因此加强这一联系可以加强对这一旅游产品的一整套观念
引发性	当人们一起回忆一些项目时,最为积极的一条或许会启动旅游者通常联系的其他项目。如果营销人员理解了这些联系,他们就能通过与其他的联系有效地促销旅游产品

本章作业

1. 简述学习与记忆的概念。
2. 试举例说明旅游与学习之间的关系。
3. 旅游者学习的基本过程是什么?旅游者学习是如何影响旅游者行为的?
4. 简述旅游者记忆的产生、遗忘及影响因素。
5. 试举例说明提升旅游者记忆的基本方法。

延伸推荐阅读

Braun-LaTour K A, Grinley M J, Loftus E F. 2006. Tourist memory distortion. Journal of Travel Research, 44(4): 360-367.

Cary S H. 2004. The tourist moment. Annals of Tourism Research, 31(1): 61-77.

Craig-Smith S J, French C. 1994. Learning to Live with Tourism. Melbourne: Pitman.

Small J. 1999. Memory-work: a method for researching women's tourist experiences. Tourism Management, 20(1): 25-35.

第十一章 旅游者态度

☐ **本章导读**

态度是外界刺激与个体反应之间的介质,个体对外界刺激作出的反应受到自身态度的调控。旅游态度直接影响着旅游者的旅游偏好,进而影响旅游决策、旅游行为,因而受到旅游目的地营销者的高度重视。本章首先介绍态度的概念、功能及测量方法,其次,阐述旅游者态度的定义与特征,以及旅游者态度的影响因素,最后分析旅游者态度形成与改变的方式途径。

第一节 态 度

一、态度的含义

在西方,态度一词源于拉丁语中的"aptus",后者含有合适或适应的意思。到18世纪,它开始被用来指身体姿势,指人对其他事物在身体上的倾向。生物学家达尔文在生物学意义上使用这一词,并赋予它在身体上表达情感或情感的外部表露的含义。实际上,即使到了20世纪,仍有很多学者主张将态度与趋近或回避某一事物的身体或生理倾向相联系。

近年来,学术界普遍认为态度是一种假设性的概念,是人们对于自己心理层面中某种事物现象及符号所形成的各种不同的反应(黄桂珠,2003)。态度不是可立即观察得到的,它抽象地涵盖了一群相关的行动与反应。消费者调查往往是针对消费者对特定商品、商标、零售商的喜好程度作研究。因此我们可以说,态度是反映个人对某种商品与商标的喜爱、讨厌的内在感觉的表现。但因为态度是种心路历程,无法直接观察出,唯有由个人的言行得知。阿杰恩对态度的定义是人对特定物某种经由学习所表现出来的一种持续性的喜欢或不喜欢的反应倾向,而它会在人们的信念、情感和倾向性行为中表现出来(时蓉华,1997)。而态度就是预测行为的最好指标。

态度含有反应的可预测性与一致性,因为态度具有引导、中介与预测的功能,能经由针对特定社会、事情或环境而作的各种反应表达出来。心理学家将态度的结构分成三种,即认知成分、情感成分与行为成分。三者结合,有助于个人的适应、自我概念的保护、价值观的实现,进而促成对周围环境的理解。三种成分中,情感成分是最主要的成分。一般说来,这三种成分应相互协调一致。本研究依据相关论述,将具体说明三要素内容。

(1) 认知成分。认知是指个人对态度对象有关的认知,包含对该对象的事实、知识、信念等的了解情形、认识程度及看法,是指对人或事物的信念、评价或意见。认知的含义广泛,凡知觉、想象、辨认、推理、判断等复杂的心理活动都属于该范畴。认知成分是态度其余部分的基础。例如,外地旅游者对北京故宫、天坛的向往,认为大连、青岛等海滨度假旅游可以增进身体健康。这些都是旅游的认知成分。

(2) 情感成分。情感成分则是指人们对态度对象肯定或否定的评价,以及由此激发的情绪情感,尤其是对它的评价。情感成分包含个人对该对象的感情情绪或关怀,也就是说情感成分属于情绪或感情,其伴随着观念而产生,是对于态度对象的喜爱或厌恶(黄安邦,1992)。情感成分是态度的核心与关键,情感不但冲击认知成分,也冲击行为意图成分(杨小玲,2004)。例如,有些人喜欢到名山大川旅游,开阔眼界,愉悦身心;有些人则喜欢到名胜古迹旅游,增进知识,博古论今。这些都属于旅游的情感成分。

(3) 行动成分。行为意图是个人有意识、有目的甚至有计划性地趋向目标的心理历程(张春兴,1992)。指对某些物体、人或情景作出赞成或不赞成的反应的潜在影响和准备状态。如果某人对某个对象持否定态度,则他处在一种攻击、摧毁、惩罚的潜在准备状态。如果他持肯定态度,则会暗中准备帮助、奖励或接受它。行为意图成分会冲击到人们将来对态度对象的反应,但它不等于外显行为。例如,有的旅游者希望通过旅行社组织和安排规范化旅游;有的外国友人打算来上海进行贸易商谈和观光;有的旅游者希望乘坐有安全保障的大型飞机去境外旅游。认知、情感、行为意图三者之间的关系,如图11-1所示。

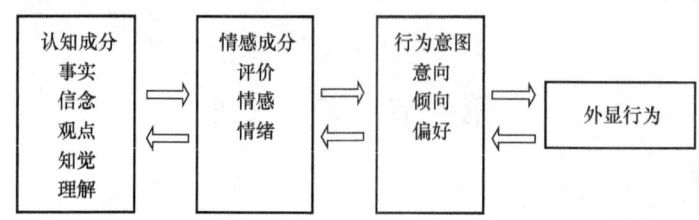

图 11-1　态度的成分及其关系图

综上所述可知,态度的组成有认知、情感和行为意图三要素。上述三层面彼此间并非独立,而实际上是同一个连续函数(杨国枢、文崇一,1989)。一个人态度的形成,事先有认知层面,情感层面居中,而后有行为意图(黄桂珠,2003)。三要素相互影响形成了一个人的外显行为,即个体经由事实产生信念、观点、知觉、理解的认知,透过内心评价与情绪的情感传达,最后通过个人意向、偏好的行为倾向,所作出的某种行为反应,呈现出其对特定的人、事物的态度。

二、态度的功能

态度功能关注的问题是态度所行使的心理动力是什么,什么样的需要和动机影响着态度的评价表达,以及态度的结构成分比重是多少? 这就涉及了对态度的功能考虑。

(1) 适应功能。适应功能亦称实利或功利功能,是指态度能使人更好地适应环境和趋利避害。人是社会性动物,他人和社会群体对人的生存、发展具有重要的作用。只有形成适当的态度,才能从某些重要的人物或群体那里获得赞同、奖赏或与其打成一片。比如,销售人员在向顾客推销产品时,如果恰当地对顾客和产品作一些赞美,使顾客对产品和销售人员形成正面的态度和好感,销售可能会容易得多。同样,消费者对产品和服务形成某种态度,能够使之在下次遇到这些产品、服务的时候以前后一致的方式作出反应,从而节省花在购买决策上的时间和精力。

(2) 自我防御功能。这是指形成关于某些事物的态度,能够帮助个体回避或忘却那些严峻环境或难以正视的现实,从而保护个体的现有人格和保持心理健康。在日常生活中,常常看到一些收入水平并不很高的消费者也不时会购买一些高级美容品、抗衰老品,或对这些产品形成非常积极的购买态度,实际上也是出于自我防御的目的,有意识或无意识地防御由于身体衰老或自感容貌平常所滋生的不安情感。

（3）知识或认识功能。这是指形成某种态度更有利于对事物的认识和理解。事实上，态度可以作为帮助人们理解世界的一种标准或参照物，有助于人们赋予变幻不定的外部世界以某些意义。例如，消费者对某种类型的销售人员形成了一种印象或态度，这种态度可能是正面的，也可能是负面的，那么，在下次再遇到该种类型的销售员时，消费者可能根本就不用细听销售人员说些什么，而是根据以前所形成的态度决定是趋近还是回避该销售员。通过这种方式，可以使外部环境简单化，从而使消费者集中精力关注那些更为重要的事件。态度的知识功能，也有助于部分地解释品牌忠诚的影响。对某一品牌形成好感和忠诚，能够减少信息搜集时间，简化决策程序，并使消费者的生活更为稳定。

（4）价值表达功能。这是指形成某种态度，能够向别人表达自己的核心价值观念。在20世纪70年代末80年代初，我国对外开放的大门刚刚开启的时候，一些年轻人以穿花格衬衣和喇叭裤为时尚，而很多中老年人对这种装束颇有微词。这实际上反映了两代人在接受外来文化上的不同价值观念。现在很多人光顾快餐店，或者在周末带上全家人到经济实惠的餐馆就餐，而不是像从前那样在自家厨房忙前忙后。对这种现象的不同态度，应当说折射出或表达了人们在休闲和时间上的不同价值观。

三、态度的测量

了解人们态度绝非易事，不仅需要花费时间，还需要一些方法与技巧。研究态度的学者们一直致力于完善态度的测量方法，以便较好地把握人们态度的指向与强度。从瑟斯顿（Thurstone, 1928）提出第一个态度测量表以来，态度测量技术已经有了很大的发展，如今的态度测量技术主要表现为两方面：外显（直接）测量和内隐（间接）测量。

对于外显测量，测量态度的最一般技术是总体上的自我报告法，也就是现在所称呼的外显（直接）测量技术，瑟斯顿量表、李克特量表、Guttman量表、语义区分量表、感觉温度量表，以及单项目评定量表，都是对态度进行直接测量的通用技术。对于内隐测量，早期的间接测量曾使用过不显眼的行为测量，以及丢失的信件程序，而瞳孔反应、皮肤导电反应、面部肌电图等生理测量技术则一直沿用至今。下面就挑取典型的测量方法进行介绍。

（一）瑟斯顿等距量表

瑟斯顿和蔡夫在其1929年出版的《态度的测量》一书中，提出了态度测量的等距量表法。这一方法的具体测定程序比较复杂，有兴趣的读者可参阅马房场子的《消费者心理学》一书。下面仅将这一测定方法的基本思想作一简要介绍。

首先，通过对消费者的初步访谈和文献分析，尽可能多地搜集人们对某一态度对象的各种意见。这些意见一般由一个个陈述语句来表述，其中，既有善意的意见，也有恶意的意见，既有肯定的，也有否定的。比如，制订消费者对某种鲜花的态度量表时，可以包括该种鲜花很美、香气很浓郁、这种鲜花使我想起春天、葬礼上有这种鲜花会使人感到更加肃穆和悲哀等。这样的陈述意见可达100条以上。

其次，将上述陈述意见归类，将其分为七、九或十一组，具体归类可邀请若干评判人员完成。评判者审视这些意见，看是否体现了对于态度对象的肯定或否定的态度。然后，根据自己的判断，把这些意见分为A、B、C、D、E、F、G七个组，A表示极端肯定，B、C表示中度肯定，D表示中立陈述，E、F表示中度否定，G表示极度否定。分类任务完成以后，可以根据每种意见分类的分布情况，计算出该种意见的量表值。表11-1是由彼得森编制的瑟斯顿战争态度量表中的部分陈述意见及其量表分值。该量表是采用11组分类得出来的。

表 11-1 战争态度量表部分项目及其分值

题序	项目	分值
1	在某些情况下,为了维持正义,战争是必要的	7.5
4	战争是没有道理的	0.2
6	战争通常是维护国家荣誉的唯一手段	8.7
9	战争是徒劳无功,甚至导致自我毁灭	1.4
14	国际纠纷不应以战争方式解决	3.7
18	无战争即无进步	10.1

再次,由评判人员对各陈述意见作进一步筛选,形成二十条左右意义明确的陈述,并使之沿着极端否定到极端肯定的连续系统分布。

最后,要求被试者对这20条左右陈述意见或其中的一部分进行判断,赞成某一陈述意见者在该意见下打"√",不赞成时在该意见下打"×"。由于每一陈述意见都已被赋予一个量表值,这样,通过计算应答者同意项数的平均量表值或这些项数的中项分值,就可得出他在这一问题上的态度分数。在彼得森战争态度量表测试中,被试平均得分越高,表明他越赞成或拥护进行战争。

运用瑟斯顿量表测试消费者态度,要求被试者给予积极、诚实的回答和合作,否则,调查结果会出现偏差。同时,它需要许多评审者对数目众多的陈述意见进行筛选,并分别计算每一陈述意见的量表分值。这是一项极为费时、费力的工作,由此也极大地限制了这一方法在实际中的运用。

（二）李克特量表

李克特量表是评分加总式量表最常用的一种,是由美国社会心理学家李克特(Likert)于1932年在原有的加总量表基础上改进而成的。此类问卷设计是撰写一系列针对某种态度的叙述,每个态度叙述句表达正或负的情绪感受,请人们表达赞成、同意或符合自己想法的程度,在评量表上选择意见落点,经由加总各题目所得到的分数,而得到人们在态度上的相对位置。该量表由一组陈述组成,每一陈述由"非常同意"到"非常不同意"五级或者七级的量表上回答,分别记为1、2、3、4、5或1、2、3、4、5、6、7(图11-2)。每个被调查者的态度总分就是他对各道题目的回答所得分数的加总,这一总分可说明他的态度强弱或他在这一量表上的不同状态。

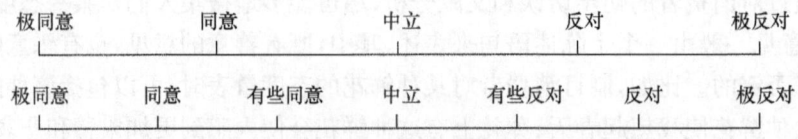

图 11-2 李克特态度量表示意图

李克特式量表要求受测者对一组与测量主题有关陈述语句发表自己的看法,受测者对每一个与态度有关的陈述语句表明他同意或不同意的程度。具体方法有以下几个。①收集大量与测量概念相关的陈述语句。②有研究人员根据测量的概念将每个测量的项目划分为"有利"或"不利"两类,一般测量的项目中有利的或不利的项目都应各占一定比例。③选择部分受测者对全部项目进行预先测试,要求受测者指出每个项目是有利的或不利的,合并在强度描述语中进行选择,一般采用五点量表。李克特式量表的选项举例如下:非常同意;倾向同意;中立(不清楚/不确定);倾向不同意;非常不同意。④对每个回答给一个分数,如从非常同意到非常不同意的有利项目分别为 1 分、2 分、3 分、4 分、5 分,对不利项目的分数就为 5 分、4 分、3 分、2 分、1 分。⑤根据受测者的各个项目的分数计算的和,得到个人态度总得分,并依据总分多少将受测者划分为高分组和低分组。⑥选出若干在高分组和低分组之间有较大区分能力的项目,构成一个李克特式量表。例如,可以计算每个项目在高分组和低分组中的平均得分,选择那些在高分组平均得分较高,并且在低分组平均得分较低的项目。

由于李克特量表具有制作过程简单、容易计分、测量范围宽广、可增加项目提高可信度、测量深度较精确等优点,目前有相当多的研究采用李克特量表法考察个人问答习惯及问卷进行时的精确度。

(三)语意差别量表

语意差别量表,又称语意分析量表,是由奥斯古德等于 1957 年提出来的一种态度测量方法。该量表的基本思想是,对态度的测量应从多个角度并采用间接的方法进行,直截了当地询问人们对某一主题或邻近问题的看法与态度,结果不一定可靠。人们对某一主题的态度,可以通过分析主题概念的语意,确定一些相应的关联词,然后再根据被试者对这些关联词的反应加以确定。例如,你想了解一个人对他父亲的态度,不必直接询问他对自己父亲的感觉,因为这样询问不一定能了解他的真实态度。你可以提出"父亲"这个词,要求被试者按语意差别量表中的各个评定项目画圈,由此即可推断出他对自己父亲的态度。语意差别量表包括三个不同的态度测量维度,即情感或评价维度、力度维度和活动维度。每一维度都由几对反义形容词或两极形容词刻画。表 11-2 是奥斯古德等提出的语意差别测量项目表。在对不同事物或主题进行态度测量时,用以刻画表中各维度的具体项目可以作相应调整,以使量表能更贴切地反映所测主题的要求。具体测定消费者态度时,先给被试者提出一个关于态度对象的关键词,然后要求被试者按自己的想法在两极形容词间的 7 个数字上圈选一个数字,各系列分值的总和即代表他对所测事物的总的态度。得分越高,表示被试者对所测事物越具有积极和肯定的态度;否则,表明被试者对所测事物持有消极和否定的态度。

表 11-2 语意差别测量项目表

评价量表	好	7	6	5	4	3	2	1	坏
	美	7	6	5	4	3	2	1	丑
	聪明	7	6	5	4	3	2	1	愚蠢
力度量表	大	7	6	5	4	3	2	1	小
	强	7	6	5	4	3	2	1	弱
	重	7	6	5	4	3	2	1	轻
活动量表	快	7	6	5	4	3	2	1	慢
	积极	7	6	5	4	3	2	1	消极
	敏锐	7	6	5	4	3	2	1	迟钝

下面以消费者对 A、B 两个花店的评价,来进一步说明语意差别量表的具体运用。图 11-3 绘出了 100 位消费者对 A、B 两家花店评价结果的平均值。从图中可以看出,花店 A 位置较好,布置较新潮,选择余地较大,但价格较昂贵,服务态度不是太好。而花店 B 态度较好,价格

也较适中,但所处位置不是十分理想,选择余地偏小,并给人较为保守的形象。

语意差别量表构造比较简单,适用范围广泛,几乎可以用来测量消费者对任何事物的态度。局限性是,这种态度测量方法并未摆脱被试者自我报告程式,而且量表中各评价项目的确定仍带有一定主观性。

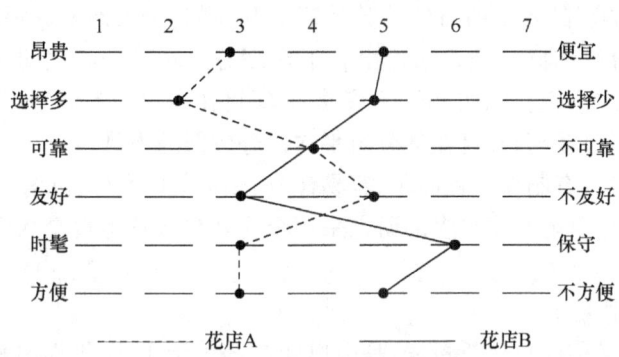

图 11-3 消费者对花店态度的语意差别度量

(四) 行为反应测量

行为反应测量是指观察和测量被试者对于有关事物的实际行为反应,以此作为态度测量的客观指标。常用的行为反应测量方法有:距离测量法、生理反应测量法、任务完成法。

(1) 距离测量法。这一方法是通过观察人与人之间交往时的身体接近程度和亲切表现来研究人的态度。如果某人与另一人交往时,保持较远的距离,目光较少接触,而且身躯后倾,则表明他对后者持一种否定的态度,相反情况下则表明对后者持肯定的态度。

人对事物尤其是人对人的态度,除了可以从前面所说的这种物理距离反映出来以外,也可以通过人与物、人与人之间的心理距离反映出来。博葛达斯编制的社会距离测量表(表 11-3),就是根据人与人之间的心理距离制订的。它虽然最初是为分析种族之间的隔阂和距离而设计的,但对测定人与人之间的亲疏关系同样适用。表 11-3 中的分值表示的就是心理距离的远近。被试者在量表上作挑选后,如果得分值越大,表示社会距离越大,在种族问题上越怀有偏见;反之,则表示社会距离小,没有或较少有种族偏见。

表 11-3 社会距离测量表

陈述句	分值
可以结亲	1
可以作为朋友	2
可以作为邻居	3
可以在同一行业共事	4
只能作为国民共处	5
只能作为外国移民	6
应被驱逐出境	7

(2) 生理反应测量。生理反应测量,即通过测定瞳孔的扩张、心律速度、血压变化、皮电反应等确定人的态度。例如,确定消费者对某则广告的态度时,可以在他看了该则广告后立即对

其作心律变动或皮电反应测试。当然,生理反应测量也存在局限:一是它只能探测极端反应;二是它对所测态度的类型不一定能辨别清楚,如恐惧和愤怒的生理反应几乎相同,难以区分。

(3) 任务完成法。任务完成法是让被试者去完成某项任务,通过观察任务完成质量来确定他对这件事的态度。根据琼斯的研究,态度对学习具有过滤作用,因此,如果让被试者阅读几种不同倾向的材料并要求尽可能地予以回忆的话,他一般会对与自己态度相吻合的材料记得更多、更好。所以,若他对带有某一倾向的材料比另外的材料记得更多、更好,则表明他更倾向于这种态度。当然,对材料记忆的好坏还涉及材料的难度、排列次序等其他因素,在运用任务完成法探测消费者态度时,应设法对这些因素予以控制。

第二节 旅游者态度

一、旅游者态度的定义

在旅游过程中,个人会因为本身的过往经验,而有不同的旅游方式或地点的选择,同时也会因个人对该旅游活动的评价,在旅游过程中产生多样的旅游行为。这些旅游历程中的评价或行为意图,都是透过个人内在心里的感受,进一步影响或发展其个体行为的,所有这些经由个人内在心理的反应与倾向,就是个体所发展的旅游态度。

从旅游态度形成的过程来看,旅游态度是个体对于旅游活动的一种观点、反应与行为意图,它会引起个体旅游的动机及从事旅游活动的程度,而且个体内心所保存的旅游态度,会影响到其外显的旅游行为。在一项针对生态旅游的旅游者行为调查中,发现旅游者所秉持的环境学习态度如果是负面的评价,则其旅游时的破坏行为就越多;当其环境学习态度是正面的评价,则对居民或是其他旅游者的社交、接触行为次数也就越多,因此可以发现旅游态度对于其旅游者外显行为的影响(李思屏,2001)。在探讨个体的旅游态度时,也有部分学者从休闲的角度来探讨,因为旅游态度大都被旅游者本身的休闲态度笼罩,个体本身的休闲态度应与旅游的粗略概念相互吻合。所不同的是,旅游态度中更精确地涵盖了一些技术层面的界定,也就是较为实质的评估与判断,然而不变的是,休闲或旅游态度都是个人内心的评价与行为意图,透过个体态度可以推测其休闲或旅游行为。

综合上述对旅游态度的探讨,可以知道旅游态度是个体对从事旅游活动所存有的一种评价、观感、喜好反应的心路历程,经由个人内在的人格特质与其外在的环境因素交互作用影响,而形成的一种动态过程。因此,这样的态度本质,可能会影响其外显的旅游行为。

二、旅游者态度的特性

态度是一种内在的历程,须经由外在行为来印证,因此其包含的性质就比较复杂。由于个人内心态度的不同状态,从而导致多样的旅游行为产生。这些存于个人内在心理的态度并非是一致的,而是在不同的目的与环境下,产生其态度特有的性质,这些特性会影响旅游态度的发展。有关态度的特性,大体归纳为以下几点。

(1) 态度经由学习而来。态度是个体由经验中学习得来的心理结构,对于个体而言,这一经验的形成就是一种学习(王铭山,1997)。旅游者在游憩体验后,会对该活动过程与结果产生评价,而此评价满意与否会形成经验,并影响下一次的旅游活动。

(2) 态度需具有特定对象。这里所指的对象,可能是有形的人或物,也有可能是无形的某件事,但不论所指的对象是什么,态度的产生必有其对象存在(Eagles et al.,1995)。在旅游活动中,态度的对象可能是旅游地点、服务人员、某一产品或事件。

(3) 态度具有持久性。态度是由经验中学习产生的,并会内化为人格的一部分,因此在个体建立其态度后并不会立即消失,而会持久性的存在其内心。例如,某人曾有溺水经历,则其在以后的旅游活动中,就会比较排斥与水相关的旅游活动,并持续一段时间。

(4) 态度具有一致性。态度反应于外显行为时,具有一致性,即正面的态度会有正面的行为表现(Loundon,1993)。例如,对生态旅游者而言,如果态度是属于正向的,就会比较遵守生态保护的相关规定;如果态度是负向的,就会有摘取花草、践踏草皮等行为。

(5) 态度具有行为意图。行为意图是一种心理的准备状态,态度也具有动机的性质,所以可以通过个体的态度来推测其行为(Loundon,1993)。例如,在主题乐园里,具有刺激冒险态度的旅游者,就比较容易产生选择云霄飞车、自由落体等设施的行为意图。

(6) 态度具有程度上的区别。不同个体的态度会呈现简单与复杂不同程度的差异,且反映多面性、协调性及关联性三种特性,并对来源作出单纯或多样的评价。在旅游活动中,旅游者具有认知、情感、行为意图的态度组合因素,有些则只有一两项态度构成因素。例如,某人参加公司举办的旅游活动,纯粹只是基于免费的行为意图,而缺乏认知与情感的因素存在。旅游态度虽然具有行为意图、程度区别等项特质,而且有一致性与持久性等稳定特性,但有时仍会受内在心理或外在环境影响而有所改变。这种改变通常有三种原因,包括态度的冲突、情境影响态度、创伤性经历(洪慎忆,1995)。因此在旅游过程中,供旅游行为参考的旅游态度,除了应注意相关特性外,还需注意旅游态度会因情境而有所改变。

三、影响旅游者态度的因素

态度主要是在后天的生活环境中,通过学习形成的。影响态度形成的因素,既有社会环境的作用,又有个人主观方面的因素。旅游态度与态度一样是通过认知活动,受到自己的主观经验和外部环境的影响而形成的。这些因素主要有以下几方面内容。

(1) 个人旅游消费需要的满足程度。一般来说,对于那些能够满足个人欲望、需要和动机的对象,人们容易形成满意的态度,产生好感;而对不能满足自己的对象,就容易形成不满意的态度,产生厌恶感。例如,如果一些旅游目的地的旅行社或旅游服务机构的服务能够满足旅游者安全、舒适、豪华的需要,旅游者就会对其持满意的态度;而一些服务质量差、收费高的旅游服务机构,因为无法满足旅游者的需要,旅游者就会对其持不满意、否定的态度。这种态度一旦形成就会使旅游者的选择具有很明显的倾向性。

(2) 知识和文化层次对旅游态度的影响。一个人对某些对象的态度形成,与所获得的有关这些对象的知识及本人的文化水平有直接关系。旅游者的知识层次越高,对旅游目的地的了解就越多,旅游行为可能受到文化知识的影响也就越大,例如,一个人如果对陕西的半坡遗址不是很了解,那么,他对去半坡遗址旅游也一定是持否定的态度,而一个知识层次很高的旅游者则可能选择去这个地方看一看。

(3) 旅游者所属团体的影响。一个人对于对象的态度,在很大程度上也受到所属群体的影响。例如,喜欢什么样的食品、爱穿什么样的服装等,同一群体成员之间会相互作用和模仿。旅游者的团队中,这种现象尤其明显。在一条旅游线路上,有些景点可能很著名,有些景点可能相对不太有名,但团体中如有较多的人选择去看一下不著名的景点时,不想去的旅游者可能也就去了。个人的态度很容易受到团体的影响而发生改变。

(4) 旅游经验促成。一个人旅游态度的形成是经验的积累和分化。一个人的直接经验是形成或影响态度的重要因素。例如,一个去过某地旅游的旅游者,因为自己的旅游经验使他对当地不同的旅游机构服务形成了不同的态度,第二次去此地时,他对那里的旅游机构的选择就会受到第一次旅游经验形成的态度的影响。

(5)个体的差异。个人的个性倾向、性格是不同的,这样对于不同的事物和旅游环境就有不同的偏好。有些人喜欢热闹的环境,有些则喜欢"深谷幽兰"一类的环境,因此人们的旅游态度也就有所不同了。

这几个方面的因素,对于旅游态度的影响的重要性,要视旅游者的具体情况而定,但各种因素都或多或少地促成和影响旅游态度的形成和保持。

四、旅游者态度与旅游行为

(一)态度与旅游偏好

即使态度不能预测人们的实际行为,却可以有效地预测人们的旅游偏好。所谓旅游偏好,就是驱使个体趋向于某一旅游目标的心理倾向。显示态度与偏好之间有着必然的关联。人们对某一事物所持态度的强度及对该事物所拥有的信息种类多少,都能明显地反映出人们对某一事物的偏好倾向。因此人们对旅游的态度一旦形成,将会产生一种对旅游的偏好。由于对旅游的偏好,则将直接导致人们的旅游行为。态度如下的两个特征对其与偏好的关系产生重要影响:①态度的复杂性。它是指个人对态度所掌握的信息种类和信息量。一般而言,复杂的态度比简单的态度更难以改变。假如,一个人对出国旅游持否定态度的理由是因饮食和传统风俗的不适应、环境的陌生、费用较贵等,若想改变其否定态度,则需从其否定的成分改变。②态度对象的属性,与态度的强度有密切关系。因此,研究态度的强度,应注意态度对象的属性,对一个物体的任何态度,都是由许多针对该物体每个特定属性的态度所构成的。例如,对于终南山国家地质公园的整个态度,即由人们希望在那里看到的各种特征的态度所构成的,这些特征包括:游憩设施、自然景观、住宿条件、饮食,以及所花费的费用和感觉到的价值。对于去终南山国家地质公园的一些旅游者而言,气候、自然景观可能非常重要,但对于另一些旅游者而言,动植物资源、住宿条件则是其最突出的属性。因为,每一属性的相对重要性不仅随着个人的需要和目标变化,而且也是因人而异的,自然对一个观光区的每个属性的突出程度也是因个人的需求不同而不同。而旅游者对突出获益的知觉则导致旅游偏好的形成。

(二)态度与旅游收益

态度对象的属性,对人们形成旅游态度而言,就是人们在旅游活动中所寻求的基本利益。人们并不是仅为了温泉本身而去泡温泉,而是因为温泉对于人本身的某些好处才去那里,洗温泉可以治疗皮肤病、呼吸系统或消化系统等不适症状。因此,人们并不会为了产品或服务本身而出钱购买,而是要能从这些产品或服务中获益,这也是人们在作旅游决策时最关心的方面。比如,人们选择去黄山旅游,主要因为那里可欣赏云海;4、5月到洛阳去可以达到欣赏牡丹的目的。因此,人们对某一个具体事物的属性是否认为重要,是与是否符合自己的利益有关。所以,获益是人们旅游和决策时关心的东西。作为旅游业的销售和服务人员若能认清这点,并能找出某种产品的突出属性,则有助于营销的成功和产品的有效推销。

总之,在形成旅游态度的过程中,首先人们要评价的是一个旅游目的地对于旅游者的总体吸引力,与旅游者所希望的特定获益有关,与目的地所能提供的这些获益有很大的关系。图11-4表明了一个目的地的总吸引力。

$$吸引力 = \begin{pmatrix} 个体获得个别利 \\ 益的相对重要性 \end{pmatrix} \times \begin{pmatrix} 个体感觉到目的地提供 \\ 获得个别利益的能力 \end{pmatrix}$$

图11-4 目的地的总体吸引力公式
资料来源：Losciuto and Perloff, 1967.

因此，为了增加一个目的地的吸引力，对于旅游业工作人员而言，应努力做到：①改善人们心目中感觉到该目的地的形象；②改变某项获益的相对重要性；③提高人们对于某个目的地的相对偏好，无形中会贬低其他有竞争力的目的地提供的某种获益能力。

（三）态度与旅游决策

旅游就是对供选对象进行选择，一个供选对象主体必须经过三个阶段，才能成为可行的选择对象。首先是意识。旅游决策者首先必须意识到一个可能的选择对象，才能对它认真加以考虑。比如，在沈园被看做是绍兴的一个旅游地之前，旅游者必须意识到它的存在；在考虑把火车作为上海到绍兴的交通工具之前，旅游者必须意识到火车能够承担这两个城市的客运任务。其次是可行性。意识到某个供选对象之后，旅游决策者必须作出判断，它是否真正可行，这可能要根据旅游者承担这个供选对象的能力来考虑。比如，时间和金钱因素，能否得到出国签证，旅游高峰期间能否订到车票等。再次是初步筛选。意识到某个供选对象，并判断该供选对象是否可行后，该不该对此供选对象做更仔细的考虑？旅游决策者根据上述的旅游偏好形成过程作出初步决定，这一阶段可看做初步筛选阶段。

有些供选对象在初步筛选的过程中，一开始就很快被否定了。旅游者经过考虑，对这些供选对象能否实现预想的旅游目的，迅速形成否定态度。另一些供选对象既没有立即被否定，也没有立刻被接受，便形成既不肯定也不否定的中性态度。还有一些供选对象，被列为可行的供选对象。这就是说，旅游决策者可能在经过进一步的评估后，会从这些供选对象中选定一个对象。在旅游决策者选定供选对象的过程中，那些被旅游决策者仔细评估的供选对象，是作为一个能够解决具体旅游问题的方法而加以周密考虑的。

一般来讲，被立即否决的那些旅游地，显然旅游决策者认为它们不具有满足其目标与目的的潜力。例如，对飞机感到害怕的人，会立即拒绝去任何地方坐飞机旅行。旅游者没有立即形成态度的那些供选对象，可以看做是中性的，他们有待于收集更多的有关信息，或有待于家庭其他成员的推动才能作出取舍。旅游者对列入可行一类的供选对象，将作更为详尽的评估。对这些供选对象进行初步判断，认为它们具备满足旅行目的的某种潜力。各种旅游产品与服务的经销者的目的就是将他们的产品与服务列为这类对象。旅游决策者用上述的决策过程对每个对象进行评估后，就在这类供选对象中作出选择。

旅游决策者对可行的供选对象的选择并不一定是一成不变的。列入可行的供选对象，通常会因为时间的推移与情况变化而改变。还应该注意到，旅游决策者并不总是在各种旅游问题被意识与被辨别后，才去寻求这些问题的解决办法的，即决策者并非总是以一种有条不紊的方式作出决策的。某些决策者是根据过去收集到的信息和脑子里尚未产生某个旅游问题之前就已储备下来的信息作出决策的。另外，旅游决策者认真评估的可行的供选对象的数目是不相同的，它取决于旅游决策者本身。人们作出一个决策，就要承受错误决策的风险。故而，它的重要性提高了，个人认真加以考虑的可行的供选对象的数目也就因此减少了。

旅游营销人员所面临的主要任务是使旅游者意识到他们的某种服务项目，促使旅游决策者把这些项目看成是可行的。对这些服务形成肯定的态度，使旅游决策者把这些服务看成是解决旅游问题可行的供选对象。

第三节 旅游者态度的形成与改变

一、旅游者态度的形成

（一）态度形成的原因

态度是怎样形成的？态度形成的原因是多方面。

(1) 态度是经验的累积，特别是极端深刻的事例。经验的累积就是某一种事物重复发生了多次，而每次都带来了某种后果，由于这种后果便产生了某种态度。选择性知觉也会受到经验的影响，即不同对象有不同的解释。再者由于性格的不同，态度也会有所不同。

(2) 受社会文化因素的影响。广泛的文化和社会变革会使我们形成新的态度和改变旧的态度。家族、职业团体、文化（次文化）等社会集团对个人态度的发展更是扮演着很重要的角色。尤其家族对态度的影响是最重大的，它是形成儿童思考方式的主要来源。因为态度是可以学习的，可以互相影响的，生活在某一团体的人往往很容易接受该团体对事物的态度。而团体成员间相互依附，在行为上自然容易彼此影响。因此团体态度的存在，是个很明显的事实。

(3) 有影响力的人对他人在态度的形成上是极重要的。消费者也往往会通过和受尊敬的亲朋好友及有影响力的权威人士接触而形成或改变其态度。换句话说，个人的态度也会受到意见领袖的主导，这就是为什么在广告中，经常聘请著名的运动员或影视明星来拍摄广告推销产品。此外大多数的企业都会运用销售人员，并将之视为营销组合的中枢，毕竟销售人员是达成特定营销目标极有效的力量。

（二）态度形成的过程

这里我们可以从心理学家凯尔曼（Kelman，1958）对态度形成的三阶段说来看旅游者态度形成的过程。

(1) 服从阶段。服从是指人们为了获得物质与精神的报酬或避免惩罚而采取的表面顺从的行为。服从阶段的行为不是个体真心愿意的行为，而是一时的顺应环境要求的行为。其目的在于获得奖赏、赞扬、被他人承认，或者为了避免处罚、受到损失等。当环境中奖励或惩罚的可能性消失时，服从阶段的行为和态度就会马上消失。服从阶段的态度在日常生活中普遍存在。比如，刚入学的大学生面对学校规定的出早操的要求，有些学生没有早起的习惯，刚开始觉得非常别扭，甚至觉得学校是多此一举。可是学校的规定必须执行，否则就要受到惩罚，无奈只能出早操，这种不愿意早起又不得不早起的行为就是服从行为。服从阶段是态度形成的关键阶段，对孩子的教育具有重要意义。良好的性格、习惯和品德，往往是在服从阶段时就打下了良好的基础。在多数情况下，服从阶段是不可逾越的，尤其是孩子。

(2) 同化阶段。同化阶段与服从阶段的不同之处，就是同化阶段不是在环境的压力下形成或转变的，而是出于个体的自觉或自愿。它的特点是个体不是被迫而是自愿地接受他人的观点、信念，使自己的态度与他人的要求一致。以大学生出早操为例，某学生坚持了一段时间以后，由于出早操给他的身体和精神都带来了好处，即使不出操不给任何惩罚，他也会主动遵守学校这一规定。又如一个人要加入某个有吸引力的社会团体，他就会自觉承认该团体的章程，愿意以该团体的规范来约束自己的行为，接受该团体对他的要求和指导，并以该团体一分子的态度对待工作和生活。

(3) 内化阶段。内化阶段是指个体从内心深处真正相信并接受他人观点，而彻底转变自己的态度，并自觉地以此观点指导自己的思想和行动。在这一阶段，个体把那些新观点、思想纳入到自己的价值体系,以新态度取代旧态度。一个人的态度只有到了内化阶段,才是稳固的,才真正成为个人的内在心理特征。

态度的形成从服从阶段到同化阶段再到内化阶段,这一复杂的心理过程,并不是对所有事物的态度都要或都能完成这个过程。人们对某些事物的态度的形成可能完成了整个过程,但是对另一些事物可能只停留在服从或同化阶段。

二、旅游者态度的改变

态度的改变与形成的历程类似,都是他人、个人或团体交互作用下所产生的一种复杂的学习历程。态度的稳定性不意味着态度是一成不变的,随着外界条件和个体因素的变化,态度是可以改变的,并可以形成新的态度。在以下的内容里,我们将探讨改变旅游者态度进而影响旅游者行为的基本途径。

(一) 态度改变的理论

目前,心理学家们对态度改变的看法不一,其中最重要的理论首推美国的心理学家范士庭所提倡的认知失调论(Festinger,1957)。该理论认为态度的改变是因为个人对态度对象的认知性成分与其行为成分失去协调所致,即所谓的认知失调。换句话说当一个人采取他所不相信的某些行为时,他会感觉到不舒服、不愉快。在一般情形下,若你认为是对的事(认知),所以你去做(行为)。如此就不会产生认知失调,你的态度也就不必改变。例如,你认为出国旅游是件有益身心的事(认知),因而当你花钱出国观光时(行为)也会心安理得。又如,你反对花钱出国旅游,且认为那是既费钱又费时间的事(认知),所以你不去。假如有一天被孩子吵得不得不带他出国玩一玩时,就等于是做了一件违背自己原来态度的事,此时你产生了两种不协调的认知:一是"我是反对出国旅游",二是"我不仅自己出国且带着孩子一起出国"。因此心里矛盾不安,这就导致了认知失调的产生。当个人的认知失调时,个人会产生行为以求消除减低失调,或是避免产生失调的任何情况。因此个人会产生两种消除认知失调的方法:①改变原来的态度,即建立新的认知。认为观光是件有益身心的活动。②虽不改变原来的态度,只是稍微修正旧的认知,或替自己的行为找借口辩解。例如,你可以自我解释"那是因为带孩子出去开开眼界,多看看,才能多学习",这样你仍可维持原有反对出国观光的态度。

由上述可知,随着态度的改变,我们可能在行为上也会产生变动,使自己的态度或信念能与行为保持一致,如此一来,个人的认知也得以恢复协调状态。各项研究也都显示了认知失调是态度改变的主宰。此外,认知越重要,失调认知数目越多,那么失调的严重性也就越深,加上其所能获得的辩护理由越少,其改变原来态度的可能性就越大。

(二) 态度改变的途径

1. 改变产品

要改变人们对一种特定产品的态度,最容易的方法往往是改变产品本身,然后再千方百计设法使消费者发现这种改变。正如一位权威人士所说,即使是产品的一个十分微小的改变也往往比所有其他广告和宣传的努力有效十倍。产品外观的改变很容易被人们看到,销售者无须依靠劝说性的宣传手段去使消费者相信这两种产品之间存在着区别(Walters,1989)。

除了有形产品之外,销售者还有许多东西可以改变。对销售旅游产品的人来说,旅游产品不像实物商品,它基本上是一种无形的产品,大多数人不易看到服务中的变化。然而,在考虑这些选择之前,销售商必须考虑其产品或服务对于消费者意味着什么。因此,以下几点有利于通过改进产品从而促使消费者态度发生转变。

(1) 完善服务。旅游服务不可能像汽车、冰箱或者食品那样在外观上加以改变或改进。然而,旅游宣传工作者却可以通过改变他的销售人员的服务态度、调整价格,以及提供服务的途径等来改变人们对他所提供的服务的态度。例如,近年来,几乎所有大航空公司都提供打折的优惠价机票,这是一种策略,目的是使更多的人在心目中形成航空旅行"价格合理"的印象。许多连锁旅馆("十八岁以下免费")和汽车出租公司("不论里程多少,不另收费")也采用了同样的策略。免费预订房间、汇款订票、用计算机预订机票这些办法,只是航空公司、连锁旅馆、汽车出租公司和其他机构所采用的方法中的一部分,它们使获得服务的过程大大简化,从而使人们对其服务及该公司持更加肯定的态度。

(2) 营业网点。对许多商业公司来说,选址是成功的一个关键因素,对于那些销售无形的服务的公司来说更是如此。因为旅游服务的生产和消费是同时进行的,所以消费者必须到生产者所在的地点,或者生产者到消费者面前来。像航空运输或夜间住宿之类的服务是不能先储存起来留待日后发货的,所以提供服务者的地点一定要尽可能靠近其服务对象。改变或增加服务点的数目,是旅游服务公司促进人们对它产生肯定态度的最好方法之一。因此,饭店相互之间为占领最有利的地点展开了激烈的竞争。航空公司竭力为尽可能多的有利可图的市场提供服务。旅行社则在大都市的各个区设立了多处分社。

(3) 时间便利。除了地点上的方便,旅游服务公司还可以提供时间上的方便。航空公司和城市间长途汽车公司力图在有限的运输工具所许可的范围内尽可能提供方便旅客的发车或起飞时间表,以便使人们对它们所提供的服务产生良好的印象。旅馆提供一个方便的结账时间,汽车出租公司的昼夜服务都会提高旅游者的肯定态度。

(4) 有形商品。尽管实际的旅游产品可能是无形的,但是大部分旅游公司却是使用有形的用品和设备来提供服务。汽车出租公司租赁的汽车、主题公园使用滑行铁道和阜氏转轮、饭店有设备齐全的房间、水上游览时宽敞的船上提供的饮食、住宿和娱乐设施等,每一件有形设备都会影响人们对这些不同的旅游服务公司的态度,而且通过改变它们能使人们对它们形成更为肯定的态度。例如,航空公司通过买进宽机身的飞机,改进了它们的机内服务质量,创造了一种较为舒适的航空运输的形象,从而使人们对与这些属性有关的方面产生了良好的印象。各大连锁饭店力图通过采用独特的建筑设计方案并且在舒适的内部装饰上大量投资,从而促使人们对它抱肯定态度。零售旅行社试图用一种能使人感觉到热情的气氛和组织效能的方式去影响人们的态度,并通过在信息化的设备方面进行投资提高工作效率,并改变自己的形象。

然而,当一家旅游服务公司希望改善人们对它本身的态度时,无形服务和用来提供服务的有形用品和设施的改变,应该是人们着重考虑的首要事情。如果在有助于改进本身形象的物品和服务方面确实拿不出多少东西,旅游服务公司也应该在确实存在的东西上面认真下一番工夫。例如,旅行社应该特别注意它的总的外观和环境所树立的形象、旅行社的名称、它的标志语句和信笺笺头、它的雇员的风度和仪表等。

2. 改变知觉

纵然基本的产品依然保持,新的知觉也可以引起态度的改变,美国的阿维斯公司提供了有效地运用这种策略来改变态度的典型实例。"我们是第二流的,但我们正在加倍努力。"这是阿维斯公司宣传运动的中心纲领。在这个运动之前,消费者感觉汽车租赁市场是由赫茨公司领先,加上一些相对而言不为人所知的、没有任何特点的竞争者。阿维斯公司的宣传运动从两个重要的方面去改变消费者的知觉,从而使消费者对该公司的态度向有利的方向发展。首先,通过承认和大肆渲染该公司的二流地位,消费者开始感到阿维斯公司比原来更为接近赫茨公司了。而在这以前,他们一直把这个市场看成是由一家领先的大公司加上许多家也经营此项业务的小公司组成。然后,"我们正在加倍努力"的信息向人们承诺说:竞争中的退居下风的一方将更尽力为消费者提供良好的服务,以便赶上领先的一方。尽管阿维斯公司所提供的服务并未显著地改进,但是人们对于该公司的态度却大大地改变了。

如果服务质量本身没有真正的改变,那么广告自然就起着决定性的作用,它有助于树立一种形象,以加强对于服务的原有态度或者促使人们改变自己的态度。例如,墨西哥自称为"对美国人态度友好的西班牙语国家",而弗吉尼亚是"情人们的乐土",哥斯达黎加标榜自己是"无忧无虑的国土",葡萄牙则宣传"葡萄牙式的抉择"。一些连锁旅馆把自己描述成供人们参观的场所,"使人心旷神怡","与其说是连锁旅馆,不如说是由一系列不同旅馆组成的联合体"。

有时候,一家旅游服务公司用改变名称的办法来促使人们改变对该公司和该公司所提供服务的知觉。例如,迪斯尼为游乐公园带来了新生命。它戏剧性地改进了产品本身,更重要的是,它提供了一个重要的新名称"主题公园"。几乎在一夜之间,迪斯尼世界便从游乐公园变成了能为所有家庭提供全套娱乐设施的新型企业。此外,一家旅游服务公司所选择的名称对于在旅游者的心目中树立该公司的形象起着很大的作用。例如,"假日旅馆"、"旅客之家"、"红地毯旅馆"、"公主旅馆",能帮助年轻的消费者和旅游者在心目中形成某种形象。此外,旅行社还经常提供一长串能唤起人们想象力的名称,它们无疑有助于在消费者心目中树立某种形象,例如"畅游"、"迎宾"、"爱旅"、"览益"、"旅游迷"、"旅游大师"及"时时处处旅游"等。

这里所讨论的树立形象的策略,目的在于让消费者接触能传达旅游公司提供特定收获能力的知觉信息。然而,如果没有收获本身,一家公司的名称或它做的广告宣传能否成功地使人们持久地对其抱赞成态度是很值得怀疑的。如果阿维斯公司声称"我们正在加倍努力",那么人们必须感觉到它的雇员确实在加倍努力。一家以"爱旅"的名称命名的旅行社不能雇佣厌恶旅游的人当职员。一家名叫"旅游大师"的旅行社必须雇佣在各种意义上都是职业性旅游顾问的人充当职员。这里所讨论的这种知觉改变,只有在服务本身符合通过广告和其他信息沟通形式在人们心目中所产生的期望时才会出现。

改变人们的知觉,以便使人们对旅游服务公司抱肯定态度绝不是一件容易的事。正如上文指出的那样,态度一般很难改变,因为消费者往往不肯接受与他们目前态度结构不一致的信息。削弱消费者知觉防御的一种有效的方法是给公司的服务换上一个新名称(Crane,1972)。所谓新名称,就是不用过去的名称,而改用另一个名称,它实际上起着促使消费者把这种服务看成是某种不同的或新的东西的作用。这样,人们就比较有可能吸收新的信息,从而使他们改变对服务和提供这种服务的公司的知觉。

3. 促进行为变化

(1) 重复与幽默。前面我们曾经提到,软弱的态度比强硬的态度或极端的态度容易改变。强硬的态度要用较多的时间和耐心才能改变,因为它就好比是一块硬木,一次只能"削去"那么一点点。一个持有强硬态度的人必须反复接触新信息,直到他的防御机制逐步被削弱为止。有学者说过,重复是改变强硬态度的关键之一(Walters,1989),人们必须对具有这种态度的人讲明改变态度的充分理由。那种对乘飞机、露营、出国旅游或者住昂贵而豪华的旅馆持强烈否定态度的人,不可能在一夜之间就改变态度。反复重申改变这种态度的充分理由而又不惹此人生气,这肯定是进行有效推销和宣传的最困难的任务之一。也许,完成这项任务的最有用的工具之一，是使用幽默手段。幽默之所以特别有效，是因为人们并不直接地与强硬态度者进行正面交锋。

（2）广告。上文我们从知识、情感和行为等各个组成部分的角度对态度进行讨论。通过对态度的分析，我们比较容易理解它们可以以何种方式形成或改变，从而带来人们所希望发生的行为改变。例如，一位旅游广告商可以通过传递某些有关事实方面的信息，去改变人们对他的产品或服务的信念，从而导致态度的改变。因为人们总是力图使他们的情感和信念保持一致，所以有效的情绪和形象性的广告往往能同时影响情感、信念和意见。

（3）激发冲动。如果某位消费者通过接受免费赠送的样品或其他物质刺激而被吸引，这也许只是一时冲动而改变自己的行为，那么，随之就会出现态度上的改变。许多人都有在去目的地的路上作出冲动性旅游决定的趋向，所以目的地在旅途中下大营销力量就会有相当高的成功率。在传递这种信息时，我们应该记住这里的旅游者实际上往往是一个移动的目标。因此我们能够用来与他沟通思想的媒介是有限的。这些媒介包括交通工具上的杂志、乘务员的引导，以及终点站的广告等。要促使人们在一时冲动之下作出旅游决定，并没有什么简单的准则。但如果我们能理解人们为什么会作出冲动性的决定，我们自然会想到某些可能采取的办法。人们发现，那些经常心血来潮地作出决定的人，往往在性情上坐立不安，对任何东西都容易感到腻烦，他们竭力想逃避单调无聊和老调重弹，热衷于追求刺激、冒险和猎奇。因此，向他们发出"为什么不换换花样"的召唤，可能很容易打动他们的心弦。

要使冲动型的人改变其行为，最有效的触发因素是种种威胁、金钱奖励的吸引力等。例如，拉斯韦加斯的旅馆经常在飞机乘客阅读的空中杂志中植入一些不那么雅观的广告。旅行社的广告宣传费用低廉，目的在于向人们许诺某种金钱上的酬赏。某些旅游网站的礼券及相似的广告手法也是起这种作用。

（4）激发潜在的动机。提高某一项旅游服务在人们知觉中的地位的另一种方式，就是在潜在动机上做文章。所谓潜在动机，就是指与某个特定情景有关但也许尚未影响到旅游者的动机。举个例子，一个对迪斯尼世界持否定态度的人，当别人提醒他对孩子所负有的义务时，他对于尽父母责任的态度就显露出来，于是可能改变他们去别处旅游的看法。一开始，这个人满足其子女需要的动机是潜在的，也可以说是隐藏的、与过程无关的。发现并激发这种潜在动机，对于强化态度和激发某些类型的旅游行为有可能起很大的作用。

（5）改变知识累积量。本节所讨论的几乎所有策略都要求以这种或那种方式传递新的或额外的信息，传递那些有关某项具体旅游产品或服务，以及它会给旅游者个人带来什么收获的信息。对于服务信息掌握少的人相较于信息掌握多的人而言，态度更容易改变。由于信息量有限，一遇到矛盾的信息很可能就会动摇，从而改变态度。例如，在人们对于旅行社的作用所知甚少的情况下，只要提供有关他们服务的信息，就可能使人们对旅行社的态度朝着肯定的方向变化。另外，如果某人曾因某个旅行社的失误而经受过某种不愉快的旅游经历，那他往往会将这种经历概念化起来，不再接受这方面的任何新信息。

还应该指出：儿童和文化程度不高的成年人通常比文化程度较高的人容易改变态度。不难理解，文化程度较高的人往往在许多问题上拥有较多的信息。这种普遍趋势对于旅游业具有重要的意义，因为旅游市场一般说来是由文化程度较高的人们组成。因此，要想改变对整个旅游市场的态度绝非易事，只有对于那些确实能帮助解决旅游中的问题的服务项目的宣传，他才有可能作出反应，而对于那些夸大不实、做表面文章的广告他很可能完全无动于衷。

本章作业

1. 简述态度的概念、功能与测量方法。
2. 旅游者态度的概念是什么？具有哪些基本特征？
3. 简述旅游者态度是如何形成的？影响因素有哪些？
4. 试举例说明，如何改变旅游者态度。

延伸阅读文献

Aiken, Lewis R. 2008. 态度与行为：理论、测量与研究. 何清华,等译. 北京：中国轻工业出版社.

Hsu C H C, Cai L A, Li M. 2010. Expectation, motivation, and attitude: a tourist behavioral model. Journal of Travel Research, 49(3): 282-296.

Jacobsen J K S. 2000. Anti-tourist attitudes: Mediterranean charter tourism. Annals of Tourism Research, 27(2): 284-300.

第四篇　影响旅游者行为的环境因素

第十二章　旅游目的地品牌与形象

☐ 本章导读

　　旅游目的地形象或品牌的基础来自旅游者认知评价,只有旅游目的地形象或品牌与旅游者自我个性或自我形象产生有效连接,才能诱发旅游者的到访行为。看似是由商家或经营者打造的目的地形象或品牌,其核心实质在于旅游者的接纳与认可。本章在介绍旅游目的地概念的基础上,首先,重点分析旅游目的地品牌化的过程与内涵,以及旅游目的地形象的概念、形成过程、构成维度与基本测量方法;其次,阐述品牌个性与旅游目的地品牌个性之间的关系;最后,分析旅游目的地品牌资产的概念与构成维度。

第一节　旅游目的地品牌化

一、旅游目的地的概念

　　旅游研究中,对目的地的定义一直以地理学视角为主导,在该视角下,旅游目的地被看做是一个地理上被划分出来的区域,如国家、城市、小岛、邻近区域、博物馆、小区,或一个区域皆可称之(Buhalis,2000)。

　　不同学者对目的地的定义是不同的,有的学者将其定义为一个具有不同自然属性、特色或吸引力,能吸引非当地旅游者前往游览的区域(Coltman,1989)。同时,目的地应该从表象、组织和旅游者认知三个角度来加以审视(Lew,1987)。所谓表象角度,是指旅游吸引物的物理表现,包括自然的(如高山)和人文的(如人造设施);所谓组织角度,是指旅游吸引物的时间、空间及性能特征,多多少少受规模和范围的影响,组织的视角还强调旅游吸引物本身和旅游吸引物形象之间的联系;所谓旅游者认知角度,是指旅游吸引物通过旅游者认知而成为其行动和体验的基础。旅游目的地应该具有独特的旅游形象、完善的区域管理与协调机构,能够使潜在旅游者产生旅游动机,并作为旅游的目标区域。而本书认为一个旅游目的地应该具有如下几个基本特征:①对旅游者具有一定的吸引力,能够激发旅游动机产生;②旅游吸引物具有明显的独特性,且在一定程度上具有规模性;③目的地能够使人为了在这里体验某些旅游吸引物而作短暂停留。

二、品牌与品牌化

　　"品牌"一词源自于北欧文字"brandr",意思是加以烙印,当时家畜的主人将特殊的标记烙印在牛羊身上,以表示所有权(Keller,1993)。现今企业的品牌经营也是同样的道理,目的就是要将品牌的意义烙印在消费者脑海中。因此,品牌就是企业试图在消费者心目中建立的一套识别体系、承诺与经验组合,代表企业的一切。

　　1960年,美国营销学会(American marketing association,AMA)对品牌作出如下定义:品牌是指一个名称、术语、标记、符号或设计或是它们的联合使用。其目的在于使消费者能辨识厂商的产品或服务，并与竞争者产品有所区分。品牌包括两部分：一为文字或数字，称为品名；二为符号、图案、特殊色彩或字体，称之为品标。表12-1中罗列了一些关于品牌的经典定义。通过分析可以发现，品牌已经不单指一个名称、标语、标志、象征或设计，其可以扩展到整个企业组织，代表的是消费者心中该企业的质量、形象和承诺，通过品牌展现出自身独一无二的特点，并和其他竞争者有明显区别。因此，品牌定义包含的范围很广，包含了产品的品牌、公司的品牌、品牌知名度、品牌识别、品牌形象、品牌个性、品牌行为、品牌文化。就消费者层面而言，则包含了品牌回忆、品牌联想、品牌知觉、品牌忠诚度、品牌知识、品牌态度等（图12-1）。

表12-1 品牌定义一览表

年代	学者	定义
1960	美国营销学会	品牌是指一个名称、术语、标记、符号、设计或是它们的联合使用。其目的在于使消费者能辨识厂商的产品或服务，并与竞争者产品有所区分
1990	Doyle	品牌是一个名称、符号、设计，或以上项目的某种组合，可以识别一个特定组织的产品，如同该组织拥有一项持久性的差异化优势
1991	Aaker	品牌是用来与他物区分的名字或象征，目的是和其他竞争产品或服务划清界限。消费者可通过品牌的要素，区分及识别一个产品
1994	Kotler	品牌基本上是销售者提供给购买者的一组具有一致性，且具有特定产品属性、利益与服务的承诺，是一个企业与消费者沟通的工具，负有传递信息的作用 品牌可传达出六种意义给消费者：属性、利益、价值、文化、个性、使用者
2004	Rothacher	品牌就是产品的灵魂。品牌帮助消费者作选择，因为它代表了可靠的质量、形象与售价。通过适当的营销与营造，品牌会触发消费者心中强烈的情感作用，强化对产品的忠诚度
2004	Jones	品牌是一个提供了功能性利益的产品，加上一些足以让消费者掏钱购买的价值感

图12-1 品牌化对企业及消费者的影响

阿克认为企业要拥有营销优势来统治市场，就必须先拥有强势的品牌，即品牌化，而要建立一个强势的品牌必须要有以下五点（Aaker，1991）。①设定明确的品牌识别：品牌识别代表了组织希望该品牌所呈现出的外在形象。②创造公司品牌：建立公司形象。③完整与一致性沟通：运用沟通工具，维持内部与外部沟通的一致性。④顾客关系：加强顾客对品牌的态度，与顾客建立起较深厚的关系。⑤符号与口号：让顾客注意并记得品牌，改变顾客对品牌的观感。

原田进认为企业在进行品牌化时必须经过三个阶段。

（1）确立企业识别：也就是确立企业存在的价值。通过企业内部自我认识、分析、定位，设定发展出企业理念与愿景，并以此为目标带领企业往此方向前进。

（2）创造与集中品牌要素的过程：确立愿景与定位之后，设计能传达该企业理念与形象的文字与品牌象征，包括品名、标章（标志）、个性、包装设计、标语、广告歌曲等，上述所呈现出的品牌要素，必须要带有可以和其他竞争者的差异点，才能吸引消费者注意，建立完整的企业形象。

（3）培育并维护品牌：以企业理念为中心，对内针对员工进行内部教育、对外针对消费者进行企业理念宣传与营销活动。

在商品性质趋向同质化的今天，品牌可以被看做是营销的核心，企业单靠价格或是商品独特性作为竞争条件已经日趋疲乏无力，现阶段企业卖的不再是差异化商品，而是在品牌化之后，具有差异性的品牌形象。品牌形象的重要性在于它的独特与美丽，是一股足以俘获消费者心灵的力量。成功的品牌形象，可以取代产品本身的功能或是产品的附加价值。

三、旅游目的地品牌与品牌化

随着旅游竞争的加剧，旅游信息的增多，以及旅游者经验的增长，未来旅游目的地对旅游者的竞争不再是基于价格，而是基于旅游者的身心和情感。品牌化作为一种强有力的竞争武器，于20世纪90年代末被引入旅游目的地研究中，但对旅游目的地形象、旅游目的地定位、旅游目的地口号等相关研究早已展开，只是那时这些内容并未明确的被纳入品牌化研究框架中（刘丽娟、李天元，2012）。

旅游目的地品牌具有外表与内核双重涵义（高静、章勇刚，2007）。从表面意思上看，旅游目的地品牌是"一种名称、术语、标志、符号或设计，或是它们的组合运用"。例如，中国采用天坛作为旅游标志，香港以"动感之都"作为自己的旅游宣传语。这些由文字、图案和符号所构成的名称、术语、标志等都是旅游目的地品牌的直接物质载体，它们赋予旅游目的地品牌的外在形式，没有这些物质载体，旅游目的地品牌就无法表现出来，更不可能达到品牌的整体传播效果。优秀的旅游目的地品牌在载体方面表现往往较为突出，给人们独特的视觉效果。除外在表现形式外，任何旅游目的地品牌都有其内核，这种内核表现为旅游目的地品牌向消费者所作的品牌承诺。品牌承诺主要是旅游目的地对自身所提供的旅游产品和服务质量，以及旅游者从中得到利益的承诺，旅游目的地品牌的价值源自对其品牌承诺的兑现。

与旅游目的地品牌的名词性涵义不同，旅游目的地品牌化是一个动词性质的短语。尽管品牌化在一般市场营销研究领域出现较早，但它在旅游目的地研究中的应用较晚，直至20世纪90年代末才引起学术界的关注。1998年，国际旅游研究协会（Travel and Tourism Research Association，TTRA）年会将目的地品牌化作为会议主题，并报道了许多目的地品牌化的成功案例（如纽约、澳大利亚、加拿大等），从而揭开了基于旅游目的地背景的品牌化研究序幕。

怎么来界定旅游目的地品牌化，至今尚无定论，其观点主要划分为如下三种。

（1）品牌化是品牌本体的建构：强调品牌元素在品牌化中的作用，旅游目的地品牌化是选择一系列一致的要素组合，通过积极的形象建设去识别和区分旅游目的地，这些品牌构成元素包括名称、标志、文字、设计、口号和包装等（Cai，2002）。

（2）品牌化是一种传播沟通战略：强调旅游目的地品牌化是一种持续、集中的沟通战略，可以部分被定义为传递与特定目的地相联系的令人满意的独特旅游经历的预期(Pike,2009)。

(3) 品牌化是一种关系集合：旅游目的地品牌化是人们在头脑中保留的旅游目的地形象及与目的地之间的关系(Nicherson and Moisey,1999)。

上述概念虽然各有侧重，但都未能突出旅游目的地品牌化的独特性和复杂性。对此，布雷恩等(Blain,2005)通过文献研究，曾就旅游目的地品牌化给出了一个较为全面的定义，强调了旅游目的地品牌化的原则和意义。他认为旅游目的地品牌化是一系列市场营销活动的集合，即通过创建名称、标志、徽标或者其他图表，以识别和区分旅游目的地；始终如一的传递与旅游目的地相连的令人难忘的旅游经历的预期；巩固和强化旅游目的地与旅游者之间的情感联系；减少旅游者的搜寻成本，降低风险。

旅游目的地品牌元素具有复杂性，塔斯奇等通过对旅游目的地品牌化研究文献的回顾，指出这些元素包括名称、商标、标志、设计、符号、主题口号、颜色、包装结构、排版、摄影风格，以及传统、语言、神话和传说等。这些元素必须彼此一致，始终如一的强调清晰而独特的品牌主题，从而推动整个品牌形象建设过程的统一(Tasci and Kozak,2006)。

旅游目的地品牌化对供给和需求双方都将产生有益影响。对旅游目的地而言，品牌化能增强与竞争对手区分的可能性、强化顾客忠诚、增加利益相关者收益、影响公众对旅游目的地的认知、激发当地居民的自豪感和归属感，形成持久的竞争优势；对旅游者而言，则具有社会情感和身份识别的价值，能够降低旅游者的搜寻成本、减少风险、提高炫耀价值、提供附加值、塑造和影响旅游经历。

关于旅游目的地品牌化的过程和内涵，艾金西(Ekinci,2003)提出了一个理论分析模型(图12-2)。她认为，旅游目的地的成功品牌化是建立在旅游者和目的地之间的一种互动关联，首先要满足的是旅游者的情绪需求(如放松的和惬意的)与基本需求(如饮食和住宿)。更重要的是，旅游目的地品牌化使旅游者的自我意象与旅游目的地意象之间达到了一种有效的链接状态。目的地品牌化的重要核心组成是品牌个性，强调的是目的地意象的人性化(如宾至如归的、友好的、激动地、有趣的和原生的)。这样，旅游目的地就可以在旅游者心目中形成一种清晰的身份识别并很容易被品牌化。由此，旅游目的地品牌个性就使旅游目的地意象充满一种如人般的生气。该论断在其他商品营销中已经被成功验证，如可口可乐给人的感受是传统的，百事可乐让人觉得年轻充满活力，万宝路香烟给人的感觉是粗犷的。当然在旅游目的地中也有一定的例证，如当人们提起巴黎会首先感到是浪漫的，提到罗马人们首先想到厚重和古老，提及北京会让人们感到古老与现代的并存等。

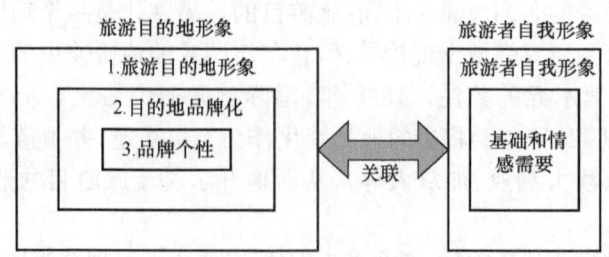

图 12-2　旅游目的地形象与目的地品牌化
资料来源：Ekinci,2003.

虽然让消费者将冷冰冰且毫无生气的品牌与人类个性相互联结有些困难，但部分研究已证实了消费者为何，并如何赋予一个无生命的产品质量具有人类个性。因此，旅游目的地品牌营销如意欲获得成功,就必然要重视旅游目的地意象的分析与建设,而该意象能从众多竞争者中脱颖而出并得到消费者认可,旅游目的地个性建设与研究是基础与核心。

第二节　旅游目的地形象

一、形象与旅游目的地形象

20世纪50年代中期,博尔丁(Boulding,1956)首先提出了"形象"的概念,并对其在人类经济活动与其他领域所扮演的角色进行了探讨。他表示人的行为除了是由知识和信息引导外,更是个人所知觉到的形象产物。

"image"一词,在不同学科领域中,有不同的解释。在心理学上称为"心象、表象"。张春兴(1992)认为,"心象是指记忆中以往感觉经验的重现"。地理学则用印象、知觉,意指人们心中对某地区的意象或心理图像,如认知地图。在环境规划领域,称之为意象,营销学则称为"形象、印象",产品形象多半指消费者从许多资源中所接受的整体印象,是消费者在众多印象中选择某些印象为基础所发展而来的心理建构,明显受外在信息影响,形象并不等于产品属性,而是对产品属性的知觉。

由此可知,image是人受到外界信息的刺激,以个人特质对环境属性产生知觉而形成整体或刻板印象。本书中,将其统一翻译为形象。

在国外旅游研究领域的文献中,有多重关于"image"的名称与说法,如tourism image(Gartner,1989)、tourism destination image(Chon,1991)、destination image(Echtner and Ritchie,1993)。而国内则有人将其翻译成旅游意象、旅游印象、旅游目的地意象、旅游目的地印象或旅游目的地形象。但从现有文献可以看出,一般当提及旅游形象时,如无特别说明,该属性的指向一般是旅游目的地。因此,可以这样来界定旅游形象,它是指旅游者对于目的地的整体认知与信念,或是一组整体的印象(Hunt,1975;Crompton,1979)。

国外学者亨特提到,旅游目的地形象是人们对于非所居住地持有的一种印象,也是个人对某一目的地所持有的想法、信念与印象的总和,或是旅游者在心理上对旅游目的地所形成的一种描绘(Crompton,1979)。旅游目的地形象是个人通过长期加工各类信息,所形成的对旅游目的地所有的认知(Assael,1984),也可以说是消费者对该旅游地的态度,该态度来源于消费者感觉,而非知识(Moutinho,1987)。

旅游目的地形象具有类似品牌的功能,它结合了旅游者与旅游业者对旅游地区内的旅游活动,或旅游景点的各种属性知觉(Gartner,1989),它同时代表着旅游者对旅游地的印象,并给予旅游者一种事前的感觉(Fakeye and Crompton,1991)。旅游目的地形象是个人对某一特定地点的整体印象或态度,该整体印象是由旅游者对旅游地质量的相关认知组成的(Dadgostar and Isotalo,1992)。因此,旅游目的地形象可视为旅游者对目的地的一种期望,是旅游者个人对于有益旅游经验产生的正面的印象(Birgit,2001)。

需要说明的是,旅游目的地形象作为个体对旅游目的地各类信息进行心理功能化加工的结果,不是一成不变的,这个结果会随着旅游活动的发展而发生相应的变化。学者以美国得克萨斯州的Lower Rio Grande valley为研究对象,比较未到访者、第一次到访者和重游者在五个意象因素上的关系,结果发现这三组受访者在"社交机会与吸引力"、"设施、食物、友善居民"、"自然及文化设施"、"住宿及交通"、"酒吧和夜生活"各个测量项目上均存在明显差异(Fakeye and Crompton,1991)。另外,还有学者的实证研究也证明了旅游者的旅游目的地意象会随着旅游阶段及活动时序的变化而发生变化(Chon,1990;Baloglu and McCleary,1999)。

综上所述,可以这样进一步界定旅游目的地形象,它是潜在或现实旅游者对某一旅游目的地所持有的一种印象,该印象是个体的社会知觉对旅游目的地相关信息加工的结果,它会随着个体旅游经验、价值观及外界信息刺激等因素而发生阶段性的变化(白凯,2009)。

二、旅游目的地形象的形成过程

旅游者对旅游目的地形象的形成并非一朝一夕,而是一个渐变过程。早期甘恩指出,旅游形象的形成可分为两个阶段:原始形象与诱导形象(Gunn,1988)。首先,消费者通过接触一般的电视节目、报纸、杂志报道或专文介绍,以及其他非旅游业主导的信息来源(如口头传播),会形成对某一旅游地点的原始形象,此人并未真正到过该地点,是对该地产生的最初印象。如果旅游者对该目的地产生兴趣,会刻意收集与该地点旅游直接相关的信息后会产生新的印象,如旅行社广告、旅游局宣传册等,原始形象会进一步发展成诱导形象。

一般而言,旅游目的地形象的形成可以划分为七大阶段(Gunn,1988)。阶段一:积累旅游体验的心理形象;阶段二:通过更进一步的信息来修正心理形象;阶段三:决定旅游形成;阶段四:前往旅游目的地;阶段五:参与旅游目的地的活动;阶段六:返回常住地;阶段七:根据实际旅游经验重新累积形象。

根据上述分析,旅游目的地形象也可以被划分为三个形成阶段(Fakeye and Crompton,1991):原始形象、诱导形象及复合形象。原始形象是针对未抵达旅游地的潜在旅游者而言,通过他人转述或报章杂志、电视广播等相关媒体报道所获得的最初形象;诱导形象是通过原始形象产生旅游动机后,受到旅游地直接相关信息影响而产生的形象;复合形象则是指旅游者在通过实际前往该旅游地体验后,在先前原始形象及诱导形象混合基础上,获得的一个比较综合的形象,也是旅游后所产生的一种新形象(图12-3)。

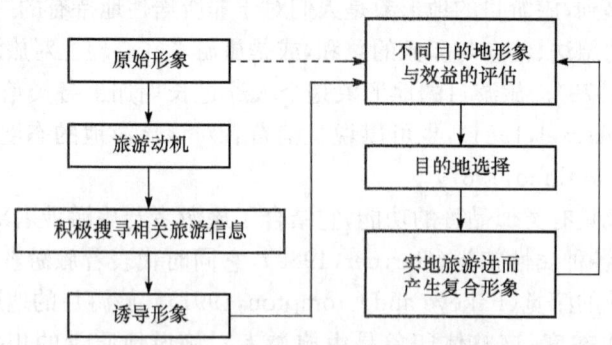

图12-3 旅游目的地形象形成的过程模式

针对目的地营销而言,目的地形象形成阶段的差异,其营销手段与方式也有一定的区别(Fakeye and Crompton,1991)。在原始形象阶段使用口碑及广告的方式宣传最为有效,即告知性推广。其主要提供潜在消费者关于旅游地的各种知识与信息,以让他们在选择旅游地时能想起该地点。诱导形象阶段主要应说服旅游者选择该目的地,使旅游者主动搜寻其自身所需的信息,以对旅游目的地更为了解,即说服性推广。复合形象阶段针对已经去过该地的旅游者,目的在于提醒其别忘了再次到访,旅游者也会通过回忆为该地建立良好的口碑,即提醒性推广(表12-2)。

表 12-2 旅游目的地形象阶段与旅游推广策略

形象阶段	信息来源形态	旅游推广策略	旅游者形态
原始形象	口碑及广告	告知性推广	潜在旅游者（从未到访者）
诱导形象	刻意收集的资讯	说服性推广	初访旅游者（初访旅游目的地）
复合形象	回忆	提醒性推广	重游者

旅游活动的本质是一种人类自我完善和发展的自觉活动或经历（马耀峰、白凯，2007）。虽然多数学者认为其目的是追求身心愉悦，但从深层次看，旅游活动是人类自发地通过旅游来认识自然和社会，求解自然和社会发展及运行规律的过程。因此，旅游目的地形象形成过程也可被细化，如图12-4 所示。

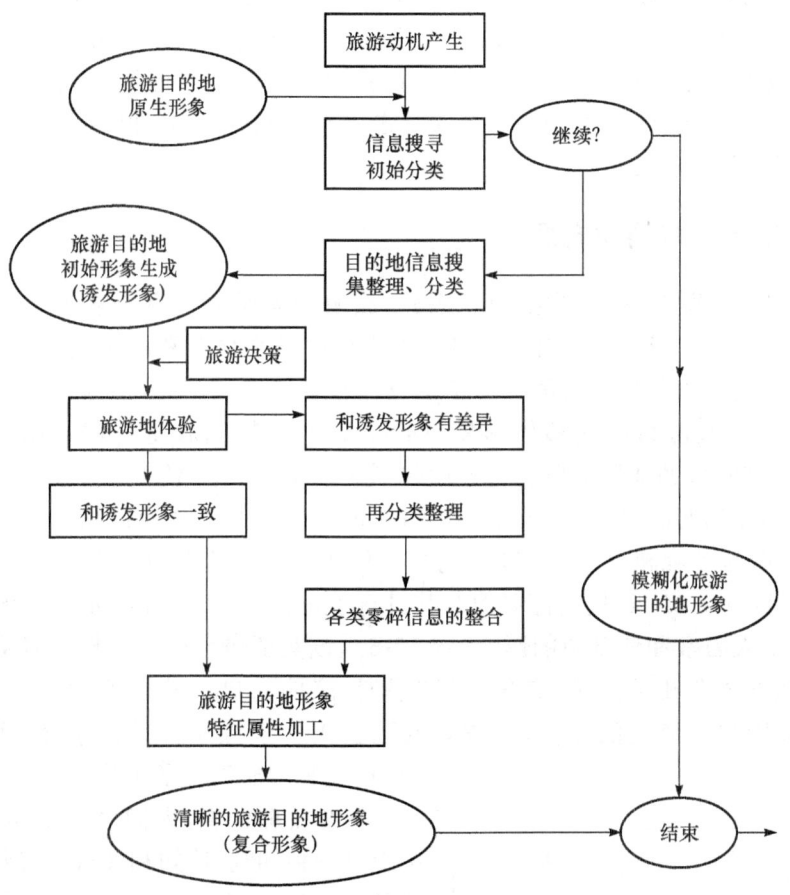

图 12-4 旅游目的地意象形成中的信息加工及阶段模式
资料来源：白凯，2009.

该模型对旅游目的地形象形成过程的强调重点在于信息的影响。传统研究认为需求是人产生动机的主要原因。简单讲，个体心理会努力去实现一种平衡和稳定的状态。当这种平衡和稳定状态被打破的时候，也就是需求和欲望产生以后，动机随之产生，具体的行为也就产生了。因此，动机可以被定义为一种由于不满而产生的内在动力，正是这种内在动力促使个人去进行一个特定的活动。旅游动机也是在需求基础上产生的，其中的推动因素多和个人内部心理有关，如逃逸、放松、知识、娱乐等。拉动因素也被界定为个人旅行的心理-社会动机(Baloglu and Uysal,1996)，是个人选择外出旅游的外部原因。

20世纪60年代西方兴起的认知心理学理论，是用信息加工的观点看待人的心理活动，认为人的心理过程是一个主动搜寻信息、接受信息并在一定的心理结构中进行加工的过程(方俊明,1990)。当旅游动机产生后，虽然人们没有到访过旅游目的地，但通过内省经验，旅游目的地仍然能在他们头脑中产生出一个形象，通过对该形象进行处理和加工，这样就形成了旅游目的地的原始形象。在进一步的信息搜索及分类加工后，个体会决定是否继续信息搜索或放弃旅游计划。放弃即表明旅游失败，个体对旅游目的地所形成的是一个模糊的形象结果。当个体继续进行目的地信息搜寻并决定出行后会形成旅游目的地的诱发形象。通过在旅游目的地的各类体验活动，旅游者会不断修正自己的目的地形象。在旅游活动结束前，旅游者将形成最终的旅游目的地复合形象。因为形象是通过一连串信息传播及认知的过程形成的(Reynolds,1965)，所以旅游目的地形象的形成过程就是旅游者对其相关信息的筛选及扩大过程，也就是说，旅游者在旅游目的地活动过程中可能会选择性地接收目的地信息(或者仅接收特定的目的地信息)，然后这时旅游者会对这些信息加以判断，进而扩大组合形成旅游目的地整体的形象。

三、旅游目的地形象的构成维度

从心理层面来看形象，较为抽象。因此，旅游形象研究自亨特从1971年开始至今，学术界对于形象的构成仍然没有一个统一的看法。巴洛格罗和麦卡利(Balogulu and McCleary,1999)所提出的旅游目的地形象构成包含了三个基本维度：认知形象和情感形象及其共同构成的旅游目的地整体形象(图12-5)。埃特纳和里奇(Echtner and Ritchie,1993)提出的旅游目的地形象概念构架中包括了三个连续性维度：整体和个别属性、功能和心理属性、普遍和独特属性。虽然埃特纳和里奇提出的三个连续维度得到学者的广泛认同，但大部分都是在概念上的引用，完全应用于实证研究的还比较少见。波利和马丁(Beerli and Martín,2004)从实证层面对其进行了延伸研究，研究揭示了旅游目的地形象成因主要受个人因素和信息源的影响(图12-6)，该实证研究说明了旅游者会因为信息来源的不同(如旅游业相关人员、宣传、导游手册、亲朋的口碑效应等)产生不同的认知形象，而动机会影响情绪性的评估，旅游者的社会人口学特征(性别、年龄、社会、阶层、国籍)也会影响旅游目的地形象。

从知觉理论看，人们对环境信息的感知，实际上是一种知觉、认知和评价相互结合而共同构成的连续过程(Rapoport,1977)。认知是人们对于某一地区的态度或信念的总和，个人所接受的外部刺激将有助于形成认知形象(Gartner,1993)。认知在个体对目的地形象生成中起到了重要的作用，它由个体对旅游目的地某种事物的看法和知识构成，也可以说是个体对目的地某事物物理属性的特定信念或理解。个体认知在指

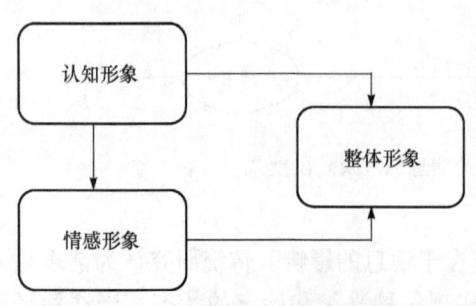

图12-5 旅游目的地形象的构成
资料来源：Balogulu and McCleary,1999.

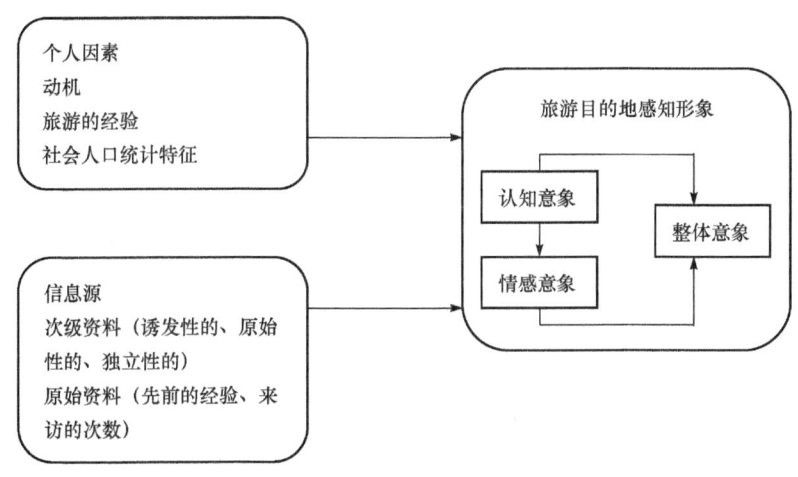

图 12-6 旅游目的地形象形成的路径模式

资料来源:Beerli and Martín,2004.

导个体行为中处于主导地位,它是个体理性知觉对外界环境的评价。因此,认知形象在旅游目的地形象构成中占据了主导地位。

情感评估可以被看做是个体对某一产品的态度,当把旅游目的地看做是一种产品时,在产品与情感的相互作用下就会产生目的地形象的情感成分。高德纳将目的地形象中的情感形象定义为:不同利益个体根据自身旅游需求对目的地的评价(Gartner,1993)。巴洛格罗和麦卡利(Baloglu and McCleary,1999)则认为情感形象是个体对目的地某种事物的感觉及依附感,或是对目的地某种事物的知识情感。由此而产生的旅游者对目的地情感层面的联想是旅游者对目的地所产生的特殊情感联结,当旅游者对此目的地具有正向的情感联想时,则可能考虑前往;反之,则放弃到访该地(Woodside and Steven,1989)。情感形象是在认知形象的基础上形成的,当旅游者面对一系列有意义的外界信息认知评估后,情感形象继而产生。在情感形象实证测度上,巴洛格罗和麦卡利的研究将情感从认知中独立出来,并将其划分为八个空间维度:愉悦、不愉悦、无精打采、激励人心、放松、沮丧、振奋和烦恼(Baloglu and McCleary,1999)。总之,不论特定对象是单独经由认知或情感评估,或是相关知觉(旅游经验)内化后的情感唤醒,各类旅游目的地形象要素将最终整合,并生成对旅游目的地的整体形象。

四、旅游目的地形象的测量方法

形象是个人对某客体的态度或态度组合,较为抽象,这也给形象分析造成了一定的困难,因此许多研究都试图对形象分析加以量化。根据埃特纳和里奇对旅游地形象测量的探讨,可分为结构与非结构两类(Echtner and Ritchie,1993)(图 12-7)。

在目前形象分析中,一般可以见到如下方法:①认知图;②凯利方格法;③多维尺度分析;④语义分析法;⑤自由揭露法。上述各种旅游地形象测量技术各有优缺点,应依目的及对象选择最适合的方式(表 12-3)。

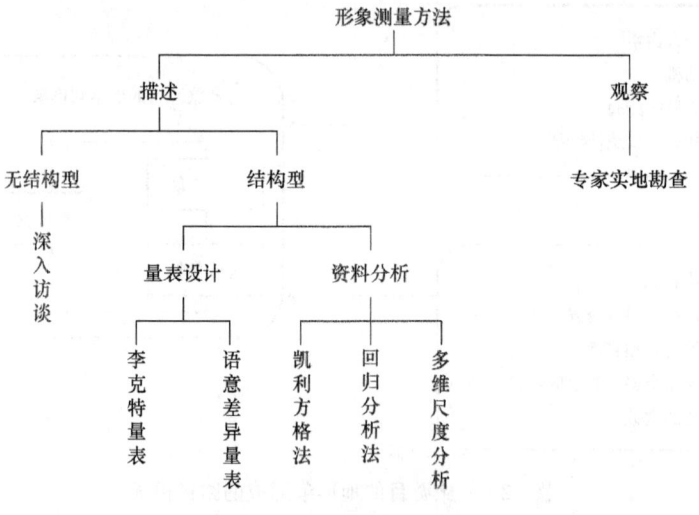

图 12-7 形象的测量方法

表 12-3 旅游目的地测量方式的优缺点

测量方式	优点	缺点
认知图	简单、容易操作	定量的资料分析提炼较为困难
凯利方格法	可用无母数方式来分析多变量数据	
多维尺度分析	可解释复杂的数据关系、可作形象的知觉比较、分类	若测量属性不当,则知觉图界定出来的维度易出现解释性错误
语义分析法	可减低回答者被强迫对一个也许不正确的形象标准化架构进行回答的风险	搜集数据比较严苛、属性维度常有不明显的情形发生,除非重要的属性都已搜集,否则很难说明属性的结构特征
自由揭露法		除非广泛搜集不同旅游地的属性,否则无法建立可比较之属性表

第三节 旅游目的地品牌个性

品牌个性是当消费者看到你的产品时会联想到什么人?什么是个性、价值观、外观,甚至教育程度?这些联想会将品牌深入到消费者生活之中,让消费者觉得和这个品牌就像朋友一般。换言之,当你的品牌个性很吸引人时,就可以转换成产品的"独特卖点",如果你的品牌缺乏这样的特性,消费者也不会想和品牌发生关联。

一、品牌个性的概念

品牌个性理论来源于心理学的人格特质理论(参见本书第八章)。人格特质理论也被称为个性理论。人格(personality)一词源于拉丁语"persona"(人格面具),是指戏剧演员所使用的一种面具(mask),引申为戏剧中演员戴各种面具所扮演的不同角色。人格还包含了许多主观的社会或情绪特质,一些我们无法直接看见或人们刻意隐藏的个性。因此,人格可以被定义为一组持久而独特的个人特征集合,该特征集合会随着情境的不同而发生变化。

品牌个性是品牌价值的核心,提升品牌价值就必须塑造出鲜明的品牌个性。只有品牌个性才能让品牌变成有生命的东西,才能赋予品牌人性化的特征,让人们想接近它,想得到它(Aaker and Biel,1993)。对消费者而言,品牌个性具有象征性意义和表现自我的功能(Keller,1993)。如果品牌个性能被消费者明确描绘或可以用来表达自我形象,消费者对品牌可能会持较正面的态度,甚至可能会促成其购买行为。

品牌个性隐含着消费者的社会认同(Batra et al.,1993)。例如,百事可乐在品牌营销中,展现出的个性"年轻有活力、特立独行",这些特质迷倒无数年轻人,新一代年轻人饮用百事可乐不仅是喝饮料,而且是认同、接受百事可乐的品牌个性,把百事可乐看做是他们的朋友,利用百事可乐来展现他们截然不同的个性。

品牌个性是由品牌而联想出来的一组人格特质(Aaker,1997)。它是产品或品牌特性的传播,以及消费者对这些特性的感知与认可程度,是品牌与消费者之间沟通的结果。

每个人都有自己独特的性格,品牌就像人,也具有性格,具有个性,具有特殊的文化内涵和精神气质,品牌与人有诸多相似之处,它有外形、有个性、有文化、有寿命,甚至也有隐私,这就是品牌个性。品牌之所以成为品牌,必须具有鲜明的个性,这种独特的个性,能够牢牢地吸引消费者,使人印象深刻,过目不忘。品牌个性如同人的个性一样,要让别人知道你是什么样的人,首先要让人知道你有什么样的个性,品牌的个性确定品牌的价值,品牌个性就是品牌给消费者的印象和总体感觉。

由于个性的差异,人们有各自的主张,有各自的选择,按照各自的喜好和个性选择自己喜欢的品牌。这就创造了一种需求:需要不同个性的品牌,来适应不同消费者的需要。越来越多的企业家认识到:品牌的灵魂是个性,品牌个性可以延长产品的生命周期。一个没有个性的品牌,就如同没有灵魂的躯壳在漫无目的地游荡,不可能有持久的生命力。

品牌个性是品牌生命力的深层刻画,品牌最高的境界就是品牌个性的建立。所以说品牌个性最能体现一个品牌与其他品牌的差异,个性让品牌脱颖而出。具有个性的品牌,解决了该品牌对消费者意味着什么、带来了什么益处、具有什么价值等问题。品牌个性具有强烈的情感感染力,可以抓住消费者的兴趣,使之保持对品牌的忠诚度。

二、品牌个性的测量

品牌个性的研究最早开创于阿克,她借鉴人格特质理论开创了该研究领域(Aaker,1997)。在其对品牌个性的初始研究中,邀请了631位被试者,使用李克特五点式量表对各不同类型的品牌进行品牌个性的评分,最后找出五个不同维度的品牌个性,共42项个性形容词,将消费者所知觉的品牌个性分为五大构面:兴奋、真诚、称职、成熟、耐用。之后,在2001年,阿克等对跨国、跨文化的品牌个性进行研究(Aaker et al.,2001),使用25个国际知名品牌,分别在日本与西班牙进行调查,并与先前阿克在美国的研究作比较,发现在不同国家、不同文化背景中,品牌个性维度及个性形容词仍有许多相似之处。至少有真诚、兴奋、成熟三个个性维度都存在,具体见表12-4。该测量方式一直被其他学者所接纳与应用,当然,旅游目的地品牌个性也是依据该测量方式进行的。

表 12-4 品牌个性构面

研究地区	构面/面相	特性
美国	真诚	
	纯朴	纯朴的、以家庭为重的、小镇的
	诚实	诚实的、真诚的、真实的
	有益	有益的、传统的
	愉悦	愉悦的、感情的、友善的
	兴奋	
	大胆	大胆的、时髦的、刺激的
	有朝气	活力充沛的、酷酷的、年轻的
	想象力	富想象的、独特的
	新潮	现代的、独立的、新潮的
	称职	
	可靠性	可靠的、勤奋的、安全的
	聪明	聪明的、技术的、团体的
	成功	成功的、领导者的、有信心的
	成熟	
	高贵	上流的、有魅力的、好看的
	迷人	迷人的、女性的、流畅的
	耐用	
	阳刚	户外的、阳刚的、西方的
	强韧	强硬的、崎岖的
日本	兴奋	
	多话	多话的、有趣的、乐观的
	自由	积极的、现代的、自由的
	快乐	友善的、快乐的、讨人喜欢的
	活力	年轻的、精力充沛的、意气风发的
	称职	
	责任	一致的、负责的、可靠的
	坚定	庄严的、坚定的、自信的
	耐心	耐心的、坚持的、阳刚的
	平和	
	温和	害羞的、温和的、彬彬有礼的、和平的
	天真烂漫	天真的、依赖的、幼稚的
	真诚	
	亲切	温暖的、体贴的、好心的
	成熟	
	优雅	优雅的、和蔼的、浪漫的
	体面	时髦的、富有经验的、奢华的
西班牙	兴奋	
	快乐	快乐的、直率的、有趣的
	年轻	年轻的、大胆的、活泼的
	独立	特别的、有想象力的、独立的
	真诚	
	亲切	体贴的、细心的、有礼貌的

续表

研究地区	构面/面相	特性
西班牙	真实性	真实的、真诚的、纯朴的
	成熟	
	体面	好看的、迷人的、有型的
	自信	自信的、持续的、领先的
	平和	
	感情	深情的、温柔的、仁慈的
	天真烂漫	天真的、温良恭谦的、和平的
	热情	
	感情强度	强烈的、热情的、热切的
	灵性	神秘的、放荡不羁的

三、旅游目的地品牌个性

随着目的地品牌化实践的日益兴盛,旅游营销研究领域的关注点正在经历着一个由目的地形象向目的地品牌化过渡的过程。在这一大背景下,目的地品牌个性走到了旅游学术的前沿。

旅游目的地品牌个性也被称目的地个性,艾金吉和豪森尼在阿克品牌个性概念的基础上,将其定义为"旅游者所认同的与目的地相互关联的一组个性特征"(Ekinci and Hosany, 2006)。一个旅游目的地通过品牌个性的塑造与运用,的确可以从众多目的地中凸显自身特色,使旅游者容易辨识和选择。

鉴于品牌个性本身的复杂性和多样性,学者们对旅游目的地品牌个性维度的观点也存在明显差异,但基本上继承和延续了阿克的品牌个性尺度。最早将品牌个性研究应用于旅游目的地的是汉德森。他使用了非结构化访谈评价探讨了如何利用品牌个性特征来打造新加坡旅游目的地形象,并使其成为亚洲的旅游目的地新品牌,研究发现了新加坡具有六个目的地品牌个性特征,即国际性的、年轻的、活跃的、现代亚洲的、可信赖的和安逸的(Henderson, 2000)。艾金吉和豪森尼则第一个将阿克的品牌个性研究框架应用于旅游目的地领域。他们的研究证实欧洲一些著名的旅游目的地城市品牌个性包含三个共通性维度特征,即真诚、激情和欢乐(Ekinci and Hosany, 2006)。

根据以往目的地品牌个性的研究结论,我们可以对其理论构成和测量方式总结为以下方面。

(1) 旅游目的地品牌个性研究方式和理论构成与品牌个性研究一脉相承。多数旅游目的地品牌个性研究在测量方式和理论基础使用上都延续并使用了阿克于1997年的研究成果,在测量问项上以个性形容词为主,以李克特量表五点式构成问项的回答方式。

(2) 不同测量方法使旅游目的地品牌个性特征具有差异性。以往研究中,使用结构化测量方式会使目的地品牌个性存在一定的共通性维度特征,即真诚、刺激和欢乐;非结构化测量方式能使目的地品牌个性呈现更多特质,与结构化测量方式形成有益的补充,非结构化测量结论往往更有益于旅游目的地进行市场定位和营销战略政策制定。

(3) 旅游目的地品牌个性特征会因消费群体文化背景差异呈现不同的维度特征。跨文化心理学研究认为,个体与文化不可分割并存在一种相互构成的关系,文化差异在个体中的显现往往通过国籍划分来加以实现(Aaker et al.,2001)。同类或异类品牌个性或目的地品牌个性之间往往存在一定的结构性差异,该特征说明,目的地品牌个性特征的分析与测量,不能依赖单一的测量方式,不同的测量方式各有特点,需要有机结合结构与非结构测量技术,这样才能获取较为全面的目的地品牌个性特征维度。

第四节 旅游目的地品牌资产

品牌资产也被称为品牌权益或品牌价值,它是20世纪80年代以后营销管理领域的另一重要研究命题,其研究目的在于探究市场上的品牌如何建立、维护、使用,以获取一定的竞争优势。

一、品牌资产的概念与组成维度

美国营销科学学会(marketing science institute, MSI)在1988年研讨会中首先提出品牌资产的定义,认为品牌资产是一个联想的组合,是该品牌的消费者、渠道成员、公司的一部分行为,具有品牌的商品将会比不具有品牌的商品获取更大的销售量或利润空间,品牌资产可以赋予该品牌商品比竞争者更强而持久的差异化竞争优势。

大部分学者在研究品牌资产时,还是以阿克提出的定义与构成维度为主。阿克认为品牌资产是一组和品牌、名称、与符号相关的资产与负债的集合,可能会增加或减少企业提供给消费者产品或服务的价值(Aaker,1991)。当品牌的名称或符号改变时,与之相连结的资产与负债也会随之改变或消失,其基本结构如图12-8所示。

依据阿克的划分,品牌资产由如下内容组成。

(1) 品牌忠诚度:即使其他品牌有较好的外观、特性或价格,消费者仍愿意持续购买原品牌的产品;企业可通过原有老顾客对新的消费者作出针对质量的保证或口碑效果。

(2) 品牌知名度:在特定产品类别中,消费者对于某一品牌的认知与回忆,即品牌在消费者心目中的强度。若一个品牌的知名度高,则该品牌被消费者纳入购买的概率就会提升。

(3) 感知质量:消费者对产品的整体质量评价。感知质量会直接影响消费者的购买与忠诚度。如果消费者对于某一品牌的感知质量高时,则代表消费者购买意愿偏高,对于品牌忠诚度也偏高。

(4) 品牌联想:在消费者记忆中,与品牌有关事物的链接,包括产品特性、用途、产品等。品牌联想能协助消费者找到品牌定位,从品牌联想寻找出对该品牌的态度。品牌名称的价值往往建立在品牌联想之上,如果品牌在特定产品中有良好的联想定位,竞争者很难对其产生威胁。

(5) 其他专属品牌资产:专利、知识产权、商标、渠道关系等,这些在品牌权益中较容易被忽略的部分,却能有效减少竞争者侵蚀公司的消费者基础与忠诚度,可作为防御其他品牌的基础。例如,商标可防止竞争者使用类似的品牌名称、符号或包装使消费者混淆。

二、品牌资产的概念模型

按照已有研究和应用,品牌资产的概念模型可划分为三大类:财务会计概念模型、基于市场的品牌力概念模型及基于消费者的概念模型(卢泰宏等,2000)。

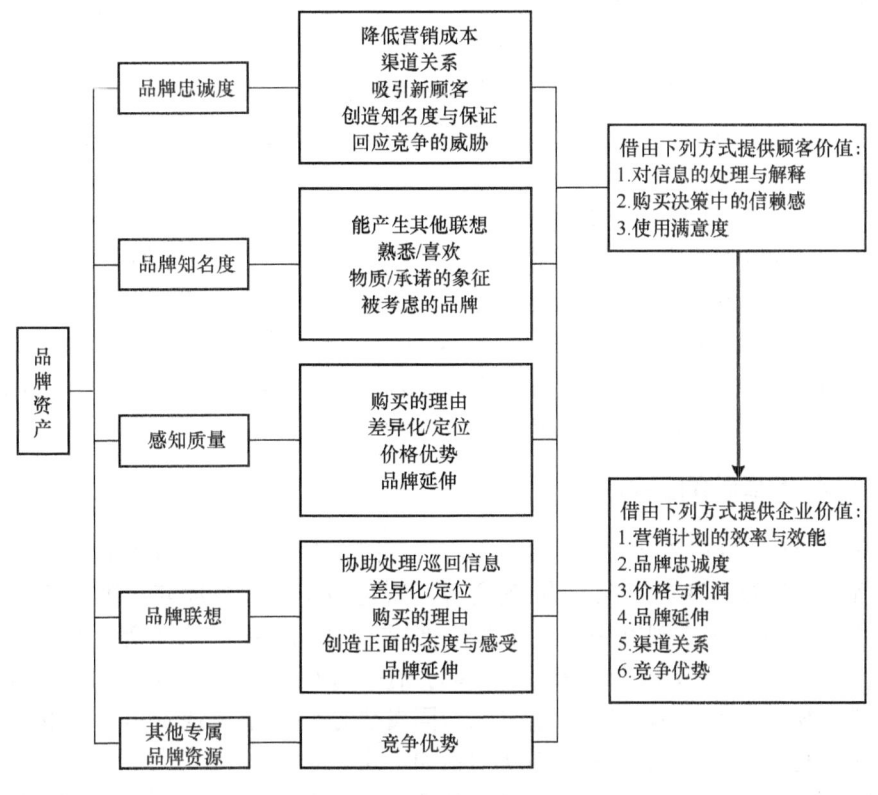

图 12-8 品牌资产来源图

资料来源：Aaker,1991.

（一）财务会计概念模型

财务会计概念模型主要着眼于对公司品牌提供一个可衡量的价值指标。这种概念模型认为品牌资产本质上是一种无形资产，因此必须为这种无形资产提供一个财务价值。这种概念模型认为一个强势品牌是非常有价值的，应该被视为具有巨大价值的可交易资产。英国 Interbrand 执行董事 Paul Stobart 是该概念模型的典型代表，他曾认为："关于品牌的一个重要问题不是如何创建、营销，而是如何使人看到它们的成功以及在财务上的价值。"

这种概念模型的产生背景是：公司必须对股东负责，一家规范的企业必须在一定的时期内向股东报告其所有资产的价值，包括有形资产与无形资产的价值。因此如果不给每一个品牌赋予货币价值，公司管理人员及公司股东就无法知道其公司的真正总价值，甚至会导致价值的低估，从而对企业造成重大损失。尤其是在收购或兼并行动中，就更需要知道品牌的价值。该模型使用的目的主要为：①向企业的投资者或股东提交财务报告，说明企业经营绩效；②便于企业资金募集；③帮助企业制订并购措施。

（二）基于市场的品牌力概念模型

基于市场的品牌力概念模型认为一个强势的品牌应该具有强劲的品牌力，在市场上是可以迅速成长的，从而把品牌资产与品牌成长战略联系起来。这种概念模型认为，财务的方法只是在考虑品牌收购或兼并时才很重要，财务价值只应是评估品牌价值的第二位的指标，除此之外，更重要的是要着眼于未来的成长。品牌资产的大小应体现在品牌自身的成长与扩张能力上，如品牌延伸能力。

基于市场的品牌力概念模型是顺应品牌的不断扩张和成长而提出的,该模型与财务会计概念模型最大的不同在于,财务会计概念模型着眼于品牌的短期利益,而基于市场的品牌力概念模型研究的重心则转移到品牌的长远发展潜力。该模型开始比较深入地研究品牌与消费者之间的关系,并第一次把品牌资产与消费者态度、品牌忠诚度、消费者行为等指标联系起来。

（三）基于消费者的概念模型

基于市场的品牌力概念模型尽管也开始注意到消费者与品牌资产的关系,但是该模型主要重心还是在于品牌的长期成长及计划。迄今为止,绝大部分学者都是从消费者角度来定义品牌资产,当然目前旅游研究领域也是如此。该研究视角说明,如果品牌对于消费者而言没有任何意义（价值）,那么它对于投资者、生产商或零售商也就没有任何意义了。因此品牌资产的核心便成为如何为消费者建立品牌的内涵。

三、以消费者为基础的品牌资产

大部分学者在研究以消费者为基础的品牌资产时,主要是以凯勒提出的观点为主。凯勒将以消费者为基础的品牌资产定义为:消费者对特定品牌的知名度与品牌形象的认识程度(Keller,1993)。从消费者观点来定义品牌资产,主要强调了品牌对消费者的潜在和现实影响,即品牌资产的来源与根基是消费者对品牌的知识,商家通过品牌知识来体现其在市场中的差异化特征。例如,当消费者面对不同品牌、相同属性的产品、服务或营销时,会因不同品牌而产生不同的价值。凯勒对品牌资产的分类包括如下几个部分。

（1）品牌知名度:品牌回忆、品牌识别。品牌回忆是指给消费者一组产品类别的提示时,消费者能够从记忆中回想起该产品的能力;品牌识别是指给予某一品牌的既定线索时,消费者能确认该品牌曾出现过的能力。

（2）品牌形象:存在消费者记忆中,该品牌通过品牌联想所引发的消费者有关回忆,从中反映出消费者对该品牌的认知。品牌联想的形式可分为四种:品牌联想的形态（包括属性、态度及利益三种）；品牌联想的偏好（对于各品牌联想有不同的喜好程度及评价）；品牌联想的强度（取决于消费者如何处理及储存已收到的信息,若消费者对于该品牌产生价值或重要性时,则未来购买时会很容易被回想起来）；品牌联想的独特性（与其他品牌比较起来,该品牌是否具有独特的竞争优势）。

2001年,凯勒对其前期研究进行了发展和延伸,并提出了基于消费者的品牌资产模式(Keller,2001)。如果要建立强而有力的品牌必须要完成如下几个步骤。①品牌识别:确定品牌与消费者的关系,了解该产品在消费者心中的地位与层级;②品牌意义:在消费者心中明确的建立品牌的意义;③品牌反应:引发消费者对品牌识别和意义作出适当响应;④品牌关联:将消费者对于品牌的响应转为创造坚固的忠诚关系。

四、旅游目的地品牌资产

旅游研究领域对品牌资产的研究主要是延续基于消费者的品牌资产研究导向。

由于品牌资产维度划分是一种纯主观的分类方法,各维度之间的关系清晰化还受到很多方面的束缚。因此,目的地品牌资产的维度划分也存在一定的争议。Evangelista 和 Dioko(2011)认为,目的地品牌资产包含五个维度,分别是绩效,价值,形象,信任和依恋。Tasci 和 Gartner(2007)则认为,目的地品牌资产维度还应当包括品牌价值。Konecnik 和 Gartner

(2007)在其所创建的目的地品牌资产模型中指出,当目的地名字为人所熟知时,形象就发展成为了品牌维度,并被品牌所掩盖。Gartner 和 Ruzzie(2011)在运用基于消费者的品牌资产模型,以德国旅游者为对象的市场调查中发现,初次到访和多次到访斯洛文尼亚的德国旅游者的目的地品牌资产评价存在明显差异(表 12-5),初次到访者的评价明显高于多次到访者;构成维度中,目的地形象和感知质量在两个市场群体中的作用基本稳定,没有太大差异;而忠诚度与知名度的评价却存在明显差别。

表 12-5　德国旅游者的斯洛文尼亚旅游目的地品牌资产维度

观测变量(题项)	维度	初次到访市场		重游市场	
目的地的名称	知名度	0.77	0.70	0.64	0.55
目的地个性特征突出	知名度	0.40		0.70	
自然环境优良	形象	0.69		0.51	
美丽的湖泊和山脉	形象	0.61		0.70	
美丽的海滩	形象	0.58		0.45	
可爱的城市与乡村	形象	0.65		0.81	
有趣的历史文化遗迹	形象	0.68		0.57	
丰富的娱乐活动与夜生活	形象	0.51	0.78	0.34	0.86
有很多机会参与休闲活动	形象	0.72		0.58	
友善的当地居民	形象	0.67		0.55	
气候适宜	形象	0.55		0.37	
有较高吸引力的文化景观	形象	0.68		0.37	
政治稳定	形象	0.43		0.44	
购物设施优良	形象	0.59		0.63	
环境优良	感知质量	0.54		0.57	
高品质的住宿设施	感知质量	0.83		0.65	
高品质的基础服务设施	感知质量	0.78	0.82	0.76	0.84
高整洁度	感知质量	0.75		0.90	
安全状况良好	感知质量	0.65		0.61	
最想到访的旅游目的地之一	忠诚度	0.78		0.77	
该旅游目的地让我受益良多	忠诚度	0.78	0.72	0.79	0.77
未来再次到访该目的地	忠诚度	0.80		0.73	
推荐该目的地给亲友	忠诚度	0.85		0.91	

资料来源:Gartner and Ruzzie,2011.

基于以往的研究,笔者认为,基于消费者的旅游目的地品牌资产研究中应重点考量如下四个维度。

(1)目的地知名度。目的地知名度是旅游者认识或回想某一目的地品牌的能力。一般而言,目的地知名度可以被分为旅游者对该地不认识(没听过)、认识(听过)、能够回想(在没提示情况下想到该目的地)、心目中的第一目的地(在没提示情况下第一个想到的目的地)和支配性目的地(在没有提示情况下所能回想到的唯一目的地)。在旅游研究领域,知名度是首要和必要的,但知名度未必会导致旅游者的到访,但可诱发并产生旅游者对该旅游目的地的好奇心。另外,目的地知名度的大小代表着该目的地是否会被纳入旅游者的考虑集合当中。因此,旅游目的地要获得成功,首先要达到旅游者能够认知的知名度。如果目的地知名度较高,旅游者即能正确的回忆该目的地所带来的记忆,并进一步辨识出与其他目的地的差异。而知名度较高的目的地,旅游者较为容易对其产生品质与承诺的信赖;相反,知名度较低的目的地虽也有可能获得旅游者的到访,但其在旅游者心目中的辨识性相对有限。

(2) 目的地形象。品牌研究领域中,阿克提出,品牌形象是品牌联想的子集合,是人们心中对品牌的认知,能反映出品牌个性,是消费者对品牌的感受、想法与期望(Aaker,1991)。许多学者的研究都证明,目的地形象是旅游过程乃至旅游目的地选择的关键因素(Gartner,1993;Baloglu and Managaloglu,2001)。无论目的地形象是否能真实地象征该目的地,其都是旅游目的地的决定性因素;旅游者对目的地形象的感受正面性越强,则旅游者对该目的地的偏好程度越高,并愿意实际前往并产生重游行为的可能性就越高(Crompton,1979)。在近年刊发的旅游目的地品牌资产研究中,旅游目的地形象是目的地品牌资产的重要构成维度之一(Gartner and Ruzzie,2011)。

(3) 目的地忠诚度。当品牌具有较好的外观、便利或价值时,忠诚度即开始扮演很重要的角色,如消费者对品牌具有忠诚度会持续性购买,因此忠诚度可以被视为品牌资产的重要构成元素。同样,旅游者对目的地具有忠诚度则会产生重返意图及推荐行为,而目的地获利来源主要是依赖旅游者的到访与消费,所以在审视目的地品牌时,忠诚度不应被忽略(Bigne et al.,2001)。忠诚度经常被划分为行为忠诚和态度忠诚。行为忠诚是旅游者参与特定活动或接受服务的次数,表现旅游者多次参与的一致性;态度忠诚则是指个人对目的地属性的态度,这会直接影响旅游者的到访意图与推荐行为(Bigne et al.,2001)。当旅游者对目的地存在正面态度,即使不能到访,但仍会提供一个正面的口碑传播,进而吸引新的旅游者,为旅游目的地创造知名度。因此,目的地忠诚在目的地品牌资产衡量上具有重要的地位,不仅能促使并保持旅游者到访,而且也可以经由口碑传播而吸引潜在旅游者。这在无形中就创造并增加了目的地品牌资产的影响与构成。

(4) 目的地品质。Zeithaml(1988)将服务品质定义为接受服务后,消费者对其感受的服务绩效的整体评价。加文则指出品质即是消费者对产品整体优越性的判断,所以消费者会将品牌与产品品质进行连接,并影响购买与品牌忠诚度(Garvin,1983)。目的地品质是指旅游者对某一目的地产品或服务的整体满意度评价(李珊慧,2009)。因此,目的地品质会直接影响旅游者的购买和目的地忠诚度,其所展现的价值众多,如提供旅游者到访的理由和其他目的地产品的差异化等。旅游目的地品质越高,对旅游目的地品牌资产积累越有利,该观点在已有研究中得到证实。

本章作业

1. 简述旅游目的地的概念。
2. 阐述旅游目的地品牌化的概念与过程。
3. 简述旅游目的地形象的概念、形成过程、构成维度与基本测量方法。
4. 旅游目的地品牌个性的概念是什么?基本构成维度有哪些?
5. 简述旅游目的地品牌资产的概念与构成维度。

延伸阅读文献

戴维·阿克. 2012 品牌管理三部曲《管理品牌资产》《创建强势品牌》《品牌领导》. 北京:机械工业出版社.

卢泰宏,黄胜兵,罗纪宁. 2000. 论品牌资产的定义. 中山大学学报:社会科学版,40(4):17-22.

Leung R,Law R. 2010. A review of personality research in the tourism and hospitality context. Journal of Travel & Tourism Marketing,27(5):439-459.

Pike S. 2002. Destination image analysis——a review of 142 papers from 1973 to 2000. Tourism Management,23(5):541-549.

第十三章 文化因素的影响

□ 本章导读

文化对旅游行为的影响贯穿于整个旅游活动的全过程，不同文化背景下的旅游者们，其行为特征大相径庭。本章主要探讨文化、文化维度的含义，讨论文化差异对旅游行为全过程的影响，最后介绍结合我国本土文化的旅游行为研究。

第一节 文化概述

一、文化的含义

（一）文化的定义

由于内涵广阔而又复杂和多维，文化一直以来难以被定义，相关概念繁多却莫衷一是。关于文化较早的经典定义出自英国人类学家泰勒，在其著作《原始文化》中，文化的定义是："文化是一个复杂的综合体，它包括知识、信仰、艺术、伦理道德、法律、风俗以及作为一名社会成员通过学习而获得的任何其他能力和习惯(Tylor,1924)。"自泰勒以后，众多人类学家对文化的概念进行了广泛探讨。多数学者普遍认同文化是由人创造的，并将文化从广义视角定义为环境的人造部分(Herskovits,1955)。具体而言，广义概念下的文化是一切人工创造的环境，即除自然原生态之外，由人添加上去的东西(Herskovits,1955)。文化似乎无所不包，涉及人类改造过的自然物，以及经济、政治、哲学、宗教、艺术、民俗、心理等社会生活的各个方面。它可以分为物质文化、制度文化和精神文化等多个层次(顾朝林,2012)。虽然世界上关于文化的定义多达几百种(Erez and Earley,1993)，但是，较为权威而且系统梳理的文化定义来自美国文化学者克鲁伯和克拉克洪(Kroeber and Kluckhohn,1985)的《文化：一个概念定义的考评》一书。该书归纳了166条文化的定义，并将其划分为六组，分别为描述性定义、历史性定义、行为规范性定义、心理性定义、结构性定义和遗传性定义。各种定义中具有典型意义者详见表13-1。

表13-1 具有典型意义的文化定义

作者	定义	类型
Tylor(1924)	文化是一个复杂的综合体，它包括知识、信仰、艺术、伦理道德、法律、风俗以及作为一名社会成员通过学习而获得的任何其他能力和习惯	描述性定义
Sapir(1924)	文化被民族学家和文化史学家用来表达在人类生活中任何通过社会遗传下来的东西，包括物质和精神两方面	历史性定义

续表

作者	定义	类型
Wissler(1923)	某个社会或部落所遵循的生活方式被称作文化,它包括所有标准的规范性化的社会传统行为;部落文化是该部落的人所遵循的共同信仰和传统行为的总和	规范性定义
Róheim(1934)	对于文化我们应该理解为是所有升华作用、替代物,或反应形成物的总和	心理性定义
Ogburn,Nimkoff(1955)	一个文化包括各种发明或文化特性,这些发明和特性彼此之间含有不同程度的相互关系,它们结合在一起构成了一个完整的体系。围绕满足人类基本需要而形成的物质和非物质特性使我们有了我们的社会制度,而这些制度就是文化的核心。一个文化的结构互相联结形成了每一个社会独特的模式	结构性定义
Folsom(1928)	文化不是人类自身或天生的才能,而是人类所生产的一切产品的总和,它包括工具、符号、大多数组织机构、共同的活动、态度和信仰。文化既包括物质产品,又包括非物质产品,它是指我们称之为人造的,并带有相对长久特性的一切事物。这些事物是从一代传给下一代,而不是每一代人自己获得的	遗传性定义

资料来源:畲美仙,2010.

对比多种定义可以发现,学者们对文化内涵存在着关键性的共识:文化是特定时空范围内、操同种语言群体中的人们在认知、信仰、价值观、沟通和行为等方面所具有的共同特征。总之,文化影响着人类群体行为的类型、态度、价值观和规范等,是特定环境下人们集体精神的核心。

（二）文化定义的多学科阐释

1. 行为人类学和功能主义

行为人类学认为,文化与人类行为密切相关(Schusky and Culbert,1987)。文化总是体现在与特定人群相关的外显行为模式中(Barnlund and Araki,1985)。作为决定行为的根本原因,文化对人类行为任何方面的理解都是不可或缺的(Norenzayan et al.,2002)。文化通过人际互动指导人们的行为(Parsons,1991),并指向某种社会互动的模式(Harris,1991),所以说,文化是指导行为并解释他人行为的关键(Kim and Gudykunst,1988)。此外,行为人类学还认为,文化是后天习得的,而非先天继承的。文化是习惯、传统与信仰的集合体,它被某一人群所共享,并可以被进入该社会的人习得(Mead,1951)。当然,人们可能会学习新的文化行为而逐渐忘却旧的行为。这就意味着人们可以学习文化的特质,并且将其整合运用于未来的各种行为中(Verheul et al.,2002)。

虽与行为人类学的观点相近,但功能主义对文化的定义更强调了文化在理解某种行为的原因与规则时的作用。功能主义对文化的核心理解是"规则",即文化是将人们组合成一个社会系统的一系列规则(Radcliffe-Brown,1957)。这些规则可以帮助人们预见他人未来的行动趋势并深入理解如此行动的内在原因。文化甚至可以被比喻成某种"对演员进行指导,并指导演员应该如何在舞台上扮演其角色"的东西(Schneider,1972)。除上述规则论以外,功能主义还将文化视为在社会影响下获得的知觉与思维方式(Harris,1991)及做事方式;也有观点强调文化是满足人类需要的途径,以及价值观获得交流的途径(Dodd et al.,2005)。

无论行为人类学还是功能主义,都认同文化和行为是密不可分的。原因在于,文化不但是人们如何产生行为的内在规定,而且还有助于人们确定各类行为所凭借发生的环境与条件,它甚至可以帮助人们阐释和预见行为。在此意义上,人际互动行为基本上依赖互动双方所根植于其中的文化。所以,文化是人际互动行为的基础。

2. 认知人类学和象征主义

认知人类学认为,文化是存在于人们心灵中的认知的知识、分类和范畴(Goodenough,1964)。霍夫斯泰德(Hofstede,1991)则将文化描述成"心灵的集体编程",用以将某一组或某一类人群与另一组或另一类人群区分开来。此定义强调的是文化体验具有强制性精神条件。基辛(Keesing,1974)论证道,文化是人类大脑构建起来的一个知识系统。他强烈反对功能主义者提出的文化是指导演员演出的舞台规则的比喻,并认为规则归根到底还是由受文化影响而被模式化了的心灵所创造出来的。霍夫斯泰德(Hofstede,1980)坚持认为,文化包括了价值体系,而正是价值造成了文化差别,促进了文化区分的形成。

象征主义者将文化视为一种对体验产生影响的符合系统与意义系统(Kim and Gudykunst,1988)。符号是人们交流的重要工具,并促进了人们对诸多事物态度的形成,这有利于人们以一种被群体所理解的、被社会所接受的方式进行人际互动(Geertz,1973)。即便意义难以被观察和测量,但却十分有助于人们对他人行为的理解。

(三)文化内涵的多重理解

(1)文化是知觉。众多有关文化的定义都认为,文化是人们对其自身及对世界的知觉的总和(Urriola,1989)。人们对同一事物在知觉方面具有形似倾向的现象就说明了相似文化的存在,以及意义的共享与理解的存在(Samovar et al.,1981)。文化是关于人类群体之间的知觉差异,这种差异造成了不同人群间的交流同化障碍,进而导致文化差异的产生(宝贡敏,2009)。

(2)文化是主观性的。与将文化视作具有特色的物质要素的集合的观点不同,很多学者强调文化的主观性特点,甚至提出了"主观性文化"的说法,以便于在文化的概念中排除物质对象。Triandis(1972)指出"主观性文化"是影响环境文化认识的重要因素。主观性文化内涵的重要因素包括态度、刻板印象、价值观、角色知觉、期望、评价、记忆、意见、信仰、范畴等。主观性文化上的相似性就意味着上述所有因素的相似性。例如,某一相似的主观性文化中的成员,往往具有相似的价值观,在相似的规则或规范下行事,形成了相似的知觉偏好、态度倾向,而且使用共同的语言,开展着相似的活动(Samovar et al.,1981;Triandis,1972)。Triandis(1972)指出,主观性文化中的相似性会促进文化群体内部成员间频繁发生互动,因而理解主观性文化的各因素对人际互动影响的作用机理是十分重要的。此外,他还强调,从某一种文化中所获得的相似性行为模式与获得另一种文化的相似行为模式不一样时,我们就可以推断在主观性文化中存在着某些差异。Landis和Brislin(1983)认为,主观性文化中的差异更容易发生,因为文化之间在规范、态度、角色及价值观等方方面面都广泛存在着差异,由这些差异可以推断出诸多个体是否从属于不同的文化。

(3)文化是人际差异。文化概念本身就是有关差异性的,而文化间的差异是显而易见的(Wallerstein,1990)。在某种意义上,文化可以被看做是人的群体间的差异性,这些不同的群体往往有着不同的行事方式,并以不同方式认识世界(Potter,1989)。差异正体现出了不同文化的存在。如果没有差异性,一定也不会有文化(Triandis,1972)。霍夫斯泰德(Hofstede,

1980)曾以实证的方法成功探索了不同文化之间的相似性或差异性的程度。Landis and Brislin(1983)也强调了理解文化差异如何影响人际互动的重要性。根据他们的观点,文化差异能够造成不同的互动行为并在其阐释中产生误解,这也就提高了导致冲突的可能性。在跨文化接触中,这些差异一般会阻碍不同文化成员之间的互动。所以,分析并阐释互动行为对于跨文化交往也是至关重要的(Albert and Triandis,1979)。

(4) 文化是信息与交流。文化也被看做是信息(Kluckhohn and Kelly,1945)及一个交流系统(Hall,1959)。文化是体现符号意义的历史性传承模式,是一种以符号形式表达的概念的传承体现,借此人们可以交流、保持和发展他们的生活知识和生活态度(Geertz,1973)。人类学家往往还重视文化与语言之间的关系(Kluckhohn,1924)。语言是辅助深入理解文化的符号向导(Sapir,1924),它能够传递价值观、信仰、知觉和规范(Samovar et al.,1981),深化人类对于世界的感知(Sapir and Mandelbaum,1964)。文化差异是造成语言交流中差异的根本原因。而语言的差异则又塑造了信仰、价值观及知觉表达的不同方式。

(5) 物质文化与非物质文化。文化最简单的分类就是按照形式的不同而划分为物质的与非物质的。文化的物质形式是指生产能力及支撑人类生活所必需的一切;文化的非物质形式或精神形式,则是指道德、传统和习俗等(Urriola,1989)。文化的非物质形式包括文化信仰与价值观、态度等。

二、文化的特征

Herbig(1998)曾对文化的特征进行了深入研究,系统总结了文化特征,本书以此为框架,融合我国学者的研究,梳理了七大文化特征。

(1) 功能性。每一种文化都具有某种功能需要实现,或者说,文化在本质上是任务或问题依赖的(宝贡敏,2009),因为文化的目的都是为了给某一人群的行为提供指导性准则。而只有针对明确的功能或任务,文化才能够清晰指示人们如何进行选择。文化的这种功能性或任务依赖性与人们生产生活实践的发展密切相关,与文化的演化路径及历史密不可分。也就是说,特定问题或任务的社会实践,要求其文化具有相应的功能,进而促进特色鲜明的文化的产生。所以,每一种文化都相应地在特定的生产与生活实践中发挥着作用。

(2) 规定性。文化规定了社会行为规则。在特定文化中的个人,面对文化必须适应,否则将被淘汰。文化的规定性,是通过强大的社会行为规则,要求进入其中的人适应文化,并融入其中。以规定性要求人们适应,这正是文化继承和延续的基本方式。人们对某种文化的理解越深刻,越能够按照文化规则办事,在这种文化中的生产与生活实践会越顺利;相反,不能适应文化者往往难免被文化淘汰、抛弃,最终被边缘化。

(3) 真理性。在社会实践中形成的文化,凝结了人们对生产和生活经验有意识及无意识的总结,这些总结构成了特定群体内人与人之间相互理解与作用的规范,进而也形成了人们对社会、对自然的关系的规范。因而,在特定的条件下,文化往往被认为是正确无误,具有真理性的。文化所形成的规范,需要不断在实践中被证实,这也是文化得以传承的重要前提(宝贡敏,2009),否则文化很可能受到冲击而发生突变。而在受到冲击的文化中,人们的习惯与行为就必然需要接受批判。或者说,某些行为在一种文化下可能得以接受,但在另外的文化中却可能遭到排斥。

(4) 群体性。文化为社会群体多数成员所共享,所以,文化往往被视为将某社会中的成员联系起来的群体习惯(符国群,2001)。大到国家、民族,小到每个城市、单位,甚至每个家庭,一般都会拥有不同特色的文化特征,这导致特色迥异的社会及群体文化的形成。文化的差异性不但表现于国家、民族之间,还体现在不同地域、不同宗教、不同机构或家庭之间。因此,文化能够确定不同群体间的边界。

(5) 社会性。文化是由人创造的,是人类在生产与生活实践中产生的,是人类社会所特有的。每一种文化都包含着孕育它的社会的各方面特点。文化不但为相应的社会群体提供统一的语言、象征符号、生活方式,还为维持社会秩序提供行为准则与规范。文化告诉社会中的人什么是对的,什么是错的,什么是被期望的,以及在各种环境下应该做什么。社会实践的发展又为文化增添新的意义,文化也进一步促进社会发展。所以,文化是满足社会存在和发展的重要因素(符国群,2001)。

(6) 习得性。文化不是通过先天遗传来继承和发展的,它主要是从社会其他成员处学习而获得的。文化的学习主要有两种类型:一是文化继承,二是文化移入(符国群,2001)。前者主要是学习本民族的文化,通过这样的方式保持民族文化的传承,并促进独特的民族个性的形成。后者就是学习外来文化。在一个民族发展的过程中,必然学习其他民族的文化以更好地促进本民族的发展。在此过程中,外民族的文化甚至可能成为本民族文化的典型特征。

(7) 动态性。文化并非静止不变,而是处于不断变化发展中的。虽然文化历经成百上千年缓慢发展而来,但文化确实也随着环境的变化而改变。当一个民族或某个社会面临重大问题或机遇时,人们的生活习惯、处事方式、行为偏好、兴趣甚至价值观都可能会经历巨大变革,这为文化增添了新的内容。在激烈变革中,文化在进行着适应性改变。而人们的感兴趣与否及程度如何,以及原有的价值观等,都会对新的文化模式的形成或引入产生影响。

三、亚文化

(一) 概念

亚文化是与文化类型不同的概念。在现实生活中,我们可以发现,主导性文化与变体文化或者公共文化与私人文化间往往存在着某种区别(Kluckhohn and Strodtbeck, 1961; Goodenough, 1971)。其实,每一种主导性文化都由多个亚文化组成。亚文化就是指某一文化群体所属次级群体成员所共有的独特信念、价值观和生活习惯(符国群,2001)。每种亚文化都会秉承其所属的主导性文化的关键文化信念、行为模式及价值观。同时,任何主导性文化都包含着可以为其成员提供更加具体的文化认同及社会规则的细分化的亚文化。例如,我国宗教文化可以区分为佛教、道教、基督教、伊斯兰教、天主教等多种亚文化。

(二) 分类

亚文化的分类方法有很多,国外学者多按照人种、年龄、生态学、宗教等划分,而国内学者多以种族、民族、宗教、地理等划分亚文化(符国群,2001)。

(1) 种族亚文化。种族是根据人们在遗传学或生物学方面所具有的相似性而对人类群体进行的划分,即种族是在体质形态上具有某些共同遗传特征的人群(顾朝林,2012)。除了生物学上的意义外,种族在本质上还具有社会历史意义。随着历史的发展,种族不同文化中演化出了不同的类型(Jandt,2003),如白种人、黄种人、黑种人等。不同的种族各有其独特的风俗习惯、文化传统和价值观。即便是居住于同一国家或地区,甚至同一城市的不同人种间,也会在行为、态度等方面存在显著不同,当然,也各自具有特殊的旅游需求与偏好。

(2) 民族亚文化。民族是在历史上形成的一个有共同语言、共同地域、共同经济生活,以及表现在共同文化上的共同心理素质的稳定的共同体(赵荣等,2006)。民族差异体现在肤色、语言、宗教等多个具有起源特性的方面。世界多数国家是多民族国家,即便生活在同一国家,不同民族仍然继承并保存着自己传统的消费习惯、审美意识、生活方式等。

(3) 宗教亚文化。不同宗教群体间的区别主要表现在风俗习惯与禁忌、文化倾向等方面。例如,在我国盛行的佛教、道教、伊斯兰教和基督教,其信仰者都有各自明确的消费习惯、信仰、生活方式等。宗教在潜移默化中影响着人们的行为及价值观,是塑造文化的重要因素。即便并非所有人都笃信某种宗教,但对一个民族或社会群体影响深远的宗教,一定会给该民族或社会成员留下深刻的印迹。例如,在我国历史悠久的佛教、道教,早已渗透至中华文化之中,并深刻影响着中国人处事风格、态度偏好等。

(4) 地理亚文化。国家内部在地理上的差异性或者不同国家在地理上的相似性,都会促进地理亚文化的发展。由于受地理环境的影响,人们往往在生活习惯、心理状态、处事方式、思维方式等多方面产生差异。长期形成的地域习惯比较稳定。但地理亚文化也会随着历史、地理、政治、经济、语言、宗教等多方面的发展而发生演变。

(三) 亚文化与主导性文化的关系

任何亚文化都会表现出能够使其与主导性文化中的其他亚文化区分开的富有特色的行为模式(Reisinger and Turner,2002)。每一种亚文化都会为其成员提供一系列独特的价值观与行为规范,这正是亚文化间区别所在。因此,主导性文化与其亚文化有着显著区别。

由于民族多样性及地域多样性的影响,在一个国家中,严格区分主导性文化和其亚文化是相当困难的。所以,在国家层面进行文化分析,往往主要针对的是国家的主导性文化。主导性文化与亚文化间的复杂关系可以用图13-1来简化表示。每一种亚文化具有各自独特的文化价值观、行为规范及互动模式,而两种亚文化都共享同一种主导性文化模式。虽然主导性文化规定了公共社会的行为模式,但私人间的行为模式却更多地受到具体的亚文化的影响。可见,即便来自同一主导性文化中的人们也不一定能够顺利互动,因为若他们分属于不同的亚文化,则必将在交往中磨合适应。

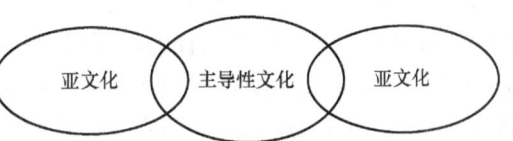

图 13-1 主导性文化与亚文化之间的关系

资料来源:Reisinger, Turner, 2004.

四、文化维度

大量针对文化差异的研究发现,文化间差异的形成是由众多因素导致的。但问题的关键是,到底哪些文化因素能够有效确定文化间的差异?某些因素上的差异能否推广用以辨别并衡量所有文化间的区别?亦即,哪些因素应该被用于进行文化比较?为了回应上述问题,学者们越发重视对文化维度的探究,以具体比较不同文化在各维度上的区别。自20世纪80年代以来,文化维度的研究层出不穷,现将典型研究成果归纳于表13-2。

表 13-2 典型的文化维度

维数	文化维度名称	代表学者
五维	权力距离、不确定性规避、个体主义/集体主义、阳刚气质/阴柔气质、长期取向/短期取向	Hofstede,2001
十维	权力、成就、享乐、刺激、自我取向、全球主义、仁慈、传统、顺从、安全	Schwartz,1992
七维	个体主义/集体主义、特殊性/扩散性、普遍性、具体性、中立性/情感性、成就/归因、时间取向/环境关系	Trompenaars and Turner,1997
二维	高情境、低情境	Hall,1976
六维	社会导向、义务性、责任性、对抗性、沟通/应对新情况	Kim et al.,1998
九维	不确定性规避、权力距离、公共集体主义、群体集体主义、性别平等主义、决断性、未来取向、绩效取向、人本取向	House et al.,2002

资料来源：张世琪,2012.

（一）霍夫斯泰德的五维度

霍夫斯泰德的研究团队于20世纪六七十年代针对IBM公司分布于全球40个国家的子公司的11.7万员工进行了问卷调查。通过大样本的深入研究，他归纳出衡量国家文化差异的四个维度，它们是权力距离、不确定性规避、个体主义/集体主义、阳刚气质/阴柔气质，在其后续研究中，为深入解析东亚国家的经济增长，又增添了新的维度，即长期取向/短期取向。霍夫斯泰德1994年指出，上述五个维度可以衡量人们的文化价值取向，不同国家或民族之间的成员存在不同的文化价值取向。

他对五个文化维度的详细意义进行了解释。权利距离是指机构和组织中，掌握权力较少的那部分成员对于权力分配不平衡这一现象能够接受的程度。不确定性规避是指人们对于不确定的情况所感觉到的恐慌程度，以及需要建立信心和制度以避免这种情况的程度。个人主义/集体主义主要反映了社会中人们之间联系的紧密程度。在个人主义社会中，人们只应该照顾自己和自己的家庭；而在集体主义的社会中，人们属于内部集团或集体，而这种内部集团或集体又为这些忠诚的成员提供保护。阳刚气质/阴柔气质衡量社会群体的角色化倾向。男性化社会的主流价值观是成功、金钱和物质；女性化社会的主流价值观是关心他人、注重生活质量。长期取向/短期取向表示社会主流价值观倾向于关注长期利益还是短期利益。长期取向的人们重视过去与未来的延续性，倾向于沿袭传统；短期取向的人们着眼于眼前与未来，看重短期目标的实现。

（二）施瓦茨的十维度

施瓦茨（Schwartz,1992）通过对文化维度的研究得出了十维度的文化价值系统。这些维度分别是：权力、成就、享乐、刺激、自我取向、全球主义、仁慈、传统、顺从和安全，详见表13-3。他还在数据和数量分析技术的支持下，对各个国家或地区进行分组，确定它们在整体文化上的相似性。

表 13-3 施瓦茨的文化十维度

维度	意义	维度	意义
权力	社会地位与声望、对他人以及资源的控制和统治,如社会权力、财富、权威等	全球主义	对人类的财富和大自然的理解、欣赏、保护、容忍,如心胸开阔、世界和平、智慧、美好的世界、与自然和谐共融、保护环境、公平等
成就	个人的成功用社会标准衡量是有竞争力的,如成功的、有能力的、有抱负的、有影响力的	仁慈	对朋友、亲人、熟人的坚定、忠诚、友谊、谅解、奉献、帮助和尊重
享乐	个人的快乐或感官上的满足,如愉快、享受生活等	传统	尊重、赞成和接受传统文化或宗教中的习俗、理念,如认命、奉献、谦卑、节制等
刺激	表现在生活中的激动人心、新奇和挑战性,如冒险的、变化的和刺激的生活等	顺从	对行为、喜好和伤害他人或违背社会期望的倾向的自律,如服从、礼貌、尊重师长等
自我取向	对思想和行为独立的追求,如创造性、好奇、自由、独立、自定目标等	安全	社会、关系、自身安全,和谐稳定,如家庭安全、国家安全、社会秩序、清洁、互惠互利等

资料来源:Schwartz,1992.

(三) 特朗皮纳斯和特纳的七维度

特朗皮纳斯和特纳(Trompenaars and Turner,1997)调研了 54 个国家的 3 万多个案例,提出了国家或地区文化的七维度,作为文化比较的工具。七维度具体包括个体主义与集体主义、特殊性与扩散性、普遍性与具体性、中立性与情感性、成就与归因,以及时间取向与环境取向。两位学者认为,文化没有好坏和对错的区分,只存在不同程度的差异性。文化差异性的关键是不同文化群体对解决问题所采取的方式方法的不同。

(四) 其他维度划分

除了上述文化维度划分之外,还有别的学者也对文化维度的研究作出了非常重要的贡献。

霍尔依据个体与周边环境、关系等社会性因素联结的紧密程度,将文化划分为高情境文化与低情境文化(Hall,1976)。高情境文化的社会充满了相互交织的社会关系,社会的分层和群体化趋势显著;低情境文化中,人们注重自我独立,更多地依赖正式契约和具体规则展开沟通、交易,社会分层和群体化趋势不明显。身处高情境文化中的人们,其沟通往往是含蓄的,他们重视的是"情境",而不是"内容",同样的语言在不同情境下有着显著不同的意义。低情境文化的沟通过程是直截了当的,"内容"备受重视,而个体之间的关系并不太关键。在霍尔提出的高情境文化与低情境文化理论基础上,金姆等(Kim et al.,1998)进一步将文化维度扩展为社会导向、义务性、责任性、对抗性、沟通与应对新情况六个方面。

由豪斯等通过"全球领导力和组织行为效率"项目的研究,在全球范围内搜集大量数据,使用研究结果构建了 GLOBE 文化系统。该系统将文化划分为不确定性规避、权力距离、公共集体主义、群体集体主义、性别平等主义、决断性、未来取向、绩效取向、人本取向等九个方面(House et al.,2002)。此外,GLOBE 文化系统还将文化分为文化现实和文化价值观两个层面。前者表示某文化背景中的人们的实际行为标准,而后者是指某文化背景的人们对于事情应该如何进行而形成的价值共识(蒋璐等,2007)。

综上所述,文化维度研究在世界范围内一直是学术界研究的重点。在诸多文化维度的研究成果中,霍夫斯泰德的文化维度研究影响最大,而且一般被用作跨文化旅游心理与行为研究的理论框架。

第二节 文化差异与旅游行为

旅游行为中的文化差异,或者跨文化的旅游心理与行为研究一直以来都是学者们关注的重点。一般性的旅游行为跨文化比较主要依赖国籍划分,对来自不同国家的游客进行比较。这些研究成果虽然在一定程度上缺乏相关理论支持,但为该问题的深入探讨提供了基本借鉴。

梁雪松等(2006)借助我国六大入境旅游热点城市的大规模调查,总结了以中日韩为代表的东方旅游者和以欧美为代表的西方旅游者在价值、行为取向方面的差异(表13-4)。早期国外学者对此问题的研究也基本遵循以国籍为文化划分的标准进行对比的思路。匹赞姆的研究团队通过针对导游人员的问卷调查,分别探究了英国(Pizam and Sussman,1995)、以色列、韩国和荷兰(Pizam et al.,1991)四国导游对各国旅游者行为特征的认知,并在其编著的《旅游消费者行为研究》一书中对上述研究进行了系统总结与对比。他们研究发现,90%以上的旅游者行为特征存在着显著的国别差异(表13-5),受文化影响的旅游者的民族性差异必须得到重视。除了直接利用国籍区分文化,还有学者根据文化相似性将多个国家归为不同的文化类别,以便从更宏观的视角对比旅游者行为。2007年芬克和布朗(Funk and Bruun,2007)根据1980年霍夫斯泰德的文化类别理论,列出八个文化类别:盎格鲁、不发达的拉丁国家和地区、发达的亚洲国家和地区、不发达的亚洲国家和地区、近东、德语语系、北欧、发达的拉丁国家和地区。张宏梅和陆林(2009)及李德山等(2010)就借鉴此分类,揭示了我国入境游客旅游动机的文化差别(表13-6)。

表13-4 东西方旅游者价值、行为取向差异比较

项目	东方游客	西方游客
价值取向	集体主义,保守的,团体出游	个人主义,积极的,喜爱散客旅游
与当地居民交往	不太渴望,交往较少	非常渴望,交往很多
旅游者特征	旗子+队伍+相机+遮阳帽	自由+休闲+牛仔服
旅游影响因素	旅游价格,景点和文化吸引	目的地居民好客程度,景点,距离
旅游逗留时间	较短,7~12天	较长,10~20天
出境旅游目的	观光游览,增长见识	休闲度假,追求新奇
获得咨询渠道	旅游商,亲友介绍,广告	导游书籍,亲友介绍,互联网
旅游景点偏爱	人工景点,自然景点	自然景点,历史文物
目的地饮食	倾向祖国风味	喜爱品尝具有当地特色的食品
购物、摄影	兴趣大,留影多,留作纪念	兴趣较小,留影较少

资料来源:梁雪松等,2006.

表13-5 英国、以色列、韩国、荷兰导游对东西方旅游者行为的认知

内容	特征异同情况	东方旅游者	西方旅游者
与他国游客互动	差异明显	少	多
与他国游客社交	差异明显	少	多
了解目的地且有准备	差异不明显	了解、有准备	了解、有准备

续表

内容	特征异同情况	东方旅游者	西方旅游者
新奇与熟悉的事物	差异明显	喜欢熟悉事物	喜欢新奇事物
按计划或自由旅游	差异明显	严格按计划	喜爱自由
购物时讨价还价	差异明显	喜欢讨价还价	不太讨价还价
给亲友购买礼物	差异明显	一定要买	不一定买
旅途时间	差异明显	喜欢短途	喜欢长途
冒险与安全	差异明显	喜欢安全	喜欢冒险
当地饮食偏好	差异明显	不太喜欢当地饮食	喜欢当地饮食
真实景物与表演活动	差异明显	喜欢表演活动	喜欢真实景物

表13-6 各文化类别旅游者主要旅游动机和旅游行为特征

文化类别	推力动机	拉力动机	计划	旅行方式	旅伴	天数	路线安排	信息影响
盎格鲁	拓展视野 丰富旅行经历	旅游景点 民风民俗	是	团队	家人朋友	≥15	旅行社 自己	他人推荐 旅行社
亚洲	拓展视野 追求新奇刺激	旅游景点 民风民俗	是	团队	朋友家人	4～7	旅行社 自己	媒体 互联网
德语语系	拓展视野 追求新奇刺激	旅游景点 民风民俗	是	散客	家人朋友	≥15	自己 旅行社	他人推荐
北欧	拓展视野 追求新奇刺激	旅游景点 民风民俗	是	散客	家人朋友	≥15	旅行社 自己	他人推荐
拉丁语系	拓展视野 追求新奇刺激	旅游景点 民风民俗	是	散客	家人朋友	≥15	旅行社 自己	他人推荐 互联网

资料来源:李德山等,2010.

然而,上述研究多仅能够描述旅游者心理与行为的差异,而在深入解析差异的内在根源时略显乏力。霍夫斯泰德的文化五维度理论在此方面具有明显优势,因而在近来的旅游者心理与行为的跨文化分析中得到推崇,成为进行同类问题探讨的最重要的理论框架(张宏梅、陆林,2008)。自20世纪90年代以来,利用霍氏文化维度探讨文化对旅游行为影响的研究日益增多,曼瑞等(Manrai et al.,2011)梳理了这些研究成果并进行了深入评价,还提出了跨文化旅游者行为分析框架,本节即以此框架介绍文化对旅游行为的影响。

一、文化对旅游各阶段的影响

(一)游前行为

潜在旅游者首先要面对的是是否旅游,或者能否旅游。阻碍旅游的因素往往涉及个人、社会或经济等方面,也可能涉及旅游中的风险和安全。当然,旅游的益处也是显而易见的。旅游能满足人们的社会和休闲等需要,这些需要推动了旅游动机的形成。这些需要又是在特定的生命周期中形成的。此外,还需要搜集相关信息,以便于确定具体的旅游计划,包括旅游形式、目的地、交通、住宿、餐饮及目的地旅游活动等。因此,学者们从旅游动机、旅游生命周期、旅游风险感知和旅游计划四大主要方面探讨了文化对游前游客行为的影响。

1. 旅游动机

霍夫斯泰德的文化维度与旅游动机的研究极为相关,因为文化价值观会影响人类生活的方方面面,包括生活方式这样的个人因素,以及动机这样的心理因素(Manrai and Manrai,1996)。例如,个人主义旅游者猎奇心理更强,而集体主义旅游者更愿意和家人一起旅游(Kim and Lee,2000)。

普瑞本森(Prebensen,2005)对前往气候温暖地区的挪威团体包机游客进行了市场细分。所有游客被划分为四大群体,他们分别注重"阳光与家庭"、"文化保护"、"体验"和"阳光与舒适"。就旅游动机、旅游者参与活动的形式、旅行计划而言,四类群体各不相同。他们也有着不同的旅游特征,如旅游团体/同伴、旅游持续时间,甚至对目的地的满意度,以及重游意愿倾向也有巨大差别。通过研究,笔者发现强调个性张扬的个人主义文化价值观在旅游产品的选择及参与旅游活动的过程中都对人们产生了深刻影响。

普瑞本森等(Prebensen et al.,2003)的另一项研究探讨了旅游情境下的个人观念。笔者对前往挪威的德国游客进行调查,结果发现,绝大多数被访对象否认自己是一般化的典型德国出境游客,但问及个性化的德国出境游客有何不同时,他们却不能给出清晰回应。由此笔者推断,像德国这样崇尚个人主义价值观的国家,其游客只是希望被人们认为自己是与众不同的、个性十足的游客,即旅游情境下的个性化可能是自我认知问题。

个人主义的概念适用于旅游者对自我形象的认知,这在利特文和卡(Litvin and Kar,2003)的研究中也得到探索。他们发现文化价值观中的个人主义和集体主义维度,在自我形象与目的地形象一致性对目的地满意度的影响过程中发挥了调节作用。具体而言,旅游者自我形象与目的地形象一致,会提升旅游者的满意度,但是两种形象都是集体主义的时候,满意度较低,而均为个人主义的时候,满意度较高。这可能反映出持有个人主义价值观的旅游者,具有极大的享乐主义倾向。

2. 旅游生命周期

玛驰(March,2000)重新构建了旅游生命周期(TLC)的概念,他认为依据生命周期阶段,个人会参与惯例性的旅游或团体旅游活动。旅游生命周期(TLC)的概念对分析集体主义国家的旅游市场非常适用,如日本、中国及韩国等。就日本1997年的情况而言,团队旅游市场份额较大的是家庭旅游(25%)、银发旅游(16%)、公司旅游(12%)、蜜月旅游(2.6%)、语言学习(1.5%)、学校远足(0.8%)、海外婚礼(0.5%)及毕业旅行(0.4%)等几个细分市场。玛驰针对上述几个市场从旅伴、旅游持续区间、活动和经历,以及购买行为等方面,探讨了集体主义对旅游生命周期的深刻影响。

在日本,热衷家庭旅游的群体,首选旅游目的地应是夏威夷。但是,如果有小孩子,较近的目的地则更佳,如关岛或塞班岛。在日本,三代同行的出境旅游正逐渐成为一种新兴趋势。游客全家出行主要有两个动机:一是让孩子体验外国文化,二是海外旅游费用合理。

银发旅游市场由60岁以上的旅游者组成。据日本官方统计,40%的银发旅游者与爱人一起出行,24%和家庭成员一起出行,20%和朋友、熟人一起出行。几乎2/3的银发旅游者会购买全包价旅游,并以美国作为目的地。他们在国外停留时间较长,同时能够也愿意在海外旅游时进行大额消费,因为他们有着较高的可支配收入,并且通过旅游也可以让他们的孩子避免在日后缴纳更高的遗产税。

公司旅游在日本是一种习俗,每年公司会组织职员们一起度假。这样的旅游通常持续几天到一周,目的地是任意的,大部分花费由公司资助,小部分是自费。这些群体首选的旅游目的地是美国。

海外婚礼是日本增长最快的市场。对日本人而言,海外婚礼花费低、安排高效、气氛浪漫、亲密而放松,特别是能从集体主义的社会中短暂逃离一段时间,因而备受年轻情侣的青睐。海外婚礼通常由直系亲属及密友参加。海外婚礼旅游者最向往的目的地是夏威夷,同时希望有7~8人陪伴旅行。玛驰(March,2000)表示"蜜月旅游者"在住宿、餐饮、旅游、观光和购物上花费比其他几类旅游者都多。

学校远足指高中学生的旅游活动。由于时间和金钱有限,日本学校一般选择2~3年前往同一个旅游目的地。这类群体偏爱的目的地主要是韩国、中国和澳大利亚。毕业旅行指大学毕业生在参加全职工作前的海外旅游。他们通常会和一些亲近的好友出行,平均出行时间是8天,旅游目的地集中于美国、夏威夷和亚洲。该群体旅游费用节省,多选择火车出行,同时,他们在团队旅游中比重最低。最后是语言学习旅游者,对于他们来讲,排在前三的目的地是三个讲英语的国家,即美国、英国和澳大利亚。

3. 旅游风险感知

旅游风险感知会影响旅游者对安全的评价,也会导致旅游焦虑。瑞森格和莫万铎(Ressinger and Mavondo,2005)针对澳大利亚和外国游客,借鉴霍夫斯泰德的文化维度理论考察了文化与旅游动机、旅游安全,以及国际旅游意图之间的关系。尽管全体样本分析结果发现旅游者的文化影响着安全感知,但只有在澳大利亚游客中发现了文化对社会文化风险感知的显著影响,可能由于外国群体样本的成分混杂,没有发现文化对旅游风险感知变量的作用。

4. 旅游计划

旅游产品极具复杂性,而且进行国际旅游难免遭遇各种风险,所以多数旅游者会采取相关行为以规避可预见的风险。旅游者风险规避行为与个人心理特征,以及文化取向直接相关。对于此,霍夫斯泰德文化维度中的不确定性规避能够进行有效解释。来自弱不确定性规避文化环境的旅游者对风险和不确定性有更高的承受限度,并较少采取降低风险的行为;相反,来自强不确定性规避文化环境的旅游者对风险和不确定性的承受限度较低,自然更多地采取降低风险的行为。

在游前和游中阶段,旅游者都可能采取风险规避行为。游前风险规避行为包括大量的旅游计划、寻求旅行社协助、提前安排,以及提前支付相关旅游花费等。相关研究证实,相比弱不确定性规避文化环境下的旅游者,强不确定性规避的旅游者会在更大程度上采取降低风险和不确定性的措施,其中典型行为包括提前支付观光费用和提前预订住处(Money and Crotts,2003;Crotts and Litvin,2003)。

(二) 游中行为

游中行为与旅游偏好有关,是对游前行为的紧密承接。此阶段不但涉及旅游形式、目的地、交通、住宿、餐饮、目的地活动的实际选择,还通过目的地的数量、旅行团的规模/旅伴、旅游频率、旅游持续时间/滞留时间体现出旅游行为特征,而且,团队游客行为还具有较为特殊的表现。因此,学者们的研究相应地集中于下面两大方面。

1. 旅游持续时间、目的地数量、团队规模及旅游频率

与游前阶段风险规避行为基本一致,在游中阶段,强不确定性规避的旅游者更倾向于采取降低风险和不确定性的措施(Money and Crotts,2003;Crotts and Litvin,2003),他们一般在旅游目的地停留时间较短,仅游览几个景点,旅游团规模也较大。

另一个用来解释商业环境中的文化差异的概念是"文化距离"。卡茨(Crotts,2004)以不确定性规避分数来衡量"文化距离",研究美国302位出境旅游者的行为。他发现文化距离与风险规避行为是正相关的(这里风险规避行为包括参加规模较大的团体旅游、旅游频率低、游程短、目的地数量少)。当文化距离较小时,即东道主国家不确定性规避指数与美国的相近时,出境旅游者倾向于单独旅游,频繁旅游并游览更多的目的地。

2. 团队游客行为

霍夫斯泰德文化维度中的个人主义/集体主义,以及不确定性规避能够有效解释团队游客行为的差异。例如,美国旅游者崇尚个人主义而不确定性规避倾向较弱,使得他们喜好当地餐饮、停留时间长、不会严谨地计划旅游、想要看"实时性"事物。但是,日本游客推崇集体主义而不确定性规避倾向较强,所以他们倾向于自己做饭、参加团队旅游、参加安全的活动、严格计划旅行、对"已经发生的"事物更感兴趣(Pizam and Sussmann,1995)。

此外,有学者专门探讨了团队游客行为与中国文化价值观的关系。中国文化价值观可以用四大因子进行归纳,即社会融合(包括知足、礼貌、谨慎和信用)、儒家工作动力(包括耐性和尊重传统)、个人幸福(包括保守、好面子和互惠)和道德准则(与他人和谐和宽容),而对团队游客行为产生显著影响的仅有社会融合因子。该因子对集体主义的社会交互行为影响明显,如推动人们参与包价旅游,但是,其他三个文化因子由于旅游暂时性的本质而难以深刻影响团队旅游行为(Wong and Lau,2001)。

(三)游后行为

旅游过程中的旅游体验,直接促使人们在游后进行目的地的服务质量评价、价格/价值评价、整体评价、整体满意度评价并形成重游/重购意愿。从这几方面入手,学者们重点考察了目的地、交通要素和住宿要素评价的文化差异。

1. 目的地评价

亚洲旅游者与西方旅游者在服务质量评价、感知价值评价、整体评价及重游意愿等方面存在着区别。总体来讲,与西方旅游者相比,亚洲旅游者往往预期较高,且很少对服务表示满意。这种差异主要源自东西方文化价值观的区别。首先,亚洲文化多强调以人为本的集体主义,亚洲旅游者可能期望别人表现出更多的礼貌与关怀。其次,亚洲文化多具有更大程度的权利距离,亚洲游客倾向于认为自己的地位明显高于服务人员,而西方文化里这种反差并不明显,或者没那么极端。因此,亚洲旅游者的评价要更严格。

针对到访香港的亚洲旅游者和西方旅游者的对比研究发现,西方旅游者更认同旅游目的地的服务质量和旅游吸引力,具有更高的感知价值和满意度,然而,西方旅游者的重游意愿较弱,这也可能是亚洲国家距香港较近导致了亚洲游客的重游意愿较强(Hsu and Kang,2003)。

文化也对旅游者的目的地形象认知有影响。针对到访张家界的中国内地游客的调查发现,不确定性规避强弱不同的两个游客群体仅在认知形象的信息和交通方面存在显著认知差异,而在情感形象和总体形象的认知上未表现出显著区别(陈奕滨等,2012)。这说明,文化差异会影响旅游者对目的地形象的认知,但在同一文化内群体间的差异有限。

2. 交通评价

旅游者对交通要素的评价更多地表现出在阳刚气质/阴柔气质方面的差异。来自阳刚气质主导文化下的旅游者,如日本、德国、英国旅游者,对机票价格和整体服务质量的评价都不高,他们对航空公司的忠诚度也十分有限。相反,来自阴柔气质较盛的文化环境的旅游者,如巴西和我国台湾省旅游者则对机票价格和服务质量给予较高评价,也表现出对航空公司较强的忠诚度(Crotts and Erdmann,2000;Crotts and Litvin,2003)。

3. 住宿评价

亚洲和西方旅游者对高档酒店的服务接触认知和服务质量评价方面存在显著差异。亚洲游客对服务接触和服务质量的评价都比西方游客低。这可能是由于亚洲游客普遍具有较高的期望水平，亚洲社会强调集体主义，而经济飞速发展导致了包括贫富差距在内的诸多社会不平等现象，这种社会不平等存在于高权力距离文化中，也就导致了高期望(Mattila,1999)。亚洲和西方旅游者在酒店服务质量方面的差别，也能够以权利距离文化维度进行解释。此外，两类旅游者对酒店服务质量的评价的关注点不同，西方旅游者重视目标的完成、效率和时间的节约，而亚洲旅游者认为人际交往关系质量是关键因素(Tsang and Ap,2007)。

二、基于文化维度的旅游行为分析框架

通过对先前研究的梳理，霍夫斯泰德文化维度对于各种游客行为分析的适用意义就清晰了，即明确了何种文化维度对应影响着何等阶段的游客行为。游后阶段游客行为的差异适宜利用个人主义/集体主义、阳刚气质/阴柔气质、权利距离三大维度分析，同时，权利距离、阳刚气质/阴柔气质两个维度基本对游前和游中行为无明显影响(Manrai and Manrai,2011)。根据上述适用意义，游客行为可以被划分为三类，即集体主义导向驱动旅游行为、风险趋势驱动旅游行为及社会交互驱动旅游行为(Manrai and Manrai,2011)，各文化维度对各种旅游行为的影响过程如图13-2所示。

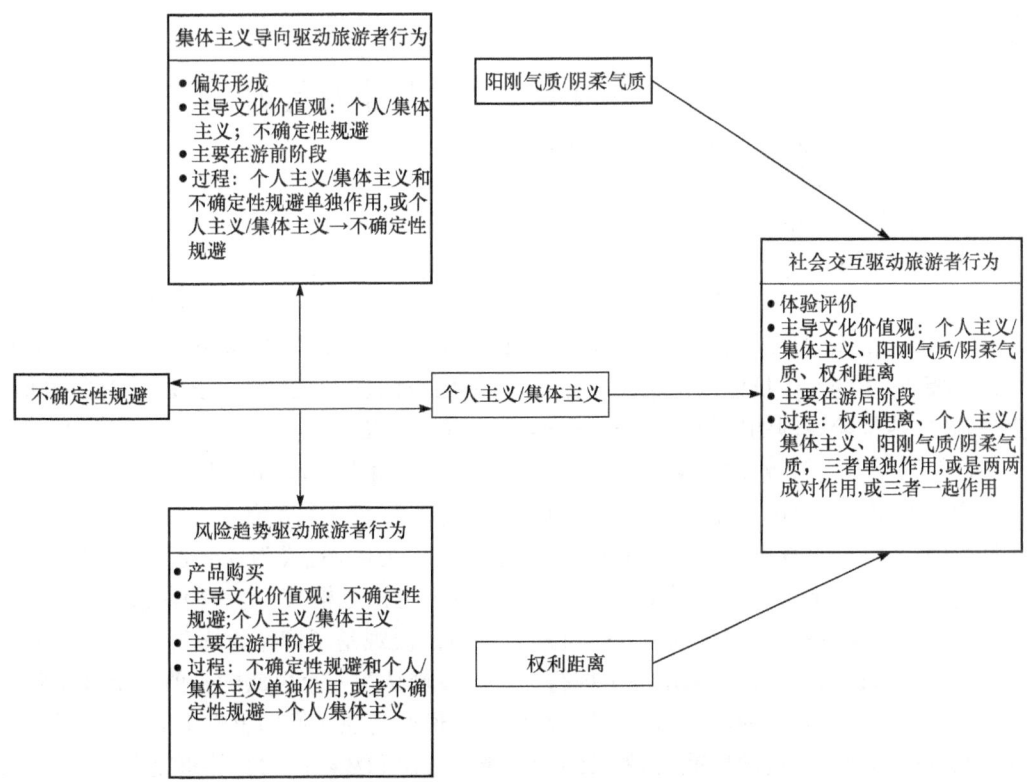

图13-2 旅游者行为分析：基于霍夫斯泰德文化维度的概念框架

资料来源：Manrai and Manrai,2011.

对于社会交互驱动游客行为，发挥影响作用的文化价值观维度是个人主义/集体主义、权

利距离、阳刚气质/阴柔气质。这三个维度有助于预期在不同的社会情况下的个人行为,如是否倾向于顾及集体利益,体现何种社会性别角色等。这三种文化维度对社会接触和体验评价的游客行为,如游后行为,影响较为明显。目前研究的发现认为,这三种维度施加影响的方式不是单独地就是成对地,或是三者同时作用。

关于其他两种行为,集体主义导向驱动旅游行为和风险趋势驱动旅游行为,分别对应着游前行为和游中行为,影响它们的主要是两大文化维度:个人主义/集体主义、不确定性规避。而且,对于游前行为和游中行为阶段而言,这两个维度既可能单独作用,也可能联合作用。然而,文化对旅游的影响是一个持续过程,这一过程对于游前阶段和游中阶段的游客行为是完全不同的。很多研究认为,游客通过团队旅游等方式来降低独自在外国旅游的风险。所以,一方面,降低风险是一种目的或动机,导致集体主义行为或者游中阶段的一些行为;另一方面,过去的研究也表明,许多东方社会,如日本和中国,他们倾向于团队旅游是因为他们的社会集体主义的本质。在他们的文化里,集体主义不是用来降低风险的行为或结果,它的本质是一种目的或动机。在集体主义社会中的个人通过团体旅游来降低风险,他们确实从中受益了。但是,这不是他们参加团队旅游的主要或者唯一原因。集体主义是很多亚洲人喜欢的生活方式,日本人的旅游生命周期就说明了这一点。游前阶段和游中阶段的区别可总结为动机和结果的顺序关系。对于游中阶段来讲,降低风险是动机,它导致了集体主义的结果(不确定性规避→集体主义),而在游前阶段,集体主义是动机,它导致了降低风险的结果(集体主义→不确定性规避)。

第三节 中国本土文化与旅游行为

一、传统文化价值观对消费行为的影响

(一) 文化价值观

1. 价值观的定义

文化是个人信念、价值观、习惯、想法与规范的集合(Sherry,1986)。文化是一套行为系统,其核心是由价值观系统所建构而成的传统观念(Kroeber and Kluckhohn,1985)。价值观是文化的核心,辨别一个群体或国家的文化,最具体的方法就是观察该国人民持有的价值观、价值观倾向,或描绘该国的价值系统(Sparrow and Wu,1998)。

在社会科学研究领域,对价值观的界定十分丰富。帕森斯(Parsons,1951)认为,价值观是由一系列价值模式构成的且已被公认的规范体系。这些规范是行为的依据和标准,能够约束人们的行为边界,通过规范公众认同的准则,产生一定效力后,就成为社会性的共识。英格兰和李(England and Lee,1974)认为,价值观是一组持久的知觉框架,是一种信念形式,是社会期许下为众人所共享的。罗宾斯(Robins,1993)认为价值观是了解个体态度、知觉、动机及性格的基础,因此,价值观可以用来解释个体行为。马俊峰认为一个民族的价值观是该民族社会长期生活实践和文化积淀的产物,是现实生活中的价值运动在人们的思想中的反映,反过来又形成人们看待和评定价值的标准,其外层结构是由之推出和派生的对具体事物及行为的利害、好坏的观点,执行评价标准的功能(马俊峰,1998)。

总之,价值观指导着个体的行动和态度(Braithwaite and Scott,1991),直接引导个体系统。而人们的消费行为反映着个人需求、欲望、物质和精神利益追求,所以,个体对其消费行为的价值感知和判断必然会受到价值观这种思维定式或行为规范的影响(张梦霞,2010)。

2. 中国传统文化价值观

儒、道、佛三大传统学说体系,是我国传统文化价值观的支柱。三种学说对人们的社会生活的影响力又各有侧重:儒家学说的影响表现在人们的人际交往活动中,是处世术;道家学说的作用主要体现在人们的私人生活上,是养生术;而佛家学说的重点渗透于人们的精神生活中,是超脱术(Zhang and Jolibert,2000)。下面分别对三种文化价值观进行介绍。

(1) 儒家文化价值观。儒学在中国传统文化价值观体系中起着主导作用,它对中国社会的影响,大到社会政治组织,小到个体思想。它是务实的道德伦理,强调人的作用,重视社会和谐。其核心思想表现为"仁"、"义"、"礼"、"智"等方面。儒家文化价值观强调"为仁由己",即个人的价值自觉,又重视人伦秩序(余英时,1989),前者以内在的"仁"为核心,后者以外在的"礼"为基础,内外相互作用以保证社会安定。显然,儒家学说的基本价值观与行为规范仍然强有力地影响着当代中国人。

(2) 道家文化价值观。道家思想主旨在于探讨天地与人类的关系,探究天地万物共存共荣的普遍规律。道家文化价值观认为,人与大自然的融合共存,是人类生存的必要,也是人的先天本能。道家重视"天地与我并生,万物与我为一"的自然生态,强调人与世间万物的互动关系,引导人们亲近大自然。道家文化还重视"万物齐一"和"物无贵贱"的思想,即推崇相对价值论和普遍功用观(朱喆,1996),以此引导人们轻身外之物,重生命价值,追求人与自然、社会和谐共生的终极目标。

(3) 佛家文化价值观。起源于佛教的佛家学说极大地影响着中国人的思想。佛学博大精深,与其说是宗教不如说是一门哲学(Morre,1998)。佛家讲究四谛"苦集灭道",重视因缘轮回,其价值观要旨包括三个层次:戒恶取善,善行善果;断欲今世,希冀来生;博爱众生,修成正果。佛家思想具有典型的美德学说特征,虽不乏消极的一面,但往往令信奉者更具超脱的精神和平静的心态。

(二) 三种文化价值观对中国消费者购买行为的直接影响

张梦霞深入研究了儒、道、佛三种文化价值观对我国消费者购买行为的影响,本部分内容主要来自她的研究成果(张梦霞,2010)。根据张梦霞的分析,我国市场具有三种典型的购买行为模式,分别为象征性购买行为模式、绿色购买行为模式和实用性购买行为模式。而且理论研究发现,象征性购买行为模式表现出儒家文化价值观导向特征,绿色购买行为模式表现出道家文化价值观导向特征,实用性购买行为模式表现出佛家文化价值观导向特征。

对手机产品的实证分析证实,儒家、道家和佛家三种文化价值观都影响着中国消费者的购买行为。具体得出如下重要结论。

首先,儒家文化价值观不但是消费者购买行为的重要文化动因之一,而且还能够有力地解释和甄别象征性购买行为。具体而言,儒家文化价值观维度中的"合乎体统",显著影响象征性购买行为,即越倾向于认同"合乎体统"的消费者,其象征性购买频率越高。这说明,消费行为和自身的身份、地位、阶层等一致对等,是中国消费者极为注重的。此外,"男女平等"维度也显著影响着象征性购买行为,即"男女平等"导向越强的消费者,越倾向于购买象征性产品。

其次,道家文化价值观是我国消费者购买绿色产品的重要文化动因之一。道家文化价值观在解释中国人绿色消费行为的过程中,发挥着重要作用。特别是道家文化价值观中的"崇尚自然"和"顺应自然",显著影响消费者绿色购买行为,即越是具有"崇尚自然"和"顺应自然"的消费者,其购买绿色产品的行为倾向就越强。

再次,虽然佛家文化价值观显著影响着中国人的购买行为,但没有发现该价值观能够有效解释实用性购买行为。换言之,不能确定佛家文化价值观念强的消费者,一定更倾向于购买实用性消费产品。

最后,研究还对比了中国三种传统价值观与霍夫斯泰德和施瓦茨的西方文化价值维度对消费者购买行为的解释能力的强弱。这五种价值观理论对中国消费者购买行为的影响力排序是:儒家文化价值观理论、道家文化价值观理论、施瓦茨十维度文化价值观、霍夫斯泰德五维度文化价值观、佛家文化价值观。

(三)儒家文化价值观对中国消费者购买行为的深入影响

如上所述,儒家文化价值观是中国传统价值观体系的主导,深刻影响着中国人社会生活的方方面面。与张梦霞(2010)的研究有所不同,潘煜详细探究了儒家文化价值观、生活方式、顾客感知价值和购买行为间的关系。针对手机产品的研究结果发现,儒家文化价值观直接影响消费者购买行为,同时儒家文化价值观还通过影响消费者的生活方式、顾客感知价值间接影响消费者购买行为(潘煜,2009)。

儒家文化价值观的直接影响表现为:其中的"行为与身份相匹配"维度对消费价位存在正向影响,而"好面子"维度对消费价位和购买频率都发挥正向影响作用,"倾听他人"维度对消费频率有正向影响。换言之,越认同行为与身份相匹配,或者好面子倾向越强的消费者,越倾向于购买价格高、档次高的产品;而越好面子和倾听他人倾向的人,其购买产品的频率越高。

儒家文化价值观的间接影响表现为以下几个方面。①儒家文化价值观中的行为与身份相匹配特征越明显,消费者对顾客感知价值中的形象价值越关注,从而提高产品购买档次和购买频率。②价值观中的好面子特征越明显,一方面,消费者对顾客感知价值中的形象价值越关注,从而提高产品购买档次和购买频率;另一方面,消费者生活方式中的时尚品位和完美主义倾向越强,时尚品位明显会推动产品购买档次和提高购买频率,而完美主义倾向强只能推动产品购买档次提高,但购买频率反而降低。③价值观中的倾听他人特征越明显,一方面,消费者对顾客感知价值中的功能价值和感知成本越关注,功能价值对购买频率存在正向影响,而感知成本对购买价位和购买频率存在反向影响;另一方面,消费者生活方式中的中庸内敛倾向越强,中庸内敛反向影响购买频率。④儒家价值观还通过影响生活方式间接影响顾客感知价值,并进一步间接影响消费者购买行为。首先,越是好面子的消费者,越重视时尚品位并追求完美主义,这会促使其关注感知成本和产品的形象价值,从而导致消费行为受到影响。其次,越是倾向于倾听他人的消费者,其中庸内敛的生活方式越明显,这会影响消费者感知价值,进而影响其购买行为。

二、儒家文化价值观对旅游消费行为的影响

在消费者行为研究领域,我国本土文化价值观对消费者购买行为影响的研究才兴起不久,旅游研究方面则更少涉及。就目前的研究成果看,针对儒家文化价值观影响旅游购物行为的研究仅得出了一些初步结论。

儒家文化价值观对旅游消费行为存在着显著影响。根据旅游消费行为的特点,可以将儒家文化价值观的相关影响分为"家庭声誉"、"行为与身份相匹配"和"无私与进取"三大因子。

(1)"家庭声誉"因子的影响。重视家庭声誉的旅游者,在购买旅游产品时容易受他人或广告的影响,特别依赖他人的意见,并往往表现出好面子的特征,购买时不主动,习惯于随大流,从众行为倾向明显。其原因可能主要是怕失误而显得有失面子,所以,此类游客相对容易被广告吸引或他人影响而进行冲动购买。

(2)"行为与身份相匹配"因子的影响。越是倾向于认为行为必须和身份相匹配的游客,其旅游消费行为表现就越成熟。此类游客一般具有明显的大男子主义倾向,喜欢独立做主,不容易受他人影响。在选择旅游服务、挑选旅游线路的过程中,此类游客更喜欢以自己的想法安排相关服务项目,不太受广告或他人的影响。

(3)"无私与进取"因子的影响。无私与进取倾向强的游客,其旅游消费行为就倾向于表现出谨慎和追求实用的特征。这里游客多是具有奉献精神的人,同时也是吃苦耐劳的人,深知幸福生活来之不易,懂得珍惜和节俭,因此在旅游活动中,他们往往表现出节约、谨慎和务实的消费特征。

此外,无私与进取倾向越强的游客,就越容易对新产品表现出浓厚的兴趣。持有无私与进取价值观的人,对待人生积极乐观,偏好接受新事物,所以在旅游消费过程中表现出对新产品、新事物的浓厚兴趣。

三、面子文化对旅游消费的影响

(一)面子概述

中国是人情社会,人与人交往过程中特别讲究"面子"和"面子工夫"。从社会心理学的角度看,"面子"是指个人在社会上有所成就而获得的社会地位或声望(Hu,1994);所谓"面子工夫"其实就是一种形象整饰行为,是个人为了让别人对自己产生某些特定印象,而故意做给别人看的行为(Schlenker,1981;Tedeschi and Riess,1981)。戈夫曼曾提出舞台理论,将人们日常生活中的社会行为分为前台和后台行为(Goffman,1959)。以此理论看,"面子工夫"是做给关系网内其他人看的"前台行为",而真诚行为则是只能显露给关系网内"自己人"看的"后台行为"(Hwang,1987)。

在中国,面子显示了一个人的社会地位或声望。人们的社会地位又在很大程度上取决于个人的社会关系(Jacobs,1979)。对一个人地位、形象的判断,就特别要考虑其所属的关系网络。因此,在中国许多人都以各种"前台行为"展示他的人际关系,如声称他和某人的关系如何如何。通过此类"面子工夫",人们希望提高自己被他人接受的可能性,并争取到某种特殊权利,所以,这使得"顾面子"成为一件与中国人个人尊严密切相关的事情(Hwang,1987)。当中国人主观地觉得"丢失面子"时,他的自尊心会受损,造成情绪的不平衡。所以,人们平时不但需要被动地"维护面子",还要主动地运用面子工夫去"争面子"(朱瑞玲,1993)。因为面子对中国人至关重要,所以,个人即便不能在实质上为社会关系中的他人"添加面子",至少也要在表面上对他人"敷衍面子"(Chiao,1981)。顾及他人面子的策略包括:尽量不在公共场合批评他人;必须批评时措辞要尽量委婉或模棱两可;对善于保全他人面子的给予照顾。总之,"面子"在中国人的生活中无处不在,只要有人际交往,面子的作用就会得到发挥。

(二)面子文化与旅游消费行为的关系

1. 面子文化在旅游消费行为中的表现

(1)炫耀型旅游消费。有的旅游者为显示自己的身份与地位或者为了炫富,往往倾向于选择高等级、高消费的旅游产品。例如,强调一定要乘坐飞机头等舱或选择豪华游轮出游,住宿方面偏好高星级或奢侈型酒店,于高档餐厅就餐,甚至进行挥霍、奢侈、享乐主义的旅游消费。在炫耀性心理的支配下,此类旅游消费行为常被视为挣得面子的重要手段。

(2)跟风型旅游消费。以社会潮流作为行为的标准和规范,受其发展趋势的引导进行旅游消费,这就是跟风型旅游消费行为。在具体旅游目的地选择上,这种类型的旅游者表现出明显的避冷趋热、求名求热的特征。例如,不少旅游者在目的地选择上多偏好大中城市和省内著名的风景名胜区,北京、上海、广东、江苏、浙江等热点地区成为他们出游的首选,即便在节假日游客流出现井喷高潮时也不改其初衷,甚至牺牲实质性旅游体验质量,而忍受门票上涨、交通拥堵、住宿紧张的旅游环境。这与中国人好面子的心理不无关系。这类消费行为往往有着一定的被动成分,若尚未到访著名旅游城市、景区,则担心被人看不起而折面子,因此,不得不从众消费。

(3) 受托型旅游消费。这种旅游消费典型地出现在探亲访友旅游中。探亲访友旅游是旅游的一种重要形式。最近的统计资料显示,就我国城镇居民而言,2011年以探亲访友为目的的旅游者(28.9%)仅次于观光游览旅游者,而我国农村居民最主要的旅游形式就是探亲访友旅游,此类旅游的比例高达42.4%。探亲访友旅游市场可谓规模巨大。很多人作为东道主都是受人所托,带领亲友进行旅游。为照顾托付者的面子,或考虑到亲友的人情,这些东道主必定担当导游,帮助安排旅游服务,他们也希望借此机会增进与亲友的感情,当然亲友或托付者就在不同程度上欠了东道主一次人情。

(4) 时尚型旅游消费。旅游正逐渐成为人们的一种生活方式,有的旅游者为凸显自身优越地位,多希望尝试更独特、更刺激的旅游消费来建构生活方式的面子,这催生了众多新颖的旅游方式的诞生,如徒步探险游、自驾游、背包游,以及跳伞、潜水、马术、高尔夫等所谓上流社会的旅游活动,并引发了人们对旅游新时尚的追捧。

(5) 盲目型旅游消费。盲目型旅游消费是指旅游者不考虑收入约束、或不追求实际经济效用、或对旅游消费对象的判定熟悉不足而做出的非理性的消费和行为,面子是导致这种消费行为的重要因素。相关研究发现,目前中国人的出境旅游消费已进入世界前列(雷平、施祖麟,2008),购物是中国游客在境外自主消费的第一大项,而境外购物大都瞄准了高档时装、名牌化妆品、品牌首饰、珠宝和名牌家电等商品(王素洁、齐善鸿,2005)。

2. 面子文化与旅游消费行为的关系

(1) 通过认同进行连接。认同是一种同化与内化的社会心理过程,它能够将他人或群体的价值、标准、期望与社会角色,内化于个人的行为和自我概念之中(Theodorson and Theodorson,1969)。认同的概念可以表示人们的归属感和主体性,与人们日常生活密切相关。在某种意义上,认同就是人们对自己在社会中的某种地位、形象和角色,以及与他人关系的接受程度(王宁,2001)。可以说,认同是社会中的人们,与他人进行交往、寻求关系和谐的一种重要方式。

认同对消费而言是不可或缺的,认同支配着消费,而消费又反过来体现了认同。一方面人们对自己所处社会地位及所扮演角色的认同,决定了他们的主要消费方式;另一方面人们总是借助于客观的符号来表现、传播和交流自己的认同(王宁,2001),所以消费品的选择就成了对表达认同的符号的遴选。以社会学视角来看,消费行为是一个涉及文化符号与象征意义表达的过程,它既是建构认同的原材料,又是认同表达的符号和象征(王宁,2001)。

面子与认同同样密切相关。追求面子正是对认同的一种渴望,而认同又是面子所期望获取的利益。中国人消费行为中面子问题产生的根源就在于消费过程中,对于相关群体对自身的评价与相关社会行为规范所固有的高度敏感性(戚海峰,2009)。面子的本质是个体在社会活动中所期望达到或维持的一种被他人肯定和尊重的理想状态,而它的作用机制则是认同管理(戚海峰,2009)。

中国人的认同管理模式是置身于群体中的他人认同管理,其重心在于认同的外在与客观层面上,重视获得社会与他人对自身的积极评价,注重借助有形物品建立与他人之间的认同并传递认同感(戚海峰,2009)。这种客观认同使得人们必须依靠一种具有表现力的、可观察的和可被识别的符号,如某种特定的消费方式或行为举动,来被客观地认同,所以特定的旅游消费方式和行为也就成为一种被认同、进而转化为面子的手段(吴建华、陶丹艳,2010)。认同是可以塑造的,特殊的消费方式和行为有助于塑造自我形象,也有利于谋求某种身份认同,甚至可以帮助人们超越现有身份阶层。例如,炫耀型旅游消费行为,就是旅游者用以表现身份、地位和"自我",建构"认同"进而挣得"面子"的方式(吴建华、陶丹艳,2010)。而为了避免与集体意识发生冲突,人们宁愿违背个人意愿而进行某些被迫性的旅游消费,换言之,跟风型旅游消费行为在某种程度上就是获取群体身份认同的重要方式之一。可见,"面子"与旅游消费行为是通过"认同"或"认同管理"这一共同作用机制来发生关系的(吴建华、陶丹艳,2010)。

(2)构成了一种特殊的旅游消费文化系统。消费文化涵盖了消费哲学、消费价值取向、消费道德、消费行为、消费品位、消费审美、消费心理等,是人们在消费实践中形成的反映消费特点和理解的观念形态的总和(肖浩辉,1994)。受社会文化的影响,人们的消费内容和消费行为必然带有一定的象征意义,而这种象征意义本身也是一种文化。

面子作为传统文化中重要的价值观,在消费领域引导消费行为并形成了面子消费价值观与面子消费文化。面子消费价值观和面子消费文化在旅游消费领域引导产生旅游消费行为,面子文化与消费文化共同构成了一种特殊的旅游消费文化系统。例如,为"做面子"、"保面子",有的旅游者进行炫耀性旅游消费或跟风型旅游消费以表现其身份地位,甚至为"挣面子"、"撑面子"而在购物过程中大手大脚。

(3)面子文化与旅游消费行为相互作用,并在社会变迁中发展变革。面子文化与旅游消费行为的影响是相互的。一方面,作为一种消费价值观念,面子文化对旅游消费行为具有引导作用;另一方面,特定的旅游消费行为也在一定程度上表现和反映了面子的得失。此外,旅游经济的发展使得旅游消费内容日渐丰富和方式越发多样,这也会将充实旅游消费面子文化的内容,进而导致旅游消费价值观的演变甚至是重构。

作为旅游消费文化的旅游面子文化,也具有文化的一般特性,既能够传承下去,又可能发生变迁。中国旅游消费文化正经历着前所未有的剧烈变迁,当前的现状是贫困的、过度节俭的消费文化,消费主义影响下过度超前的旅游消费文化,以及部分理性的、适度合理的旅游消费文化并存(吴建华、陶丹艳,2010)。在社会变革与经济发展的驱动下,特色化、个性化、时尚化的旅游消费行为对旅游消费文化的影响将日益强烈,甚至会促使其再建构。相对应的,引导某些特定旅游消费行为的面子文化,在内容和功能上,也会发生变化。

综上所述,面子文化与旅游消费行为的关系可通过图13-3加以说明。

(三)面子文化对中国旅游者消费行为影响的表现

面子文化的影响贯穿了旅游消费行为的各个阶段。在购前行为中,面子文化中的两个重要表现——穷家富路和炫耀攀比心理对旅游者购前行为中主观影响因素有着重要的影响。在旅游过程中的消费行为,面子文化在旅游购物行为中起着关键的作用,这也是面子文化影响最大的部分;在购后评价过程中,面子文化的表现之一炫耀攀比心理在游客满意度中起着极其重要的作用,可以说在某种程度上旅游者整个旅游过程获得最大满足的部分就是获得周围人的羡慕眼光。总体而言,面子文化最主要是通过穷家富路心理和炫耀攀比心理对中国旅游者消

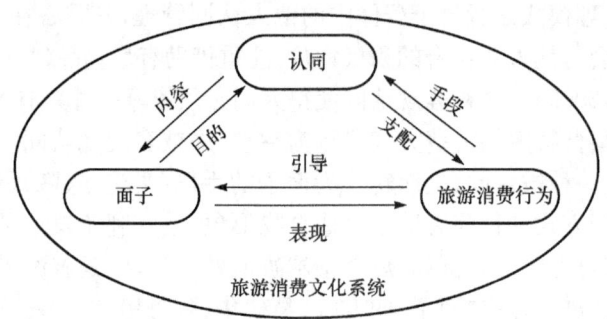

图 13-3 面子与旅游消费行为关系

资料来源：吴建华、陶丹艳，2010.

费行为产生影响。

(1) 攀比心理的影响。炫耀攀比是中国面子文化的重要表现，是驱动人们消费的一个重要因素。攀比炫耀心理也是影响中国旅游者消费行为的最关键因素。它贯穿于旅游者消费行为的各阶段，是中国旅游者游前行为、游中消费行为和游后评价行为中最重要的心理因素之一，也是中国面子文化最重要的表现。炫耀攀比心理集中体现在对旅游目的地的选择和旅游购物行为上。旅游者在选择目的地和购物时，都会以个人社会因素和文化因素为参考背景，即以自己的社会阶层、受教育程度、所处的文化环境和身份背景等因素为参考，再按照个性心理因素进行消费选择。经济收入水平高、社会地位高的旅游者，往往尽量选择各种高档服务，以抬高此次旅游的"身价"，彰显自己的"面子"；或者通过积极参与极富个性化的旅游，如登"珠峰"、赴南极等，显露自己的卓越不凡与独特品位。而可自由支配收入较少、社会地位不高的旅游者，即便不能尽享高档服务，也尽量选择公认的知名旅游目的地或高级别景区，通过所游历的名山大川的数量，显露"脸面"。总之，炫耀攀比心理是中国旅游者在面子文化影响下消费行为的重要表现之一。

(2) 穷家富路心理的影响。穷家富路是指我国的旅游者在外旅游过程中，即使家境再窘迫，旅游路途中也要出手大方些，最好多带些钱，以防万一。它也是我国旅游者独有的一个现象。这种现象既符合我国旅游者在外有一种不安全感，需要带一些钱来防身的心理，也满足了旅游者在旅游活动中要获得受尊重的需要。因为多数旅游者外出旅游的目的主要是想获得一种尊重感，以经历一次"顺心"的旅游，所以心甘情愿的多花钱，来获得一种心理上的满足。他们获得并享受这种尊重，在心理上得到满足。从深层次来看，也是受面子文化影响的表现。

穷家富路心理对旅游者的消费行为有着重要影响，它贯穿在旅游者购前过程和旅游过程中的消费，特别是对旅游过程中的购物行为有影响。中国人有这样的思想，出远门或到访知名目的地有必要为亲朋好友及同事购买当地纪念品，这不单是为了向关系网内的他人展示、炫耀，更多地是为了顾及关系人情。收礼者认为他人念着自己而感到有面子，送礼者旅游时购买礼物则在一定程度上就是为了顾及大家面子。

本章作业

1. 试述亚文化与文化维度的区别。
2. 试述文化维度对文化差异比较的意义。
3. 举例说明文化因素对旅行行为各阶段的影响。

4. 试回答：霍夫斯泰德文化五维度各自适合分析旅游行为的哪些阶段？
5. 什么是文化价值观？谈谈你对我国传统文化价值观的理解。
6. 什么是"面子"？"面子"是如何影响中国人的旅游消费行为的？

延伸推荐阅读

白凯. 2011. 跨文化群体游客的中国旅游目的地意象色彩认知. 地理科学进展, 30(2): 231-238.

黄光国. 2010. 人情与面子:中国人的权力游戏. 北京:中国人民大学出版社.

李祗辉. 2010. 酒店服务与顾客行为——跨文化比较研究. 北京:社会科学文献出版社.

张宏梅, 陆林. 2008. 跨文化旅游态度和行为研究述评. 旅游学刊, 23(4): 82-87.

张宏梅, 陆林. 2009. 入境旅游者旅游动机及其跨文化比较——以桂林、阳朔入境旅游者为例. 地理学报, 64(8): 989-998.

Manrai L A, Manrai A K. 2011. Hofstede's cultural dimensions and tourist behaviors: a review and conceptual framework. Journal of Economics, Finance and Administrative Science, 16(31): 23-47.

Pizam A, Mansfeld Y. 2005. 旅游消费者行为研究舒伯阳. 冯玮译. 大连:东北财经大学出版社.

Reisinger Y, Turner L W. 2004. 旅游跨文化行为研究. 朱路平译. 天津:南开大学出版社.

第十四章　旅游参照群体的影响

□ **本章导读**

参照群体成员之间的行为是可以相互影响的。从家庭、学校到工作单位,人们每时每刻都离不开社会群体。人是群体的成员,群体提供给人们安全感、责任感、亲情和友谊、关心和支持。群体是个体的价值、态度及生活方式的主要来源,个体在群体中的互动,维持了群体的活力,发展了群体的规范,巩固了群体的结构。旅游者作为一个群体的成员,必然也会受到群体的影响。本章主要介绍参照群体的类型及其如何影响消费者行为,在此基础上,阐述旅游者参照群体的主要类别,并探讨从众行为的分类及旅游者不当行为的概念与形成方式。

第一节　社会群体概述

一、社会群体的概念

社会群体是指通过一定的社会关系结合起来,成员间相互依赖、彼此间存在互动的集合体。从社会心理学的角度来看,简单的统计集合体、围在路边看热闹的人群、喜欢看电视新闻的观众等不能归为群体之列。因为,这些集合体的成员之间不存在依附关系,不发生互动,在多数情况下彼此间毫无影响。而篮球队、家庭、同班同学等,则可称为群体,因为其成员是为了共同目标而组合在一起的,彼此间不但有面对面的接触,而且有频繁的互动。

一般看来,要构成一个社会群体必须具备以下条件(阿诺德等,2007):成员间具有共同的目标和利益;成员之间相互依赖、彼此协作配合;成员之间分享一些共同的价值观念;成员在心理上有群体意识,就是说有"我们感";成员之间有生活、学习和工作上的交往,信息、思想、情感上的交流。

密切结合在一起的家庭是一个群体,有时由于特殊原因短暂结合在一起的几个陌生人也可以构成一个群体。例如,几个人外出旅游同乘一辆缆车,由于意外事故,车被困在半山腰,在这突如其来的情况下,本来素不相识的人组成暂时性的群体,有人出主意,有人向外呼喊求救。这些本无任何关联的人,为了共同目的,彼此互动起来。他们平安脱险后,互动即告结束,在十分短暂的时间内,几位陌生人形成了一个临时群体。群体可以有不同的持续时间,可以像家庭那样数代延续下去,也可以在数天或数小时内解体。

从消费者行为的角度研究群体影响至关重要。首先,群体成员在接触和互动过程中,通过心理和行为的相互影响与学习,会产生一些共同的信念、态度和规范,它们对消费者的行为将产生潜移默化的影响。其次,群体规范和压力会促使消费者自觉或不自觉地与群体的期待保持一致。即使是那些个人主义色彩很重、独立性很强的人,也无法摆脱群体的影响。最后,很多产品的购买和消费是与群体的存在和发展密不可分的。比如,加入某一旅游志愿者团体,不仅要参加该团体的活动,而且还要购买与该团体的形象相一致的产品,如印有某种标志的帽子、T 恤或背包等。

二、社会群体的分类

社会群体的类型较多,可以按照不同标准进行分类。

(一)根据群体规模分类

根据群体规模分为大群体和小群体。规模是群体的一个主要方面。社会学家根据群体的规模把群体分为小群体和大群体。夫妻两人组成的家庭是最小规模的群体,数百人、数千人甚至更多的人集合在一起形成大群体。当然划分的规模没有明确的标准。大群体里的成员不可能熟知每一个成员,不可能发生充分的互动,也很难产生群体归属感,而小群体则与之相反。消费者行为学所关心的是规模不大的能产生互动作用的小群体。

(二)根据群体成员接触方式分类

根据群体成员之间接触方式,分为主要群体与次要群体。主要群体是指成员之间经常进行面对面的直接互动的群体,如家庭、邻居、工作同事、朋友圈子、兴趣小组等;次要群体是指成员之间偶尔或没有面对面直接互动的群体。次要群体规模一般比较大,人数比较多,群体成员不能完全接触或接触比较少。

主要群体对于市场营销人员来说非常重要,因为成员之间的日常对话,很多都同消费行为有关。对于许多消费者来说,家庭是最为重要的主要群体,很多消费行为是由家庭成员共同引起的。朋友圈子也是一种相当重要的主要群体,不少有关饮料广告,就是试图以亲密朋友相聚的场面来博得消费者认同的。工作同事也构成一个主要群体,在广告中我们也经常可以看到同事之间分享美味的快速食品或在下班后一起放松或庆贺某项成就的情景。其他一些需要成员经常会面的群体,诸如俱乐部、协会、兴趣小组等,也构成主要群体。

次要群体通常规模较大,群体对于成员的影响大都通过大众传媒、公共关系或消息发布等方式来实现。这类群体是由那些同消费者有着一段距离但又为他们所敬重的、希望仿效的人组成,其中的典型代表是消费者心目中的重要他人。像一些显赫的名人,把许多人所崇尚和向往的特质给符号化了。

(三)根据人们在社会活动中发挥的作用分类

人的社会活动主要通过两个途径进行,一个是正式的,一个是非正式的。正式的社会活动是指人们在群体中按照计划完成公开的、特定的、有目标的活动。非正式的活动主要指人与人之间自发的思想感情交流活动。与此相对应,群体按照自身在社会活动中所发挥的作用,也可以划分为正式的和非正式的两种。

正式群体是指有明确的组织目标、正式的组织结构,成员有着具体的角色规定的群体。例如,学校的班级、企业的新产品开发小组等均属于正式群体。非正式群体是指人们在交往的过程中,由于共同的兴趣、爱好和看法而自发形成的群体。例如,集邮爱好者协会、绘画小组,球迷协会等属于非正式群体。

人们加入正式群体的意图是多种多样的。有的为了追求特定的利益,有的为了从事某种事业,有的为了扩展视野,有的为了能够会见有利于自己职业生涯的重要人物,有的可能只是为了觅得新友获得归属感而已。但是,一旦进入正式群体,就得遵从群体的准则和期望。又因为正式群体的成员总会在一起消费特定的产品,所以,市场营销人员对于正式群体一向很有兴趣,并在针对他们的促销宣传中诉诸强制性的因素,即突出为迎合群体期望而维持成员资格所必须做出的行动。

非正式群体可以是在正式群体之内，也可以是在正式群体之外，或是跨几个群体，其成员的联系和交往比较松散、自由。人们除了完成工作和学习任务外，还有交友、娱乐、消遣等各种各样的期望与需要，非正式群体往往借助于同乡会、同学会、球迷协会等形式，帮助其成员获得各种需要。非正式群体往往以共同的利益、观点为基础，以感情为纽带，有较强的内聚力和较高的行为一致性。所以，从市场营销的角度来看，非正式群体也是非常重要的，尤其是非正式群体结构松散，为成员交流有关消费信息和相互影响，提供了一种极富诱导性的环境。他们以消费品为话题，不带任何功利动机，也无强制性，很有说服力。

（四）根据群体所属关系分类

根据群体所属关系分为会员群体与象征群体。会员群体是指个体已经享有会员资格的群体，如保龄球俱乐部等属于会员群体。象征群体是那些愿意接受向往组织的价值、态度及行为，并热切地希望加入，但是实际上无法跻身其中，或者没有得到认同的群体。无论是会员群体还是象征群体，都对个体的消费行为产生着积极的影响。在日常生活中，许多人热衷于模仿他们所倾慕的群体。因此，诉诸消费者的象征动机，是广告宣传中常用的技巧之一。

第二节 消费者参照群体

通过一般社会群体成员的分析可以解释消费者行为，但是在现实生活中，常常有人抛弃自己所属群体的观念，而向往其他群体的观念。对于这种现象，参照群体给予了较好的解释。

一、参照群体的定义

参照群体是一个社会群体的类型，但有必要与一般的社会群体区别开来。参照群体实际上是个体在形成其购买或消费时，用以作为参照、比较的个人或群体。所以，参照群体又叫寄托群体。对参照群体，有三种外延：①在进行对比时作参照点的群体；②行动者希望在其中获得或保持承认的群体；③其观点为行动者所接受的群体。

参照群体的含义也在随着时代的变化而变化。参照群体这一概念是美国社会学家海曼最先使用的。海曼所指的参照群体是指用以表示在确定自己的地位时与之进行对比的人类群体。所以他的定义强调了能为与他人比较、能为解决问题而使用的参照点（Hyman，1942）。后来，凯利把参照群体划分为自我评价而利用比较标准的群体和以个体的价值与规范及态度源泉来使用的群体，提出了参照群体的规范性影响的特点（Kelly，1996）。谢里夫把参照群体划分为个体之间有实际所属关系的群体和在心理上热望有所属关系的群体，并且他把这些实际上没有所属关系但是热望所属的群体称之为参照群体（Sherif，1953）。以社会距离角度分析参照群体的一些研究表明，个体越感知到有社会距离的参照群体成员及群体活动，就越受到此参照群体的影响（Cocanougher and Bruce，1971）。

因此，参照群体不仅包括具有直接互动的群体，而且还涵盖了与个体没有直接面对面接触但对个体行为产生影响的个人和群体。

二、参照群体的类型

参照群体实际上是个体在形成购买或消费时，用以作为参照、比较的个人或群体。参照群体的含义随着时代的变化而变化。参照群体最初是指家庭、朋友等个体与之具有直接互动的群体，但现在它不仅包括了这些具有互动基础的群体，而且也涵盖了与个体没有直接面对面接触但对个体行为产生影响的个人和群体。像电影明星、体育明星、政治领袖和其他公众人物的言行举止,均可作为消费者的参考和指南。细化而言,参照群体可以从成员身份、参与意愿、正式性程度及影响内容进行类别划分(图14-1)。

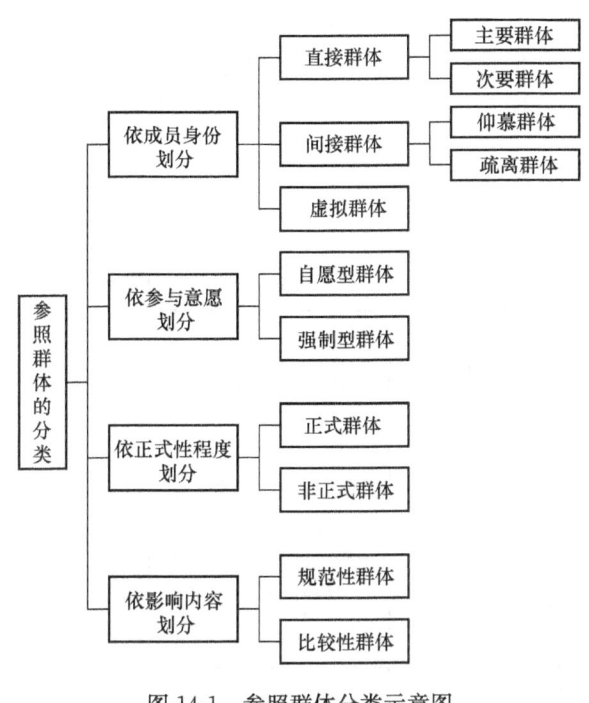

图14-1 参照群体分类示意图
资料来源:林建煌,2002.

按成员身份来划分参照群体,主要包含如下三类:①直接群体。直接群体又可称之为成员群体,与受影响的消费者具有同样的身份,如互相是家人、同学等。直接群体又可区分为主要群体与次要群体,其中主要群体是与消费者互动较为密切的成员群体,包括家人、亲友、邻居与同事等;次要群体是与消费者互动不那么密切的成员群体,其影响力不如主要群体,如社团的成员等。②间接群体。又被称为象征群体,与受影响的消费者不具有同样的身份,但也会影响到消费者。间接群体还可以分为仰慕群体与疏离群体。仰慕群体是指消费者想要加入的群体,如歌星与歌迷或粉丝之间的关系;疏离群体则是消费者试着去保持与群体的距离,但群体的行为仍会影响消费者,如黑道或同性恋者对消费者的影响。③虚拟群体。因网络兴起而产生的参照群体,也可称为虚拟社区。

按照参与意愿可以将参照群体划分为两类:①自愿型群体指消费者基于本身的自由意志来参与的群体;②强制型群体指消费者本身无法选择或是不能选择参与的群体,如家庭等。

按照正式性程度可以将参照群体划分为两类:①正式群体,指具有正式组织的群体,包含规划完整的结构及清楚的角色分工,并有固定的聚会时间,如军队、非营利组织等;②非正式群体,指没有正式组织组成的群体。

按照影响内容可以将参照群体划分为两类:①规范性群体指建立一定的行为标准并使个体遵从这一标准,如父母对子女的影响,子女如何选择食品的营养标准、如何穿衣打扮、如何接人待物等;②比较性群体指个体把参照群体作为评价自己或别人的比较标准和出发点,如个体在布置、装修自己的房间或住宅时,可以以邻居或仰慕的某位熟人的家居布置作为参照和仿效对象。

三、参照群体的影响方式

参照群体如何影响消费者行为呢？早在 20 世纪 50 年代德斯和吉拉尔把参照群体的影响方式分为两种，即信息性的社会影响与规范性的社会影响(Deustsch and Gerard,1955)。麦斯卡汉斯和席格柏进一步将其扩大为三种方式，即信息性影响、规范性影响和价值表现性影响(Mascarenhas and Higby,1993)。图 14-2 列示了一系列消费者情境和在这些情境下参照群体对个体的影响及其类型。

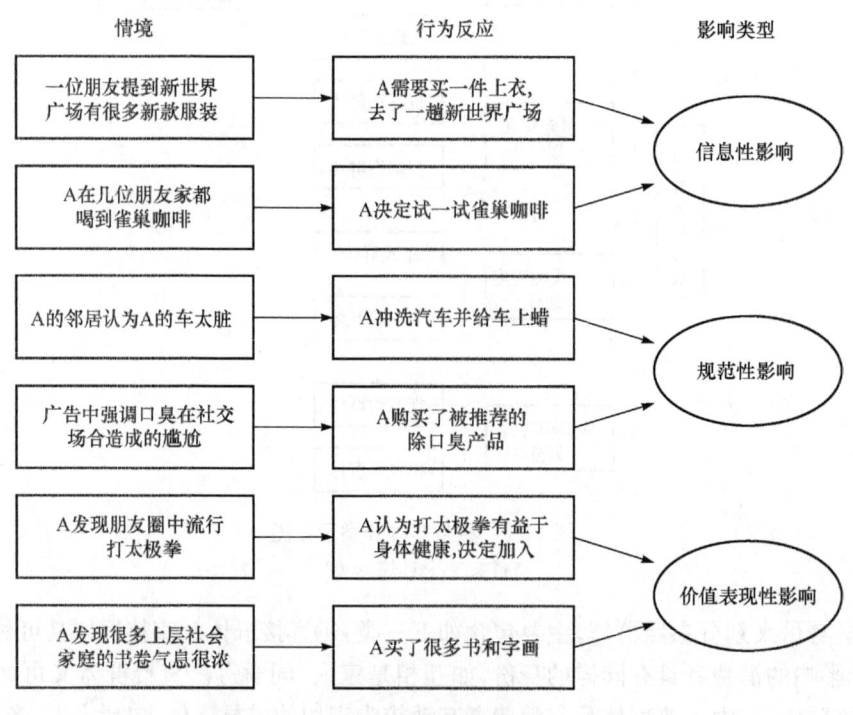

图 14-2　不同消费情境下相关群体的影响
资料来源：符国群,2011.

（一）信息性影响

消费者购买时的一个重要的决定因素，就是有关产品及其供应者的信息或知识，而群体的作用之一，正是可以给成员提供大量的这种信息。虽然群体的影响随着产品种类和品牌而变化，但把群体作为一个信息来源在所有的产品和品牌上都是一样的。而且，更重要的是，群体成员容易相信参照群体提供的信息。一些研究表明，对于具有象征性的产品，如服装等，主要的信息来源便是人际沟通。如果某种产品的功能主要是社会性的，则消费者在产生购买欲望之后，更有可能到参照群体的其他成员那里去搜寻信息，而不是去找客观的或大众的信息来源。

当消费者对所购产品缺乏了解，凭眼看手摸又难以对产品品质作出判断时，别人的使用和推荐将被视为非常有用的判断依据。群体在这一方面对个体的影响，取决于被影响者与群体成员的相似性，以及施加影响的群体成员的专长性。例如，某人发现周末假期时，好几位朋友都会选择城市附近的一个乡村旅游度假地，于是他也决定去体验一次，因为周围这么多朋友去，意味着该乡村旅游度假地一定有其优点和特色。

（二）规范性影响

参照群体对消费者行为的规范性影响是指,群体规范或期待的作用而对消费者的行为产生的影响。群体内的期望或规范可能不为局外人所觉察,但置身于其中的成员却能明显地体验到这些规范的存在,并对他们的购买行为产生影响。规范是指在一定的社会背景下,群体对其所属成员行为合适性的期待,它是群体为其成员确定的行为标准。无论何时,只要有群体存在,不需要经过任何语言沟通和直接思考,规范就会迅速发挥作用。规范性影响之所以发生和起作用,是因为奖励和惩罚的存在。为了获得赞赏和避免惩罚,成员会按群体的期待行事。例如,大学老师购买服装的时候一般不买过于炫耀的服装,因为太炫耀的着装不符合像大学老师这样的知识分子阶层的规范或期待。所以,广告商声称,如果使用某种商品,就能得到社会的接受和赞许,利用的就是群体对个体的规范性影响。同样,宣称不使用某种产品就得不到群体的认可,也是在运用规范性影响这种影响消费者行为的方式。

（三）价值表现性影响

消费者为了维持与特定群体的同一性,会经常对照其他成员的偏好和购买行为,这样,群体影响消费者行为的一个途径就是促进价值表现,即通过左右成员的购买来表现自己的价值趋向。就是说,消费者自觉遵循或内化参照群体所具有的信念和价值观,从而在行为上与其保持一致。例如,某位消费者感到外出登山旅游时,大家都会穿着某一国外品牌的户外运动服饰,并佩戴一定的标志,于是他也购买了同一品牌的户外运动服饰,并佩戴了登山团队标志,以反映他所理解的那种户外登山专业人员的形象。此时,该消费者就是在价值表现上受到参照群体的影响。个体之所以无须在外在奖惩的情况下自觉依群体的规范和信念行事,主要是基于两方面力量的驱动。一方面,个体可能利用参照群体来表现自我,提升自我形象;另一方面,个体可能特别喜欢该参照群体,或对该群体非常忠诚,并希望与之建立和保持长期的关系,从而视该群体的价值观为自身的价值观。

四、参照群体概念在营销中的应用

企业市场营销活动中,运用参照群体概念比较多。这里介绍较为常用的几种方法。

1. 亲和力营销

在市场营销活动中运用参照群体的一种方法就是亲和力营销方法。亲和力营销是指把群体识别联系到消费者个人生活,从而加深消费者对会员群体（如同学会）或象征性（球迷协会）群体识别感的营销方法。例如,信用卡公司为了扩大新会员,保留原有会员,就会向大学同学会发行信用卡,并且为了提高信用卡的形象,还向电视台主持人发行信用卡,这样可以使信用卡会员（消费者）更加感到群体归属感。

2. 广告

广告的营销方式又可以分为以下几种方式。

（1）名人效应。名人或公众人物,如影视明星、歌星、体育明星作为参照群体对公众,尤其是对崇拜他们的受众具有巨大的影响力和感召力。对很多人来说,名人代表了一种理想化的生活模式。正因为如此,企业花巨额费用聘请名人来促销其产品。研究发现,用名人作支持的广告较不用名人的广告评价更正面和积极,这一点在青少年群体上体现得更为明显。

运用名人效应的方式多种多样。比如,可以用名人作为产品或公司的代言人,即将名人与产品或公司联系起来,使其在媒体上频频亮相;也可以用名人做证词广告,即在广告中引述广告产品或服务的优点和长处,或介绍其使用该产品或服务的体验;还可以采用将名人的名字使用于产品或包装上等做法。

(2) 专家效应。专家是指在某一专业领域内受过专门训练,具有专门知识、经验和特长的人。医生、律师、营养学家等均是各自领域的专家。专家所具有的丰富知识和经验,使其在介绍、推荐产品与服务时较一般人更具权威性,从而产生专家所特有的公信力和影响力。当然,在运用专家效应时,一方面应注意法律的限制,如有的国家不允许医生为药品作证词广告;另一方面,应注意专家所说内容的科学性与准确性,避免公众对专家的公正性、客观性产生质疑。

(3) 普通人效应。运用满意顾客的证词、证言来宣传企业的产品,是广告中常用的方法之一。由于出现在荧屏上或画面上的证人或代言人是和潜在顾客一样的普通消费者,这会使受众感到亲近,从而使广告诉求更容易引起共鸣。像宝洁公司、北京大宝化妆品公司都曾做过"普通人"的证词广告。还有一些公司在电视广告中展示普通消费者或普通家庭如何用广告中的产品解决其遇到的问题,如何从产品的消费中获得乐趣等。由于这类广告贴近消费者,反映了消费者的现实生活,因此,它们可能更容易获得认可。

(4) 经理型代言人。自20世纪70年代以来,越来越多的企业在广告中用公司总裁或总经理型代言人。例如,克莱斯勒汽车公司的老总李·艾柯卡在广告中对消费者极尽劝说,获得了很大成功。同样,王石代言摩托罗拉手机;伊利董事长潘刚与刘翔展开了关于强与弱的对白;百事可乐中国首席市场运营官许智伟和金山软件总裁雷军分别穿上了PPG和VANCL彩色衬衫现身银屏;在电器行业中,原本低调的海信集团董事长周厚健也一反常态做起了广告主角;而张朝阳、王石、潘石屹更是企业广告中的常客。这也是这种经理型代言人的运用。

第三节 从众与旅游者不良行为

一、旅游者参照群体

一个人在评价他自己一般的或特殊的态度及行为变化时,可能会使用参照群体的变化来加以解释。旅游者行为的变化与形成也存在类同的参照群体。一般意义上,个体的参照群体来源是家庭、朋友、社会阶层、职业、种族集团、社会,甚至是一个国家。从旅游者角度看,其参照群体可以划分为如下几个层面:家庭、亲友、其他旅游者、旅游目的地文化、自己的文化及其他文化(图14-3)。其中,对旅游者行为影响最大的是家庭、亲友、其他旅游者及旅游目的地文化。

(1) 家庭。人一生的大部分时间是在家庭里度过。家庭成员之间的频繁互动使其对个体行为产生广泛而深远的影响。尽管远离家园,旅游者的价值观、信念、态度和言谈举止无不打上家庭影响的烙印。此外,家庭还是一个购买单位。一方面,家庭生命周期、家庭规模和结构、家庭购买的模式影响和制约家庭成员的旅游消费行为;另一方面,家庭成员又对家庭购买施加影响。就该内容,我们将在第十五章中加以讨论。

(2) 朋友或同事。朋友或同事对旅游者的影响仅次于家庭。在旅游研究中,我们往往将其归类于"亲友"范畴加以分析。寻求和保持朋友关系或同事关系是多数人的基本驱动力。朋友或同事实现广泛的需求:他们提供友谊、安全和讨论个体不愿同家庭成员讨论的问题的机会。朋友关系或同事关系也是成熟和独立的标志,或者是他们脱离家庭与外界形成社会联系的标志。朋友或同事的观点及偏好对旅游者最终选择的旅游产品或旅游目的地有重要影响,如对度假类型、旅游花费、如何购买等均有显著影响。这种影响随着个体与朋友、同事的相似程度的增加而增强,当某人感觉与某个朋友或同事某方面越相似,其购买所受其影响就越大。

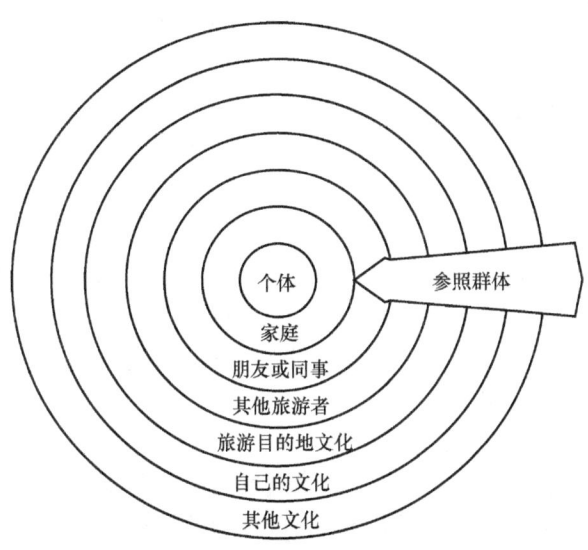

图 14-3　旅游者的主要参照群体

就该内容,我们将在第十五章中加以讨论。

（3）其他旅游者。在消费者行为领域,此类参照群体也被定义为逛商店群体。此处的其他旅游者可以从两个方面来加以界定。一方面其他旅游者可以是自己熟悉的,可以是现代旅游活动中通过网络结识的、具有共同兴趣的旅游伙伴;另一方面也可以是在旅游目的地偶遇的同行,或在同一区域活动的旅游者。旅游者与其他旅游者在一起进行旅游活动,主要是出于和他人共度时光、减少旅游活动风险的动机。

（4）旅游目的地文化。这里的旅游目的地文化,我们主要从参照群体的角度强调旅游目的地原住民。在目前的研究中,多数研究者强调,旅游者是强势文化入侵群体,而旅游目的地原住民处于弱势,旅游者的大量涌入,会使旅游目的地原住民产生诸多针对旅游及旅游者的负面情绪与行为,我们会在第十六章中加以讨论。当然,作为相互的参照群体,旅游者与旅游目的地原住民间的影响是相对的,有的旅游者会感悟于原住民的文化,而在旅游目的地落地生根,并积极将原住民作为自我行为纠正或改变的参照群体,这在未来研究旅游者参照群体效应时应给予足够的关注。

二、从众行为

个体接受社会影响的方式多种多样,其中之一就是从众。从众行为是日常生活中非常容易观察到的现象,如时尚、流行、一窝蜂心理等。当然,在旅游消费及活动过程中,从众行为也时有发生,下面我们就对其进行专门的讨论。

（一）从众行为的定义

关于从众（conformity）的研究最早是出现在阿施的研究中（Asch,1951,1952,1956）。但是在当时阿施并没有提出明确界定的定义,其研究中所提及的是与从众含义相似的表述,是指即使群体中大部分人主张错误时,个人仍可能会服从群体大部分人的意见。而当阿施的文章发表后,很快引起众多领域学者对从众行为研究的兴趣,包括了社会心理学、营销学、财务学等专家,他们分别从各自领域对从众行为进行了探讨和应用研究。

社会心理学家在探讨从众行为时,比较强调个人在面临群体压力时,会发生的思想或行为改变而与群体趋向一致(Kiesler C and Kiesler S,1969)。科尔曼认为个人处在群体中,常会受到来自群体的压力,以至于会产生自愿或非自愿的行为或信念改变(Kelman,1958)。艾伦则认为从众是受到社会影响的表现,其影响来自团体中其他成员的影响(Allen,1965)。

营销学家的研究则发现,在无法确定如何思考或反应时,大家常常会通过观察其他人的行为而改变自己的购买行为。而在购买过程中,由于希望能被他人所接受及喜爱,多数人会考虑社会或团体成员是如何看待他们的,或者他人可能要求自己采取行动的原因,进而修正其购买(Bearden et al.,1989;Bearden and Rose,1990)。通过这种行为改变与修正,消费者可能会取得群体的认同,符合群体的期望(Wilkie,1994;Macinnis,1997)。

综上所述,可以这样来定义从众行为,它是指个人的观念与行为由于受群体的引导和压力,而趋向于与大多数人相一致的现象。

(二) 从众行为的构成维度

人类的社会活动行为多数是在个人与团体或者是团体与团体之间发生的。因此,个人无法离开团体,个人行为会随时受到团体的影响,这种现象被称为社会影响(张春兴,2002)。社会心理学家将从众行为看做是社会影响的一个重要组成部分,他们关注造成人们从众的原因和动机。一般而言,从众行为的原因可以被归结为两个方面:规范性社会影响与信息性社会影响(Deutsch and Gerard,1955)。

规范性社会影响导致从众行为的原因是,个人希望被他人所喜欢和接纳,避免遭受他人排斥或引起他人反感,所以会产生顺从团体行为,并非是因为要以他人的行为作为信息的来源,而是为了能够继续属于这个团体,得到属于团体的利益。规范性社会影响可通过顺从和认同来加以实现。

信息性社会影响导致从众行为的原因是,个人在面对诸多模糊不清的条件下,没有足够的信息来决定要采取什么行动或应该表达什么意见才是正确的,这时会参考、观察大多数人的行为作为信息获取的重要来源。另外,科尔曼(Kelman,1961)提出"内化"为第三个社会影响,是指个人因为团体的态度或行为与自己价值观相符,因而接受其影响,经由内化而产生行为。

拉斯库和金克汉综合不同学者对从众行为的研究成果,提出了营销领域的从众行为模型(图14-4)(Lascu and Zinkhan,1999)。该模型架构主要是由规范性社会影响及信息性社会影响两部分组成。规范性社会影响包括顺从和认同团体。顺从是指在监视下发生的从众行为,当脱离该情况时,从众行为也随即消失;认同团体指的是在认同一个团体时,为了与团体采取相同的决定或行动而产生的从众行为。信息性社会影响包括内化,指的是个人价值观与团体相符,而愿意接受团体的影响。

从众行为中不论是受到规范性社会影响还是信息性社会影响,都是由人与人之间的相互影响构成的。信息性社会影响属于理性层面的影响因素,个人会因为团体成员对事实的描述与劝说而产生从众行为;而规范性社会影响则属于感性面影响因素,个人会为了符合团体的期望而发生行为改变。总体而言,从众既有助于社会主流文化的延续,也有利于个人更好地适应社会;一方面,社会需要共同的语言、共同的价值观和行为方式,只有这样,人与人之间才能顺利地进行交往,社会才能正常运转;另一方面,一个人只有在更多方面与社会主流取得一致,才能适应其赖以生存的社会,否则会困难重重。任何一个人,无论多么聪明,多么富有知识,都不可能熟悉和了解每一种生活情境,因此需要采用从众方式最大限度使自己适应未知世界。

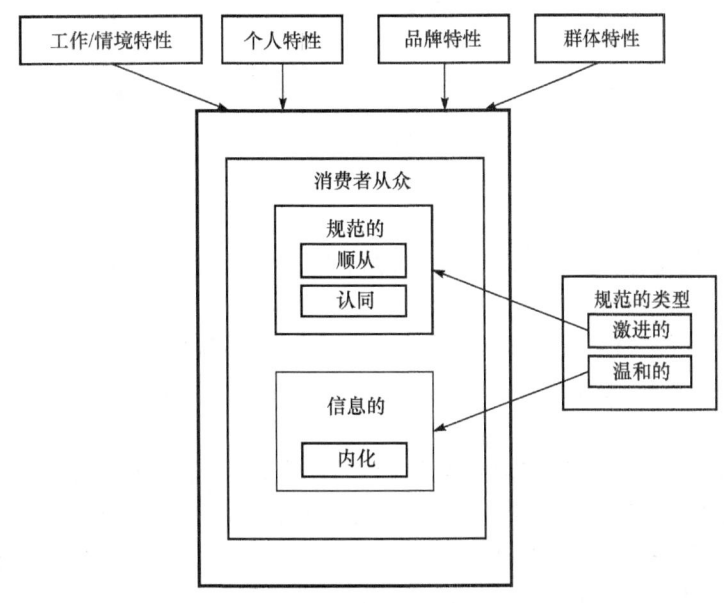

图 14-4 从众行为的模型
资料来源：Lascu and Zinkhan,1999.

三、旅游者不当行为

旅游有两个突出的特征，即异地性和暂时性（谢彦君，2011）。这两个特性往往诱发旅游者行为表现出明显的异乎寻常，也可以称为行为的倒逆现象，即不当行为的出现。

（一）不当行为的定义

旅游者不当行为的范围相当广泛，如谢彦君（2011）所称的消费攀高、道德感弱化、文化干涉与物质摄取都可以包括在内。而此处，本书借用克拉克（Clark,1971）的定义，即不当行为是指旅游者在旅游过程中，所产生的对社会环境或实质环境有所伤害的行为。例如，制造噪音、打扰别人、违反旅游地管理规定、破坏或毁损公物等均属不当行为，而如果对环境造成实质伤害则为破坏行为。

旅游者不当行为产生的原因可以通过从众效应来加以解释。例如，当一个旅游者来到一个山地湖泊旅游地，他或者不知道这个地方是一个野生动物保护区，或者也不知道这个地方禁止捕鱼，甚至旅游者对这些规定的认知是"似是而非"的。但现实情境中，大量旅游者在该区域进行钓鱼或捕捞活动，旅游者之间多数是不认识的，他们之间多数也不会进行有效沟通，这样旅游者就会"跟着学"，认为"法不责众"，从而产生模仿，也进行钓鱼或捕捞，这样就会产生不当行为。

（二）不当行为的模仿

由前述可知，不当行为明显受他人行为的影响，个人盲目跟随大众，如果该现象发生在团体之中时更会有团体极化效应，很容易在系统中传播开来。社会生物学家道金斯（Dawkins,1976）在其著作《自私的基因》（the Selfish Gene）中指出，人类社会的观念、文化或思想，类似传染病，可以通过无形的方式加以传播。他称此种现象为模仿，并定义模仿为留驻在人脑中且会展现学习行为的信息单位，模仿是理解人类行为的最佳途径。旅游活动中，通过模仿，旅游者可以复制、传播与发展旅游目的地文化，而旅游目的地原住民也可以通过模仿，来复制、传播与发展旅游者文化,其作用与影响机制是相互的。一般而言,模仿必须要经过如下四个阶段(Heylighen,1998)。

(1) 同化:同化的过程就是寻找新宿主的过程。成功的模仿必须能感染新宿主,进入他的记忆,这样的模仿必须具备三个要素:可注意性、可理解性及可接受性。可注意性指模仿要足够突出,以吸引新宿主的记忆;可理解性则是指模仿能够适应潜在宿主的认知结构;可接受性则是新宿主愿意相信该模仿。

(2) 保持:模仿在宿主的记忆里保留的时间,时间越长,传播并影响其他个体的可能性就越大。这个阶段有很强的选择性,只有少数模仿能保留下来。

(3) 表达:与其他个体交流时,模仿必须从记忆模式转换出来,并形成能被别人所感知的物质形式,如话语、文本、图片或行为。宿主倾向于表达那些他认为有趣和重要的,需要重复的模仿。

(4) 传播:模仿表达需有稳定性的物质载体或媒介,防止信息流失或变形。

只要不当行为能通过上述四个阶段,首先感染新宿主,进入他的记忆,在宿主的记忆里保留很长时间,而宿主一再表达那些他认为有趣和重要的不当行为,通过广义的模仿过程被加以成功复制并进而传播,在团体中的传染将会一发不可收拾。

本章作业

1. 什么是社会群体?如何分类社会群体?
2. 什么是参照群体?参照群体有哪些类型?
3. 参照群体如何影响消费者行为?参照群体影响是否也可以在旅游者行为表现中找到同样的案例?
4. 运用哪些营销手段可以影响消费者行为?
5. 什么是从众行为?你认为旅游活动中的从众行为有哪些?试举例说明。

延伸阅读文献

道格拉斯·肯里克,史蒂文·纽伯格,罗伯特·西奥迪尼. 2011. 自我·群体·社会:进入西奥迪尼的社会心理学课堂. 谢晓飞,等译. 北京:中国人民大学出版社.

沙莲香. 2002. 社会心理学. 北京:中国人民大学出版社.

Lascu D N, Zinkhan G. 1999. Consumer conformity: review and applications for marketing theory and practice. Journal of Marketing Theory and Practice, 7(3): 1-12.

第十五章　家庭与亲友的影响

□ 本章导读

人的一生是在家庭中度过的,家庭是社会的基本单位,对个体的旅游消费模式有重要影响。中国人注重家庭,"家本位"的观念延续了数千年。家庭决策对消费者是否出游的影响甚大,而不同的家庭类型的消费者的旅游行为也不尽相同。本章首先介绍家庭的定义、类型和家庭生命周期理论,其次探讨家庭旅游的影响因素,并重点分析中国化视角下的研究关注点,最后阐述探亲访友旅游的定义、类型及功能等。

第一节　家庭与家庭生命周期

家庭是社会结构的基本单元,又是重要的社会群体,基本上每个旅游者都来自这个单元,旅游者的行为会受到基本而又重要的家庭单元的影响。目前,西方国家已有很多关于家庭旅游的研究,国内的家庭旅游研究大部分也仿效西方对家庭旅游的研究。而中国人的家庭观念独特,未来国内的家庭旅游研究应该凸显中国化的视角。探亲访友旅游已是学界和产业界极其关注的市场部分,且中国化的探亲访友旅游也有其独特的互动过程。

一、家庭与住户的定义

关于家庭定义,古今中外,一直存在着不同的界定。

《康熙字典》所收录的《说文》对"家"作这样的解释:"豕居之圈曰家,后人借为室家之意。" "庭"指厅堂。这是从居住角度对"家"的解释。

在古代的西方国家,"家庭"一词包含着"奴隶"的意思。在古罗马,familia(家庭)一词是从拉丁文 famulus(意为"仆人")派生来的,指的是生活在同一屋檐下的全体奴隶和仆人,后来又指 malson,一方面是主人,另一方面是主人统治之下的妻子、儿女及仆人。

近代以来,学者们分别从不同角度提出了对家庭含义的阐述。一些心理学家给出的家庭定义强调人与人之间的生理结合。例如,奥地利心理学家弗洛伊德认为家庭是肉体生活和社会机体生活之间的联系纽带。马克思和恩格斯从人类自身生产的角度理解家庭。他们认为,"每日都在重新生产自己生命的人们开始生产另外一些人,即繁殖。这就是夫妻之间的关系,父母与子女之间的关系,也就是家庭"。(马克思,1972)。社会学家强调家庭的社会属性。中国社会学家孙本文则认为,"所谓家庭,是指夫妇子女等亲属所结合的团体。故家庭成立有三个条件:第一,亲属的结合;第二,包括两代或两代以上之亲属;第三,有比较永久的共同生活。"(孙本文,1935)。台湾学者谢秀芬认为,"家庭的成立是基于婚姻、血缘和收养三种关系所构成,在相同的屋檐下共同生活,彼此互动,是意识、情感交流与互助的整合体。"(谢秀芬,1998)。

当今社会,家庭的表现形式多种多样。美国诗人纳什曾经用诙谐的方式描述现代家庭,

"由一名男性、一名女性、孩子、动物和感冒组成的单位",这句话非常巧妙地表达了现代家庭的过度独立和家庭成员之间有时并不和谐的亲密。这句诗把家庭的宠物包括进来不是为了博得我们一笑,而是现代的家庭中总是会养一只狗或其他动物。

一般认为,家庭是以婚姻关系、血缘关系和收养关系为纽带而结成有共同生活活动的社会基本单位(吴方桐,1989)。

与家庭相比,住户是一个范围更广泛的社会群体或购买群体。住户是指由生活在同一"屋檐"下或同一"住宅单元"里的人所组成的群体(Engel et al.,1995)。在实践当中,市场营销人员眼里的家庭是一个"独特的消费单元",家庭成员住在一起,共同商讨购买,这个家庭的概念类似于住户的概念。

二、家庭类型

关于家庭的分类方法有很多,按家庭规模可分为:大家庭、小家庭和单身家庭;按家庭传袭规则可分为:父系家庭、母系家庭、平系家庭和双系家庭;按家庭的代价层次和亲属关系可划分为:核心家庭、主干家庭、丁克家庭、单亲家庭、空巢家庭和单身等。

在中国的传统社会中,父权在中国社会延续了千年之久,并渗透到中国的传统文化当中。随着社会变迁,小农自然经济衰落,现代工业经济兴起,"父尊子卑"的时代已经过去,"亲子平等"正在形成。特别是20世纪70年代我国实行计划生育政策以来,我国的城乡出现了越来越多的三口之家形式的核心家庭。在这里,我们介绍一种从父母教养方式出发的分类方法。

每个家庭都有着独特的沟通方式,这也就造成父母教养自己孩子的方式各不相同。父母对孩子的教养方式不仅会对后代有重要影响,还会影响到他们的家庭行为特征。关于父母教养方式的分类,有两个分类维度(Moore and Moschis,1981)——社会取向和观念取向。

社会取向:对于采取社会取向教养方式的父母来说,他们的目的是赢得孩子对父母的尊重,创造和谐的家庭关系。为此,他们会关注并管制孩子的行为,以此来保证孩子的从众性。孩子总会避免争论,极少参与家庭讨论。对孩子来说,最重要的是接受和服从。

观念取向:与社会取向相反,采取观念取向教养方式的父母会鼓励孩子形成和表达他们自己的想法。孩子可以和家庭中的其他成员争论。例如,在讨论某项家庭购买时,父母会在孩子面前公开讨论购买,以此鼓励孩子形成消费者的意识,父母还会鼓励他们作出自己的购买。有些购买可能很不现实,但是父母允许孩子这样做,因为这是学习过程的一部分。

用这两个维度可以列出一个家庭类型矩阵(Moschis,1985;Carlson et al.,1992;Rose et al.,1998;Caruana and Vassallo,2003)(图15-1):

放任自由式家庭——社会取向低,观念取向低。在这种家庭里,父母和孩子的沟通很少。父母既不要求孩子顺从大人的想法,也不鼓励孩子去表达自己的想法。

保护主义式家庭——社会取向高,观念取向低。在这种家庭里,父母不关注孩子自身的想法,强调的是孩子顺从大人可以带来家庭和谐。

多元文化式家庭——社会取向低,观念取向高。在这种家庭里,父母非常注重包括孩子在内的公开讨论,他们认为父母应该最低限度地干涉孩子的自我发展。

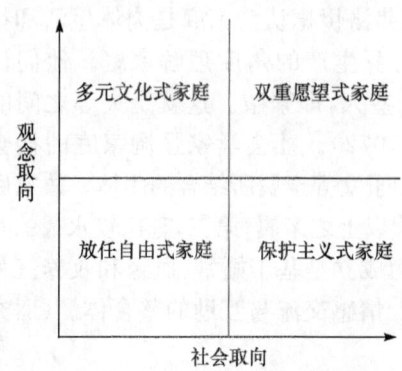

图15-1 家庭类型矩阵示意图

双重愿望式家庭——社会取向高,观念取向高。在这种家庭里,服务鼓励孩子的独立思考,同时也同意父母应该作为全局的把控者。

三、家庭生命周期

家庭生命周期的概念源自发展学理论(developmental theory)(Olson and DeFrain, 2000)。家庭生命周期视家庭如同一个生命个体,生命个体从出生到成长、成熟、衰退至死亡,经历一系列的阶段和事件,而家庭也有其自身的产生、发展和自然结束的运动过程。

(一) 传统的家庭生命周期

传统的家庭生命周期依照年龄与子女的生活事件等划分为五个阶段,它们分别是单身阶段、新婚阶段、满巢阶段、空巢阶段和解体阶段(Mowen,1993)。

(1) 单身阶段。年轻的单身一族,他们或许还在大学念书,或许刚刚走上工作岗位。随着现代社会中人们结婚年龄的推迟,单身群体的数量正在增加。这一群体的收入虽然不高,但是它们几乎没有除自己以外的其他负担,因此他们拥有较多的可支配收入。同时,这一群体是最时尚的群体,他们热衷于时尚和休闲。

(2) 新婚阶段。新婚阶段是指一对新婚夫妇从正式组建家庭到他们的孩子出生之前的阶段。在这个阶段,两个来自不同家庭和社会背景的人刚刚生活到一起,为了形成共同的生活方式,双方都需要作出一些调整。

(3) 满巢阶段。从第一个孩子出生,到所有孩子长大成人、离开父母,这个阶段可称为满巢阶段。这一阶段的持续时间最长,一些研究人员为了便于研究,通常根据孩子的年龄将其进一步分为满巢Ⅰ、满巢Ⅱ和满巢Ⅲ。

1) 满巢Ⅰ。这一阶段通常是指由六岁以下孩子和年轻夫妇组成的家庭。孩子来到一个家庭,会为家庭的生活方式带来许多变化。对于西方国家,当有孩子出生时,女方通常会停止工作,在家照看孩子,因此家庭收入会有所减少。我国的计划生育政策规定城市家庭只能生一个孩子,而且传统上,祖父母或外祖父母照看孙子,因此,中国的夫妇有了孩子以后一般不需要一方辞去工作专门照看孩子。然而,在这个阶段,年轻人可能会因老人照看孩子方面的问题而与老人产生矛盾。一些家庭,如平日里的用餐和度假都需要考虑孩子的需要。

2) 满巢Ⅱ。这个阶段,家庭中最小的孩子已经超过六岁。一般来说,孩子已经入学,西方国家中在满巢Ⅰ阶段为照料孩子曾离开工作的夫妻一方,此时可以重返工作岗位,这样,家庭的经济状况得到改善。在我国,这一阶段的家庭基本上是以孩子为中心,父母除了要求孩子取得优异的学习成绩,他们还注重拓展孩子的兴趣和视野,会带孩子参加学习班、音乐班、舞蹈班等,会带孩子外出旅游。

3) 满巢Ⅲ。这个阶段的家庭是由年纪较大的夫妇和他们尚未完全独立的孩子组成的。这个阶段,有的孩子已经工作,父母双方也有工作,所以此时的家庭可支配收入是比较充裕的。

(4) 空巢阶段。空巢阶段是指孩子不再依赖父母,不再与父母同住的阶段,这一阶段延续的时间也比较长。有一些父母会因孩子不在身边而感到落寞,而有些父母则认为现在可以做以前想做但是由于孩子的缘故而无法做的事,如培养兴趣爱好、夫妻单独外出旅游等。

在空巢的后期,夫妻双方到了退休的年龄,经济收入随之减少,他们在旅游中的购买力也就随之下降了。

(5) 解体阶段。夫妻中有一方过世以后，家庭就进入了解体阶段。少了另一半的老人，就更需要亲人的陪伴和照顾。而且，这样的家庭会有一些特殊的需要，需要社会更多的关爱和照看。

（二）非传统的家庭生命周期

传统的家庭生命周期阶段划分方法虽适合大多数家庭，但是这种划分方法并不适应丁克家庭、单亲家庭、扩展家庭等。而且，非家庭型住户也在不断涌现，即由独身者或没有血缘或婚姻关系的个体组成的住户。以上这些家庭或住户占的比重很大，尤其是丁克家庭和非家庭型住户有上升的趋势。因此，传统的家庭生命周期阶段划分方法面临挑战。鉴于此，美国的一位学者修正了传统的家庭生命周期，表 15-1 描述了非传统的或修正了的家庭生命周期的各个阶段。

表 15-1 非传统的家庭生命周期

家庭生命周期各阶段	定义
家庭型住户	
无小孩父母	由于推迟结婚或女方重事业的缘故，暂时不要孩子
30 岁后结婚的夫妇	以事业为重，夫妻生活在一起，可能很少要孩子甚至不要孩子
有第一个小孩的夫妇	可能较以往的家庭要更少的孩子
单亲父母①	年轻的有小孩的单身父母，高离婚率部分导致了单亲父母的增加
单亲父母②	离婚的中年男性或女性，家有未成年孩子
单亲父母③	未婚者抚养一个或多个孩子
扩展家庭	单身成年子女在着手建立自己事业生涯时，为避免独居的生活开销与父母同住；离异的子女带着儿女回家与父母同住；不能自理的年迈父母搬到孩子家住；新婚夫妇与父母同住
非家庭型住户	
未婚同居者	社会对异性或同性同居采取越来越宽容的态度
无小孩的离婚者	高的离婚率导致家庭解体，但双方没有孩子
年轻的单身独居者	主要是由于延迟结婚和独身所引起
鳏寡独居者	期望寿命的延长尤其是女性寿命的延长，使 75 岁以上的独居者住户增多

资料来源：Schiffman and Kanuk, 1995。

第二节　家　庭　旅　游

家庭是旅游消费者行为研究的重要方面。每个人在他的一生中会有很多次旅游是以家庭的形式进行的，家庭因素会对目的地产生重要影响，甚至还可以说，家庭度假会对旅游季节性产生很大的影响。

不论家庭形式如何，家庭行为都深受文化的影响。例如，与美国所谓的个人主义家庭比较来看，马来西亚的家庭更加强调位于个人之上的团结、合作和团体价值（Ndubisi, Koo, 2005），这种蚕茧式的文化将家庭紧紧地缠绕起来。文化会影响到家庭旅游行为，这一点是共识性的观点。在这一节中，我们只讨论家庭本身，而不去探讨不同文化背景下的家庭。

一、家庭旅游

（一）家庭旅游的定义

家庭旅游是指家庭成员全体或多数成员能够参与的活动，其目的在于通过旅游互动增进家人之间的情感（颜阿桃，2010）。鉴于目前生活节奏加快及家庭趋于小型化发展，本书认为有必要将家庭旅游划分为广义和狭义两类。广义的家庭旅游涉及家庭的多数成员，包括夫妻、子女、父母（岳父母）及兄弟姐妹；狭义的家庭旅游仅包括夫妻及子女，特别是未成年子女在内的家庭旅游活动。

（二）家庭旅游与非家庭旅游的区别

家庭旅游与非家庭形式的旅游之间有很多的区别，如交通工具的选择、旅游花费、停留天数、目的地选择等。但最根本的区别是什么呢？一般来说，人们旅游就是要离开自己的惯常环境，前往某地去体验与自己惯常环境不同的生活。如果把旅游者看做是消费者的话，目前市场营销的实践领域和研究领域都把消费看做是由个人和享乐主义激发的活动。但是就家庭旅游者来说，他们旅游的动机并不仅仅是追求享乐，他们的旅游活动也绝不仅仅是个人的活动，他们更多的是要与家人一道，通过旅游增进家庭成员间的情感，这一点，从以上给出的家庭旅游的定义便可看出。所以说，家庭旅游与非家庭旅游最根本的区别就在于前者的旅游动机更多是为了增进家人之间的情感，而后者的旅游动机更加多样。

（三）从休闲视角看家庭旅游的功能

休闲的传统定义是指"区别于紧张的工作生活的生活"（Larson and Gillman，1997）。它暗示着休闲时间和可供自由选择的休闲活动。休闲包含个人选择自由、内在动机和享乐体验（Shaw and Dawson，2001）。传统上，家庭休闲被认为是维护家庭凝聚力、增加家庭成员间沟通和鼓励成员间积极交流的一种重要手段。家庭休闲活动包括核心休闲活动和平衡休闲活动（Zabriskie and McCormick，2003）。核心休闲活动是指那些定期组织和进行的并可预见的家庭活动，这些活动可以满足家庭成员间的熟悉度和稳定性，可以维护人际关系的稳定性、联系家人间的亲密度，如看电视、做家庭游戏等。平衡休闲活动是指那些并不常举办，能让家人有新奇体验的活动，满足家人追求新颖和变化的要求，需要家人一起商量，组成一个小组在轻松的环境里讨论这项有挑战性的活动，短期旅游和长期旅游都属于平衡休闲活动。家庭旅游作为平衡休闲活动有如下几方面的功能。

（1）满足家人追求身心健康的需要。现代社会，人们的生活节奏不断加快，来自工作和家庭的压力和负担，使得现代社会中的人们身心俱疲。因此，西方的很多国家都有带薪假期，鼓励人们在闲暇时间外出旅游，到大自然中呼吸新鲜空气，到人文类景点感受人文的魅力，以此放松身心。人们利用闲暇时间组织短期或长期的旅游活动可以使家人们解除工作疲劳、调节身心，旅游后可以以更好的姿态对待工作和生活。

（2）满足家人发展个性、增长知识的需要。在惯常的工作和生活环境中，人们为了配合大环境的需要，总是压抑自己的个性。随着旅途的开始，旅游者走进大自然，远离自己的惯常环境，在这个新鲜的环境中，旅游者有足够的空间去释放自己的个性。同时，在一个不熟悉的环境里，旅游者眼睛里看到的、耳朵里听到的、用心感受到的，都是自己惯常的生活环境中所未曾见到的，可以开阔旅游者的视野。尤其是有学龄期孩子的家庭，这些家庭带孩子外出旅游时，往往会选择博物馆、纪念地、历史文化名城等，为的就是对孩子进行教育，让孩子增长见识。

（3）营造良好的家庭气氛，协调家庭人际关系。家庭旅游是以家庭作为一个整体开展的平衡休闲活动。平日的生活里,由于工作的原因或生活琐事造成家庭成员之间的隔阂,这个隔阂可以通过家庭旅游的方式去弥补,有利于夫妻间感情的融洽和交流,孩子们通过家庭旅游也可以更加的感受到家庭的温馨和快乐。例如,一个家庭到国外旅游时,他们要合力去克服语言困难、饮食和生活方式方面的不适应,这个过程就可以增进家庭成员间的团结和融洽。

二、家庭旅游的影响因素

作为国外消费者行为研究领域的重要命题,近 40 年来,学者们研究发现,家庭旅游模式与家庭成员角色的分配,其影响因素主要来自孩子、家庭收入、家庭生命周期、夫妻冲突与互动等。

(一)孩子因素

孩子的需求会影响到旅游活动类型与目的地的选择。当孩子还特别小时,家庭旅游在选择目的地时会选择距离相对较近的目的地;当孩子进入小学时,父母为了教育孩子,开阔孩子的视野,会偏向于带孩子到森林公园、地质公园、博物馆、历史文化名城等具有教育意义的景点去;当孩子处于青少年时期时,为了进一步地使孩子增长见识,有条件的家庭在选择旅游目的地时可能就会选择国外,让孩子去祖国之外的地方感受异域文化和氛围。

不同年龄段的孩子对家庭旅游的影响力有所不同。霍华德和麦得瑞格的研究将孩子分为三组:4~5 岁、6~10 岁、11~14 岁。结果发现,随着年龄段提升,孩子对家庭旅游影响力会相应变大,但亚洲国家 13~18 岁的孩子正值参加高中及大学入学考试阶段,反而在家庭旅游过程中影响最小,这和欧美西方家庭情况有明显区别(Howard and Madrigal,1990)。

(二)家庭收入

不同收入水平的家庭中,主导权所属方不同。早在 1958 年,沃尔加斯特的研究就发现,高收入家庭中,多由丈夫主导来进行家庭出游(Wolgast,1958)。后来,尼古拉斯和斯耐彭格的研究进一步指出,低收入家庭多由妻子主导,中等收入家庭则由夫妻共同主导(Nichols and Snepenger,1988)。

双薪收入家庭和单薪收入家庭的旅游也有所不同。双薪收入家庭的旅游行程规划、用餐、住宿及交通选择上往往比单薪收入家庭更具弹性;而双薪收入家庭较忙于工作,父母对孩子疏于照顾往往会产生内疚感,反而在旅游需求上会比单薪收入家庭更容易满足孩子的要求(Sellers,1989)。

随着女性收入的增加,妻子在家庭旅游当中的机会增加。家庭中,丈夫为经济主导者时,面对高消费往往会把握主导权;随着女性自主及社会演进,女性教育程度的提高,在外工作时间加长及收入增加,妻子在家庭资金使用上的自主权随之增加;相对而言,妻子在家庭旅游中的机会也会相应提升,而家中无收入者在行为上所起的作用相对较小(Bartos,1982)。

(三)家庭生命周期

关于家庭生命周期的概念及传统和非传统的家庭生命周期阶段划分方法在本章第一节中已经有过详述。不管是传统的家庭生命周期还是非传统的生命周期,不同阶段的家庭,他们的可支配收入状况、闲暇时间状况、家庭成员状况都有所不同,因此,这会影响到家庭旅游的内容(去哪里、怎么去、花费、停留时间、目的地设施使用等)。同时,各阶段的出游模式和度假类型也会有明显差异,各阶段搜索信息的方式也会有所不同。就传统生命周期来说,满巢家庭是由年轻或中年的父母和孩子组成的,这类家庭在搜索出游信息时比较倾向于网络信息搜索。为了出游方便,他们可能会选择自驾游;为了拓展孩子的视野,他们会带孩子去较远的旅游目的地;为了培养孩子勇于挑战自我的精神,他们可能会带孩子参与一些挑战性的旅游活动,如登山、探险。由于此类家庭的财政收入相对可观,因此他们的旅游消费能力也比较大。但是对于空巢期的老年夫妇旅游者来说,他们不善于上网搜索信息,因此他们多会向旁人索要旅游信息,或者是亲朋好友、或者是报纸杂志和电视,但是这样的途径搜索到的信息就不如网络搜索的信息全面。鉴于身体和精力状况,老年旅游者多会选择跟团出游;为了安全起见,他们大多数会选择危险系数最低的旅游活动。

(四) 夫妻冲动与互动

旅游研究领域与家庭有关的概念中,研究最多的是夫妻类型。戴维斯和希高把夫妻类型作了四种分类(Davis and Rigaux,1974):

丈夫主导——丈夫起主导作用

妻子主导——妻子起主导作用

自主的——由两个人中的一个人,有时也叫做单方面

联合——丈夫和妻子共同且平等地做出的

家庭旅游作为一种群体互动的消费行为,具有指向的高涉入性(Michie and Sullivan,1990)、复杂的程序和功能(Assael,1998)和必须遵循的特殊规则(Davis,1976)等特征。和一般消费不同,家庭旅游不仅要选择某一旅游目的地,其冲突往往会表现在附加项目上,如旅游活动方式、住宿、餐饮、交通等内容(Kang and Hsu,2004)。当出现夫妻对某项旅游相关的意见相左时,往往通过联合的方式来加以解决(Assael,1998),并将冲突解决方式划分为家庭讨论、搜集信息、家庭最具权威人士单方面决定、取消讨论、形成意见联盟、运用权力和未来许诺。其中搜集信息、家庭讨论和未来许诺在最终的旅游目的地选择上会有效降低家庭旅游中的各种冲突。信息搜集、家庭讨论会使家庭成员相对满意旅游过程,而权利运用则会使家庭成员对旅游过程产生不满(Kang and Hsu,2005)。

三、家庭旅游模式与研究模型

家庭消费的研究早在20世纪70年代初期就大量出现。一般来说,家庭消费模式可划分为三类:丈夫主导、妻子主导和夫妻联合(Nichols and Snepenger,1988)。多数情况下,家庭旅游消费都由夫妻联合来完成,这种家庭旅游联合的原因可以归结为三点:①家庭旅游或度假涉及家庭中众多成员,每个家庭成员的意见都必须体现于过程当中;②家庭旅游或度假是维持家庭和睦、家庭健康和福祉的重要方式,在家庭旅游中应尽可能考虑每个成员的个人利益(旅游偏好)等;③作为家庭旅游或度假的后续效应(或溢出效应),涉及众多资源(Michie and Sullivan,1990),因此,更有必要通过联合而不是单一来加以完成。

选择模型(the choice-sets model)被广泛应用于消费者研究领域,用于解释个体消费的过程。在家庭旅游目的地选择过程中,往往由于家庭成员的差异化偏好而产生冲突(Kang,Hsu,2004)。由此,江等在以往研究基础上,提出了家庭与个体旅游目的地选择对比模型(图15-2)(Jang et al.,2007)。在该模型中,个体的旅游目的地选择只需要经过前期和后期两个阶段的考虑集合,其影响主要来自个体对旅游目的地"推-拉"因素强度的对比及情境抑制因素的评估。相对而言,家庭旅游需要经过夫妻各自的前期考虑集合、前期考虑集合的融合修正、后期考虑集合三个阶段。夫妻间讨论是夫妻各自前期旅游目的地选择相互妥协的重要致变因素。关系融洽的夫妻往往通过自发谈论各自购买欲望与想法以达成彼此协议;关系不融洽的夫妻往往是一方没有给予另一方充足的意见表达(Kirchler,1988)。通过

讨论,夫妻双方的偏好很容易被对方所识别,同时,一个可感知的冲突也可以通过讨论而轻易化解。而且,情境抑制因素和其他可能会产生的关联影响也会作用于家庭旅游的最终选择集合。

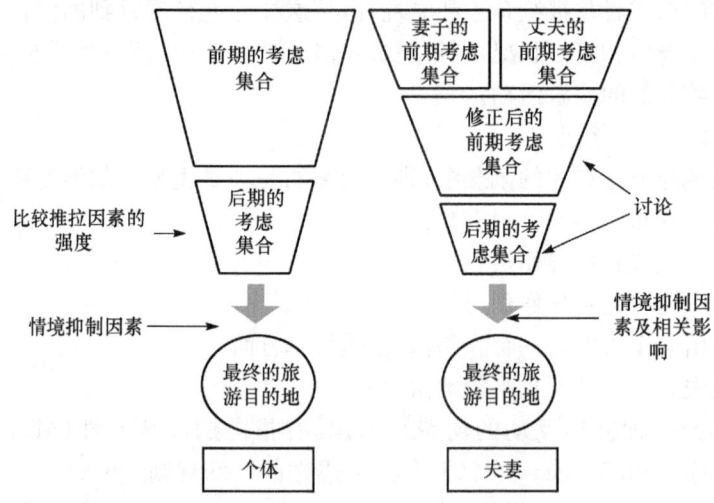

图 15-2　家庭与个人旅游目的地选择对比模型

资料来源:Jang et al.,2007.

四、中国化视角下的家庭旅游研究关注点

自古以来,中国社会就重视"家",家庭是中国社会的基础,也是中国社会的骨干。家不仅是抚育培养个人成长学习的环境,更是个人精神情感的寄托所在。在中国,"个人隐藏于家中,个人的身份以家来代替,家成为个人身份外在化的符号"(麻国庆,2009)。家如此重要,以致著名社会学家费孝通先生对中国社会的研究,也是以家和家族为起点(费孝通,2007)。中国家庭中,讲求"父慈子孝,兄友弟恭,夫义妻顺",每个人与不同家人相处时,都应依据其角色而遵守一定的理解。这是每个中国人深切了解的道理。

我们认为,中国社会文化背景下的家庭旅游消费研究,应凸显中国特有的传统文化与家庭观念,通过现象学视角发现问题,通过社会学与心理学视角提炼与解析问题,并通过管理学视角解决家庭旅游中的各种冲突与矛盾。因此,在该研究命题中应重点关注以下内容。

(一)研究中应关注的中国家庭结构

在中国,虽然目前家庭构成更趋小型化,但当提及"家"时,人们往往会想到自己的小家(夫妻之间)还有小家紧密联系的大家(子女与夫妻双方的父母)。这种根深蒂固的思想观念延续上千年,虽历经社会变革一直没有发生改变。这是中国社会与西方社会在家庭核心观念上的根本差异。因此,对待中国家庭特有的旅游行为研究,研究者不仅应关注家庭旅游的核心——夫妻,同时,也应关注家庭旅游的外延及溢出的影响层(子女与夫妻双方的父母),以求更加全面解释家庭旅游的过程、影响因素及家庭成员之间的互动机制(图 15-3)。

(二)研究中应关注的中国家庭意识

中国文化具有超稳定性的结构特征(孙隆基,2004)。家族意识(家庭意识)就是核心构

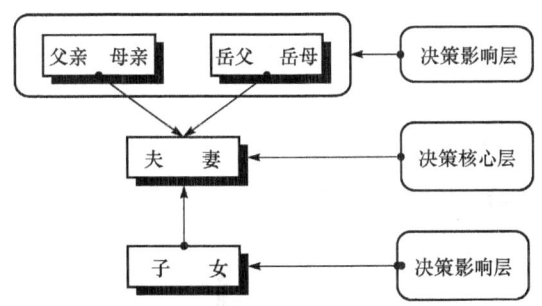

图 15-3　中国家庭旅游研究中的家庭结构

成内容之一。作为一套心理与行为的内涵及倾向,中国人的家族意识(家庭意识)在认知、情感和意愿方面皆有其特点。在认知方面,中国人的家族意识(家庭意识)强调五种互动关联,即家族延续、家族和谐、家族团结、家族富足及家族荣誉;情感方面存在六种互相关联的感觉,即一体感、归属感、荣辱感、责任感、忠诚感及安全感;意愿方面则包含了八种基本的行为倾向,即繁衍子孙、崇拜祖先、相互依赖、忍耐抑制、谦让顺同、为家奋斗、长幼有序及内外有别(杨国枢,2004)。旅游消费作为一种非生活必需消费,笔者认为在家庭旅游研究过程中应遵从上文所提出的家庭结构,并重点考查孝道观念(夫妻与父母及岳父母之间)、夫权观念(夫妻之间)及亲子观念(夫妻与子女之间)对家庭旅游过程、互动关系、附属内容的影响与分析(图 15-4)。

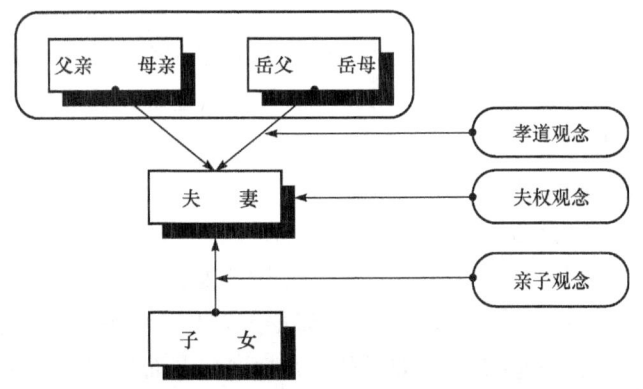

图 15-4　中国家庭旅游研究中的家庭意识

(三) 研究中应关注的内容与结构组成

系统的消费者过程不仅包括消费者前期对相关问题的认知与信息搜索、评价与购买,还包括消费者购后行为(符国群,2011)。以往家庭旅游研究中仅关注到家庭消费前期的认知、信息搜索与评价。虽有部分文献提及家庭旅游购买会产生相应的外延影响与溢出效应(Ndubisi,2007),但实证研究并未见到。

我们认为,在未来的中国家庭旅游研究中,应体现研究的系统性,重点分析个人观念与家庭观念在家庭旅游购买过程与结果之间的碰撞与影响;出游行为与放弃出游后家庭内部关系的变化。同时,针对两种不同结果,应凸显中国传统的家庭观念,重点分析其对家庭网络关系、夫妻关系及其他购买的延伸与溢出效应。由此来体现家庭旅游研究的系统性(图 15-5)。

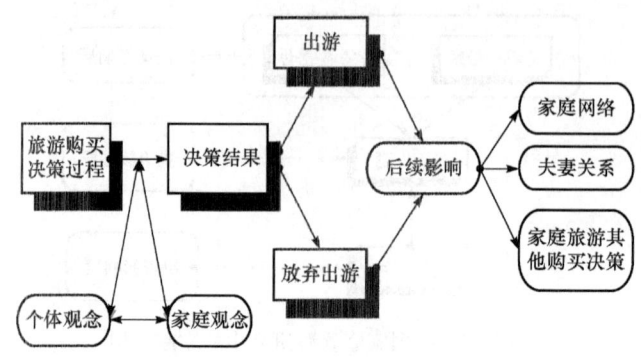

图 15-5 中国家庭旅游研究中的内容与组成

第三节 探亲访友旅游

在这一节中,我们探讨旅游者在旅游中拜访另外一个家庭的行为,这样的旅游行为可能是自愿的,也可能是出于责任感的一种拜访。旅游业把这种旅游叫做探亲访友旅游(以下简称VFR)。

一、探亲访友旅游的定义与类型

(一) 定义

关于探亲访友旅游的定义与构成要素有诸多表述,但至今没有一个定义能清晰地指出到底什么是 VFR 旅游(Seaton and Palmer,1997)。根据以往研究的成果,我们认为,VFR 旅游的定义可以归纳为三类。

1. 目的论的 VFR 旅游定义

此类定义主要是从旅游动机角度来定义 VFR 旅游。例如,Yuan 等(1995)认为,VFR 旅游者"以探亲访友作为主要的旅行目的"。按照此类定义来界定 VFR 旅游,可以得到这样的结论:那些以探亲访友为主要旅行目的地,且和亲朋好友住在一起的人,是 VFR 旅游者;但是那些虽然和亲朋好友住在一起的,其主要目的不是探亲访友而是旅游,这些旅游者则会被排除在 VFR 旅游者之外。

2. 住宿类型论的 VFR 旅游定义

此类定义主要依据旅游者的住宿类型来定义 VFR 旅游。例如,King(1994)指出,VFR旅游应该主要以旅行者的实际住宿类型来界定和划分。Kotler 等(2006)指出,"VFR,顾名思义,就是住在亲朋好友家的人"。按照此类定义来界定 VFR 旅游,其涵盖范围比目的论的 VFR 旅游定义更为狭窄,原因在于,并非所有的 VFR 旅游者都会和亲朋好友住在一起,他们在探亲访友和旅游的同时,会选择商业性的住宿设施,其数量虽然不多,但却实际存在。

3. 目的与住宿类型论结合的 VFR 定义

从上述两种定义可以看出,无论是"目的论"还是"住宿类型论"的 VFR 旅游定义都存在一定的缺陷,在技术统计与概念界定上均不能完全明确 VFR 旅游的本质与属性。因此,Backer

于2007年综合以往VFR旅游的定义提出,"旅行目的或(和)住宿类型与探亲访友相关的旅游就是VFR旅游"。

审视上述三种VFR旅游的定义,或许没有一个定义令人满意。因为,不论从哪个角度来看,其均存在某些正确性,但也存在某些不完整性。究其原因,可以这样来解释,VFR旅游本身就是一个经验性概念,如同"旅游"一样,其概念内涵、外延与边界总是存在一定的模糊性。在概念模糊的情形下,我们常常只把目光集中在那些无争议的核心部分(如纯粹的旅游者),而漠视那些边缘事物(如顺带旅游者),当像旅游那样外延非常宽泛时,这个过程往往会导致概括上的偏差(Cohen,2004)。VFR旅游同样是一个模糊的概念——旅游者角色、探亲者角色和访友者角色这三个领域之间的边界是模糊的,其间存在探亲者、访友者和旅游者这样的角色过渡类型。根据贝尔曼和扎德的论断,模糊现象也能被精确界定(Bellman and Zadeh,1970)。探亲者、访友者与旅游者角色的边缘地带有时会交叉,这是因为三种边缘角色有可能和不止一个完全意义上的角色相关。面对这样一个棘手且模糊的理论与实践研究命题,需要再次澄清或深入理解VFR旅游产生的根本所在,即VFR旅游者与目的地的某个人或某些人之间存在一个明确或隐含的社会关系,正是由于该社会关系的存在,才能在一定程度上诱发或促进VFR旅游的产生。由此,我们可以这样来定义VFR旅游者,"探亲访友者与旅游者的身份界定仅为一线之隔,当某个人的亲友关系节点与旅游目的地相重合,且离开自己的常住地而到达旅游目的地,并有明确的旅游消费行为,即为VFR旅游者"。

(二)类型

20世纪90年代以来,许多研究者试图对VFR旅游分类,以期更深刻地认识VFR旅游或为了更精确地统计这一类型的旅游所占据的市场份额。

西顿和泰格提出可以把VFR旅游者分为三类:拜访朋友的旅游者、拜访亲戚的旅游者、拜访亲戚和朋友的旅游者(Seaton and Tagg,1995),并认为拜访朋友的VFR旅游者停留时间较短,而拜访亲戚的VFR旅游者停留时间相对较长。Moscardo等(2000)提出了一个VFR旅游的初步分类模型(表15-2)。该分类模型被认为是VFR旅游概念的外延。许多国家的官方在统计VFR旅游总量时,要么是以旅行目的为依据,要么是以住宿类型为依据。然而,许多VFR游客并没有意识到自己是VFR游客,而是自动地把自己归类为一般的度假者。并且,并非所有以探亲访友为旅行目的的游客都和自己的亲朋好友住在一起,并非所有和亲朋好友住在一起的游客都是以探亲访友为旅行目的的。因此,这样的统计方法是有问题的。Backer于2007年综合以往VFR旅游的定义提出,"旅行目的或(和)住宿类型与探亲访友相关的旅游就是VFR旅游"。按照这个定义,Backer提出来一个VFR旅游定义模型,按照这个定义模型,可以把VFR旅游分为三类:PVFRs(旅行目的是VFR,并且住在亲朋好友家)、EVFRs(旅行目的是VFR,但住在商业住宿设施)和CVFRs(旅行目的不是VFR,但住在亲朋好友家)(Backer,2010)(图15-6)。而传统的VFR旅游统计只包括这三类中的其中两类:以旅行目的为统计依据的VFR旅游统计只包括PVFRs和EVFRs;以住宿类型为统计依据的VFR旅游统计只包括PVFRs和CVFRs。

表 15-2 VFR 旅游的初步分类

所属领域	范围	停留时间	住宿形式	主要旅游类型
把探亲访友作为： 1. 主要旅游动机或旅游类型 2. 一项旅游活动	国内旅游	短期旅游	AFR	VF, VR, VFVR
			NAFR	VF, VR, VFVR
		长期旅游	AFR	VF, VR, VFVR
			NAFR	VF, VR, VFVR
	国外旅游	短期旅游	AFR	VF, VR, VFVR
			NAFR	VF, VR, VFVR
		长期旅游	AFR	VF, VR, VFVR
			NAFR	VF, VR, VFVR

注：AFR＝完全由亲友提供住宿；NAFR＝至少使用一晚商业住宿设施；VFR＝拜访亲戚和朋友；VF＝拜访朋友；VR＝拜访亲戚；VFVR＝拜访亲朋好友

资料来源：Moscardo et al., 2000.

	住宿方式：亲朋好友家		住宿方式：商业住宿设施	
旅行目的是VFR的游客	√	PVFRs	√	CVFRs
旅行目的是非VFR的游客	√	EVFRs	×	non-VFRs

图 15-6 VFR 定义模型

PVFRs：旅行目的是 VFR，并住亲朋好友家；CVFRs：旅行目的是 VFR，但住在商业宿设施；EVFRs：旅行目的是 VFR，但住在亲朋好友家；non-VFR：不属于 VFR 类型

资料来源：Backer, 2010.

二、探亲访友旅游的功能

20世纪90年代之前，VFR 旅游是旅游研究领域和实践领域最容易被忽视和研究不足的领域之一。时至如今，VFR 旅游仍存在某些不确定性或技术掌控难点：人们会认为 VFR 旅游的价值不足以使旅游经营者或研究者将其与其他旅游类型相比较；因其发生超出了旅游市场营销的影响范围，这种旅游类型很难受到旅游经营者的外部消费刺激与影响；一般性的休闲旅游营销策略同样也可以影响或吸引到 VFR 旅游者，没有必要去策划一些专门的活动来刺激VFR 旅游；VFR 旅游的经济贡献率和市场规模客观统计和测量技术等。

20世纪90年代开始，VFR 旅游在全球旅游业发展中的份额和影响开始发生变化，在某些特定旅游目的地，如以色列、北非地区、欧洲的一些国家和地区，以移民群体为核心的旅游者群体，使 VFR 类型旅游者不断增加，所引发的旅游者群体规模与旅游经济贡献率也得以凸显，VFR 旅游的经济价值和市场价值逐步得到认可。在为目的地带来经济价值的同时，VFR 旅游的社会文化价值也值得人们去探讨。

（一）经济功能

就 VFR 旅游者的旅行特征来说，与普通的度假旅游者相比，VFR 旅游者的每日花销比较少，但是相比来说他们的停留时间更长，重游率更高。因为 VFR 旅游多是出于义务和责任的行为，所以 VFR 旅游者在季节和地理上分布比较均匀。

表面上看,VFR旅游者的旅游消费能力不如普通的度假旅游者,事实上,在某些消费项目上,如购物、餐饮和交通等,他们往往要比普通的度假旅游者更加慷慨。这些消费中,有些是非旅游的消费(如百货、加油站、零售店等),因此VFR旅游者对目的地的财政贡献是点点滴滴渗透的,如此便能产生巨大的乘数效应,且这些消费基本上不会外泄。

另外,由于VFR旅游者的到来,接待他们的目的地东道主会因此产生额外的消费。他们陪同客人游览景区、为客人订购酒店、请客人外出就餐,这些消费对当地的经济也是一大部分贡献。

澳大利亚学者贝克(Baker,2007)曾以位于澳大利亚昆士兰州阳光海岸带的Maroochy郡作为案例研究区,调查了这里的VFR旅游者和东道主的花销,结果发现VFR旅游引致的花销与普通的度假旅游带来的花销在总量上是旗鼓相当的(表15-3)。

表15-3 VFR旅游和非VFR旅游(按住宿类型划分)的平均花销 （单位:美元）

门类	非VFR旅游者	VFR旅游者	接待VFR旅游者的东道主	VFR总消费
商店	168	161	69	230
休闲购物	270	397	41	418
饭馆和咖啡厅	438	435	49	484
燃料	66	76	20	96
娱乐	22	38	10	48
活动	37	57	6	63
酒	95	104	24	128
人造景点	110	161	13	174
住宿	825	0	0	0
汽车租赁或出租车	44	38	0	38
总消费	2075	1467	232	1699
不含住宿的总消费	1250	1467	232	1699

资料来源:Backer,2007.

(二) 社会文化功能

对于重回故土的移民VFR旅游,一方面,他们通过回访表达了自己对家乡及家乡生活方式的归属感和认同感,加强了与亲人和朋友的联系,同时增强了他们的社会责任感;另一方面,VFR旅游对移民输出国显示了重要的社会、文化和政治意义。回访的旅游可以增进旅游者对故土的了解,增加民族自豪感。虽然发展中国家总是受到人才外流现象的不利影响(具有广阔知识和优秀技能的人移居国外),但这些发展中国家的旅游目的地往往会得益于海外移民的回访。有研究指出,回访的移民不仅是金融汇兑、材料设备捐献的重要提供者,他们更是为故土带来了知识、技术和技能转换。海外移民与故土的团结一致,有利于他们的故土实现发展目标,同时也促进了民族融合。

不仅是对于移民VFR旅游,普通的VFR旅游者探访亲友,双方能在这个过程中感受到亲情和友情的温暖。尽管科技的进步使人们可以通过电邮、电话、短信和视频通话与亲友取得联系,但面对面的实际拜访对于联系和巩固社交网络仍具有十分重要的意义。

另外,VFR旅游者到亲友熟悉的旅游目的地旅游,东道主不免会当起VFR旅游者在家门口的"导游"。他们带旅游者观赏当地的美景、品尝当地的美食、感受当地的人文和历史精神,这样也增强了东道主的民族和地方自豪感。

三、中国化视角下的探亲访友旅游互动过程

现如今,中国人的 VFR 旅游行为非常普遍,并且中国社会是典型的关系社会,面对不同的关系情境,中国人会有不同的情景处理方式。这一部分我们将分析在不同情景关系类型下探亲访友(VFR)旅游者与东道主的社会互动过程(图 15-7)。

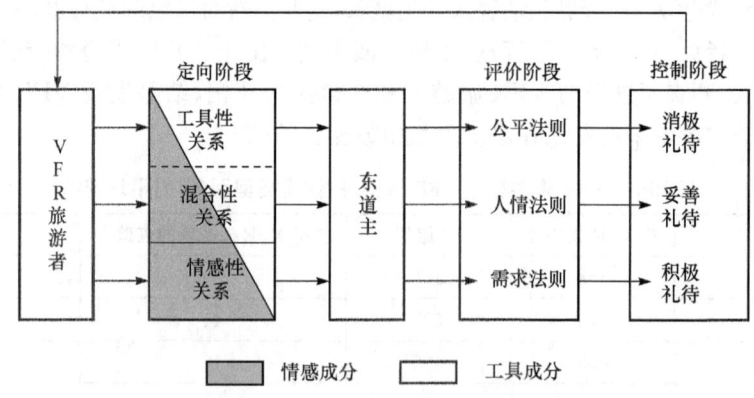

图 15-7 不同社会情境下 VFR 旅游者与东道主的社会互动过程

社会互动是社会学基本的分析单位,是微观社会学研究的主要课题。"社会互动"一词最早是由德国社会学家齐美尔提出来的,他被认为是欧洲第一位互动理论家,他认为社会学的研究对象应是与互动内容相对应的互动形式。随后,社会学和社会心理学的许多理论也涉及社会互动,因此形成了各式各样的互动理论。主要的互动理论有符号互动论、角色理论、参照群体理论、戏剧理论、社会交换论和本土方法论等。我国学者郑杭生认为,"社会互动是指社会上个人与个人、个人与群体、群体与群体之间通过信息的传播而发生的相互依赖性的社会交往活动"(郑杭生,2003)。按照郑杭生对社会互动的定义,社会互动是个体间的社会交往活动。所谓的个体不一定是个人,还可以指团体、组织、社会、国家等不同类别、不同规模的个体。

社会互动总是在一定的情境下发生。见机行事、因时制宜、顺时随俗等成语表现出社会互动是由情境限制的。不同情境下的社会互动在过程上的表现往往是各异的。同样的,作为社会互动个体的 VFR 旅游者和东道主,双方的互动过程在不同情境下的表现往往差别很大。人际关系中普遍有"情感性成分"和"工具性成分"两种成分。黄光国在他的人情与面子理论模型中,依据情感性成分和工具性成分的多寡,将人际关系分为三类:情感性关系、工具性关系和混合性关系。根据人际关系类型划分,VFR 旅游者与东道主之间的社会互动情境有情感性关系、工具性关系和混合性关系三种情境。按照贝尔斯的小群体研究方法——互动过程分析,互动可以分为下列阶段:第一,定向阶段,主要解决情境辨识的问题;第二,评价阶段,主要解决态度确定问题;第三,控制阶段,主要解决行为选择问题。下面将按照贝尔斯的互动分析方法讨论三种情境下的 VFR 旅游者与东道主的社会互动过程。

(一)情感性关系情境下的社会互动

(1)定向阶段。情感性关系情境下的 VFR 旅游者与东道主双方保持着一种长久而稳定的社会关系,双方是非常亲密、感情要好的亲人和朋友关系。此种关系情境下的 VFR 旅游者或东道主都可以在对方那里寻找并感受到温情、安全感、归属感,满足自己情感方面的需要。当然,在情感性关系中,除存在情感成分外,还存在工具成分,只是情感的成分要多于工具的成

分。所谓工具的成分,就是个体会利用双方的关系来获取他所需要的物质资源,如 VFR 旅游者在目的地旅游期间借住在亲友家里而不是住在酒店里,东道主在 VFR 游客来访期间为招待好对方而需要付出很多平时不必要的花销。

(2)评价阶段。这种关系中的 VFR 旅游者在拜访东道主时,东道主会以需求法则对待来访的旅游者,他们会尽最大努力满足 VFR 旅游者在旅游过程(包括旅游前和旅游中)中的所有需要。

(3)控制阶段。按照评价阶段东道主所确定的需求法则,在控制阶段东道主会积极地招待 VFR 旅游者。他们非常欢迎亲友的到访,亲友来访前询问当地的旅游信息时他们会将其所知晓的旅游相关信息都告诉亲友,到访期间也乐意带亲友到当地的旅游景点游玩儿并愿意为亲友做当地的"导游"。

(二)工具性关系情境下的社会互动

(1)定向阶段。与情感性关系情境相对应的是工具性关系情境。黄光国在解释工具性关系时认为,个人在生活中与他人建立工具性关系的目的,主要是为了获得他所希冀的某些物质目标。在 VFR 旅游中,我们可以把 VFR 旅游者"希冀获得的某些物质目标"理解为"在目的地参加明显的旅游活动"。这种关系情境下,VFR 旅游者在旅游的过程中拜访东道主,其目的可能只是为了求得一处免费的住所,或者是为了从东道主那里了解别的渠道不容易获得的旅游信息。虽然工具性关系中也含有情感成分,但是情感成分甚微,而工具成分远远多于感情成分。

(2)评价阶段。面对 VFR 旅游者如此明显的工具性目的,东道主的做法就是"以其人之道还治其人之身",也就是以公平法则面对来访的东道主。东道主以公平法则与 VFR 旅游者交往时,期间几乎不掺杂情感成分,能以比较客观的标准与东道主交往,并做出有利于自己的行为。

(3)控制阶段。工具性关系情境下,东道主对 VFR 旅游者的礼待,相对于情感性关系情境下是"消极"的。虽然对方的 VFR 旅游行为已经发生,但是他们并不欢迎 VFR 旅游者的到访,更不愿意以打乱自己日常生活秩序或付出额外的花销为成本去招待不速之客;面对对方的不合理要求,他们往往会温柔地或严词地拒绝。

(三)混合性关系情境下的社会互动

(1)定向阶段。混合性关系介于情感性关系和工具性关系之间。就黄光国所解释的,混合性关系情境下的交往双方彼此认识而且有一定程度的情感关系,但其情感关系又不像主要社会团体那样,深厚到可以随意表现出真诚的行为。一般而言,这类关系可能包含亲戚、邻居、师生、同学、同事、同乡等不同的角色关系。

(2)评价阶段。此种关系情境下,东道主和 VFR 旅游者双方通常都会认识一个或一个以上的第三者。这些彼此都认识的人形成一张复杂的人际关系网络,而东道主和 VFR 旅游者就被包含在这张复杂的关系网中。相对于情感性关系中的东道主和 VFR 旅游者社会关系的长久存在性,混合性关系的维持必须依靠二者的礼尚往来。不同于工具性关系的是,处于同一张关系网中的东道主和 VFR 旅游者,他们能够预见未来可能会与对方有情感性的交往,并且关系网中的其他角色也会直接或间接了解到他们的交往情形,并以社会规范的标准加以评判。因此,假如东道主坚持公平原则,拒绝给予 VFR 旅游者特殊的帮助,后果可能是不仅影响二者的关系,还会影响到东道主在二者共处的关系网中的名誉和声望。因此,在许多情况下,尤其是来访的 VFR 旅游者拥有较高的程度中心性(degree centrality)时,东道主不得不遵循人情法则给予 VFR 旅游者帮助。

（3）控制阶段。混合性关系情境下，东道主既不会像情感性关系那样对 VFR 旅游者提供无私的帮助，又不能像工具性关系那样不顾人情而得罪 VFR 旅游者。东道主考虑到 VFR 旅游者可能做的各种回报，考虑到自己的接待行为会为双方都关系到的第三个人知晓，他们在 VFR 旅游者提出要求或自愿的情况下，不敢怠慢对 VFR 旅游者的接待，而是根据情况考虑到底如何接待才妥善。

本章作业

1. 什么是家庭旅游？家庭旅游与非家庭形式的旅游有何区别？
2. 不同家庭生命周期阶段的旅游者行为有何差别？
3. 影响家庭旅游的因素有哪些？
4. 什么是探亲访友旅游？其功能有哪些？
5. 结合实践，谈谈你对中国化的家庭旅游和探亲访友旅游的认识。

延伸阅读文献

费孝通. 2007. 乡土中国. 上海：上海世纪出版集团.

杨国枢. 2004. 中国人的心理与行为：本土化研究. 北京：中国人民大学出版社.

Shani A. 2011. The VFR experience: "home" away from home? Current Issues in Tourism, (1):1-15.

Moscardo G M, et al. 2000. Developing a typology for understanding visiting friends and relatives markets. Journal of Travel Research, 38(3): 251-259.

Nichols C M, Snepenger D J. 1988. Family decision making and tourism behavior and attitude. Journal of Travel Research, 26 (4): 2-6.

第十六章　旅游者与旅游目的地原住民

□ 本章导读

旅游者与目的地原住民的接触是旅游者与目的地交互影响中最活跃的方面，它影响着旅游者的体验，也促进了目的地的文化变迁。本章首先介绍旅游者与目的地原住民接触的原因、特征及影响，其次阐述原住民的旅游发展态度理论，并讨论旅游者对目的地的认识程度及影响因素，最后分析可能造成旅游者与目的地原住民间冲突的原因及促进双方良性互动的方法。

第一节　旅游者与原住民的接触

在旅游的过程当中，社会或不同文化的交互作用都是自然发生的。不同的旅游者具有不同的旅游动机，甚至有不少旅游者把和目的地原住民及文化的接触视为其主要的旅游动机和目的。就旅游者与当地的接触对象分析，主要包括目的地原住民、当地接待者（不一定是目的地原住民）及其他的旅游者三类。不管双方的接触是纯社会、纯商业性或者两者兼有，一般常讨论的是旅游者与目的地原住民或接待者的接触行为。

一、接触的原因

旅游者与目的地原住民或接待者的接触通常发生于下列三种情形（Kadt，1979）：第一，旅游者购买物品或服务时；第二，人们在海滩度假、在街上擦肩而过，或者市场、表演场所时；第三，旅游者与目的地原住民为了交换信息而相聚时。无论这些接触是主动地、被动地或不确定地，都会给人留下印象。

大部分的旅游者虽很少主动地要求多与目的地原住民接触，但其举止行为也会对当地人产生影响。除了双方不同的种族、文化接触所带来的交互作用，旅游者来到目的地是为了享受休闲和愉悦，自然其行为举止比平时较随意、松弛；相对的，当地人则维持着正常的作息方式，而接待者则花了相当的精力与时间来满足这些旅游者，因而双方接触的目的就不同。

二、接触的特征

不管双方接触的原因或情形如何，根据联合国教科文组织（UNESCO，1976）的研究报告，双方接触呈现出如下特征。

（1）具有过渡性质。旅游者在当地的停留时间通常都很短暂。尤其是选择多个目的地的旅游者，在一个目的地的停留时间，很少超过两天，甚至一天，也无法对当地的社会文化有较为深入的了解。至于当地的接待者也只是将那些旅游者视为来此娱乐游玩的人。所以，双方的人际关系通常是可有可无的。唯有旅游者多次到访同一目的地时，才会有比较稳定的人际关系出现。

(2) 受到时空限制。一方面,旅游者通常都是想在相当短的时间内,尽可能多看或多玩,所以也比平时愿意花更多的钱来达到目的。但另一方面,却可能因小小的失误或者汽车、飞机误点,而惹恼这些易怒的旅游者。所以旅游目的地接待者了解了旅游者的心态后,除了提供简单、浓缩的当地经验给那些旅游者,也会逐渐形成两种不同的价位和服务体系,一种是适用于旅游者的,另一种则是提供给目的地原住民使用。此外,由于旅游者对当地环境比较陌生及语言方面的障碍,除了自助旅游者外,一般的团队旅游者的行动主要受导游影响和操控。因此与当地人的接触更少。而旅游者的到访,大多都是以游览的态度,因而也不会积极参与当地文化,对目的地原住民了解的意愿也不强。

(3) 双方地位不平等并且是事先毫不相干、必须付费的关系。从发达国家来的旅游者,通常认为他们在物质条件上处于优势地位,从而有意地宣传其文化的优点。相比之下,似乎当地接待者在经济方面处于劣势,加之旅游者旅游过程中出手相当阔绰,因而就延伸出事事要钱,人文、文化交往,待客之道,笑脸相迎,甚至帮助都成为是需要酬劳的。当然旅游者被敲竹杠、被骗、买到假货的情形也屡见不鲜。另外,旅游度假对旅游者而言可能是种新奇的体验,但对目的地接待者而言,则只是例行公事。这些接待者为了满足旅游者需求,对于行程的安排、飞机的延误或是旅游意外的发生等,在心理上都会有一定程度的压力。因此,目的地原住民或接待者与旅游者的接触通常都是消极的,也应尽可能地避免。

(4) 双方之间接触缺乏自发性。旅游者与当地接待者的接触都是商业性质的。那些缺乏利益的接触,对当地接待者而言毫无意义,也没有兴趣。即使旅游业应以热情好客的精神来服务旅游者,当地接待者也只是尽可能地提供旅游者以舒适、便利的旅游环境,对于促使旅游者与目的地原住民的和商业利益无关的社会接触,则缺乏兴趣。而目的地原住民也大都视旅游者为一波一波的过客,来了玩够了又走,因此也较少主动跟旅游者建立较稳定的人际关系。此外,旅游者到达新的地方多少都会感到不安,在其确保自己绝对安全以前,心理上也没有深入接触的准备,加之停留时间短暂,并缺乏外力的支援,与目的地原住民的社会性接触会很少。

三、接触后所产生的影响

由于旅游者在目的地停留的时间通常较短,因此并不容易受当地社会文化的影响。但相反的是,当地的居民由于全年或季节性地接触大批来自不同地区、不同文化的旅游者。除了旅游者所带来的经济利益,大量旅游者的到访及为发展旅游业而进行的开发等,还会对当地社会和文化产生影响。这些影响主要包括以下几个方面(Wolf,1977)。

(1) 产生不良的行为。旅游发展可能带来娼妓、犯罪、赌博等不良的行为。在一些旅游目的地,外国旅游者的人数甚至与犯罪比率成明显的正相关关系(Jud, 1975)。尽管旅游并不需要对这些犯罪行为负责任,但旅游者往往会成为犯罪分子下手的对象。保证旅游者免受骚扰和侵害,是旅游业发展需要提供的基本保障。

(2) 示范效应。这里示范效应指的是目的地原住民模仿旅游者的行为、态度及消费形态。这种示范效应,从正面来说,可以激励他们更加勤劳地工作,以换取他们所缺乏的并被认为是"好"的东西。但大部分的人即使努力工作,也不见得会得到他们所看到的东西,因此,造成内心挫败感与不满的增加。此外,旅游者在休闲度假时的行为有别于他们平时的行为,而目的地原住民看到的只是旅游者的旅游行为。这容易导致当地人对旅游者产生某种刻板印象,认为美国人怎么样,日本人怎么样等等。这种刻板印象导致当地人形成某种应对行为,渐渐地会让旅游者认为当地人原本就是这样。

(3) 就业与移民。在一些落后的国家或地区，会因旅游发展而产生新的工作与收入，这可能吸引乡村居民涌入城市寻找工作，而导致已经建立的农业或渔业没有充足的人力而面临瓦解。

因旅游发展带来的就业机会增多，无疑增加了妇女和年轻人的工作机会。这些在西方社会已极为普遍的妇女就业现象却不见得已出现在其他国家或地区。不少国家的社会结构是非常保守的，年长者和男人是受到尊重。但当旅游所带来的工作吸引了年轻人或妇女离家外出工作，而所赚的钱却远比他们的父亲或丈夫的收入多，这种情况使得丈夫失去自尊、心生嫉妒，从而会造成妇女的压力与责任。但是新的工作和收入会给妇女和年轻人带来一种增加自我价值和成就感的感觉，也会进一步促进这些人群的独立自主。

(4) 文化成为商品。旅游就其正面的影响而言，会使当地的传统艺术得以复兴，并获得收入的增长，进而有更多的资本来保护和发展逐渐消失或没落的传统艺术与民俗活动。与此同时，还会使当地人因特殊的文化遗产而产生优越感。但为了吸引大量旅游者，满足其消费需求，原有的艺术、仪式、音乐和民俗等，都可能成为可供销售的商品，并造成旅游者对目的地原住民尊严和文化的不尊重。而当地手工艺品为满足大量的市场需求，会造成机械化大生产、品质低劣，以及廉价纺织品的出现。传统的设计因此而退化，古老的技艺失传，从而形成比比皆是的诈骗艺术。

旅游除了使文化本身成为商品外，也往往剥离了文化脉络，从而使文化失去了特殊的意义和内涵，只是成为供展示的没有生命的物品。特别是传统的礼仪及歌舞活动，原来只是在特定的时间与特殊场合才能举行。现在却为了配合旅游者的旅游时间，而成为随时可以举行的商品化活动。例如，爪哇的巴厘岛在发展旅游之前，只在每逢节日或灾难时，头戴狮子面孔的树雕，身穿鲜艳且像马的服饰的神圣人物——巴龙在庙里跳舞，在今天这种巴龙舞经常是为旅游者而表演(Turner and Ash, 1975)。

第二节 原住民的旅游发展态度

随着当地旅游业的发展，大量的旅游者会接踵而至。对于当地人而言，接待这些旅游者只是重复性工作而已，没有什么新鲜感。然而，旅游者通常虽然对当地的文化比较好奇，但了解的并不充分或者只是一些刻板印象，导致行为的不恰当，而间接形成当地人对旅游者的印象或偏见。也许在他们看来，所谓的旅游者只是购买纪念品、照照相而已。

一般而言，经济水平相似、文化差异性不大的双方接触时，目的地原住民对来访的旅游者通常不会有极端、厌恶的感觉。当双方文化差异较大时，即使接触频繁，因接触的时间短暂，双方不够了解，使得当地接待者无所适从或误解，甚至会引发冲突。但不同的旅游目的地居民对旅游者的反应是不同的，即使是同一个地方的居民也会随着旅游目的地发展阶段的不同，对旅游者的行为和态度表现出不同的反应。

一、旅游发展态度

态度是指个人对人、事、物及周围世界，凭借个人的认知与好恶而表现出来具有持久且一致性的行为倾向(张春兴，1997)。同时，态度也意味着个人对某种行为的学习而获得的持久情感及信仰，并使个人以特定方式做出特定的行为(李永展，2002)。一般来说，学者将态度划分为三个主要部分,即认知、情感与行为意图(谢淑芬,2009)。

从诱因理论看,态度产生的过程中,个体会受到其他参照群体的影响。当然也会通过相互作用和学习产生新的态度。在态度的三个组成成分中,认知属于对对象的了解、知识及信念,是理性的,不涉及主观感情与情绪。情感是对某对象的情绪感觉,包括正、负面感觉,是一种情绪上的反应。而行为意图则是对对象的反应倾向,也就是反应准备状态。因此,旅游发展态度可以被定义为原住民对社区发展旅游的认知、情感与行为意图。认知是指原住民通过意识活动对旅游认识及理解的知觉、想法或了解;情感是指个人情绪及反应的态度,即原住民对旅游作出好坏、肯定或否定的判断;行为意图是态度对社区旅游所采取的准备、行动及表现(张凯智,2011)。

二、旅游发展态度的主要理论

(一) 巴特勒的原住民对旅游者活动的态度及行为反应模型

巴特勒(Butler)应用比约克隆和费尔布里克(Bjorklund、Philbrick,1972)所建立的针对两个或两个以上的社会族群互动结构,总结出了原住民对旅游者活动的态度及其行为反应模型(图 16-1)(Butler,1974)。模型中原住民的态度分为四种类型:①积极促进与支持旅游者活动;②沉默接受与支持旅游者活动;③沉默接受但反对旅游者活动;④积极反对旅游者的活动。这四种类型的原住民会同时存在于同一地区,只是比例不同。而原住民的态度与行为也很可能会经常发生变化(Wall and Mathieson,2006)。

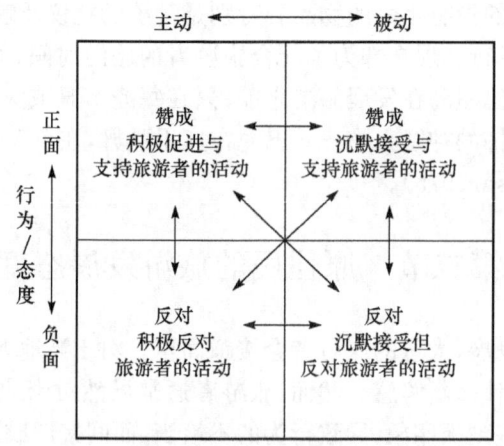

图 16-1 原住民对旅游者活动的态度与行为反应关系图
资料来源:Wall and Mathieson,2006.
箭头表示变动的可能性

此外,巴特勒在 1980 年还总结出了旅游目的地发展的生命周期理论,与旅游目的地各发展阶段相对应,原住民的态度也有四个明显的阶段。①好奇阶段。只有少数旅游者时,旅游者与当地原住民接触程度最高。②参与阶段。旅游发展开始有相关设施与服务,旅游者与当地原住民接触程度仍较高,因此旅游季节开始出现。③发展阶段。在这一阶段开始出现高度商业化的广告、特定旅游市场为特色的导向,当地发展利益为外界商业所取代,原住民开始出现不赞同的态度。④同化阶段。旅游成为当地主流,但当地原住民感到失去自己的游憩场所与社交圈等,因此变得憎恨旅游者(陈玮玲,1992)。

（二）多克西的原住民对旅游者态度模型

多克西（Doxey）是旅游者与原住民的互动理论假设者，在发展旅游时无视原住民存在或者原住民无法参与时，原住民会对旅游者产生负面的态度。原住民与旅游者的互动与互惠，彼此间的干扰与刺激等，在不同阶段原住民会产生不同的反应（Doxey，1976）。如图16-2所示，随着当地旅游业的发展，多克西把原住民对旅游者的态度分为了五个阶段。

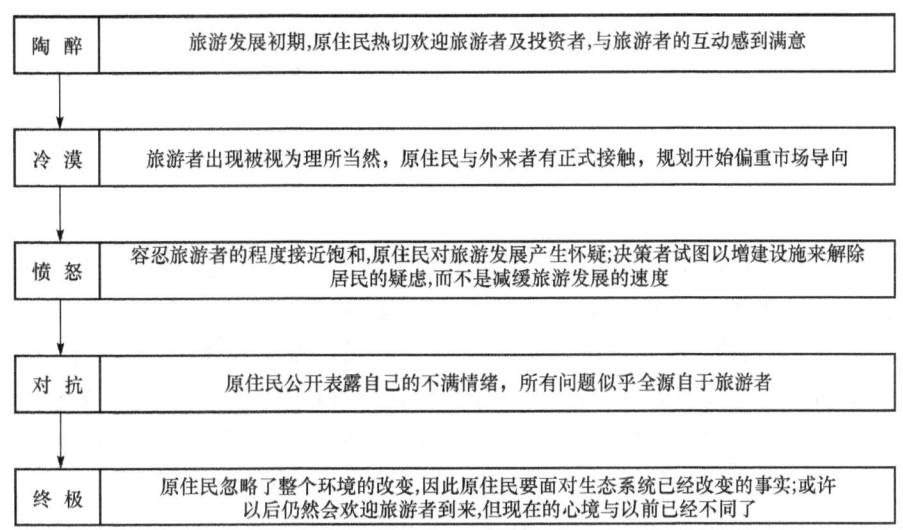

图16-2　原住民对旅游者的态度

资料来源：Doxey,1976.

（1）陶醉层。此阶段的最明显的特征是旅游者数量稀少。原住民对旅游者的好奇心较强，也很乐意与他们接触。原住民由于旅游者对当地经济的明显贡献，而乐于看到旅游者的到来。旅游者也感到自己非常受欢迎，有种宾至如归的感觉，双方都感到很满意。

（2）冷漠层。旅游业已经开始发展，人们把它当做既成事实。旅游业以营利为目的和促进人际交往的方式逐渐形成。当地原住民对旅游者不像以前那么热情和真诚。

（3）愤怒层。由于大量旅游者的到来，导致原有的旅游设施、场所无法满足旅游者需求，交通阻塞，空间拥挤，甚至有些地方会为服务旅游者而拒绝当地原住民的进入，这进一步加剧了愤怒的出现。

（4）对抗层。这种恼怒现象愈演愈烈，发展旅游业变成所有不满的出气筒，被认为会带动物价上涨、不尊重私有财产、腐化年轻人等。旅游受到排斥，当地人对旅游者的印象变坏，双方甚至到了敌对的状态。

（5）终极层。当地原住民已经忘记当初他们如何处心积虑地设法吸引旅游者的到来，也默认了旅游发展所带来的环境改变。这一阶段出现了一些明显的负面影响，如破坏行为、犯罪猖獗、缺乏安全以及资金外流等。有一些原住民开始准备逃出这原本被视为乐园的地方，另一些人可能竭尽所能开始重新适应已经变样了的地方。如果这个旅游目的地是那种可以容纳大量旅游者的地方，则这里的旅游业可能还会进一步发展。旅游者与当地原住民达到一种生活方式上的共生，并且生活可能变得更加多彩时尚。所以越是能容纳大量旅游者的高度发展的旅游目的地，原住民对旅游者的反感程度就越低。而在有的地方，过度的反感会演变成排外主义，甚至导致反旅游者的恐怖主义，无礼攻击游览车，有时甚至出现杀害旅游者的状况。

(三) 戴维斯等的持不同旅游发展态度的原住民类型

戴维斯(Davis)等的研究把原住民分为五种类型:①仇视型的原住民对于旅游者和旅游发展都怀有极端负面的态度,并且反对任何旅游产业的活动。②喜爱性的原住民对于旅游者和旅游发展都持有极端正面的态度。③谨慎型的原住民对旅游者与旅游发展持有正面的态度与喜爱型相似,但反对旅游发展的心态又与仇视型相似。④中间型的原住民对旅游发展带来的利益持有中立的心态。⑤原因型的原住民支持旅游发展,但不像喜爱型的原住民那么强烈。除了仇视型的原住民外,其他类型的原住民对于旅游发展均持正面的肯定态度(Davis et al., 1988)。

第三节　旅游者与原住民的冲突

旅游目的地原住民经常会认为他们的社区已经被旅游者影响、改变甚至是侵犯了(Murphy,1981)。例如,旅游者乱丢垃圾,抑或噪音干扰等,都对当地原住民的生活带来了一定程度的困扰与不便,于是就产生了冲突。而且,由于原住民与旅游者彼此之间社会风俗、观念及文化背景等方面不同程度上的差异,可能会造成彼此接触过程中产生一些或积极或消极的态度。其中,消极态度是造成双方冲突的主要原因之一。此外,当旅游者与目的地原住民之间发生商业行为时,在认知或利益上的不一致,也会导致冲突的发生。

一、旅游者与当地原住民产生冲突的直接原因

(一) 生活空间的干扰

有的旅游目的地原本是当地原住民生活的场所。由于旅游者的到来,而干扰了原住民正常的起居生活(如噪声等),并且由于在空间利用上的竞争关系,进而引起两者间冲突的发生(如停车问题等)。旅游者对目的地原住民生活空间的干扰主要体现在以下几个方面。

(1) 交通拥挤。交通拥挤是许多旅游目的地最早出现、也是最常遇到的问题(Liu and Var,1986)。虽然交通拥挤对旅游者和当地原住民都会产生负面影响。但对原住民而言,其影响程度远比旅游者严重。因为旅游者可能只是来当地游览一次,而交通却是原住民每天生活中的一部分。良好的交通环境条件是当地原住民所期望的,原住民们都希望可以合理预期和掌握自己的时间,以便作出相应安排和计划。但旅游者到来而产生的拥堵状况,在一定程度上干扰了原住民的日常生活,影响了原住民对日常生活的期望和目标,而使原住民感到不安和抱怨。

(2) 停车。旅游目的地社区停车空间通常是有限的。在私家车日益普及的当今,原住民日常生活中的停车可能已经成为一个问题。旅游者的蜂拥而至,会使当地原住民与旅游者在停车空间上出现竞争的状况,造成对当地原住民生活的困扰,并带给原住民生活上的压力。因停车问题而导致的主客双方间的对立或不相容,也是造成目的地原住民与旅游者产生冲突的原因之一。

(3) 拥挤。在一定的空间内,人越多则越容易造成彼此间摩擦的产生。当旅游者涌入旅游目的地,特别是在法定节假日,很大程度上会造成原住民行动不便,耗费时间,同时造成生活上的压力。有时,当地原住民为赶时间,还会出现绕远路、舍近求远的现象。拥挤使原住民在空间认知上,产生干扰和抵触的状况,有时在对生活的期望方面,也会出现矛盾和不相容的情形。因此,拥挤也是造成旅游者与当地原住民之间产生冲突的原因之一。

(4) 噪声。在旅游者与当地原住民的互动中，原住民受到噪声干扰的状况时有发生。这种干扰的影响如果较轻，只是会让原住民感到不悦，倘若噪声干扰严重，无法忍受，甚至会导致目的地原住民"外逃"现象的出现。有些旅游社区的原住民，非常讨厌旅游者在夜晚的吵闹声及吵闹的行为，他们会感觉到这种"噪声"对其生活期望和目标产生了干扰、矛盾甚至对立。噪声也成了因旅游发展而使旅游者与当地原住民之间产生冲突的原因之一。

(5) 乱丢垃圾。垃圾不但破坏了景观的美感，而且给当地原住民在视觉上和心理上都带来了负面的感受。旅游者给当地带来的垃圾问题，是国内外很多旅游目的地发展过程中都必须面对和解决的问题。原住民都希望拥有干净整洁的居住环境，而由旅游者带来许多的垃圾，在居住空间上，对原住民产生了干扰与破坏的情形。许多原住民非常讨厌旅游者随意乱丢垃圾的行为，因此，乱丢垃圾也是造成原住民与旅游者之间冲突的原因之一。

(6) 破坏。旅游者对目的地社区的破坏行为，大致上可以分为两类：其一是破坏旅游景区的设施或景观；另一类则是旅游者直接破坏了原住民的财物（如所种植的花草、盆景等）。由于旅游者不经意的或者恶意的破坏当地原住民的财物，随之而来，便很可能导致双方纠纷和矛盾的产生。对于旅游景区的设施或景观，虽然是原住民与旅游者共享的资源，但旅游者游览过后很快就会离开，而这些资源却是原住民生活环境的一部分。一旦遭到旅游者的破坏，原住民在心理上会出现抵抗和对立的情形。这些进一步导致了双方冲突的产生。

(7) 购物。购物是旅游者旅游的主要活动项目之一。然而，旅游者购物时，却很可能因与当地原住民使用共同的购物空间，而导致不和谐关系的产生。而且，因旅游发展需要，许多商店经营形态发生了转变，由原本以本地原住民为销售对象，转变为以满足旅游者的需要为主。因而使当地原住民厌弃商家，而且厌恶旅游者的出现(Snepenger et al.，2003)。此外，当旅游者涌入商家店铺，原住民购物排队等待时间也会增长，当地原住民会感觉到心理上的失衡。这些因购物而产生的问题，也是造成当地原住民与旅游者产生冲突的原因之一。

(8) 资源分享的冲突。在原住民所居住的周边环境中，有许多生物已经与当地原住民和平共处很长时间，当地原住民也会合理利用和保护这些资源。然而，由于旅游者和原住民的认知不同，旅游者经常会过度利用，甚至破坏这些珍贵的资源，因而造成两者间冲突的产生。从旅游资源的角度看，不少地方的原住民会认为他们的社区被旅游者侵犯或改变了。在一些原始村落，许多旅游者来到这里，会射杀周边的野生动物等资源，这些都在一定程度上造成了旅游者对当地原有资源的剥夺和侵占。当原住民与旅游者之间发生资源竞争的现象时，二者在认知、目标期望及心理态度上，都会产生干扰、矛盾或不相容的情形。因此，资源也是造成原住民与旅游者冲突的原因之一。

(二) 心理层面的干扰

在原住民与旅游者的互动中，由于彼此的行为举止而产生的负面的态度，也是造成双方冲突的原因。其常见的冲突因素主要有以下几个方面。

(1) 不友善。在原住民与旅游者的互动中，原住民可能并不认同旅游者的行为举止，而旅游者也可能基于过去的旅游经验等，积累了许多不良印象，对当地原住民产生不友善的态度。不友善是彼此在态度或情感上，存在矛盾或不相容的情形，这也是原住民与旅游者之间产生冲突的原因之一。

(2) 不尊重。旅游者的行为，有时并未考虑他人的感受，并未考虑到自己的行为无意间会影响原住民的感受，如旅游者不尊重当地的传统等。旅游者的类似不尊重行为，会被当地原住民视为侵犯行为。有学者曾在西班牙东北角的加泰罗尼亚(Catalan)地区进行了关于"不欢迎旅游者原因"的调查(Pi-Sunyer,1977)。调查结果显示,当旅游者越来越多,而且又来去匆匆时,他们并未尊重当地原住民的生活方式,所以当地原住民对旅游者产生了厌烦的情绪。类似的研究表明,有些地区的原住民认为旅游者不尊重他们的信仰、祖先和文化,因而有憎恨旅游者的状况发生。不尊重使原住民与旅游者在态度或情感产生矛盾或抵触的情形,很可能造成双方的不愉悦及进一步冲突的发生。

(3) 侵犯隐私。有时候,旅游者有意无意间,已经侵犯了当地原住民的隐私权。有些旅游目的地区的原住民,常常因为旅游者的好奇心,颇有失去隐私的感觉,所以会对旅游者产生不满情绪。旅游者"侵犯隐私"的行为,使得原住民在心理上产生干扰或对立的情形,这也是造成双方之间冲突的原因之一。

(4) 傲慢的态度。旅游者来到旅游目的地,尤其是比较落后的地区,经常会觉得很多东西都非常便宜,带着一种优越感,出手特别大方,从而造成了当地原住民心理上的反感。有调查表明,在加拿大某旅游目的地区的原住民,因为旅游者傲慢的态度,而采取了对外封闭的措施,不再对外开展旅游活动。旅游者这种傲慢的行为或态度(如财大气粗等),在原住民心理上会产生矛盾和对立的情绪,因此,也很可能造成两者间的冲突(McElroy and De-Albuquerque,1994)。

(5) 刻板印象。刻板印象常常会导致误解,并限制对他人行为的了解。当地原住民很容易通过刻板印象对不同类型的旅游者加以区分。刻板印象有时候是有害的,很容易造成不信任、粗鲁及敌对的行为。如果负面的刻板印象已存在于原住民与旅游者的心里,则很难发生改变,彼此之间很可能在态度上会产生对立或矛盾的情形。因此,刻板印象也是造成双方冲突的因素之一。

除此之外,冷漠(如当地原住民对旅游者到访的兴趣和热情消失)、种族优越感(如认为自己的文化具有优越性)及自卑(如感觉自己低人一等)等因素,也会造成旅游者与当地原住民之间在心理上产生不协调状态,进而引发双方之间的冲突。

(三) 文化差异的干扰

文化差异主要指价值观、社会类型和风俗习惯等方面的差异(Reisinger and Turner,2002)。原住民与旅游者之间的文化差异越大,则彼此间的文化冲突也越容易发生(Wei et al.,1989)。而文化冲突的主要来源有文化优越感、沟通不良、生活形态及风俗习惯的差异等。

(1) 信仰。在所有冲突的种类当中,价值观与信仰方面的冲突通常是较为严重的。例如,激进的伊斯兰教组织曾于1992年掀起抵制埃及旅游的运动,因为他们认为大规模的旅游活动侵犯了伊斯兰国家及教义。在此运动中,许多旅游者受到伤害,甚至死亡(Sönmez,1998)。

(2) 价值观。价值观方面的差异之所以会使双方之间产生冲突,是因为旅游者缺乏对当地原住民价值观的尊重。

(3) 风俗习惯。一些年老的加勒比海岛原住民,因无法接受大批旅游者不遵守当地的风俗及穿着的礼节,使得他们愤怒地逃离传统上受欢迎的地区(Pattullo,1996)。也有一些夏威夷原住民,不愿意到有旅游者在的海滩,因为旅游者使他们感觉自己像是动物园的动物一样(Chesney-Lind and Lind,1986)。旅游者与当地原住民的衣着、言语及行为冲突标准的不同,很可能会加深彼此间的紧张关系。而许多地区的原住民,因为不认同旅游者,而以刻意凸显自我(如刻意穿着传统服装等)来表现与旅游者的区别(La Hamme,1979)。

(4) 沟通。不同文化背景的原住民与旅游者,很容易产生沟通不良的问题,因而容易产生许多负面的情绪,如失望、沮丧、不满等。还有一些学者指出,不同文化背景的人彼此接触时,可能会导致一些负面的态度、认知与偏见,进而增加紧张、敌意、怀疑、甚至于暴力攻击的行为。

由以上可知,文化差异所涵盖的范围相当广泛。因此,当原住民与旅游者存在文化差异时,彼此在行为、态度、情感、期望或目标等方面,会存在干扰、矛盾、不相容或对立的情形。所以,文化差异是原住民与旅游者间产生冲突的重要因素之一。

(四)经济方面的干扰

旅游者的旅游过程中难免会涉及与当地原住民的经济活动或行为。在进行商品或服务的交易时,双方之间可能对商品、服务等认知的差异,产生不愉快的情形。也可能因为当地原住民欺骗、剥削旅游者现象的出现,而导致双方间冲突的产生。

(1)欺骗。旅游者在购物时,和当地原住民经常在认知上或利益上产生分歧,进而发生冲突的情形。许多学者都曾指出,旅游者与当地原住民间的冲突,经常来自于当地原住民的欺骗行为(Dogan,1989)。当旅游者感到被欺骗时,心理上就会产生抵触或不满的情形。因此,欺骗行为是旅游者与当地原住民间产生冲突的因素之一。

(2)剥削。原住民对旅游者的剥削行为,也会造成双方的冲突。剥削意味着双方地位的不平等。旅游者感到被剥削时,在态度、情感及期望上,都会与当地原住民产生对立的情形,使整个旅游过程的满意度大打折扣。所以,剥削也是原住民与旅游者间冲突的因素之一。

二、旅游者与当地原住民产生冲突的间接原因

旅游者与目的地原住民冲突的产生,有时是由许多间接的因素造成的。这些间接因素会造成或加深两者的矛盾或对立,冲突因而产生。常见的间接因素主要包括以下几个方面。

(一)偏颇的政策

旅游业的发展,往往与各级政府部门密不可分。在许多国家,政府会投入大量资金来发展旅游业(Gee et al.,1984)。在有的地方,地方政府为了促进当地旅游业发展,甚至还可能采取一些侵犯当地原住民合法权利的行为。而且在很多情况下,由于政策失当,吃亏的总是当地原住民,因而也经常造成旅游者与当地原住民间冲突的发生。

例如,有的旅游目的地原住民认为,政府为了迎合旅游者的需求,有时候会置当地原住民的需求于不顾,明显会感觉一些设施设备是专门为旅游者而设计的(Cooke,1982)。还有一些地方的旅游政策,因为偏向于旅游者,反而使得当地许多原住民失去家园(Orams,1999)。在印度尼西亚某地,当地原住民及其神社、仪式等都被旅游者视为游览参观的对象,他们祖先和家园和特殊的宗教场所均不被重视,同时被傲慢的政府部门征收。这些重大的冲突,迫使当地原住民采取封闭村庄的措施,来避免外来者进入(Adams,1990)。

许多地方政府为了促进当地旅游业的发展,甚至采取了一些侵犯村民合法权利的行为。例如,许多加勒比海小型岛屿国家,其旅游业可能占到 GDP 的 50% 左右。因此,为了发展当地的旅游业,凡是能够用于发展旅游业的地方都对旅游者开放,这常常造成当地原住民被迫迁移。汤姆斯岛(the island of St. Thomas)在发展旅游业之前,当地原住民可使用的海滩约 50 余处,但是发展旅游业之后,到 1970 年时,却仅剩两处海滩对当地原住民开放,其余全部供旅游者使用。这引起了原住民的普遍愤怒。大部分原住民反对旅游业,对旅游者也持敌视态度(Johnston,1990)。

由此可知,旅游政策的失当,很可能使得当地原住民在态度、情感、期望或目标上,产生干扰、矛盾、不相容甚至对立的情形。所以,政府失当,可以说是造成旅游者与当地原住民间冲突

的间接因素之一。

(二) 旅游者行为不当

在有的地方,原住民传统生活中极重要的资源却为满足旅游者需要,而禁止被当地原住民使用。一些滨海的村庄,原本供村民享用的海滩,却变成了许多私人的滨水区。此外,还有因水资源浪费而导致的缺水问题等,也都是造成旅游者与当地原住民间间接冲突的原因。

(三) 不同的旅游发展阶段

许多学者都曾从当地原住民的角度,提出因旅游发展而导致原住民与旅游者之间产生了冲突(Butler,1980;Doxey,1975)。正如前文中所提到的,处于不同旅游发展阶段的当地原住民的态度,可以分为兴奋期、冷漠期、厌恶期、敌对期等阶段。随着当地旅游的发展,原住民的态度会由最初的欢迎旅游者,最后变得反感、甚至敌对,进而导致双方间冲突的产生。

(四) 旅游者与原住民的比例

在许多地方,旅游者的数量远超过了当地原住民的数量。而当地的发展、就业等又完全受到旅游业发展的支配,使得当地原来的生活及传统无法进行延续。这些现象都是因为旅游者的出现而对当地原住民造成的影响。因而当地原住民普遍对旅游者持反感态度。旅游者密度越高的地方,产生地方性摩擦的概率就越大。换言之,旅游者越高的地方,当地原住民与旅游者之间产生冲突的机会也就越多(Var et al.,1985)。

(五) 导游

导游通常扮演着协助旅游者的角色。这有助于减少目的地原住民与旅游者之间的冲突,但也减少了双方之间接触的机会(王大明,2004)。在一些地方,导游有时也会刻意隐瞒一些不好的消息。但一般而言,导游会在进入旅游目的地之前,事先说明旅游者应该注意的事项,并解释一些特殊的现象(如文化差异等),以降低旅游者与当地原住民之间的冲突。

总体来说,冲突通常是一连串动态的过程,往往由内在的、潜藏的冲突,而渐渐地演变成外显的肢体冲突。虽然,许多旅游目的地的原住民已经逐渐找到了与旅游者接触的适当方式,尽可能减少与旅游者的摩擦和冲突。但是,任何短暂的、表面的、不对等的接触,都是欺骗、不信任、剥削、不诚实及形成刻板印象的基础。在旅游业中,旅游者的顾客忠诚度偏低,很少有旅游者会多次回到同一个景区游览。所以,旅游者与当地原住民的互动经常只会发生一次,很少有机会能超越表面接触。这也更使得当地原住民尽量地剥削旅游者,更增加了双方间发生冲突的可能性。总而言之,目的地原住民与旅游者之间,因为有许多不相容的需求,所以总是会有不同程度的冲突存在。

第四节 旅游者与目的地原住民的良性互动

旅游者在接触其他文化后是否会造成其态度的变化?本节将分三个方面来对此加以探讨:一是旅游者在旅游前和旅游后对当地态度的变化;二是旅游者对自己国家的看法;三是如何增进旅游者与旅游目的地原住民之间的良性互动。

一、旅游者对目的地态度的变化

旅游者在旅行之前通常会对某个国家或地区有一种想象中的形象,这种形象来自于平时的阅读或者朋友的介绍,只要对该地有简单的认识,就会有某种形象存在。但是在旅行之后,真正看到或体验到的形象印在旅游者的脑海里,这种实际形象与想象中形象的差距即是造成旅游后态度变化的主要原因。

许多研究结果显示，旅游者若到一个从未去过的地方旅游，的确会影响他对当地的印象和看法。皮赞姆等曾就美国学生到俄罗斯旅行后的态度作了分析，发现美国学生大体改善了对俄罗斯的印象。而另一份研究报告也评估了以色列的旅游者到埃及旅游前后态度的变化，结果却显示以色列旅游者对埃及的态度不是没有改变就是变得更糟(Pizam et al., 1991)。前一个研究的调查时间正处于美、苏关系好转的阶段，这一现象或许有助于彼此之间的良性互动；后一个研究则牵涉到两种不同种族、宗教的接触，文化的差异固然是造成反感的主要因素，在双方接触之前即出现负面看法，而在旅游后却更加肯定。如果是持正面看法在旅游过后则可能相应减少偏见。

另一个足以证明上述说法的研究是针对两个历史、文化、政治上敌对的国家——希腊和土耳其的接触。一种结果显示：希腊的旅游者去土耳其旅游之后，对土耳其的印象变差，特别是对其生活品质、风俗习惯的印象更差；另一种结果显示：原本在其他方面的好印象——土耳其人善良、爱好和平，虽然没有变，但也没有变得更好(Anastasopoulos, 1992)。

造成旅游者对旅游目的地持正面或负面的看法，有其历史原因和背景，但也不可忽视旅游者在当地的旅游活动是否有助于其对旅游目的地的了解。有时候，一些根深蒂固的刻板印象或偏见不会因一次的旅游体验而轻易改变，即使有少数人改变了他们的态度，也有可能是为了变得和其他人一样，而不是自发性的改变。

其实，通过旅游，并不会自动地减少偏见，也无助于改善社会关系，它只是提供了一种社会接触的产生。仔细思考影响旅游者和当地接待者之间的社会、文化因素，设计出正确的旅游产品，有助于双方产生和谐的关系，有助于对环境的认同感，甚至对人类的关爱。

二、旅游后对自己国家态度的变化

旅游后，旅游者除了可能会改变他们对目的地的看法，对自己家乡的看法也可能会随着旅游而改变。根据有关调查，到希腊的英国旅游者在旅游之后，觉得英国人比他们旅游之前更富裕了，这种改变可能是因为他们与到访的国家作了比较。这种因外在标准而引起的看法的改变就是心理学上所说的认知调整阶段(Helson, 1948)。

旅游者甚至还会发生对家乡改变程度大于到访的国家的情形，就上述例子而言，英国旅游者对英国看法的改变比例比对希腊看法的比例高。此外，这种观点上的改变，有时也会反映到其他与到访地区相似的旅游目的地。

这种旅游后对自己家乡看法改变的情形，也是一种旅游的正面影响，知道自己国家哪里比人弱，想办法学习其他国家的长处，知道自己国家哪里比人强，则可以引以为荣，使自己更热爱自己的国家。

三、促进旅游者与目的地原住民良性互动的方式

国际旅游除了能给旅游目的地国家带来经济效益外，也是一种有助于不同文化间互相了解的有效方式。旅游者从一个国家移动到另一个国家，即是一种良好的沟通媒介，同时有助于人际间的接触和文化上障碍的打破。所以，从长远来看，旅游不仅可以消除偏见，增长人与人之间的友善关系与相互理解，也是推动世界和平的一种力量。

尽管如此，旅游业发展的成败，目的地原住民的态度是一个关键因素。目的地原住民参与旅游发展、经营，并以友善的态度招待旅游者，从而换取经济利益，这有助于当地旅游业的发

展。但一旦目的地原住民觉得他们付出的代价远大于利益时，就很可能产生对旅游者的敌对态度、产生破坏旅游设施等行为。这不仅影响当地旅游业的发展，同时也造成了旅游者与目的地原住民间关系的恶化。

如何保持旅游者和目的地原住民间的和谐关系是旅游学界、业界都需要重视的一个问题。按理，旅游者在一个陌生的国度，即使想要有一种完全与当地环境融为一体的情况，也实属幻想。因此，如果在旅游前即妥善安排，那么，旅游过程中可能出现的一些问题便可在一定程度上得到合理安排和预防，对于双方而言都有好处。具体而言，我们应该如何促进旅游者与目的地居民之间的良好互动关系呢？具体有以下几点建议。

（一）在动机和产品上着手

旅游者的动机和目的地所提供的产品，需要互相吻合。如何能提前让未来的旅游者了解在目的地需要如何适应，是一个重要的课题。当地相关部门可以打造一些方便、鼓励旅游者的各种产品，以吸引旅游者的加入。

在各种旅游产品中，朝圣或进香就是一种需要我们注重的产品，这种与宗教相结合的旅游方式被认为是有益于促进人与人之间的互相认识，有益于发挥人格，缩短社会阶级间的距离及种族的差异，甚至消除其中的种族偏见。

年轻人与家庭的国际交流方式也是促使人际关系、民族间相互了解的方法。像专门的背包客协会、家庭露营协会、驴友俱乐部等，都在其中扮演着重要角色。这种能够跨越不同种族、文化或宗教间的交流会显得更富有意义。

此外，文化之旅、生态之旅、探险之旅等也是一些旅游的新趋势。尽管这类产品的销售有限，但这种深度体验性的旅游产品，不仅需要各级行政主管部门的大力宣传，也需要旅游业界做出真正意义上的相关产品，从而进一步推动旅游者与目的地原住民间的良好互动。

（二）从基层结构着手

旅游度假设施的修建，除应考虑旅游目的地的地理区位、环境条件外，还应对其社会、文化影响的程度加以分析。

在旅游规划中，除了让居民了解旅游所带给他们的利益之外，还应尽可能地让目的地原住民共同努力，构建和谐的旅游氛围和环境。也可由当地某一协会或社团进行监督执行，或者由目的地原住民实际参与经营。与此同时，如果目的地原住民与旅游者具有同样的各种旅游设施的使用权，也会进一步增加双方接触的机会。

（三）从旅游活动的内涵着手

摒弃走马观花式的旅游方式，积极推动和激励可以使旅游者参与当地文化的旅游方式，并打造相应的旅游产品。一般而言，旅游者会一直保持对这种不同文化的新奇感，所以，适度地加入以历史为中心的活动，如参观博物馆、体验乡村生活等也会成为一种旅游诱因。此外，也可尝试让旅游者在其度假期间对特定问题进行自我解决，或是按照旅游者和旅游期间的种种特性创造出某种活动节目，使旅游者在旅游时能成为主动者，这才有利于个体在体验中进行深入的交流和沟通。

（四）做好旅游前的准备工作

团队旅游者固然有导游的协助和诱导，自助旅游者则需要靠自己，不管如何，任何的旅游者若能在旅游前对目的地有所认识，则有助于改善旅游者与目的地原住民之间的接触不良。

若想对旅游目的地有更加深入的认识，旅游者可以参考相关旅游指南上的建议，明白旅游者应如何看待其他文化,怎么做,怎样想。一本好的旅游指南不应只是告诉旅游者坐什么车,该住哪家宾馆、该逛哪些景点,还要能够帮助旅游者如何诠释另一种文化,告知注意事项及特殊的风俗习惯。

最后,旅游应有入乡随俗的心理准备。因为只有旅游者去适应旅游目的地的风俗习惯,而没有让目的地原住民适应旅游者习惯的道理。只有适应了当地的民俗民风,才能让双方的交流更加顺畅,达成良性的互动关系。

（五）对相关人员进行合理培训

很多企业的服务人员可能只是了解与自己属于相同文化的顾客需求,而并不了解国际旅游者的需求(Blanton,1981)。即使同一个旅游目的地也无法满足所有旅游者的需求。因为团体之间的差异,接待人员无法了解,所以很容易对旅游者产生误解,甚至羡慕那些来自富裕地区的旅游者,相信那些旅游者都很有钱又不用工作,从而导致心理上的不平衡。因此,对于相关从业人员,不仅需要进行技术上的训练,还应提供一些跨文化的训练课程,让员工了解不同文化间的顾客需求差异。此外,对员工作旅游者行为的分析也是必需的,还可以奖励员工旅行,让员工也可以做一次旅游者,进行亲身体验。

（六）认识文化差异,加强沟通

旅游管理者和服务者如果能对不同文化群体的文化差异非常熟悉,就能正确处理不同民族在旅游活动中表现出的文化差异现象,消除文化差异方面的障碍。因为根据不同民族间不同的文化习俗、价值观念,可以提供具有针对性、更加个性化的服务和管理,与此同时,加强沟通,使旅游者感到亲切、舒适和安全,降低在外旅游的不适应,此时文化差异反而可以成为吸引旅游者、创造社会效益和经济效益的一种旅游资源了。反之,若对这种文化差异现象缺乏思想准备,不熟悉,也不能恰当处理,那么它就会成为一种障碍,影响不同民族、不同文化的管理者或旅游者的相互理解和沟通。

本章作业

1. 旅游者与目的地原住民在什么情况下会有接触？其特征和后续影响有哪些？
2. 简述旅游目的地原住民对旅游发展态度的主要理论。
3. 旅游者与原住民产生冲突的原因是什么？
4. 简述促进旅游者与原住民良性互动的主要方式有哪些？

延伸阅读文献

王宁. 2008. 旅游社会学. 天津：南开大学出版社.

Andereck K L, et al. 2005. Residents' perceptions of community tourism impacts. Annals of Tourism Research, 32(4): 1056-1076.

Ap J. 1992. Residents' perceptions on tourism impacts. Annals of Tourism Research, 19(4): 665-690.

Ap J, Crompton J L. 1998. Developing and testing a tourism impact scale. Journal of Travel Research, 37(2): 120-130.

Mason P, Cheyne J. 2000. Residents' attitudes to proposed tourism development. Annals of Tourism Research, 27(2): 391-411.

第十七章　情境与旅游者行为

□ **本章导读**

丰富多彩的旅游活动使旅游者在短期内身处不断变化的情境之中,情境左右着旅游者的情绪变化、行为倾向甚至体验质量。本章介绍情境的含义、主要特征及个人与情境的交互作用,并且重点阐述消费情境和旅游情境的相关理论和类型划分。

第一节　情境概述

一、情境的含义

情境是一个日常生活中我们普遍使用的概念,也是一个在诸多学科中广为运用的学术概念。这一概念在美学、教育学、心理学、人类学及社会学等不同学科中有着不同的内涵和理解方式。

（一）美学中的情境

中国美学中的情境指艺术作品中所描绘的环境、景物与表现的情感融合一致所形成的艺术境界。这里的情境更多的是在描述从物理空间转向心理空间的过程中使用,并且倾向于人的主观感受。在西方美学中,狄德罗和黑格尔最早使用了情境这一概念,指戏剧或艺术中所展示的人物活动的环境。狄德罗从关系出发,指出情境是由家庭关系、职业关系和敌友关系等方面形成的,情境的价值在于与人物性格发生冲突,让人物的利益互相冲突。黑格尔在"冲突"说中拓展了这一思想,认为情境是"一般世界情况"具体化的推动人物行动的客观环境,也就是人物行动的外因,这种外因引发了与个体的矛盾冲突,激起并推动人物性格的发展(冯契,2001)。可以看出,东西方美学中的情境都是源于生活,并且超越现实生活。其区别在于中国美学中的情境是主题与"镜"的统一体,并指向主体的体验和感受,即主体与客体在活动中被联结在一起;而西方美学中的情境是主体感知的客观对象,即审美客体(朱光潜,1979)。

（二）教育学中的情境

杜威首先在教育学意义上提出"情境"概念,并在衡量经验的教育意义及其论述反省思维上使用了这一概念。在论述连续性和交互作用原则作为衡量经验是否具有教育意义和价值的标准时,他认为交互作用原则赋予了经验的客观条件和内部条件这两种因素以同样的权利。任何正常的经验都是这两种条件的相互作用。二者合在一起,或在它们的交互作用中,便形成了我们所说的情境。接着,他又对情境作了进一步解释,所谓个人生活在世界中,也就是个人生活在一系列的情境之中。当我们说人们生活在这些情境之中时,它的含义就是指个人和各种事物,以及个人和他人之间进行着交互作用,同时经验的连续性原则可以把先前情境中的某些东西传递到以后的情境中。按照杜威的观点,情境和交互作用这两个概念是不可分割的,情境既是主观的,也是客观的,对于一个教育者而言,产生交互作用的种种情境是他们随时密切关心的事。处在特定的时间状态的个人是参与交互作用的一个因素,另一个因素则是某些一定限度内可由教育者加以调整的客观条件(张广斌,2008)。

(三) 社会学中的情境

社会学中的情境研究是在社会学走向经验研究的发展过程中产生的,最早由美国社会学家托马斯和兹纳尼茨基合著的《波兰农民在欧洲和美国》(1918~1920年)一书中提出"情境"的概念。社会学中的情境研究偏重于社会结构及社会互动的分析,认为情境是人类行为与文化相结合的可供观察的共同体。根据卡尔的意见,一个社会情境包含六种因素:行为主体的人,含有各种特殊意义的文化特质,特殊意义与人之间的关系,个人及群体的社会互动过程,特殊的时间,特殊场合和地点。社会情境一般说来,可以分为真实情境、想象情境、暗含情境三类。真实情境指人们周围存在的他人或群体,个体与他们或群体处于直接面对的相互影响之中;想象情境是指在个体意识中的他人或群体,双方通过传播工具间接地发生相互作用;暗含情境是指他人或群体所包含的一种象征性的意义,个体与具有一定身份、职业、性别、年龄等特征的他人或群体发生相互作用,也是一种影响个体行为的社会情境。

(四) 人类学中的情境

人类学家在对有关学习的概念反思基础上引入"情境"概念,提出了情境学习理论,以莱夫和温格为代表。他们把重点放在对"完整人"的研究上,将知识视为个人和社会或物理情境之间联系的属性及互动的产物,没有一种活动不是情境性的,并提出"学习是实践共同体中的合法的边缘性参与"的著名论断。人类学家所指的学习不仅指学校内的学习,更多指学校以外的真实情境中的学习。不言而喻,情境学习中的情境便是一种真实的、自然的情境。正如莱夫所言,情境并不意味着某种具体的和特定的东西,或者不能加以概括的东西,也不是想象的东西。它意味着,在特殊性和普遍性的许多层面上,一个特定的社会实践与活动系统社会过程的其他方面具有多重的交互联系(Lave,1991)。可见,人类学家把个体与情境作为学习生态系统中的要素,强调个体与情境的相互建构,进而把学习的关注点从环境中的个人转向人和环境的相互作用,凸显了学习发生的真实性与交互性。

(五) 心理学中的情境

心理学对情境的研究经历了一个从客观刺激、背景到知识的认识过程。行为主义学习理论中的情境指引起行为活动的客观刺激,它一般与反应者的行为直接关联,如巴甫洛夫的"条件刺激信号"、斯金纳的"强化物"等。认知学习理论关注主体性、整体性,重视人的知觉到的情境的意义——个体对客观情境的认知和体验,如考夫卡的"心理物理场"理论、勒温的"生活空间"理论、奥苏贝尔的"先行组织者"理论等(戴维,2002)。认知心理学强调情境作为学习的背景,并关注意义的内在表征。情境认知理论关注情境的真实性、社会性及文化性,把学习的关注点从环境中的个人转向人和环境。情境认知理论者罗格夫认为,情境既是问题的物理结构与概念结构,也是活动的意向与问题嵌入其中的社会环境。按照情境认知的观点,情境不但是学习发生的背景,而且是学习的内容。

综上所述,因学科性质及各学科价值取向差异,美学、教育学、人类学、社会学、心理学等学科对情境这一概念的理解并不相同,这些学科对情境的解读呈现多元化趋势。上文把不同学科对情境的理解予以呈现,并不是要划清界限,区分哪个学科对情境概念的理解更加正确或科学。笔者这样做的目的在于,通过使大家了解不同学科对情境的解读,进一步理解这一概念内涵的丰富性和多样性。鉴于一般意义上的旅游活动更多的是一种经济社会行为,本书更加倾向于从社会学和心理学的学科视角对情境概念加以诠释,这也是贯穿于本章的一种明显的学科侧重和需要。

二、情境的主要特性

一个情境可能有很多特性。认识情境的特性,对于把握、优化及改变情境具有重要意义。艾弗登以游戏作为一种社会情境模型,得出情境具有目的(怎么赢)、行动程序(步骤)、规则、参与者人数、参与者角色、结果或赌注、必备的能力或技巧、互动模式、物质环境及必要配备共十个特性(Avedon,1971)。阿盖尔等在其著作《社会情境》中对情境的主要特性进行了重新归纳和总结。他们认为情境的主要特性包括:目标与目标结构、规则、角色、要素戏码、行为序列、概念、环境背景、语言与说话、困难与技能(Argyle et al.,1981)。本书沿用阿盖尔等的观点,具体阐述为以下几个方面。

(1) 目标与目标结构。大部分的社会行为都是有目标的,因此,除非知道目标,否则不可能理解情境。这些目标可能是有先后顺序的,在到达最终目标之前,会有一些次级目标。情境目标和个人动机的模式有关,这些动机可能是交朋友之类的亲密动机,也可能是带有敌意甚至破坏性的动机。情境提供了达成目标的场合,情境很可能正是为此存在。人们之所以进入一个情境,是因为他们预见可以在此达到某些目标。这些目标可以被视为情境的特性之一,而情境所能达成的目标是可以评估的。不过,一个人的动机可能不止一个目标,而这些目标之间可能是彼此促进、互相抵触或者毫不相干的。同样的关系也可见于不同人所持的目标之间。我们可以把目标之间的交互关系称作目标结构。

(2) 规则。规则是共有的信念,规定哪些行为是允许的,哪些是不允许的,以及哪些是必要的。黑瑞和斯克德在以正式情节为例说明社会行为的角色-规则模型时,即非常强调社会规则对社会行为的重要性。他们认为,在行动者使用规则来监控自己的表现时,规则便产生了行动(Harre and Secord,1972)。在此我们采取一个较为宽泛的定义:当大多数人注意到一个规则,并且不赞同违反这一规则的行为,就可以说这个规则是存在的。规则同时也是现实的社会建构之一,有了规则,才可能有复杂的游戏与许多种惯例做法。

(3) 角色。几乎所有的情境都会有一些特定的角色,以提供个人一个明确的互动模型,如网球比赛中必须有人担任运动员、裁判员、司线员、球童和观众。角色可以在情境中改变,人们也可以同时担任多种角色(父亲、医生、儿子)。各种角色之间是互相依赖的,同时涉及对角色扮演者的行动、信念、感觉、态度与价值的许多期待。情境产生了一些角色系统,以便促进情境目标的完成。这些角色系统包括一个领导层级的形成,以及分工架构。

(4) 要素戏码。所有的游戏都有一定的表演戏码,包括一些被允许、被认为具有意义的步骤。某些情境,如拍卖会,也有严格的戏码。情境中的要素提供了达到目标所需的步骤。情境不同,戏码不同。情境中的戏码是功能性的,这些戏码中包含了完成情境目标所需的必要步骤。如何找出特定情境中的戏码,甚至对找出一些社会行为中普遍存在的戏码具有非常重要的意义。

(5) 行为序列。情境中的行为要素会形成特定的行为序列。有些序列可能出现在许多情境之中,对很多情境都是适用的,尽管其内容可能会因情境不同而有所差异。同样的现象也可见于情境的情节结构。主要的任务往往可以细分成几个次级任务,然后以特定顺序一一完成。不同情境的行为序列会有很大差异,有的是由一个主导(如采访),有的是漫谈，也有的是严肃的讨论或协商。而那些仪式和正式情境中的事件序列则具有严格的先后顺序。

（6）概念。为了处理许多情境，人们会构建出一些具有普适性的概念。这些概念对于完成预期任务与达成情境目标来说是十分必要的。对于个人而言，概念的建构有一部分是普遍的，有一部分则是取决于情境的。在团体之间冲突的情境，会产生贬低外团体的概念建构物。概念的内涵和解释是依情境而异的。这种概念的架构有时非常精密，如游戏、医疗或宗教方面的相关概念，你必须先掌握概念架构，才能理解这类情境。

（7）环境背景。在情境的诸多特性中，被研究得最多的就是环境背景。我们可以通过边界、道具、调节物和空间四个概念来进一步了解环境背景。边界是社会互动进行的范围。我们所关注的是当下的、可以察觉的行动边界，亦即行为发生的地方，而不是建筑物、郊区或市镇之类的大区域。所有的边界内部都有一些道具，它们是边界内的必需品———间酒吧里必须有柜台、椅子、餐桌、酒类等，一间教室里必须有椅子、书桌、黑板等。每项道具都有用途，并通常附带了某种特定的社会意义和符号内涵。调节物则是环境中的物理层面，如颜色、声音、光线、气味和湿度，这些都会影响行为的情绪意味。当这些因素处于极端值，它们在情境中就会更有影响力，虽然极端值的标准更多的是取决于情景本身（如图书馆中的噪声极端值和操场上的不同）。空间指的是人和东西之间的距离，对于空间行为的研究则必须同时探究隐私、私人空间、领土与拥挤等现象。

（8）语言与沟通。就如同每一种科学、每一种运动、每一种工作都有术语和行话，同样的，每一个情境都有其相关的语言特色。语言与沟通的很多层面，如用词、修辞、语调等部分取决于情境。也就是说，有些语言特性是依情境而定的，有些则是应用于所有或很多情境。有些情境中的语言使用比较限定和严格，有些情境则只要求修正一种语言特性。

（9）困难与技能。有些情境会令身处其中的人倍感压力。工作等社会情境往往要求人们具备特定的技能才得以胜任。社会情境中的困难确实直接取决于社会技能——一个人越是具备处理情境的相关技能，他所遇到的困难就越少。不过，有些情境还要求一些额外的技能，如感官和运动的技能、记忆的技能或语言的技能。因此，就如同求职者必须具备某些条件，要进入某个情境也必须具备相应条件。此外，探讨人们在社会情境中普遍遇到的问题，往往可以使我们对这些情境的基本过程有深刻的认识，从而在无形中也会使我们进一步明确如何应对这些情境中可能遇到的困难，从而具备相应的技能。

三、个人与情境的交互作用

如果有人让你描述你最好的两个朋友的人格，你可能会提及，一个比较外向，另一个比较内向；一个人靠不住，另一个则值得信赖等。但是，当谈话继续深入时，你可能会发现自己这样措辞："她遇到陌生人时挺紧张沉默的，但是和朋友在一起很放松。""他对工作可能不那么积极上心，但是作为一个朋友，他绝对是忠诚可靠的。"这样的表述透露出一些端倪：我们对他人人格的描述在一定程度上取决于我们如何对情境作出反应，取决于不同情境下我们所遇到的特定的目标、思想、情感及行为。正如库尔特·勒温所言，"个人会与情境一起，影响人们思考、感受以及行为的方式"。总体来说，个人与情境的相互作用可以归结为六个方面（表17-1），具体分述如下。

表 17-1　不同类型的个人与情境相互作用

相互作用	例子
不同的人对相同的情境作出不同的反应	一些学生认为大学生活精彩纷呈,另一些学生则认为大学生活沉闷而单调
不同的情境启动个人的不同方面	你觉得自己在课堂上全神贯注,在聚会上却是谈笑风生
情境选择个人	大学不会录取每一个申请者
个人选择情境	上高中时,你可能选择走读,而你的同学可能选择在校住宿
情境改变个人	如果一个学生考入了师范大学,而与之相似的一个朋友进入了军事大学,那么四年后他们的相似性应该会减少
个人改变情境	一个精力旺盛、博学多才的老师能将安静、被动的课堂转变成一个活跃、投入的课堂

资料来源:道格拉斯·肯里克等,2011。

（一）不同的人会对相同的情境作出不同的反应

布鲁斯·巴赛洛等曾经作了一个关于不同群体玩电子游戏的实验,结果显示:之前没怎么玩过暴力电子游戏的学生,在玩过暴力游戏之后,会表现出更高的攻击水平,相比之下,之前对暴力电子游戏很熟悉的被试者则不会因为实验中玩过什么游戏,而改变自己的暴力水平。上述发现揭示了一个重要的个人-情境交互作用:不同的人会对相同的情境作出不同的反应。这种交互作用之所以发生,是因为不同的人会对某一情境的不同方面有所感应,或者相同的情境对不同的人实际上意味着不同的场景。在上述实验中,那些之前玩过暴力电子游戏的被试者可能将对手的反应看做是暴力的,哪怕他们在实验中玩的是非暴力的游戏。相反,之前没怎么玩过暴力电子游戏的被试者,只有在玩过暴力游戏之后,才会将对手看成是充满敌意的。因为非暴力的情境对于有(暴力游戏)经验和无经验的被试者含义不同,他们也对这一情境作出了不同的反应。

（二）不同的情境会启动个人的不同行动

生活中,看见一位帅哥或美女朝你微笑会启动你的浪漫思绪,听见相同的人朝你吼叫则会提升你的安全意识。我们所处的情境会引发我们的目标和信念,从而影响我们思考、感受及行为的方式,哪怕我们已经跳出这个情境(Higgins,1996)。比如,若在电影院外与陌生人发生了磕磕碰碰,你可能会以不同的方式解释这种碰撞,并作出相应的反应,这取决于你之前看的电影是滑稽喜剧("瞧我俩,真是笨手笨脚"),还是武打动作片("你怎么能这样,我给他点颜色看看")。

甚至那些我们没有意识到的情境特征也会强烈地影响我们的行动。在约翰·巴奇(John Bargh)、马克·陈(Mark Chen)和莱拉·伯罗斯的实验中,主试者要求学生们从五个打乱的词语中挑出四个造一个句子。实验设计如下:有些被试者所遇到的词语与粗鲁相关,另一些被试者遇到的词语与礼貌相关,还有一些被试者遇到的词语与粗鲁和礼貌均无关。在完成任务后,被试者离开实验室去找主试者,为第二个研究作准备。他们却发现主试者正在和另一个被试者交谈,直到被试者打断主试者(或者 10 分钟以后),主试者才会停止交谈。哪一组被试者更可能在 10 分钟的时间限制内打断主试者的谈话呢? 如果你猜是那些之前受粗鲁词语启动的被试者,那么你猜对了。这一组被试者中,63%的人会打断主试者的谈话,而在中性条件和礼貌词语启动的条件下,分别只有 38%和 17%的被试者打断了主试者的谈话。我们所处情境中的微小特征都会启动我们的目标、信念、情感及行动。因此,我们可能在一种情境下彬彬有礼,而在另一种情境下却莽撞无礼。

（三）情境选择个人

伟大的行为科学家米克·贾格尔观察到，我们并不总能得到我们渴望的任何东西，并不是每个人都能进入自己心仪的情境。学生们常常会被自己的第一志愿拒绝，也可能会被学生会拒之门外，甚至不得不徘徊街头找工作。这是因为情境也会选择个人，这是另一种形式的个人-情境交互作用。大多数情境会限制"入会"，并不是每个人都能进入。运动队的名额往往有限，人们的时间、精力只能允许自己结交一定数目的朋友。由于这些限制，甚至一些随意的情境也会涉及这样或那样的"准入要求"。

（四）个人选择情境

情境可以选择个人，个人也能够选择情境。周六的晚上，你可能在附近的电影院消磨一晚上，而你的舍友可能泡在图书馆。你可能忙着结婚成家，而你的好朋友依旧保持单身。情境并不总是会自动地"撞上"我们。反而，我们在很大程度上能够决定自己所处的情境。我们基于情境所能提供的机会来选择情境。如果你的目标是忘记即将到来的考试，那么电影院比起图书馆是个更好的选择。当不同的情境提供不同机会时，我们倾向于选择那些看起来与自己的愿望、目标相匹配的机会。

（五）情境改变个人

情境可以改变人。比如，马虎的父母可能会将一个天性安静的小婴儿转变成一个焦躁不安的小捣蛋。我们的配偶可能会改变我们对政治和社会事件的看法。有时，这种改变是非常明显的。我们当时是一个样子，而现在的我们完全不同于以往。有时，情境会以更加缓慢、微妙的方式来塑造我们。个人主义文化致力于将其少年社会化成这样一种成人：追求独立、个人成功及高水平的自尊。而集体主义文化则致力于将其少年社会化为这样一种成人：重视人际关系、群体成功及群体内的和谐。处于不同的社会化情境中会逐渐形成不同的信念、价值及行为习惯等。而情境，不管是短暂的还是长久的，孤立的或是与相关情境牵连的，都能够深刻地改变我们。

（六）个人改变情境

社会情境并不像一堵墙，每个进入情境的人都有能力来改变情境。公司野餐聚会的游戏中，若是加入了一个争强好胜者，游戏立刻会变得火药味十足。同理，在一个充满尴尬的幼儿园新生教室里，若是走进了一位富有经验的老师，孩子们可能会立刻摆脱害羞感，并彼此开始认识。有时，人们改变情境的目的和选择情境的目的是一样的：都是为了更好地达成目标。一个人若是希望垃圾满地的社区能够焕然一新，可能会招募其他人组成一支协作小分队；而那个幼儿园老师当然希望自己的学生能够自在相处。有时，人们也可能在不经意间改变自己的情境。例如，抑郁的大学生们并不想让自己的舍友感到压抑，但是他们可能无意中这么做了，随后舍友开始避开他们；相反，一个兴高采烈的舍友并没有刻意为别人打气鼓劲，但她可能无意中这么表现了，于是人们需要振作精神时总会找她。总之，许多情况下，人们都在改变自己的情境，如领导们致力于提升团队绩效，持不同意见者试图说服别人等。

第二节 消费情境

消费者的行为会因情境的不同而有所差异。面对同样的营销刺激，如同样的产品、服务或同样的广告，同一个消费者在不同的情境下会作出不同的反应。因此，对于消费情境的研究便成为目前消费者行为研究中的重要内容。

一、消费情境的定义

最初研究情境对消费者行为的影响始于心理学界,营销学界一直到1968年,由桑德尔(Sandell)开始研究情境因素对消费者行为的影响,才开启研究情境因素的大门,并正式将情境因素提升为营销学界的研究主题。贝克(Belk)可以说是第一位有系统地研究情境因素的学者,他从事了多项相关研究,并提出了消费情境的定义、构架等,奠定了消费情境研究的基础。不过,学者们对于消费情境的定义并未达成一致。就目前而言,主要有"客观存在说"和"主观存在说"两派主张。

(一)客观存在说

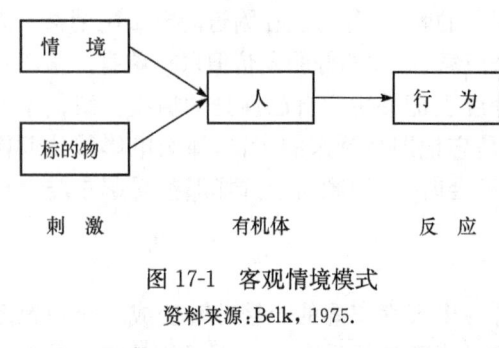

图 17-1 客观情境模式
资料来源:Belk,1975.

"客观存在说"由贝克提出,他是第一位以系统性的方法研究情境对于消费者行为影响力的学者。他认为,情境是在特定的观察时间和地点,对现行的行为具有可证明和有系统影响的所有可观察因素,而这些因素排除了产品相关信息及个人认知的因素。贝克将心理学常用的"刺激-有机体-反应"模式进行修改,用以说明情境的意义与重要性,其模型如图 17-1 所示(Belk,1975)。

(二)主观存在说

卡卡尔和卢茨的主观存在说认为,情境是在特定的时间与空间里,个人对于所有可证明和有系统影响其个人心理过程或外显行为的因素的内在反应或阐释。主观存在说认为只有外界刺激引起个人心理状态发生变化,才能称为情境,亦即情境必须经由个人心理认知、诠释,才有存在的意义。主观认知说认为情境为个人对环境的知觉反应,唯有外在刺激能引起个人心理状态产生变化,并进而影响其外显行为,情境才有存在的意义(Kakkar and Lutz,1975)。这一过程,如图 17-2 所示。

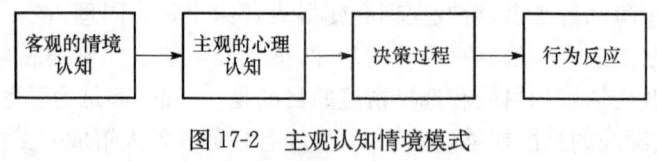

图 17-2 主观认知情境模式
资料来源:Kakkar and Lutz,1975.

这两派的主张同样强调情境必须在特定的时间与地点下存在,并且对欲观察或解释的行为产生影响,两者最大的差异在于:主观存在说认为只有外界刺激引起个人心理状态发生变化,才能称为情境,亦即情境必须经由个人心理认知、诠释,才有存在的意义;而客观存在说强调情境由外在刺激界定,因而可以客观加以观察。除客观存在说和主观认知说之外,巴克、维克及阿萨尔等学者也对消费情境的定义进行了有益探索。

巴克和维克提出了行为建立(behavioral setting)的概念,指出行为的建立不仅仅只发生在一个时间及空间点,它还囊括了一连串的行为或行动的模式,并且针对贝克的定义提出质疑,认为其消费行为不应该以微观的角度看(特定时间与空间),而是要从宏观的角度来解释(时间与空间的整体构面)(Barker and Wicker,1975)。

阿萨尔综合了上述两派学者的说法,把贝克运用心理学上的"刺激-有机体-反应"模型加以修订,认为情境、标的物和个人三者是互相影响并非独立存在的(图17-3)(Assael,1995)。

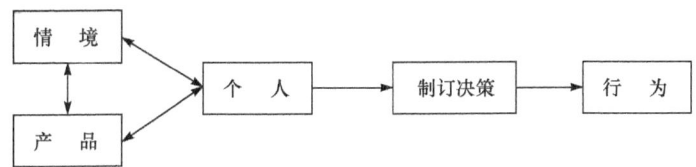

图17-3 阿萨尔(Assael)的情境模型

资料来源:Assael,1995.

二、消费情境的构成

消费情境是由一些暂时性的事件和状态所构成,它既不是营销刺激本身的一部分,也不是一种消费者特征。然而它对消费者如何评价刺激物,是否和如何对刺激物作出反应会产生重要影响。贝克认为,消费情境由五个变量或因素组成,它们分别是物质环境、社会环境、时间、任务和先前状况。

(1)物质环境是指构成消费者情境的有形物质因素,如地理位置、气味、音响、灯光、天气、商品周围的物质等。物质环境对消费者的情绪、感受具有重要影响。例如,如果商店里光线暗淡、空气浑浊、过道狭窄,就很难吸引消费者进店,即使进来了也会顿生逃遁之感(Belk,1975)。

(2)社会环境通常涉及购物或消费活动中他人对消费者的影响,如他人是否在场,彼此如何互动等。一个人独自收看电视节目与几个朋友一起收看时的行为会有明显的差别。同样,一个人单独购物和接受服务与有购物伙伴或朋友在场时相比,行为也会发生变化。典型的是在餐馆用餐,当上司或相识的其他人出现在邻座时,点的菜和喝的酒水也许会和平时不同。

(3)时间是指情境发生时消费者可支配时间的充裕程度,也可以指活动或事件发生的时机,如一天、一周或一月当中的某个时间等。时间可以作为情境变量对消费者产生影响。例如,当时间压力增大,消费者用于信息搜集的时间就会减少;距离上次用餐的时间越长,食物广告就越容易引起消费者的注意等。

(4)任务通常是指消费者具体的购物理由或目的。对同一种产品,购买的具体目的可以是多种多样的。例如,购买葡萄酒可以是自己喝,也可以是与朋友聚会时一起喝,还可以作为礼品送人。在不同的购物目的支配下,消费者对于买何种档次和价位、何种品牌的葡萄酒均会存在差异。

(5)先前状况也是消费者情境的重要组成因素。先前状况是指消费者带入消费情境中的暂时性的情绪(如焦虑、高兴、兴奋等)或状态(如疲劳、备有现金等)。先前状况对个体产生的影响不同于刺激引起的反应,也不同于个人拥有的持久特性,如个性所产生的影响。先前状况主要通过两种方式影响消费者。首先,它可能会导致消费者对问题的认识,如正处于饥饿状态下的消费者,会产生购买食物的意识和冲动。其次,先前状况会通过改变消费者的情感来影响其行为。

构成消费者情境的上述五种因素,不仅各自单独影响消费者,而且彼此之间相互作用,共同影响消费者。例如,物质环境可能会影响社会环境,再进一步影响消费者。典型的是在球场看比赛时,球场的物质设施会影响观众的情绪乃至赛场的气氛,而其他观众的状态又会影响单个人的行为。所以,在考察情境影响时,还需要考虑各种情境变量的交互作用。

三、消费情境的类型

从不同的角度进行划分,消费情境可被归纳为不同的类型。对此,学者们已进行了诸多有益探讨。本书主要列举两种典型的消费情境分类方式:恩格尔等(Engel et al.,1968)所作的分类与 Sinha(1994)所作的分类。

(一)消费的沟通、购买和使用情境

(1)沟通情境。沟通情境是指消费者在和人员或非人员的接触、沟通时所处的状况。人员的沟通是指消费者在此状况下可供接触、沟通的其他人,如销售人员、亲朋好友。非人员的沟通则是指一个刺激的媒介,如广告、媒体报道、宣传单或海报等。无论是面对面的沟通,还是非人员性的沟通,其效果均与消费者当时的接受状态,如是否有他人在场、心情或身体状况如何等,存在密切的关系。

(2)购买情境。购买情境是消费者在购买产品或服务时所处的状况。通常涉及信息环境、零售环境及信息的影响三部分。信息环境指可供消费者使用的所有产品相关信息。在信息环境中要考虑的因素包括:信息的可利用度、信息负荷、信息的构成和形式。零售环境是指零售商店的实体环境,可称为商店气氛。例如,音乐、店内布置、销售人员及店内拥挤程度。而时间的影响是指时间上的差异和压力所造成的影响。例如,不同的时节会影响许多商品的需求与定位,而时间上的压力会影响消费者的过程和结果。

(3)使用情境。使用情境是指使用产品的时机或状况。有时候购买情境与使用情境实际上是相同,如消费者到速食店用餐。但是产品通常是直到需要时才会被使用,因此在实体上和时间上,产品的消费与获取时的环境通常是不同的。又比如,购买化妆品,如果是供自己使用,过程可能相对简单,但如果要送给配偶或朋友,所考虑的因素可能会更多。即使是为自己买化妆品,如果想到这些化妆品主要是出差时使用,那么此时的很可能又不同于购买仅仅是在家里使用的化妆品时所做的。因此,使用情境不只影响产品如何被使用和消费,同样还会影响购买决定。

(二)消费的一般与特殊情境

一般情境指的是日常生活中常规的、习以为常的情境,而特殊情境则是不熟悉或者经历次数较少的情境。一般情境对消费者过程的影响非常小,因此个体特质或品牌特征在过程中会占据支配地位。特殊情境的出现出人意料,但对过程中影响却非常大。辛哈所提出的情境消费架构,如图 17-4 所示(Sinha,1994)。

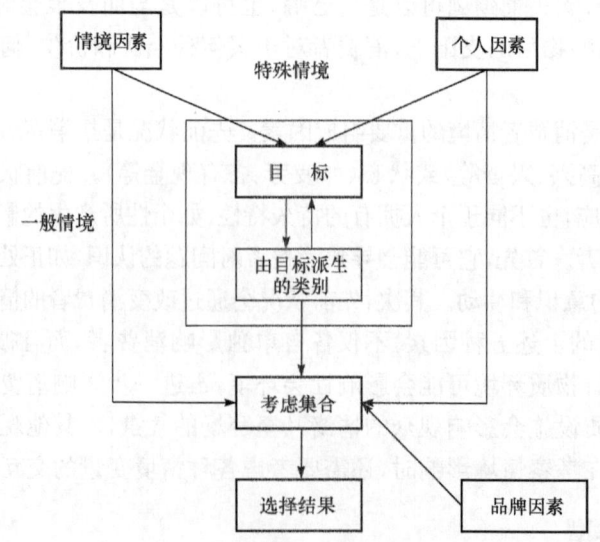

图 17-4 消费的一般与特殊情境

资料来源:Sinha,1994.

第三节 旅游情境

当旅游者离开自己的日常生活环境,踏入旅途,他们就开始进入了旅游世界。无论目的地是层峦叠嶂的名山大川,还是纯朴简洁的乡村小院,旅游者的言行举止都开始处于特定的旅游情境之中。在旅游情境下,就算普通的一日三餐,坐车睡觉,可能都会具有不同的感觉和意义。旅游是一个从客源地到目的地,最终又回到客源地的复杂过程,涉及食、住、行、游、购、娱等诸多要素和环节。旅游者旅游过程中的诸多经历都伴随着特殊的情境及不同情境之间的转换。鉴于旅游行为与普通消费行为的差异,本书主要阐述旅游情境、旅游体验情境和旅游交互情境三个方面的内容。

一、旅游情境

旅游情境对旅游者的产品及路线选择具有重要的影响,而影响旅游者的情境因素有很多种,但对旅游者的影响并不一样。某个情境因素可能是抑制作用,而另一个可能是促进作用。一种情境因素在这一时刻影响旅游者,而在另外时刻,却可能并不发挥作用。因此,确定哪种情境影响旅游者,是制约因素还是促进因素等是研究旅游者行为过程中非常重要的问题,对于优化、完善目的地旅游营销也具有重要指导意义(表17-2)。

表17-2 旅游情境及具体内容

情境因素	主要内容
外界实体情境	旅游产品信息(价格、类型、广告等)、交通方便程度、天气状况、旅行社推荐
社会情境	亲朋好友影响、临时突发事件、景区社会氛围、旅游时尚、出游组织方式
时间情境	出游时间安排、出游季节或月份
出游前状态	经济实力、身体状况、心情状态

(1) 外界实体情境。外界实体情境主要包括旅游产品信息(价格、类型、广告等)、交通方便程度、天气状况、旅行社推荐等内容。比如,高速铁路的开通,就为拉动沿线省(市)的旅游业快速发展提供了强大的动力。在高铁的带动和影响下,沿线居民在出游交通方式上有了更多的选择,从而克服了原先旅途中花费时间过多,甚至很多地方因交通不便而无法抵达之类的问题和限制。高速铁路的开通,不仅会极大地方便沿线群众的出行,而且还会带动沿线旅游资源和文化产业的开发、发展,会对以旅游为代表的区域战略支柱产业产生重要影响。这种外界实体情境因素的改变,会对旅游者的出游产生很大影响,还会影响相关目的地旅游产业的发展,这是旅游学界和业界都较为关注的一个问题。

(2) 社会情境。社会情境主要包括亲朋好友影响、景区社会氛围、旅游时尚、出游组织方式及临时突发事件等。比如,小张本来打算去西藏旅游,但是亲朋好友都劝他不要去,西藏风景虽好,但是一个人独自前往不安全,有很多不确定因素。于是,小张改变了原先的出游打算。这种选择上的改变就是社会情境因素所致。上述社会情境因素会对潜在旅游者的旅游产生影响,这种影响可能微不足道,更加坚定了旅游者之前的决定,也可能改变全局,打破旅游者原先的旅游。

(3) 时间情境。时间情境主要包括旅游者出游时间的安排及出游的季节或月份等。不同的旅游资源和景点可能在不同的季节具有不同的吸引力,如洛阳牡丹花会、哈尔滨冰雪大世界等。加之,人们闲暇时间的多少也不一而足,如周末、清明小长假或者十一黄金周。因此,时间情境因素会对旅游者的出游造成很大影响。

（4）出游前状态。出游前状态主要包括经济实力、身体状况、心情状态等方面。出游前状态也是旅游情境的重要组成部分。比如，出游前心情过于激动，会导致许多旅游冲动的发生；而如果心情过于沉闷，则很可能导致旅游者对整个旅程的漠不关心。

二、旅游体验情境

格式塔心理学对心理场和物理场及心物场的描述，向我们展现了一个可以用来勾画旅游体验情境的概念。正如第五章中所述，旅游体验作为一种主要由个体赋予其意义的主观心理过程，对物理环境和心理环境都有着极大的依赖。旅游者从出行那一刻开始，就不断地经历着"场"的变化。随着物理场的迁移和变更，旅游者的心理场也在变化。而每一个使旅游者的心理场与外在的物理场相交融的时空框架，都构成了旅游场的物理寄托，而旅游场的灵魂，是此时此地的心理场，它统辖着旅游者旅游体验的地理环境和行为环境，并最终构成了旅游者的旅游体验情境。

构成旅游体验情境的因素非常复杂。首先是来自外界的地理环境刺激因素。这些因素会作用于旅游者的心理，先是引起旅游者心理与这种地理环境之间的相互浸染——也许是通过知觉或移情，逐步使地理环境的心理意义呈现，而旅游场便在这个基础上形成了。所以，旅游场是旅游者心物的统一，是作为远因而存在的地理环境和作为近因而存在的行为环境相互作用的产物。这种心物结合而产生旅游场，表达了旅游需要和旅游景观之间互为因果、互为存在的特性。它也说明，当旅游者的行为环境在受到地理环境调节时，以自我为中心的心理场也在活动着，由此形成的是一个由自我-行为环境-地理环境等进行动力交互作用的心物场。

在旅游过程中，构成旅游体验情境的条件既有物理环境（地理环境），也有行为环境，对此所作的完整描述是构建旅游场描述的确切意义的前提。旅游体验情境的功能在于对旅游者心理构成周围型刺激。在旅游者旅途过程中，这种刺激会呈现出不同的强烈程度，因此具有不同的描述价值。

总体而言，旅游体验情境可以分为两种类型：旅游氛围情境和旅游行为情境。旅游氛围情境是一种概念性情境，它对旅游者的心理影响主要以弥漫性地渗透为主，像是空气里的味道、海水里的盐分一样，包裹着旅游者的外部心理感觉世界。正如格雷伯恩描述的，"到著名的地方去长途旅游或参观拜访那些奇异的民族，在一种迷人的环境中，即使是一种最基本的活动，如在花园里进行野餐，也包含有某种旅游的魅力，尽管所吃的食物和饮料可能与平时在家吃的一样。但旅游的魅力却在于这种活动本身，它与平时的活动不同，具有某种特殊的环境。"这种环境其实就是旅游氛围情境。旅游行为情境是一种具体的操作性情境。由于在这种情境中潜藏着甚至呈现着某种矢量因素，因此，它常常有一些动力成分，它对行为的影响也就更有方向感和力度感。旅游者在旅游体验过程中的行为表现的直接情境因素就是旅游行为情境。比如，某旅游者在一个乡村旅游地游览过程中，看到其他游客争相购买具有地方特色的纪念品，于是产生了从众行为，这位游客也购买了这种纪念品。此时，旅游者产生购买的行为的主要影响因素便为旅游行为情境。

旅游氛围情境与旅游行为情境之间存在着关系。一方面，旅游行为情境中注定要弥漫着旅游氛围情境的色彩和味道，旅游氛围情境对旅游体验行为的影响是借助于旅游行为情境来发挥作用的。另一方面，旅游行为情境的综合特征常常有助于旅游氛围情境的形成，同时，旅游行为情境的歧异性变化，也会使旅游氛围情境受到很大的改变，甚至出现旅游氛围情境与旅游行为情境大相径庭的情况。比如,一个对旅游目的地充满期待、在内心世界对旅游目的地的旅游氛围早有投射的旅游者,等他身处目的地的时候,如果他始终不断地要以恶劣的心情来应付各种不期而至、令人反感的旅游行为情境,那么,它的旅游氛围情境的质量就被彻底葬送了。有时,只要有一个这样的旅游行为情境,就足以产生这样的效果。显然,在这里我们所说的旅游行为情境,在外延和内涵上都接近于通过格式塔心理学所推演出的旅游场概念,而旅游氛围情境的形成,在概念上可归因于我们业已建立的旅游世界这一特殊的结构。作为旅游体验情境的两个组成部分,旅游氛围情境和旅游行为情境是两种不同类型、同时也是两个不同层次的旅游情境。

（一）旅游氛围情境——旅游世界

整个旅游世界是一个基本情境层次。旅游世界构成一个最基本、最大、最模糊的主观情境,这种主观情境主要由旅游者的旅游需要、动机、期望等先在情感心理因素的作用引起的,是一种心理映照或投射,或者是一种移情。在旅游过程中所发生的旅游行为笼罩在这个情境当中,其特征在很大程度上会影响旅游体验的方式、方向和力度。与旅游行为情境对旅游体验的影响相比,旅游氛围情境属于远因。所以,我们也可以把这个层次的旅游体验情境成为远因旅游情境。

从情境的意义上来理解旅游世界的时候,旅游氛围情境主要是建构了旅游世界的总体风格和意义。在这种氛围的笼罩之下,旅游世界仿佛是一个有色而透明的屏障。倘若你以日常的、世俗的眼光,透过它去审视（或自省）旅游行为,结果就会发现,旅游世界赋予旅游期间的一切行为以特殊的色彩和意义,旅游世界中所发生的基本行为类型（即使他们与生活世界当中的没有本质差异,如吃饭、睡觉等）及所使用的道具（哪怕它们是来自生活世界的）,都由这个屏障的存在而可以获得不同的诠释。旅游者那种积极的、欣赏的目光,使得他成了一个积极吮吸美和善的汁液、能宽容甚至利用一定程度的丑陋和快乐的人。这种情况从旅游者策划旅游岛动身旅行再到回归家中,通常都是十分明显的表现。旅游世界作为一个情境层次,它的格调主要是由旅游需要所形成的一种心理赋彩功能所确定的。换句话来说,它主要是以一种文化建构的动力形式存在于旅游者的头脑当中,那就是旅游需要,是一种心理诉求,这不同于更低层次的旅游情境。

因为旅游情境的层次越低,越具体,就越具有现场特性,就越受到旅游吸引物（包括观念形态和物质形态）所在文化的烘托和渲染。旅游世界的情境特征主要以一种主题性的统领作用对较低层次的旅游情境进行引领、赋彩和约束。不管较低层次的旅游情境如何丰富、如何变幻,它们都既建构旅游世界的色彩和意义,也依从旅游世界的色彩和意义。从这个意义上说,与沉闷的生活世界相比,旅游世界给人的感受是鲜活而丰富的。旅游计划一旦实施,他的世界就呈现出一种与生活世界相比近乎另类的色彩。在旅游世界,即使那些在生活世界当中天天发生的常规性的行为,其意义也发生了一定程度的改变。

（二）旅游行为情境——旅游场

串联在旅游过程中的各级、各类节点,与对具体旅游行为的规定和引导作用构成了旅游行为情境,这就是前面所说的旅游场。旅游行为情境的特征,取决于旅游线路上各旅游目的地,即景观的自然、文化特征,这些特征虽然要依靠旅游者进行主观的识别和意识的融入,但基本上取决于客观的存在,而不是像旅游氛围情境那样主要是旅游者需要的主观映照或反射。旅游场作为约束和规定旅游行为发生的具体情境,与上一个层次（旅游世界）相比,更加缺乏总体的计划性,或者说,具有更加明显的不可预期性。旅游者的行为更多地需要作出应激反应。这个层次是旅游氛围情境的基础,而旅游氛围情境的特征存在于旅游行为情境的特质当中,而有的时候,又有明显的异变。

由此可见,我们所构造的这样一个旅游行为情境或者旅游场的模型,反映着旅游者在旅游期间经验的各种不同类型的行为过程与当时的环境之间的互动关系。由于旅游者行为的多样性(有时甚至也包括发生在旅游世界当中的日常行为),因此旅游行为情境也是及其丰富多彩的。从功能上看,这些情境有的与满足基本生理需要有关,如饮食、睡眠,有的与空间移动有关,如旅行、歇息,有的与社会交往有关,如访问、拜谒等。在功能不同的情境当中,旅游者的行为预期会有很大不同,旅游者的行为表现也会有很大差异。尤其是旅游者行为与日常生活行为的区别程度会大不一样。一般情况下,越是那些具有旅游特性的行为情境,越容易激发旅游者区别日常生活行为的旅游行为,而那些属于生活世界中的日常行为情境,往往只是被笼罩上了一层旅游的色彩,表现出旅游世界的倾向而已。

三、旅游互动情境

互动是旅游过程中的主要内容和行为之一。这种互动不仅体现在旅游者的很多活动要依赖于他人提供的以物质设施或设备的形式存在的产品,而且体现在旅游过程中很多旅游者与旅游者之间、旅游者与目的地原住民之间、旅游者与旅游业从业者之间的相互理解、支持和帮助。在同行的旅游者之间,他们是共同目标的追求者,因此常常需要互相帮助;旅游者与旅游企业的经营者之间会由于经济利益而产生联系;旅游者与目的地原住民之间会产生多种方式的信息、文化等传播,相互之间的理解与支持也不可或缺。旅游者、旅游业从业者,以及目的居民之间这种或正向或负向、或积极或消极的接触、沟通与交流,共同构成了旅游者的旅游互动情境。

旅游互动情境模型中包含了旅游互动参与者和互动作用两方面内容。在旅游过程中,参与互动的人主要有三类:一类是旅游者,一类是目的地原住民,还有一类是旅游业从业者。旅游者从旅游方式上看有散客与结伴(包括团队和家庭)两种,不管是哪一种,都可能与他们发生互动行为。从图 17-5 可以看出,旅游者的主要互动对象有三类。

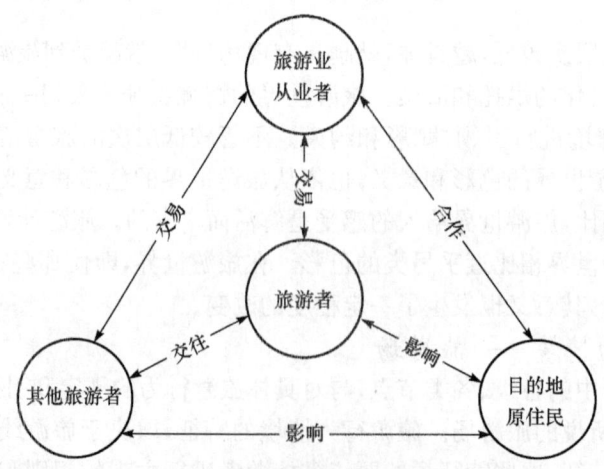

图 17-5 旅游互动情境模型

第一类是旅游目的地原住民。旅游者与目的地原住民的互动是通过旅游者对旅游目的地的到访实现的,其性质多属于邂逅相遇,内容涉及经济、社会、文化、生活等诸多方面。

旅游者与目的地原住民之间的互动氛围、时间及空间等都会影响双方的互动意愿和过程。一般而言，如果旅游氛围中包含更多的人文因素，两者互动的意愿相对会更加强烈，互动的机会也将更多，当然互动的结果也会更好。不过从时间上看，旅游过程中的互动往往受到时间限制，旅游者往往由于游程时间的限制而不能有更多时间进行双方的互动，因而这种互动很可能终止于较早阶段，这很不利于双方互动的深入发展。从时机方面看，旅游者与当地居民的互动主要发生于旅游者在购买物品和服务的时候。此时，双方互动往往带有经济目的与心理地位的不平等，并不是产生互动的良好时机。而从地点看，旅游者往往把更多时间花费在旅游游览区内，在这区域，他们往往更多地碰到具有服务性质的居民，难以形成更多地互动。

第二类是旅游业从业者。这里涉及目的地的旅游企业和客源地的旅游企业。一般而言，旅游者与这些人的互动在性质上是一种交易关系，一般通过金钱、商品和服务的交换而得以建立，因此这种互动在目的地上总是体现为一方想卖出而另一方想买进商品和服务。旅游者与旅游业从业者之间的关系通常是建立在经济利益基础上的，因此，也常常由于双方经济利益的不平等、不公平而引发种种冲突和不满，从而影响旅游者的整个旅游过程。

第三类是其他旅游者。旅游者之间的互动如果发生在同行的团队或伙伴之间，那么这种互动关系就属于"游伴"的性质，双方互相沟通与帮助，共同完成整体旅游过程；如果互动发生在两个素昧平生的散客旅游者之间或在目的地遇到的任何其他旅游者，那么这种互动则属于"邂逅"的性质。某个旅游者与其他陌生旅游者的互动可能并不常见，但也有可能某个旅游者因在旅途中认识他人，志趣相投，并建立长久的朋友关系。

本章作业

1. 简述情境的概念，并尝试说明情境在不同学科中的研究特点。
2. 情境的主要特征有哪些？旅游活动中是否也存在类似情境特征？
3. 简述消费情境的主要理论学说、构成及类型。
4. 简述旅游情境的三种类型划分，并对其加以解释。

延伸阅读文献

谢彦君. 2005. 旅游体验的情境模型：旅游场. 财经问题研究,(12):64-69.
谢彦君,谢中田. 2006. 现象世界的旅游体验：旅游世界与生活世界. 旅游学刊, 21(4): 13-18.
Urry J, Larsen J. 2011. The Tourist Gaze 3.0. London: Sage.

主要参考文献

阿拉斯泰尔·M.莫里森. 2012. 旅游服务业市场营销. 李天元译. 北京:中国人民大学出版社.
白凯. 2009. 旅游目的地意象定位研究述评——基于心理学视角的分析. 旅游科学,23(2):9-15.
白凯,马耀峰,李天顺. 2005. 北京市入境游客感知行为研究. 消费经济,(6):63-67.
白凯,马耀峰,李天顺. 2006. 环境感知因素对旅华背包客旅游决策行为影响研究. 旅游学刊,(5):48-52.
白凯,马耀峰,周忠学. 2005. 入境游客消费决策行为影响研究——以北京市为例. 北京社会科学,(3):66-71.
宝贡敏. 2009. 成败背后的中国文化. 太原:山西经济出版社.
保继刚. 1999. 旅游地理学. 北京:高等教育出版社.
曹诗图,郑宇飞,黄蓉. 2006. 旅游概念的哲学辨析. 地理与地理信息科学,(4):71-74.
陈才. 2009. 意象·凝视·认同——对旅游博客中有关大连旅游体验的性质研究. 东北财经大学博士学位论文.
陈海波. 2011. 旅游者场所依恋的形成机制及其管理启示. 旅游研究,3(2):62-67.
陈佳利. 2007. 自助旅行知识之概念化与衡量. 嘉义大学硕士学位论文.
陈荣,贾建民. 2005. 消费者选择中的后悔和不确定性的作用研究. 管理科学学报,8(6):19-26.
陈亭羽,崔哲伟. 2007. 模糊推论应用于消费者决策法则之研究. 管理科学研究(第二届管理与决策学术研讨会特刊):11-34.
陈魏,丁峻,赵晶,等. 2007. 后悔的心理学研究进展. 中国临床心理学杂志,17(4):415-434.
陈玮玲. 1992. 当地原住民参与观光游憩发展过程之研究. 户外游憩研究,5(3):91-107.
陈怡佩. 1999. 报社政治新闻工作者信息寻求行为之探讨——以政治记者与政治版编辑为例. 辅仁大学硕士学位论文.
陈奕滨,胡璟,黄曦晓. 2012. 不确定规避对游客旅游目的地形象感知的影响研究:以张家界为例. 旅游科学,26(3):42-53.
戴维·H.乔纳森. 2002. 学习环境的理论基础. 郑太年,任友群译. 上海:华东师范大学出版社.
戴湘君. 2000. 影响表演艺术消费体验之因素及评估准则. 政治大学硕士学位论文.
丹尼尔·A.雷恩. 1997. 管理思想的演变. 李柱流,等译. 北京:中国社会科学出版社.
道格拉斯·肯里克,等. 2011. 自我·群体·社会:进入西奥迪尼的社会心理学课堂(5版). 谢晓非,等译. 北京:中国人民大学出版社.
方俊明. 1990. 认知心理学与人格教育. 西安:陕西师范大学出版社.
费孝通. 2007. 乡土中国. 上海:上海世纪出版集团.
冯契. 2001. 哲学大辞典(下)(修订本). 上海:上海辞书出版社.
符国群. 2001. 消费者行为学. 北京:高等教育出版社.
符国群. 2011. 消费者行为学(2版). 北京:高等教育出版社.
高静,章勇刚. 2007. 旅游目的地品牌化若干基本问题的探讨. 北京第二外国语学院学报(旅游版),(9):73-78.
格雷伯恩. 2002. 旅游:神圣的旅程. 昆明:云南大学出版社.
顾朝林. 2012. 人文地理学导论. 北京:科学出版社.
郭生玉. 1973. 国中低成就学生心理特质之分析研究. 台湾师范大学教育研究所集刊,15:451-534.
郭为藩. 1979. 自我心理学. 台南:开山书局.
郭为藩. 1987. 自我态度量表. 台北:中国行为科学社.
郭为藩. 1996. 自我心理学. 台北:师大书苑.
贺和平,刘雁妮,周志民. 2010. 体验营销研究前沿评介. 外国经济与管理,32(8):42-50.

赫伯特·A.西蒙.1989.现代决策理论的基石.杨砾,等译.北京:北京经济学院出版社.
洪慎忆.1995.影响游客对生态旅游态度因子之探讨——以阳明山国家公园为例.台湾大学硕士学位论文.
侯雅龄.1998.小学儿童自我概念量表编制及其相关因素研究.高雄师范大学硕士学位论文.
侯玉波.2003.社会心理学.台北:五南图书出版股份有限公司.
黄安邦.1992.社会心理学.台北:五南图书出版股份有限公司.
黄桂珠.2003.居民对环境冲击认知与发展生态旅游态度之研究:以玉山国家公园梅山地区为例.朝阳科技大学硕士学位论文.
黄浩烈.2005.消费者旅游知识对 GPT 产品认知价值之影响.文化大学硕士学位论文.
黄希庭.2007.心理学导论.北京:人民教育出版社.
黄宗成,吴宗宏,高从伦.2000.休闲农场游客游憩体验之研究.户外游憩研究,13(4):1-25.
贾静.2002.旅游心理学.郑州:郑州大学出版社.
江光荣.2001.人性的迷失与复归——罗杰斯的人本心理学.台北:猫头鹰出版社.
蒋璐,程兆谦,林棍.2007.儒家文化圈内的文化差异及其对组织间合作的影响研究.中国软科学,(1):121-127.
赖彦均.2007.纪念品:旅游回忆的保存与触发.交通大学硕士学位论文.
雷平,施祖麟.2008.中国出境旅游发展水平的国际比较研究.旅游科学,22(2):33-37.
黎洁,赵西萍.2000.美国游客对西安的感知研究.北京第二外国语学院学报,(1):51-55.
李德山,韩春鲜,杨玲.2010.丝绸之路外国旅游者旅游动机及旅游行为特征——基于跨文化比较的视角.旅游科学,24(5):40-48.
李丽香.2004.小学教师创意教学与学生自我概念、学习动机、学习策略及学习成效之相关研究.高雄师范大学硕士学位论文.
李珊慧.2009.目的地品牌权益构面指数探讨.台湾中华大学硕士学位论文.
李思屏.2001.游客对生态旅游之环境态度与行为关系之研究——以关渡自然公园为例.台湾大学硕士学位论文.
李天元,王连义.1997.旅游学概论.天津:南开大学出版社.
李瑛.2008.旅游目的地旅游者满意度及影响因子分析——以西安地区国内市场为例.旅游学刊,23(4):43-48.
李永展.2002.全球化与社区产业经营——以南投水里上安社区为例.建筑与规划学报,3(1):1-14.
李渚森.2010.情境因子观点比较会议观光客与一般观光客之旅游消费.台湾东海大学硕士学位论文.
李越,霍涌泉.2006.心理学教程.北京:高等教育出版社.
李云峰.2004."认知"与"体验":世界及人生的两种把握方式.云南师范大学学报,36(3):105-109.
梁宁建.2006.心理学导论.上海:上海教育出版社.
梁小民.1993.高级宏观经济学教程(上册).北京:北京大学出版社.
梁雪松,马耀峰,李天顺.2006."文化边际域"中东西方旅游者行为比较研究.旅游学刊,21(1):36-39.
林芳.1987.人的潜能和价值.北京:华夏出版社.
林国贤.2004.大陆民众来台旅游态度与动机之研究.朝阳科技大学硕士学位论文.
林建煌.2002.消费者行为.台北:智胜文化事业有限公司.
林钦荣.1989.商业心理学.台北:前程企业管理公司.
林文彬.2007.探讨旅游知识变迁下消费者旅行业服务依赖转变之历程.世新大学硕士学位论文.
刘纯.2004.旅游心理学.北京:科学出版社.
刘丽娟,李天元.2012.国外旅游目的地品牌化研究现状与分析.人文地理,27(2):26-31.
卢钦铭.1980.我国小学及国中学生自我观念发展之研究.教育心理学报,13:74-84.
卢泰宏,黄胜兵,罗纪宁.2000.论品牌资产的定义.中山大学学报:社会科学版,40(4):17-22.
陆林,焦华富.1996.山岳旅游者感知行为研究——黄山、庐山实证分析.北京大学学报(哲学社会科学版),

(3):41-46.

"旅游者满意度指数"课题组.2012.旅游者满意度测评体系的构建及实证研究.旅游学刊,27(7):74-80.

罗贝尔·郎卡尔.1997.旅游与旅行社会学.陈立春译.北京:商务印书馆.

罗文基,朱湘吉,陈如山.1994.生涯规划与发展.台北:空中大学出版社.

吕俐蓉.2004.旅游者在谷关温泉区旅游前信息搜寻策略之研究.朝阳科技大学硕士学位论文.

麻国庆.2009.永远的家.北京:北京大学出版社.

马俊峰.1998.近年来价值观念研究综述.哲学动态,(7):15-18.

马克思.1972.马克思恩格斯全集.(3卷).北京:人民出版社.

马克思.1975.资本论(1卷).北京:人民出版社.

马克思.1980.马克思恩格斯全集.(46卷,下册).北京:人民出版社.

马凌.2007.本真性理论在旅游研究中的应用.旅游学刊,22(10):76-81.

马耀峰.2010.发展旅游与改善民生.旅游学刊,25(9):5-6.

马耀峰,白凯.2007.基于人学和系统论的旅游本质的探讨.旅游科学,21(3):27-31.

马耀峰,张佑印,梁雪松.2006.旅游服务感知评价模型的实证研究.人文地理,(1):25-28.

孟昭兰.1994.普通心理学.北京:北京大学出版社.

潘煜.2009.影响中国消费者行为的三大因素.上海:上海三联书店.

戚海峰.2009.中国人消费行为中的面子问题探究.湖北大学学报,(1):120-125.

钱紫华,陈晓键.2004.华山客源市场结构和游客行为调查分析.干旱区资源与环境,(6):118-122.

邱扶东.2004.心理学范式的旅游决策研究.华东师范大学博士学位论文.

瑟夫·派恩,詹姆斯,吉尔摩.2002.体验经济.夏业良译.北京:机械工业出版社.

畲美仙.2010.基于文化认知与文化距离的饭店感知价值研究.浙江大学硕士学位论文.

时蓉华.1997.社会心理学.台北:东华书局.

斯蒂芬·P.罗宾斯.1997.组织行为学.孙建敏,等译.北京:中国人民大学出版社.

孙本文.1935.社会学原理.北京:商务印书馆.

孙凤.2002.消费者行为数量研究.上海:上海三联书店.

孙根年,李开宇.1998.90年代国际旅游支付能力与人均GNP关系的研究.陕西师范大学学报,26(4):91-96.

孙根年.2001.国际旅游支付方程、支付等级与旅游偏好.地理学与国土研究,17(1):50-54.

孙隆基.2004.中国文化的深层结构.桂林:广西师范大学出版社.

屠如骥,等.2001.现代旅游心理学.青岛:青岛出版社.

王大明.2004.观光客与居民冲突之研究——从居民观点.文化大学硕士学位论文.

王宽荣.2007.女性旅游体验之探究.南华大学旅游事业管理研究所硕士学位论文.

王铭山.1997.台中市市民的都市环境态度与都市景观偏好关系之研究.逢甲大学硕士学位论文.

王宁.2001.消费与认同——对消费社会学的一个分析框架的探索.社会学研究,(1):4-14.

王苏君.2003.走向审美体验.浙江大学博士学位论文.

王素洁,齐善鸿.2005.消费主义与中国公民出境旅游高消费行为探析.旅游学刊,20(6):41-44.

王文科.2001.教育研究法(6版).台北:五南图书出版股份有限公司.

魏翔,孙迪庆.2008.闲暇经济理论综述及最新进展.旅游学刊,23(4):13-18.

吴必虎,王晓,李咪咪.2001.中国大学生对旅游安全的感知评价研究.桂林旅游高等专科学校学报,(3):62-68.

吴承照.1999.旅游区游憩活动地域组合研究.地理科学,19(5):437-441.

吴方桐.1989.社会学教程.武汉:华中师范大学出版社.

吴建华,陶丹艳.2010.论"面子"文化与旅游消费行为的关系.经济研究导刊,(22):167-169.

伍晓奕,林德荣.2008.跨文化旅游者消费行为研究综述.旅游科学,22(3):49-54.

希夫曼,等.2002.消费者行为学.俞文钊,等译.上海:华东师范大学出版社.

下中邦彦. 1981. 新版心理学事典. 东京:平凡社.
肖浩辉. 1994. 加强消费文化研究提高消费文明. 消费经济,(6):9-11.
小爱德华·J. 梅奥,等. 1987. 旅游心理学. 南开大学旅游系译. 天津:南开大学出版社.
谢淑芬. 2009. 观光心理学. 台北:五南图书出版股份有限公司.
谢秀芬. 1998. 家庭与家庭服务——家庭整体为中心的福利服务之研究. 台北:五南图书出版公司.
谢彦君. 2001. 基础旅游学. 北京:中国旅游出版社.
谢彦君. 2004. 基础旅游学(2版). 北京:中国旅游出版社.
谢彦君. 2011. 基础旅游学(3版). 北京:中国旅游出版社.
解杼,张捷,刘泽华,等. 2003. 旅游者入游感知距离与旅游空间行为研究——以江西省龙虎山为例. 安徽师范大学学报:自然科学版,(4):396-400.
颜阿桃. 2010. 旅游动机、家庭生命周期对家庭旅游影响之研究. 台湾逢甲大学硕士学位论文.
杨国枢. 2004. 中国人的心理与行为:本土化研究. 北京:中国人民大学出版社.
杨国枢,文崇一. 1989. 社会及社会科学研究法(上、下). 台北:东华书局.
杨小玲. 2004. 当地居民对节庆活动冲击之知觉与态度研究:平溪乡与盐水镇之比较. 大叶大学硕士学位论文.
杨昀. 2011. 地方依恋的国内外研究进展述评. 中山大学研究生学刊,32(2):26-37.
叶奕乾,祝蓓里. 1996. 心理学. 上海:华东师范大学出版社.
叶友良. 2003. 旅游调查统计研究. 厦门大学博士学位论文.
游旭群,杨杏. 2003. 旅游心理学. 上海:华东师范大学出版社.
余英时. 1989. 中国思想传统的现代诠释. 南京:江苏人民出版社.
袁方. 1990. 社会百科词典. 北京:中国广播电视出版社.
原田进. 2007. 设计品牌. 台北:晨星出版社.
张朝,等. 2008. 心理学导论. 北京:清华大学出版社.
张春兴. 1992. 张氏心理学词典. 上海:上海辞书出版社.
张春兴. 1994. 教育心理学——三化取向的理论与实际. 台北:东华书局.
张春兴. 1996. 现代心理学. 上海:上海人民出版社.
张春兴. 1997. 张氏心理学辞典. 台北:东华书局.
张春兴. 2002. 现代心理学. 台北:东华书局.
张广斌. 2008. 情境与情境理解方式研究:多学科视角. 山东师范大学学报:人文社会科学版,53(5):50-55.
张宏梅,陆林. 2008. 跨文化旅游态度和行为研究述评旅游学刊,23(4):82-87.
张宏梅,陆林. 2009. 入境旅游者旅游动机及其跨文化比较——以桂林、阳朔入境旅游者为例. 地理学报,64(8):989-998.
张辉. 2002. 旅游经济论. 北京:旅游教育出版社.
张凯智. 2011. 建构影响社区观光发展态度关系之模式——以社会交换理论与社区主义为基础. 东华大学博士学位论文.
张俐俐,等. 2007. 旅游学. 北京:高等教育出版社.
张玲. 2010. 旅游者对地质遗迹景观解说的需求研究——以翠华山国家地质公园为例. 旅游科学,24(6):39-46.
张玲. 2012. 知识旅游视角下的地质遗迹景观三重认知. 山地学报,30(1):107-112.
张梦霞. 2010. 中国消费者购买行为的文化价值观动因研究. 北京:科学出版社.
张明,陈彩琦. 2002. 基础心理学. 长春:东北师范大学出版社.
张世琪. 2012. 文化距离、顾客感知冲突与服务绩效的关系研究:以饭店外籍顾客为视角. 浙江大学博士学位论文.
张树夫. 2001. 旅游心理学. 北京:高等教育出版社.

张雅莉. 2004. 观光服务产业顾客对信息暴露需求差异之研究. 文化大学博士学位论文.
赵荣,等. 2006. 人文地理学(2版). 北京:高等教育出版社.
郑杭生. 2003. 社会学概论新修. 北京:中国人民大学出版社.
郑向敏,付业勤. 2010. 旅游相关概念之辨析. 前沿,(21):109-113.
钟振华. 2003. 台北PUB消费动机与体验之研究. 文化大学硕士学位论文.
周尚意. 2011. 文化地理学研究方法及学科影响. 中国科学院院刊,26(4):415-422.
朱光潜. 1979. 诗格. 北京:人民文学出版社.
朱竑,刘博. 2011. 地方感地方依恋与地方认同等概念的辨析及研究启示. 华南师范大学学报(自然科学版),(1):1-8.
朱瑞玲. 1993. 有关"面子"的心理及行为现象之实证研究. 台湾大学博士学位论文.
朱喆. 1996. 道家哲学的价值观初论. 社会科学研究,(6):37-43.
邹本涛. 2010. 旅游心理学:含义、对象与特点的再审视. 旅游学刊,25(7):82-87.
Aaker D A, Biel A L. 1993. Brand Equity & Advertising: Advertising's Role in Building Strong Brands. Hillsdale: Lawrence Erlbaum Associates, Inc.
Aaker D A. 1991. Managing Brand Equity: Capitalizing on the Value of a Brand Name. New York: Free Press.
Aaker D A. 1996. Measuring brand equity across products and markets. California Management Review, 38(3): 102-120.
Aaker J L, Benet-Martínez V, Garolera J. 2001. Consumption symbols as carriers of culture: a study of Japanese and Spanish brand personality constructs. Journal of Personality and Social Psychology, 81(3): 492-508.
Aaker J L. 1997. Dimensions of brand personality. Journal of Marketing Research, 34(3): 347-356.
Aarts H, Dijksterhuis A. 1999. How often did I do? experienced ease of retrieval and frequency estimates of past behavior. Acta Psychology, 103: 77-89.
Abraham C, Clift S, Grabowski P. 1999. Cognitive predictors of adherence to malaria prophylaxis regimens on return from a malarious region: a prospective study. Social Science & Medicine, 48(11): 1641-1654.
Adams K. 1990. Cultural commoditization in Tana, Toroja, Indonesia. Cultural Survival Quarterly, 14(1): 31-34.
Addis M, Holbrook M. 2001. On the conceptual link between mass customization and experiential consumption: an explosion of subjectivity. Journal of Consumer Research, 1(1): 50-66.
Albert R D, Triandis H C. 1979. Cross-cultural training: a theoretical framework and someobservations // Trueba H T, Barnett-Mizrahi C. Bilingual Multicultural Education and Theprofessional: From Theory into Practice. Rowley: Newbury House: 181-194.
Allen V L. 1965. Situational factors in conformity Berkowitz. New York: Academic Press.
Allport G W. 1937. Personality: A Psychological Interpretation. New York: Holt.
Allport G W. 1961. Pattern and Growth Inpersonality. New York: Holt.
Altman I, Low S M. 1992. Place Attachment. New York: Plenum Press.
Anastasopoulos P G. 1992. Tourism and attitude change: greek tourists visiting Turkey. Annals of Tourism Research, 19(4): 629-642.
Andreu L, et al. 2005. Market segmentation by motivations to travel: British tourists visiting Turkey. Journal of Travel & Tourism Marketing, 19(1): 1-14.
Argyle M, Furnham A, Graham J A. 1997. 社会情境. 张君玫译. 台湾:巨流图书公司.
Arnould E J, et al. 2007. 消费者行为学(2版). 北京:电子工业出版社.
Asch S E. 1951. Effect of group pressure upon the modification and distortion of judgments. Journal of Marketing Research, 16: 394-400.
Asch S E. 1952. Social Psychology. New York: Prentice-hall.

Asch S E. 1956. Studies of independence and conformity: a majority of one against a unanimous majority. Psychological Monographs, 70-79.

Assael H. 1984. Consumer Behavior and Marketing Action. Boston: Kent Publishing Co.

Assael H. 1990. Marketing: Prineiples & strategy. Chicago: Dryden Press.

Assael H. 1998. Household Decision Making//Assael H. Consumer Behavior and Marketing Action (5th ed). Cincinnati: South-Western College Publishing.

Avedon E M. 1971. The structural elements of games// Avedon E M, Sutton-Smith B. The Study of Games. New York: John Wiley & Sons.

Backer E. 2007. VFR travel: an examination of the expenditures of VFR travellers and their hosts. Current Issues in Tourism, 10 (4): 366-377.

Backer E. 2010. VFR travel: an Assessment of VFR Versus non-VFR Travelers. New York: VDM Verlag.

Backman S, Crompton J L. 1991. An investigation of the relationship between activity loyalty and perceivedconstraints. Journal of Leisure Research, 23(4): 332-344.

Baloglu S, Managaloglu M. 2001. Tourism destination images of Turkey, Egypt, Greece, and Italy as perceived by US-based tour operators and travel agents. Tourism Management, 22(1): 1-9.

Baloglu S, McCleary K W A. 1999. A model of destination imageformation. Annals of Tourism Research, 26 (4): 868-897.

Baloglu S, Uysal M. 1996. Market segments of push and pull motivations: a canonical correlation approach. International Journal of Contemporary Hospitality Management, 8(3): 32-38.

Bandura A. 1997. Self-efficacy: the Exercise of Control. New York: Freeman.

Barker R G, WickerA W. 1975. Commentaries on belk, situational variables and consumer behavior. Journal of Consumer Research, 2(3): 165-167.

Barnlund D C, Araki S. 1985. Intercultural encounters the management of compliments by japanese and Americans. Journal of Cross-Cultural Psychology, 16(1): 9-26.

Bartos R. 1982. Women and travel. Journal of Travel Research, 20(4): 3-9.

Batra R, Lehmann D R, singh D. 1993. Brand Equity and Advertising. Hillsdale: Lawrence Erlbaum Associates.

Bearden W O, Netemeyer R G, Teel J E. 1989. Measurement of consumer susceptibility to interpersonal influence. Journal of Consumer Research, 15(4): 473-481.

Bearden W O, Rose R L. 1990. Attention to social comparison information: an individual difference factor affecting consumer conformity. Journal of Consumer Research, 16(4): 461-471.

Beatty S E, Kahle L R. 1988. Alternative hierarchies of the attitude-behaviour relationship: the impact of brand commitment and habit. Journal of the Academy of Marketing Science, 16(2): 1-10.

Beerli A, Martín J D. 2004. Factors influencing destination image. Annals of Tourism Research. 31(3): 657-681.

Bekman H W, Gilson C. 1986. Consumer Behavior: Concept and Strategies(3rd ed). Boston: Kent Pub, Co.

Belk R W. 1975. Situational variables and consumer behavior. Journal of Consumer Research, 2(3): 157-164.

Bellman R E, Zadeh L A. 1970. Decision-making in a fuzzy environment. Management Science, 17(4): 141-164.

Benay E K. 1970. Emerging Life-Styfes and Their Effecton the Travel Market. Proceedings of the First Annual Conference. Salt Lake City: Travel Research Association.

Berger P L. 1973. Sincerity and authenticity in modern society. Public Interest, 31: 81-90.

Bigné J E, Sanchez M I, Sanchez J. 2001. Tourism image, evaluation variables and after purchase behaviour: inter-relationship. Tourism Management, 22(6): 607-616.

Bigné J E, Andreu L, Gnoth J. 2005. The theme park experience: an analysis of pleasure, arousal and satisfaction. Tourism Management, 26(6): 833-844.

Birgit L. 2001. Image segmentation: the case of a tourism destination. Journal of Services Marketing, 15(1): 49-

66.

Bishop D W, Witt P A. 1970. Sources of behavioral variance during ieisure time. Journal of Personality and Social Psychology, 16(2): 352-360.

Bjorklund E, Philbrick A. 1972. Spatial Configurations of Mental Processes//Belanger D, Janelle D. Building Regions for the Future. Dept. of Geography. Quebec: Lowal University.

Blain C, Levy S E, Ritchie J R B. 2005. Destination branding: insights and practices from destination management organizations. Journal of Travel Reseach, 43: 328-338.

Blanton D. 1981. Tourism training in developing countries: the social cultural dimension. Annals of Tourism Research, 8(1): 116-133.

Bloemer J, Ruyter K, Wetzels M. 1999. Linking perceived service quality and service loyalty: a multi-dimensional perspective. European Journal of Marketing, 33(11/12): 1082-1106.

Bodger D. 1998. Leisure, learning and travel. Journal of Physical Eeducation, Recreation & Dance, 69(4): 28-31.

Booms B H, Bitner M J. 1982. Marketing services by managing the environment. Cornell Hospitality Quarterly, 23: 35-40.

Boorstin D. 1964. The Image: a Guide to Pseudo-Events in America. New York: Harper.

Boulding K E. 1956. The Image: Knowledge and Life in Society. Ann Arbor: University of Michigan Press.

Bowen J T, Chen S. 2001. The relationship between customer loyalty and customersatisfaction. International Journal of Contemporary Hospitality Management, 13(5): 213-217.

Braithwaite V A, Scott W A. 1991. Values//Robinson J P, Shaver P R, Wrightsman L S. Measures of Personality and Social Psychological Attitudes. San Diego: Academic Press.

Bricker K S, Kersetter D L. 2000. Level of specialization and place attachment: an exploratory study of whitewater recreationists. Leisure Sciences, 22(4): 233-257.

Brown B B, Perkins D D. 1992. Disruptions in place attachment// Altman I, Low S M. Place attachment. New York: Plenum Press.

Bruner E M. 1994. Abraham lincoln as authenticity reproduction: critique of postmodernism. American Anthropologist, 96: 397-415.

Brunson M, Shelby B. 1990. A hierarchy of campsite attributes in dispersed recreation settings. Leisure Sciences, 12(2): 197-209.

Buhalis D D. 2000. Marketing the completive destination of the future. Tourism Management, 19(6): 97-116.

Burnkant R E, Cousieneau A. 1975. Informational and normative social influence in buyer behavior. Journal of Consumer Research, 2(3): 206-215.

Butcher K, Sparks B, O'Callaghan F. 2001. Evaluative and relational influences on service loyalty. Internatinal Journal of Services Marketing, 12(4): 310-327.

Butler R W. 1974. The social implications of tourist developments. Annals of Tourism Research, 2(2): 100-111.

Butler R W. 1980. The concept of a tourist area cycle of evolution: implications for management of resources. Canadian Geographer, 24(1): 5-16

Byrnes B M. 2001. Structural Equation Modelling with AMOS: Basic Concepts, Applications and Programming. Kingston: Lawrence Erlbaum Associates, Publishers Inc.

Cai L A. 2002. Cooperative branding for rural destination. Annals of Tourism Research, 29(3): 720-742.

Carbone L P. 2005. 消费者经验管理. 许梅芳译. 台北. 东华书局.

Carlson L, Grossbart S, Stuenkel J K. 1992. The role of parental socialisation types on differential family communication patterns regarding consumption. Journal of Consumer Psychology, 1(1): 31-52.

Cartwright R, Baird C. 1999. The Development and Growth of the Cruise Industry. Oxford: Butterworth Heinemann.

Caru A, Cova B. 2003. Revisiting consumption experience: a more humble but complete view of the concept. Marketing Theory, 3(2): 267-286.

Caruana A, Vassallo R. 2003. Children's perception of their influence over purchases: the role of parental communication patterns. Journal of Consumer Marketing, 20(1): 55-66.

Cervone D, Pervin L A. 2008. Personality theory and research(10th ed). New York: John Wiley & Sons.

Chesney-Lind M, Lind I Y. 1986. Visitors as victims crimes against tourists in Hawaii. Annals of Tourism Research, 13(2): 167-191.

Chhetri P, Arrowsmith C. Jackson M. 2004. Determining hiking experiences in nature-based tourist destinations. Tourism Management, 25 (1): 31-43.

Chiao C. 1981. Chinese Strategic Behaviour: Some General Principles, Paper presented at the Conference on Content of Culture, Claremont, Calif.

Chon K S. 1990. The role of destination image in tourism: a review and discussion. The Tourist Review, 45(2): 2-9.

Chon K S. 1991. Tourism destination image modification process, Tourism Management, 12(1): 68-72.

Chon K S. 1992. Self-image destination imagecongruity. Annals of Tourism Research, 19(2): 360-363.

Clark R D. 1971. Group induced shift towards risk: a critical appraisal. Psychological Bulletin, 76 (4): 251-270.

Clawson M, Knetschy J L. 1969. Alternatives method of estimating future use. Economics of Ourdoor Recreation, 21(7): 36.

Cocanougher A B, Bruce G D. 1971. Socially distant reference groups and consumer aspirations. Journal of Marketing Research, 8(3): 379-381.

Cohen E. 1972. Toward a sociology of international tourism. Social Research, 1: 39.

Cohen E. 1979. A phenomenology of tourist types. Sociology, 13(2): 179-201.

Cohen E. 2004. Contemporary Tourism: Diversity and Change. Amsterdam: Elsevier BV.

Cohen J B. 1968. Toward an interpersonal theory of consumer behavior. California Management Review, 10: 73-80.

Coltman M M. 1989. Tourism Marketing. New York: Van Nostrand Reinhold.

Cooke A D J, Meyvis T, Schwartz A. 2001. Avoiding future regret in purchase-timing decisions. Journal of Consumer Research, 27(4): 447-459.

Cooke K. 1982. Guidelines for socially appreciate tourism development in British Columbia. Journal of Travel Research, 21(1): 22-28.

Correia A, Moital M. 2009. Antecedents and consequences of prestige motivation in tourism//Kozak M A. Decrop A, Handbook of Tourist Behavior: Theory Practice. New York: Routledge.

Crane E. 1972. Marketing Communications: Decision-Making as a Process of Interaction Between Buyer and Seller. London: John & Wiley.

Crick-Furman D, Prentice R. 2000. Modeling tourists' multiple values. Annals of Tourism Research, 27(1): 69-92.

Crompton J L. 1979. Motivations of pleasure vacation. Annals of Tourism Research, 6(4): 408-424.

Crompton J L. 1992. Structure of vacation destination choice sets. Annals of Tourism Research, 19 (3): 420-434.

Crompton J L, Love L L. 1995. The predictive validity of alternative approaches to evaluating quality of a festival. Journal of Travel Research, 34(1): 11-24.

Cronin J J, Brady M K, Hult G T M. 2000. Assessing the effects of quality, value, and customer satisfaction on consumer behavioural intentions in service encounters. Journal of Retailing, 76(2): 193-218.

Crotts J, Erdmann R. 2000. Does national culture influence consumers' evaluation of travel services? a test of hofstede's model of cross-cultural differences. Managing Service Quality,10(5):410-419.

Crotts J. 2004. The effect of cultural distance on overseas travel behaviors. Journal of Travel Research,43(8): 83-88.

Crotts J, Litvin S W. 2003. Cross-cultural research: are researchers better served by knowing tespondents' country of birth,residence,or citizenship? Journal of Travel Research,42(11):186-190.

Csikszentmihalyi M. 1992. The flow experience and its significance for human psychology//Csikszentmihalyi M,Csikszentmihalyi I S. Optimal Experience:Psychological Studies of Flow in Consciousness. Cambridge: Cambridge Universtiy Press.

Dadgostar B,Isotalo R M. 1992. Factor affecting time spent by near-home tourists in city destinations. Journal of Travel Research,31(2):34-39.

Dann G M S. 1977. Anomie ego-enhancement and tourism. Annals of Tourism Research,4(4):184-194.

Dann G M S. 1981. Tourist motivation:an appraisal. Annals of Tourism Research,8(2):187-219.

Dattilo J, Howard D. 1994. The complex and dynamic nature of leisure experience. Journal of Leisure Research, 26(3):195-211.

Davidow M,Dacin P A. 1997. Understand and influencing consumer complaint behavior: improving organizational complaint management. Advances in Consumer Research,(24):450-456.

Davis D, Allen J, Cosenza R M. 1988. Segmenting local residents by their attitudes,interests and opinion toward tourism. Journal of Travel Research,27(2):2-8.

Davis H L, Rigaux B P. 1974. Perception of marital roles in decision processes. Journal of Consumer Research, 1(1):51-62.

Davis H L. 1976. Decision making within the household. Journal of Consumer Research,2(4):241-260.

Dawkins R. 1976. The Selfish Gene. New York:Oxford University Press.

Day R L, Landon E L. 1977. Toward a theory of comsumer complaining behavior//Archwoodside J S, Bennett P. Consumer and Industrial Buying Behavior. Amsterdam:North Holland Publishing Company Press.

Deutsch M,Gerard H B. 1955. A study of normative and informational social influences upon individual judgment. The Journal of Abnormal and Social Psychology,51(3):629-636.

Dodd S D, Anderson A R. 2001. Understanding the enterprise culture: paradigm, paradox and policy. The International Journal of Entrepreneurship and Innovation,2(1):13-26.

Dodd T H, et al. 2005. Differential effects of experience, subjective knowledge and objective knowledge on sources of information used in consumer wine purchasing. Journal of Hospitality and Tourism Research,29 (1):3-19.

Dogan G,Ken W. 2004. An integrative model of tourist' information search behavior. Annals of Tourism Research,31(2):353-373.

Dogan H Z. 1989. Forms of adjustment sociocultural impacts of tourism. Annals of Tourism Research,16 (2): 216-236.

Doxey G V. 1975. A causation theory of visitor resident irritants: methodology and research inferences. TIRA sixth Annual Conference Proceeding,195-198.

Doxey G V. 1976. When enough's enough: the natives are restless in old niagara. Heritage Canada,2(2):26-29.

Doyle P. 1989. Building successful brands: the strategic options. Journal of Marketing Management, 5(1): 77-95.

Duane S, Sydney E S. 1997. Theories of Personality. North Carolina:Baker & Taylor Books.

Dubois B, Laurent G. 1999. A situational approach to brand loyalty. Advances in Consumer Research,(26):657-663.

Durgee J, Colarelli G, Veryzer R W. 1996. Observations: translating values into product wants. Journal of Advertising Research,36(6):90-99.

Eagles J F, Blackwell R D. 1995. Consumer Behavior. Chicago: The Dryden Press.

East R, et al. 1994. Decision making and habit in shopping times. European Journal of Marketing, 28(4): 56-71.

Echtner C M, Ritchie J R B. 1993. The measurement of destination image: an empirical assessment. Journal of Travel Research, 31(4): 3-13.

Echtner C M, Ritchie J R B. 2003. The meaning and measurement of destination image. Journal of Tourism Studies, 14(1): 37-48.

Edginton C R, et al. 1998. Leisure Programming: a Service-centered and Benefits Approach(3rd ed). New York: WCB Mcgraw-Hill Publishers.

Ekinci Y. 2003. From destination image to destination branding: an emerging area of research. E-Review of Tourism Research, 1(2): 21-24.

Ekinci Y, Hosany S. 2006. Destination personality: an application of brand personality to tourism destinations. Journal of Travel Research, 45(2): 127-139.

Ekinci Y, Sirakaya-Turk E, Preciado S. 2011. Symbolic consumption of tourism destination brands. Journal of Business Research.

Endler N S, Magnusson D. 1976. Personality and person by situation interactions//Endler N S, Magnusson D. Interactional Psychology and Personality. New York: Hemisphere.

Engel J F, Blackwell R D, Miniard P W. 1995. Consumer Behavior(8th ed). New York: The Dryden Press.

Engel J F, Blackwell R D. 1982. Consumer Behavior. New York: The Dryden Press.

England G W, Lee R. 1974. The relationship between managerial values and managerial success in the United States, Japan, India, and Australia. Journal of Applied Psychology, 59(4): 411-419.

Erez M, Earley P C. 1993. Culture, Self-identity and Work. New York: Oxford University Press.

Evangelista F, Dioko L. 2011. Interpersonal influence and destination brand equity perceptions. International Journal of Culture, Tourism and Hospitality Research, 5(3): 316-328.

Eysenck H J. 1947. Dimensions of Personality. London: Routledge & Kegan Paul.

Eysenck H J, Eysenck S B G. 1975. Manual of the Eysenck Personality Questionnaire (adult and junior). London: Hodder & Stoughton.

Fakeye P C, Crompton J L. 1991. Image differences between prospective, first-time, and repeat visitors to the lower rio grande valley. Journal of Travel Research, 30(2): 10-16.

Festinger L. 1957. A Theory of Cognitive Dissonance. PaloAlto: Stanford University Press.

Fishwick L, Vining J. 1992. Toward a phenomenology of recreation place. Journal of Environmental Psychology, 12(1): 57-63.

Fodness D, Murray B. 1997. Tourist information search. Annals of Tourism Research, 24(3): 503-523.

Fodness D, Murray B. 1998. A typology of tourist information search strategies. Journal of Travel Research, 37(2): 108-119.

Folkes V S. 1988. The availability heuristic and perceived risk. Journal of Consumer Research, 15(1): 13-23.

Folsom J K. 1928. Culture and Social Progress. New York: Longmans, Green and Co.

Foster D. 1985. Travel and Tourism Management. Houndmills: Macmilla Education Ltd.

Funder D. 1997. The Personality Puzzle, New York: Norton.

Funk D C, Bruun T J. 2007. The role of socio-psychological and cultural-education motives in marketing international sport tourism: a cross-cultural perspective. Tourism Management, 28(3): 806-819.

Ganesh J, Arnold M J, Reynolds K E. 2000. Understanding the customer base of service providers: an examination of the differences between switchers and stayers. Journal of Marketing, 64(7): 65-87.

Gartner W C. 1993. Image formation process. Journal of Travel and Tourism Marketing, 2(2): 191-216.

Gartner W C, Ruzzie R M K. 2011. Tourism destination brand equity dimensions: renewal versus repeat market. Journal of Travel Research,50(5):471-481.

Gartner W C. 1989. Tourism image: attribute measurement of state tourism products using multidimensional scaling techniques. Journal of Travel Research,28(2):15-19.

Garvin D A. 1983. Quality on the Line. Harvard Business Review,(61):65-73.

Gee C Y,Choy D J L,Makens J C. 1984. The Travel Industry. New York:Van Nostrand Reinhold.

Geertz C. 1973. The Interpretation of Culture. New York:Basic.

Gerrig R J,Zimbardo P G. 2002. Psychology and Life 6th ed. Boston:Allyn and Bacon.

Gibson H. 1989. Tourist roles: stability and change over the life cycle. University of Connecticut,Storrs,35:128-141.

Giuliani M V,Feldman,R. 1993. Place attachment in a developmental and cultural context. Journal of Environmental Psychology,(13):267-274.

Gnoth J. 1997. Tourism motivation and expectationformation . Annals of Tourism Research,24(2):283-304.

Goeldner C R, Ritchie J R B. 2008. 旅游学(10版). 李天元, 徐虹, 黄晶译. 北京:中国人民大学出版社.

Goffman E. 1959. The Presentation of Self in Every Day Life. Edinburgh:University of Edinburgh Press.

Golembski M. 2007. Determinants of the use of working time in enterprises of the Wielkopolska province,doctoral dissertation,Poznan//Cieloch J G,Rogozinski K K. Free Time-Consumption Time:Warsaw.

Goodenough W H. 1964. Explorations in Cultural Anthropology:Essays in Honour of George Peter Murdock. New York:Mc Graw-Hill.

Goodenough W H. 1971. Culture,Languages and Society. MA:Addison-Wesley Publishing.

Gordon B. 1986. The souvenir:messenger of the extraordinary. Journal of Popular Culture,20(3):135-146.

Grneller D D,Brown S W. 1996. Service loyalty: its nature, importance and implications//Brown E B, et al. QUIS V:Advancing Service Quality. A Global Perspective. New York:ISQA.

Grneller D D,Brown S W. 1999. The loyalty ripple effect:appreciating the full value of customers . International Journal of Service Industry Management,10(3):271-291.

Gronholdt L,Martensen A,Kristensen K. 2000. The relationship between customer satisfaction and loyalty: cross-industry differences. Total Quality Management,11(4-6):509-514.

Grubb E L, Grathwohl H L. 1967. Consumer self-concept, symbolismand market behavior: a theoretical approach. Journal of Marketing,31(4),22-27.

Guilford T P. 1959. Personality. New York:Megraw-Hill.

Gunn C A. 1972. Vacationscape:Designing Tourist Regions. Austin:Bureau of Business Research,University of Texas.

Gunn C A. 1988. Tourism Planning(2nd ed). New York:Taylor&Francis.

Gursoy D. 2003. Prior product knowledge and its influence on the traveler's information searchbehavior. Journal of Hospitality & Leisure Marketing,10(3/4):113-130.

Hall E T. 1959. The Silent Language. New York:Doubleday and Fawcett Company,Anchor Press.

Hall E T. 1976. Beyond Culture. New York:Doubleday.

Hall C M,Page S J. 2006. The Geography of Tourism and Recreation: Environment: Place and Space(3rd ed.). London:Routledge:5.

Hall C S,Lindzey G. 1978. Theories of personality(3rd ed). New York: John Wiley & Sons.

Hammitt W E,Backlund E A,Bixler R D. 2004. Experience use history,place bonding and resource substitution of trout anglers during recreation engagements. Journal of Leisure Research,36(3):356-378.

Hammitt W E,Cole D N. 1998. Wild Land Recreation:Ecology and Management. New York:John Wiley.

Haney W V. 1992. Communication and Interpersonal Relations:Text and Cases (6th ed.). Homewood:Irwin.

Harner J. 2001. Place identity and copper mining in Senora, Mexico. Annals of the Association of American Geographers, 91(4):660-680.

Harre R, Secord P. 1972. The Explanation of Social Behavior. Oxford: Blackwall.

Harris M. 1991. Cultural Anthropology (3rd ed). New York: Harper Collins.

Harter S. 1998. The development of self-representations. Handbook of Childpsychology-Social, Emotion, and Personality Development, 3:553-617.

Hawes D K. 1975. Uses of and Attitude Toward Consumer Credit as Means of Financing Leisure-Time Products and Pursuits Laramie. Wyoming: Division of Business and Economic Research, University of Wyoming.

Hawkins D I, Best R J, Coney K A. 2001. Customer Behaviour: Building Marketing Strategy. NewYork: McGraw-Hill.

Hay R. 1998. Sense of place in developmental context. Journal of Environmental Psychology, (18):5-29.

Helson H. 1948. Adaptation level as a basis for a quantitative theory of frames ofreference. Psychological Review, 55(6):297-313.

Henderson J C. 2000. Selling places: the New Asia-Singapore brand. Journal of Tourism Studies, 11(1):36-44.

Herbig P A. 1998. Handbook of Cross-cultural Marketing. Binghamton. New York: International Business Press.

Hernandez B, et al. 2007. Place attachment and place identity in natives and non-natives. Journal of Environmental Psychology, 27(1):310-319.

Herskovits M J. 1995. Cultural Anthropology. Oxford: Knopf.

Herzberg F, Mausner B, Snyderman B. 1962. The Motivation to Work. New York: Wiley.

Heylighen F. 1998. What makes a memesuccessful? selection criteria for cultural evolution. Paper Presented at the 15th International Congress on Cybernetics, Namur, BELGIQUE.

Hick W E. 1952. On the rate of gain of information. Quarterly Journal of Experimental Psychology, 4(1):11-26.

Higie R A, Feick L F. 1988. Enduring involvement: conceptual and methodological issues. In Advances in Consumer Research, 16:690-696.

Hill N, Alexander J. 2002. Handbook of Customer Satisfaction and Loyalty Measurement(2th ed). UK: Gower Publishing Company.

Hofstede G. 1980. Culture's Consequences: International Differences in Work-Related Values. Beverly Hills: Sage Publications.

Hofstede G. 1991. Culture and Organization: Software of the Mind. Berkshire, Maidenhead: McGraw-Hill.

Hofstede G. 2001. Culture's Consequences: Comparing Values, Behaviors, Institutions, and Organizations Across Nations (2nd ed). Thousand Oaks: Sage Publications.

Holbrook M, Hirschman E. 1982. The experiential aspects of consumption: consumer fantasies, feeling and fun. Journal of Consumer Research, 9(2):132-140.

Holman R. 1981. Product use as communication: a fresh appraisal of a venerabletopic. Review of Marketing, 70(10):106-119.

Hosany S, Ekinci Y, Uysal M. 2006. Destination image and destination personality: an application of branding theories to tourism places. Journal of Business Research, 59(5):638-642.

House R, et al. 2002. Understanding cultures and implicit leadership theories across the globe: an introduction to project globe. Journal of World Business, 37(1):3-10.

Howard D R, Madrigal R. 1990. Who makes the decision: the parentor child? the perceived influence of parents or children on the purchase of recreation services. Journal of Leisure Research, 22(3):224-258.

Howard J A, Sheth J N. 1969. The Theory of Buyer Behavior. New York: John Wiley & Sons, Inc.

Hsu C H C, Kang S K. 2003. Profiling Asian and western family independent travelers(FITS): an exploratory study. Asia Pacific Journal of Tourism Research,8(1):58-71.

Hu H C. 1944. The Chinese concept of"face". American Anthropologist,46(1):45-64.

Huang C C. 1997. Relationships among environmental cognitions, environmental preferences, and recreational site choice behavior: a case study using recreational sites in Taiwan. The Pennsylvania State University, University Park.

Huddleston J. 1993. Perspectives, purposes, and brotherhood: a spiritual framework for a global society//Bushrui S, Ayman I, Laszlo E. Transition to a Global Society, Oneworld. Oxford: Oxford University Press.

Huitt W. 1999. Why Study Educational Psychology? Educational Psychology Interactive. Valdosta: Valdosta State University.

Huitt W. 2001. Motivation to Learn: an Overview. Valdosta: Valdosta State University.

Huitt W. 2003. A Systems Model of Human Behavior, Educational Psychology Interactive. Valdosta: Valdosta State University.

Hunt J D. 1975. Image as a factor in tourism development. Journal of Travel Research,13(3):1-7.

Hwang K K. 1987. Face and favor: the Chinese power game. The American Journal of Sociology,92(4):944-974.

Hyde K F, Lawson R. 2003. The nature of independent travel. Journal of Travel Research,42(1),13-23.

Hyman H H. 1942. The psychology of status. Archives of Psychology,269:94-102.

Iso-Ahola S E. 1982. Toward a social psychological theory of tourism motivation: arejoinder. Annals of Tourism Research,9(2):256-262.

Iwasaki Y, Havitz M E. 1998. A path analytic model of the relationships between involvement, psychological commitment and loyalty. Journal of Leisure Research,30(2):256-280.

Jackson M S, White G N, Schmierer C L. 1996. Tourism experiences within an attributional framework. Annals of Tourism Research,23(4):798-810.

Jacobs B J. 1979. A preliminary model of particularistic ties in Chinese political allinances: "renqing" and "guanxi" in a rural Taiwanese township. China Quarterly,78:237-273.

Jacoby J, Chestnut R W. 1978. Brand loyalty measurement and management. New York: Wiley.

Jandt F E. 2003. An Introduction to Intercultural Communication: Identities in a Global Community. Beverly Hills: Sage Publications.

Jang H, et al. 1998. Expanding the individual choice-sets model to couples' honeymoon destination selection process. Tourism Management,28 (5):1299-1314.

John O P, Srivastava S. 1999. The big five trait taxonomy: history, measurement, and theoretical perspectives. Handbook of Personality: Theory and research,2:102-138.

Johnson M D, Fornell C. 1991. A framework for comparing customer satisfaction across individuals and product categories. Journal of Economic Psychology,12(2):267-286.

Johnston B R. 1990. Save our beach demands our land too! the problems of tourism in "America's paradise". Cultural Survival Quarterly,14(1):2-5.

Jones S A. 2004. Whose Co-Brand is it Anyway? Exploring Consumer Interpretations of a Brand Alliance. Oregon: University of Oregon.

Jud G D. 1975. Tourism and crime in Mexico. Social Science Quarterly,56(2):324-330.

Kadt E T. 1979. Tourism-Passport to Development? New York: Oxford University Press.

Kahneman D, Miller D T. 1986. Norm theory: comparing reality to its alternatives. Psychology Review,93 (2): 136-153.

Kakkar P, Lutz R J. 1975. The psychological situation as a determinant of consumer behavior. Advances in Consumer Research,2(1),439-453.

Kaltenborn B P. 1997. Nature of place attachment: a study among recreation homeowners in southern Norway. Leisure Sciences, 19(3): 175-189.

Kang S K, Hsu C H C. 2004. Spousal conflict level and resolution in family vacation destination selection. Journal of Hospitality & Tourism Research, 28(4): 408-424.

Kang S K, Hsu C H C. 2005. Dyadic consensus on family vacation destination selection. Tourism Management, 26 (4): 571-582.

Kastenholz E. 2004. Assessment and role of destination-self-congruity. Annals of Tourism Research, 31(3): 719-723.

Katzner D W. 1979. Choice and The Quality of Life. Beverly Hills: Sage Pubications.

Keaveney S M, Huber F, Herrmann A. 2007. A model of buyer regret: selected prepurchase and postpurchase antecedents with consequences for the brand and the channel. Journal of Business Research, 60(12): 1207-1215.

Keesing R M. 1974. Theories of culture. Annual Review of Anthropology, 3: 73-97.

Keller L K. 1993. Conceptualizing, measuring and managing customer-based brand equity. Journal of Marketing, 57(1): 1-22.

Keller L K. 2001. Building customer-based brand equity. Marketing Management, 10(2): 15-19.

Kelly H H. 1996. Two reductions of reference groups //Guy E, Swanson et al. Social Psychology. New York: Holt.

Kelly J R. 1987. Freedom to be——a New Sociology of Leisure. New York: Macmillan.

Kelly J R. 1990. Leisure (2nd ed). Englewood Cliffs: Prentice Hall.

Kelman H C. 1958. Compliance, identification, and internalization: three processes of attitude change. Journal of Conflict Resolution, (2): 51-60.

Kelman H C. 1961. Processes of opinion change. Public Opinion Quarterly, 25: 57-78.

Kiesler C, Kiesler S. 1969. The role of forewarning in persuasive communications. Journal of Abnormal and Social Psychology, 164 (68): 547-549.

Kim C, Lee S. 2000. Understanding the cultural differences in tourist motivation between anglo American and Japanese tourists. Journal of Travel & Tourism Marketing, 9(1/2): 153-170.

Kim D, Pan Y, Park H S, 1998. High-versus low-context culture: a comparison of Chinese, Korean and American cultures. Psychology & Marketing, 15(6): 507-521.

Kim Y Y, Gudykunst W B. 1988. Theories in Intercultural Communication. Newbury Park: Sage Publications.

King B. 1994. What is ethnic tourism? an australian perspective. Tourism Management, 15(3): 173-176.

Kirchler E. 1988. Diary reports on daily economic decisions of happy versus unhappy couples. Journal of Economic Psychology, (9)3: 327-357.

Kluckhohn C, Kelly W H. 1945. The concept of culture//Linton R. The Science of Man in the World Crisis. New York: Columbia University Press.

Kluckhohn C. 1944. Mirror for Man. New York: McGraw-Hill.

Kluckhohn F R, Strodtbeck F L. 1961. Variations in value orientations. Oxford: Row, Peterson.

Kolter P. 1994. Marketing Management: Analysis, Planning, Implementation and Control (8th ed). New York: Prentice-Hall.

Konecnik M, Gartner W C. 2007. Customer-based brand equity for a destination. Annals of Tourism Research, 34(2): 400-421.

Korpela K M, et al. 2001. Restorative experience and self-regulation in favorite places. Environment and Behaviour, 33 (4): 572-589.

Kotler P, Bowen J, Makens J. 2006. Marketing for Hospitality and Tourism (4th ed). New Jersey: Pearson

Education.

Kozak M, Rimmington M. 2000. Tourist satisfaction with Mallorca, Spain, as an off-season holiday destination. Journal of Travel Research, (38): 260-269.

Kozma A, Stones M J. 1980. The measurement of happiness: development of the memorial university of newfoundland scale of happiness (MUNSH). Journal of Gerontology, 35(6): 906-912.

Kraus R. 1990. Recreation and Leisure in the Modern Society. Harper: Harper Collins.

Kroeber A, Kluckhohn C. 1985. A Critical Review of Concepts and Definitions. New York: Random House.

Krumpe E E, McLaughlin W J. 1982. A model of recreationists' decision making process//Forest and River Recreation: Research Update, Agricultural Experimental Station. Miscellaneous Publication 18. St. Paul: University of Minnesota.

Kyle G, et al. 2003. An examination of relationship between leisure activity involvement and place attachment among hikers along the appalachian trail. Journal of Leisure Research, 35(3): 249-273.

La Flamme A. 1979. The impacts of tourism: a case from the Bahama Islands. Annals of Tourism Research, 6(2): 137-148.

Landis D, Brislin R W. 1983. Handbook of Intercultural Training 2 and 3: Issues in Training Methodology. New York: Pergamon Press.

Landon Jr E L. 1974. Self concept, ideal self concept and consumer purchase intentions. Journal of Consumer Research: 44-51.

Larson R W, Gillman S A. 1997. Divergent experiences of family leisure: fathers, mothers, and young adolescents. Journal of Leisure Research, 29(1): 78-98.

Lascu D N, Zinkhan G. 1999. Consumer conformity: review and applications for marketing theory and practice. Journal of Marketing Theory and Practice, 7(3): 1-12.

Lave J. 1991. Situated learning in communities of practice in Perspectives on socially shared cognition// Resnick L B, Levine J M, Teasley S D. American Psychological Association. Washington Random House.

Laws E. 1991. Tourism Marketing: Service and Quality Management Perspectives. Cheltrnham: Thomas.

Lee J, Soutar G, Quintal V. Destination Personality: Cross-Country Comparisons. http://anzmac.org/conference/2010/pdf/anzmac10Final00497.pdf

Lee M, Cunningham L F. 2001. A cost benefit approach to understanding servic eloyalty. Journal of Services Marketing, 15(2): 113-130.

Lew A. 1987. A framework of tourist attraction research. Annals of Tourism Research, 14(4): 553-575.

Lin Y J, Peterson G L, Rogerson P A. 1988. A nested urban recreation site choice model. Leisure Sciences, 10(1): 1-15.

Litvin S W, Goh H K. 2002. Self-image congruity: a valid tourism theory?. Tourism Management, 23(1): 81-83.

Litvin S W, Goh H K. 2003. Individualism/collectivism as a moderating factor to the self-image congruity concept. Journal of Vacation Marketing, 10(1): 23-32.

Liu J C, Var T. 1986. Resident attitudes toward tourism impacts in Hawaii. Annals of Tourism Research, 13(2): 193-214.

Lofgren O. 2001. 度假. 朱耘译. 台北: 蓝鲸出版社.

Losciuto L A, Perloff R. 1967. Influence of product preference on dissonance reduction. Journey of Marketing Research, 4(3): 286-290.

Loundon D L. 1993. Consumer Behavior: Concepts and Application. New Caledonia: Better Graphic, Inc.

Lundberg D E. 1976. The Tourist Business. Boston: CBI Publishing Co Inc.

Lundberg D E. 1980. The Tourist Business(4th ed). Boston: CBI Publishing Co Inc.
Lynch A. 1996. Thought Contagion: How Belief Spreads Through Society. New York: Basic Books.
Lynn M, Oldenquist A. 1986. Egoistic and nonegoistic motives in social dilemmas. American Psychologist, 41(5): 529-534.
MacCannell D. 1973. Staged authenticity: arrangements of social space in tourist settings. American Sociological Review, 79: 589-603.
Macinnis H. 1997. Consumer Behavior. New York: Houghton Mifflin Company.
Malhotra N K. 1993. Marketing Research: an Applied Orientation. New Jersey: Prentice Hall.
Malhotra N K. 1981. A scale to measure self-concepts, person concept and product concept. Journal of Marketing Research, 18: 456-464.
Manfredo M, Driver B, Brown P. 1983. A test of concepts inherent in experience based setting management for outdoor recreation areas. Journal of Leisure Research, 15(3): 263-283.
Mannell R C, Iso-Ahola S E. 1987. Psychological nature of leisure and tourism experience. Annals of Tourism Research, 14(3): 314-331.
Manrai L A, Manrai A K. 1996. Current issues in the cross-cultural and cross-national consumer research. Journal of International Consumer Marketing, 8(3/4): 9-22.
Manrai L A, Manrai A K. 2011. Hofstede's cultural dimensions and tourist behaviors: a review and conceptual framework. Journal of Economics, Finance and Administrative Science, 16(31): 23-47.
Mansfeld Y. 1992. From motivation to actualtravel. Annals of Tourism Research, 19(3): 399-419.
Manzo L C. 2003. Beyond house and haven: toward a revisioning of emotional relationships with places. Journal of Environmental Psychology, 23 (1): 47-61.
March R. 2000. The Japanese travel life cycle. Journal of Travel, Tourism Marketing, 9(1/2): 185-200.
Markin R J. 1974. Consumer Behavior. New York: Macmillan Company.
Martín H S, Ignacio A R B. 2008. Exploring the cognitive-affective nature of destination image and the role of psychological factors in its formation . Tourism Management, 29(2): 263-277.
Mascarenhas O A J, Higby M A. 1993. Peer, parent and media influences in teen apparel shopping. Journal of the Academy of Marketing, 21(1): 53-58.
Maslow A. 1971. The Farther Reaches of Human Nature. New York: the Viking Press.
Maslow A, Lowery R. 1998. Toward a Psychology of Being (3rd ed). New York: Wiley.
Mattila A S. 1999. The role of culture and purchase motivation in service encounter evaluations. The Journal of Services Marketing, 13(4/5): 376-389.
McClelland D C. 1953. The Achievement Motive. New York: Appleton-Century-Crofts, Inc.
McClelland D C. 1976. The Achieving Society. New York: Irvington.
McCool S F, Stankey G H, Clark R N. 1985. Choosing recreation settings: processes, findings, and research directions // Proceedings——Symposium on Recreation Choice Behavior (USDA Forest Service Gen. Tech. Rep. No. INT-184, 1-8).
McElroy J L, De-Albuquerque K. 1994. Island tourist profiles across the destination lifecycle. Insula, 3(1): 12-18.
McKercher B, Denizci-Guillet B, Ng E. 2012. rethinking loyalty. Annals of Tourism Research, 39 (2): 708-734.
Mead M. 1951. The study of national character // Lerner D, Lasswell H. The Policy Sciences. Stanford: Stanford University Press.
Mehrabian A. 1976. Public Places and Private Spaces. New York: Basic Books.
Meyer-Arendt K J, Justice C. 2002. Tourism as the subject of North American doctoral dissertations, 1987-

2000. Annals of Tourism Research, 29(4): 1171-1174.

Michie D A, Sullivan G L. 1990. The role of the international travel age in the travel decision process of client families. Journal of Travel Research, 29(2):30-38.

Miller A. 1991. Personality types, learning styles and educational goals. Educational Psychology, 11(3-4): 217-238.

Milligan M J. 1998. Interactional past and potential: the social construction of placeattachment. Symbolic Interaction, 21(1): 1-33.

Milman A. 1998. The impact of tourism and travel experience on senior travelers' psychological well-being. Journal of Travel Research, 37(12), 166-170.

Mischel W. 1996. From good intentions to willpower//Gollwitzer P M, Bargh J A. The Psychology of Action: Linking Cognition and Motivation to Behavior. New Tork: Guilford Press.

Mitchell R D. 1998. Learning through play and pleasure travel: using play literature to enhance research into touristic learning. Current Issues in Tourism,1(2):176-188.

Mittal B, Lassar W M. 1998. Why do customers switch? the dynamics of satisfaction versus loyalty. The Journal of Services Marketing, 12(3):177-194.

Mittal V, Kumar P, Tsiros M. 1999. Attribute-level performance satisfaction and behavioural intentions over time: a consumption system approach. Journal of Marketing,63(4):86-101.

Money R, Crotts J. 2003. The effects of uncertainty avoidance on information search, planning, and purchases of international travel vacations. Tourism Management, 24(2): 191-202.

Moore K, et al. 2012. Dynamic in-destination decision-making: an adjustment model. Tourism Management, 33(3):635-645.

Moore R L, Graefe A R. 1994. Attachments to recreation settings: the case of rail-trailusers. Leisure Sciences, 16(1): 17-31.

Moore R, Moschis G. 1981. The role of family communication in consumer socialisation of children and adolescents. Journal of Communication,31: 42-51.

Morre M. 1998. Les Religions et les Philosophies d'Asie. Paris: La Table ronde.

Morrison A M. 1989. Hospitality and Travel Marketing. New York: Delmer Publiser.

Moscardo G M, et al. 2000. Developing a typology for understanding visiting friends and relatives markets. Journal of Travel Research,38(3): 251-259.

Moschis G P. 1985. The role of family communication in consumer socialisation of children andadolescents. Journal of Consumer Research,11(4):898-913.

Moutinho L. 1987. Consumer behavior in tourism. European Journal of Travel Research, 36: 65-69.

Mowen J. 1993. Consumer Behavior. New York:Macmillan.

Mulder I, Vliet H V. 2006. Experience in all beauty. CHI:22-27.

Murphy P E. 1981. Community attitudes to tourism: a comparative analysis. International Journal of Tourism Management, 2(3): 189-195.

Murphy P E. 1985. Tourism: a Community Approach. London: Methuen.

Narayandas D. 1999. Measuring and managing the benefits of customer retention. Journal of Service Research, 1(2):108-128.

Ndubisi N O, Koo J. 2005. Family structure and joint purchase decisions: two products analysis. Management Research News,29(1/2):53-64.

Ndubisi N O. 2007. Impact of joint product usage and family structure on joint decision to purchase a vacation by Malaysian spouses. Journal of Vacation Marketing,13(2):135-147.

Nicherson N, Moisey R. 1999. Branding a state from features to positioning: making it simple. Journal of Vacation Marketing,5:217-226.

Nichols C M, Snepenger D J. 1988. Family decision making and tourism behavior and attitude. Journal of Travel Research,26 (4): 2-6.

Norenzayan A, Choi I, Nisbett R E. 2002. Cultural similarities and differences in social inference: evidence from behavioral predictions and lay theories of behavior. Personality and Social Psychology Bulletin, 28 (1): 109-120.

Ogburn W F, Nimkoff M F. 1955. Technology and the Changing Family. New York: Houghton Mifflin Company.

Oliver R L. 1980. A cognitive model of the antecedents and consequences of satisfaction decisions. Journal of Marketing Research, 17(4): 460-469.

Oliver R L. 1997. Satisfaction: a behavioral perspective on the consumer. New York: McGraw-Hill.

Olson D H, De Frain J. 2000. Marriage and the Family: Diversity and Strengths (3rd ed). Mountain View: Mayfield Publishing Company.

Orams M. 1999. Marine Tourism-Development, Impacts and Management. Canada: Routledge.

Packer J, Ballantyne R. 2004. Is educational leisure a contradiction in terms? exploring the synergy of education and entertainment. Annals of Leisure Research,7(1):54-71.

Parsons T. 1991. The Social System. London: Routledge.

Parsons T. 1951. The Social System. Glencoe:Free Press.

Pattullo P. 1996. Last Resorts: the Cost of tourism in the Caribbean. London: Cassel.

Pearce P L. 1988. The Ulysses Factor: Evaluation Visitors in Tourist Settings. New York: Springer-Verlag.

Pearce P L. 2005. Tourist Behaviour: Themes and Conceptual Schemes. Clevedon: Channel View Publication.

Pervin L A. 1990. Handbook of Personality: Theory and Research. New York: Guilford Press.

Pervin L A. 1996. The Science of Personality. New York :Wiley.

Peterson G L, et al. 1985. Substitution in recreation choice behavior//Proceedings—Symposium on Recreation Choice Behavior (USDA Forest Service Gen. Tech. Rep. No. INT-184, 19-30).

Phares E J. 1991. Introduction to personality(4th ed). New York: Longman.

Pike S. 2009. Destination brand position of competitive set of near-home destination. Tourism Management, 30:857-866.

Pine II B J, Gilmore J H. 1998. Welcome to the experience economy. Harvard Business Review, 76(4): 97-105.

Pizam A, Jafari J, Milman A. 1991. Influence of tourism on attitudes: US students visiting. USSR,12 (1): 47-54.

Pizam A, Mansfeld A. 2005. 旅游消费者行为研究. 舒伯阳，冯玮译. 大连：东北财经大学出版社.

Pizam A, Sussman S. 1995. Does nationality affect tourist behavior?. Annals of Tourism Research, 22(4): 901-917.

Pi-Sunyer O. 1977. Through native eyes: tourists and tourism in a Catalan Maritime Community//Smith V. Host and Guest. Oxford: Blackwell.

Plog S. 1972. Why destination areas rise and fall in popularity. southern California chapter of the travel association.

Potter C C. 1989. What is culture: and can it be useful for organisational change agents? Leadership & Organization Development Journal, 10(3): 17-24.

Prebensen N K. 2005. Segmenting the group tourist heading for warmer weather: a norwegian example. Journal of Travel & Tourism Marketing, 19(4): 27-40.

Prebensen N K, Larsen S, Abelsen B. 2003. I'm not a typical tourist: german tourists self-perception, activities and motivations. Journal of Travel Research, 41(5): 416-420.

Prentice R, Guerin S, McGugan S. 1998. Visitor learning at a heritage attraction: a case study of discovery as amedia product. Tourism Management, 19(1): 5-23.

Purkey W W. 1988. An overview of self-concept theory for counselors. ERIC Clearing House on Counseling and Personnel Services.

Radcliffe-Brown A R. 1957. A Natural Science of Society. New York: Free Press.

Raju P. 1980. Optimum stimulation level: its relationship to personality, demographics and exploratory behavior. Journal of Consumer Research, 7(3):272-282.

Rapoport A. 1977. Human Aspects of Urban Form: Towards a Man Environment Approach to Urban Form and Design. New York: Pergamon Press.

Reisinger Y, Mavondo F. 2005. Travel anxiety and intentions to travel internationally: implications of travel risk perception. Journal of Travel Research, 43(2): 212-225.

Reisinger Y, Turner L W. 2002. cultural differences between Asian tourist markets and Australian host. Journal of Travel Research, 40(3): 295-315.

Reisinger Y, Turner L W. 2004. 旅游跨文化行为研究. 朱路平译. 天津：南开大学出版社.

Reisinger Y. 2009. International Tourism: Cultures and Behavior. Oxford: Elsevier Butterworth-Heinemann.

Relph E. 1976. Place and Placelessness. London: Pion.

Reynolds W H. 1965. The role of the consumer in image building. California Management Review, (7):69-76.

Robert W M. 1977. Tourism Pricnciple, Practices, Philosophoes(2nd ed). Ohio:Grid Inc.

Roberts E. 1996. Place and spirit in public land management//Driver B L, et al. Nature and the Human Spirit. State College: Venture Publishers: 61-80.

Robertson T S. 1970. Consumer Behavior. Illinois:Scott, Foresman and Company.

Robertson T S, Kassarjian H H. 1991. Handbook of Consumer Behavior. Englewood Cliffs: Prentice-Hall.

Robertson T S, Zielinski J, Ward S. 1984. Consumer Behavior. Illinois: Scott, Foresman and Company.

Robins B. 1993. Secular Vocations: Intellectuals, Professionalism, Culture. New York: Verso.

Rogers C R. 1951. Client-Centred Therapy: Its Current Practice, Implications and Theory. Boston: Houghton Mifflin.

Rose G M, Bush V D, Kahle L R. 1998. The influence of family communication patterns on parental reactions towards advertising: a cross-national examination. Journal of Advertising, 27(4):71-85.

Ross E L D, Iso-Ahola S E. 1991. Sightseeing tourists' motivation and satisfaction. Annals of Tourism Research,18(2): 226-237.

Ross I. 1971. Self-concept and brand preference. Journal of Business,44:38-50.

Ross M, Sicoly F. 1979. Egocentric biases in availability and attribution. Journal of Personality and Social Psychology,37(3):322-336.

Rothacher, A. 2004. Corporate Cultures and Global Brands. London: World Scientific Publishing Co.

Russell J A, Snodgrass J. 1987. Emotion and Environment. New York: Handbook of Environmental Psychology.

Ryan C. 1977. The Tourist Experience: a New Introduction. Cassell:Wellington House.

Róheim G. 1934. The evolution of culture. International Journal of Psycho-Analysis, 15: 387-418.

Samovar L A, Porter R E, Jain N C. 1981. Understanding Intercultural Communication. Belmont: Wadsworth Publishing Company.

Sapir E. 1924. Culture, genuine and spurious 1924. American Journal of Sociology, 29(4): 401-429.

Sapir E, Mandelbaum D G. 1964. Culture, Language and Personality: Selected Essays. California: University of California Press.

Schiffman L G. 2000. Consumer Behavior. Englewood Cliffs: Prentice-Hall.

Schiffman L G, Kanuk L L. 1995. Consumer Behavior. Englewood Cliffs: Prentice-Hall.

Schlenker D J. 1981. Tactical self-presentations: toward a broader conception // Tedeschi J T. Impression Management Theory and Social Psychological Research. New York: Academic.

Schmitt B H. 1999. Experiential marketing. Journal of Marketing Manegement, 15(1): 53-67.

Schmitt B H. 2009. The concept of brand experience. Journal of Brand Management, 16(7): 417-419.

Schneider B. 1972. Organizational climate: individual preferences and organizational. Journal of Applied Psychology, 56(3): 211-217.

Schreyer R, Jacob G, White R. 1981. Environmental meaning as a determinant of spatial behavior in recreation. Papers and proceedings of the applied geography conferences. Kent: Kent State University.

Schultz R J. 1996. The effects of mood states on service contact strategies. Journal of Professional Services Marketing, 14(1): 117-135.

Schusky E L, Culbert T P. 1987. Introducing Culture (4th ed). Englewood Cliffs: Prentice-Hall.

Schwartz S H. 1992. Universals in the content and structure of values: theoretical advances and empirical test in 20 countries // Zanna M P. Advances in Experimental Social Psychology. New York: Academic Press.

Schänzel H, Backer E, Yeoman I. 2012. Family Tourism. Great Britain: Short Run Press.

Seaton A V, Palmer C. 1997. Understanding VFR tourism behaviur: the first five years of the United Kingdom tourism survey. Tourism Management, 18(6): 345-355.

Seaton A, Tagg S. 1995. Disaggregating friends and relatives in VFR tourism research: the northern Ireland evidence 1991-1993. Journal of Tourism Studies, 6(1): 6-18.

Sellers P. 1989. The ABC's of Marketing to Kids. Fortune, (8): 90-93.

Senior R. 1983. World Travel Market. New York: Facts On File Publications.

Shani A. The VFR experience: "home" away from home?. Current Issues in Tourism, (1): 1-15.

Shavelson R J, Hubner J J, Stanton G C. 1976. Self-concept: validation of construct interpretations. Review of Educational Research, 46: 407-411.

Shaw S M, Dawson D. 2001. Purposive leisure: examining parental discourses on family activities. Leisure Sciences, 23(4): 217-231.

Sherif M. 1953. The concept of reference groups in human relations // Sherif M, Wilson M O. The University of Oklahoma Lectures in Social Psychology: Group Relations at the Crossroads. New York: Harper & Brothers.

Sherry J F. 1986. The cultural perspective in consumer research. Advances in Consumer Research, 13: 573-575.

Simon J L. 1974. Interpersonal welfare comparisons can be made and used for redistribution decision, Kyklos: 27: 63-98.

Sinha I. 1994. A conceptual model of the role of situation type on consumer choice behavior and consideration sets. Advances in Consumer Research, 21(1), 477-482.

Sirgy M J, Su C T. 2000. Destination image, self-congruity and travel behavior: toward an integrative model. Journal of Travel Research, 38(4): 340-352.

Sirgy M J. 1982. Self-concept in consumer behavior: a critical review. Journal of Consumer Research, 9(3): 287-300.

Sirgy M J. 1985. Self-image/product-image congruity and consumer decision-making. International Journal of Management, 2(4): 49-63.

Sirgy M J. 1986. Self-congruity: Toward a Theory of Personality and Cybernetics. New York: Praeger.

Skinner B F. 1953. Science and Human Behavior. New York: Macmillan.

Skinner B F. 1969. Contingencies of Reinforcement: a Theoretical Analysis. Englewood Cliffs: Prentice-Hall.

Smith S. 1989. Tourism Analysis: a Handbook. New York: Longman.

Snepenger D J, et al. 2003. Tourists and residents use of a shoppingspace. Annals of Tourism Research, 30(3): 567-580.

Solomon P J, George W R. 1978. The bicentennial traveler: a life-style analysis of the history segment. Journal of Travel Research, 16:13-20.

Song H, et al. 2012. The Hong Kong tourist satisfaction index. Annals of Tourism Research, 39(1):459-479.

Sparrow P, Wu P C. 1998. Does national culture really matter? predicting HRM preferences of Taiwanese employees. Employee Relations, 20(1):26-56.

Sperdin A B, Peters M. 2009. What influences guests' emtions? the case of high-quality hotels. International Journal of Tourism Research,11(2), 171-183.

Srnka K. 2004. Culture's role in marketer's ethical decision-making: an integrated theoretical framework. Academy of Marketing Science Review, 8(3):1-32.

Stafford J E, Cocanougher B A. 1977. Reference group theor: In Selected Aspects of Consumer Behavior. Washington: Government Printing Office.

Stokols D, Shumaker S A. 1981. People in places: a transactional view of settings// Harvey J. Cognition, social behavior and the environment. Hillsdale:Erlbaum.

Swarbrooke J, Horner S. 2006. Consumer Behavior in Tourism (2nd ed). Oxford: Elsevier Ltd.

Sönmez S F. 1998. Tourism, terrorism, and political instability. Annals of Tourism Research, 25(2): 416-456.

Taft R. 1977. Coping with unfamiliar cultures// Warren. Studies in Cross-Cultural Psychology. London: Academic,(1): 121-153.

Tasci A D A, Gartner W C. 2007. Destination image and its functional relationships. Journal of Travel Research,45 (4): 413-425.

Tasci A D A, Kozak M. 2006. Destination brands vs destination images: do we know what wemean. Journal of Vacation Marketing,12(4):299-317.

Tedeschi J T, Riess M. 1981. Identities, the phenomenal self and laboratory research// Tedeschi J T. Impression Management Theory and Social Psychological Research. New York: Academic.

Theodorson G A, Theodorson A G. 1969. A Modern Dictionary of Sociology. Toronto: Fitzhenry & Whiteside.

Thurstone L L. 1928. Attitudes can be measured. American Journal of sociology,33(4):529-544.

Todd, S. 2001. Self-concept: a tourism application. Journal of Consumer Behaviour: an International Research review,1(2):184-196.

Triandis H C. 1972. The Analysis of Subjective Culture. New York: Wiley-Interscience.

Trompenaars F, Turner C H. 1997. Riding the Waves of Culture: Understanding Cultural Diversity in Business. London: Nicholas Brearley.

Tsang N K, Ap J. 2007. Tourists' perceptions of relational quality service attributes: a cross-cultural study. Journal of Travel Research, 45(2): 355-363.

Tsaur S H, Yen C H, Chen C L. 2010. Independent tourist knowledge and skills. Annals of Tourism Research, 37(4): 1035-1054.

Tsiros M. 1998. Effect of regret on post-choice valuation: the case of more than twoalternatives. Organizational Behavior and Human Decision Processes,76(1):48-69.

Tsiros M, Mittal V. 2000. Regret: a model of its antecedents and consequence in consumer decision making. Journal of Consumer Research,26 (4):401-417.

Tuan Y F. 1977. Space and Place: the Perspective of Experience. Minneapolis: Minnesota University Press.

Tuan Y F. 1980. Rootedness and sense of place. Land Scape,(24): 3-8.

Tucker A. 1993. The growing importance of linear algebra in undergraduate mathematics. The College Mathematics Journal,24(1):3-9.

Tulving E. 1983. Elements of Episodic Memory. Oxford:Clarendon Press.

Turner L, Ash J. 1975. The Golden Hordes: International Tourism and The Pleasure Periphery. London: Constable.

Tversky A. 1972. Elimination by aspects: a theory of choice. Psychological Review. 79(4): 281-299.

Tylor E B. 1924. Primitive Culture: Researches into the Development of Mythology, Philosophy, Religion, Language Art and Custom. London: John Murray.

Tynan C, McKechnie S. 2009. Experience marketing: a review and reassessment. Journal of Marketing Management, 25(5/ 6):501- 517.

Um S, Crompton J L. 1990. Attitude determinants in tourism destination choice. Annals of Tourism Research, 17(3): 432-448.

UNESCO. 1976. The effects of tourism on social-cultural value. Annals of Tourism Research, 4(2): 82.

Uriely N. 2005. The tourist experience: conceptual developments. Annals of Tourism Research,32(1):199-216.

Urriola O. 1989. culture in the context of development. World Marxist Review, 32: 66-69.

Urry J. 2002. The Tourist Gaze: Leisure and Travel in Contemporary Society. Boston:Sage Publications.

Var T, Kendall K W, Tarakcioglu E. 1985. Resident attitudes towards tourists in a Turkish resort town. Annals of Tourism Research, 12 (4):652-658.

Verheul I, et al. 2002. An eclectic theory of entrepreneurship: policies, institutions and culture. Economics of Science, Technology and Innovation, 27: 11-81.

Vittersø J, et al. 2000. Tourist experiences and attractions. Annals of Tourism Research, 27(2): 432-450.

Vogt C A, Fesenmaier D R. 1998. Expanding the functional information search model. Annals of Tourism Research, 25(3): 551-578.

Voss J. 1967. The definition of leisure. Journal of Economic Issues, 1(1/2): 91-106.

Wall G, Mathieson A. 2006. Tourism: Changes, Impacts and Opportunities. England: Pearson.

Wallerstein I. 1990. Culture as the ideological battleground of the modern world-system. Theory, Culture & Society, 7: 152-165.

Wang N. 2000. Tourism and Modernity: a Sociological Analysis. New York Pergamon.

Warzecha C A, Lime D W. 2001. Place attachment in Canyon Lands National Parks: visitors' assessment offsetting attributes on the Colorado and Green Rivers. Journal of Park and Recreation Administration, 19 (1): 59-78.

Wei L, Crompton J L, Reid L M. 1989. Cultural conflicts: experiences of U S visitors to China. Tourism Management, 10(9): 322-332.

Wells W D. 1972. Life-Style in selecting media for travel advertising the values of travel research. Proceedings of the third Annual Conference. Salt Lake: Travel Research Association: 63-74.

Wilkie W L. 1994. Consumer Behavior(3rd ed). New York: John Wiley and Sons Inc.

Williams D R, Patterson M E, Roggenbuck J W. 1992. Beyond the commodity metaphor: examining emotional and symbolic attachment to place. Leisure Sciences,(14): 29-46.

Williams D R, Roggenbuck J W. 1989. Measuring Place Attachment: some Preliminary Results. San Antonio: 12-16.

Wissler C. 1923. Man and culture. Oxford: Crowell.

Wolf C P. 1977. Social impact assessment: the state of the art updated. SIA Newsletter,(29): 3-23.

Wolgast E H. 1958. Do husbands or wives make the purchasing decisions? The Journal of Marketing,23(2):

151-158.

Wong S, Lau E. 2001. Understanding the behavior of hong kong chinese tourists on group tour packages. Journal of Travel Research, 40(8): 57-67.

Woodside A G, King R I. 2001. An updated model of travel and tourism purchase-consumption systems. Journal of Travel and Tourism Marketing, 10(1): 3-26.

Woodside A G, Steven L. 1989. A general model of traveler destination choice. Journal of Travel Research, 27(4): 8-14.

Wylie R C. 1961. The Self Concept: a Critical Survey of Pertinent Research Literature (2nd ed). Lincoln: University of Nebraska Press.

Yi Y. 1990. A critical review of consumer satisfaction//Zeithmal V A. Review of Marketing (4) American Marketing Association. Chicago: Chicago University Press.

Yu Y T, Dean A. 2001. The contribution of emotional satisfaction to consumer loyalty. International Journal of Service Industry Management, 12(3): 234-250.

Yuan T, et al. 1995. Visiting friends and relatives travel market: the dutch case. The Journal of Tourism Studies, 6 (1):19-26.

Zabriskie R B, Mc Cormick B P. 2003. Parent and child perspectives of family leisure involvement and satisfaction with family life. Journal of Leisure Research, 35(2):163-189.

Zeelenberg M, Pieters R. 2004. Beyond valence in customer dissatisfaction: a review and new findings on behavioral responses to regret and disappointment in failedservices. Journal of Business Research, 57(4): 445-455.

Zeithaml V A, Berry L L, Parasuraman A. 1996. The behavioral consequences of service quality. Journal of Marketing, 60(2): 31-46.

Zeithaml V A. 1988. Consumer perceptions of price, quality and value: a means-end model and synthesis of evidence . Journal of Marketing, 52(3):2-22.

Zhang M X, Jolibert A. 2000. Culture chinoise traditionnelle et comportements de consummation. Décisions Marketing, 19(Janvier-Avril): 85-92.

Zimobardo P G. 1985. Psychology and Life. 游恒山译. 台北:五南图书出版股份有限公司.